子どもの本のよあけ

――瀬田貞二伝

荒木田隆子

福音館書店

おーるのおと、しぶき、みおをひいて……
そのとき
やまとみずうみが　みどりになった。

『よあけ』ユリー・シュルヴィッツ作・画／瀬田貞二訳 より

『児童百科事典』のしごと

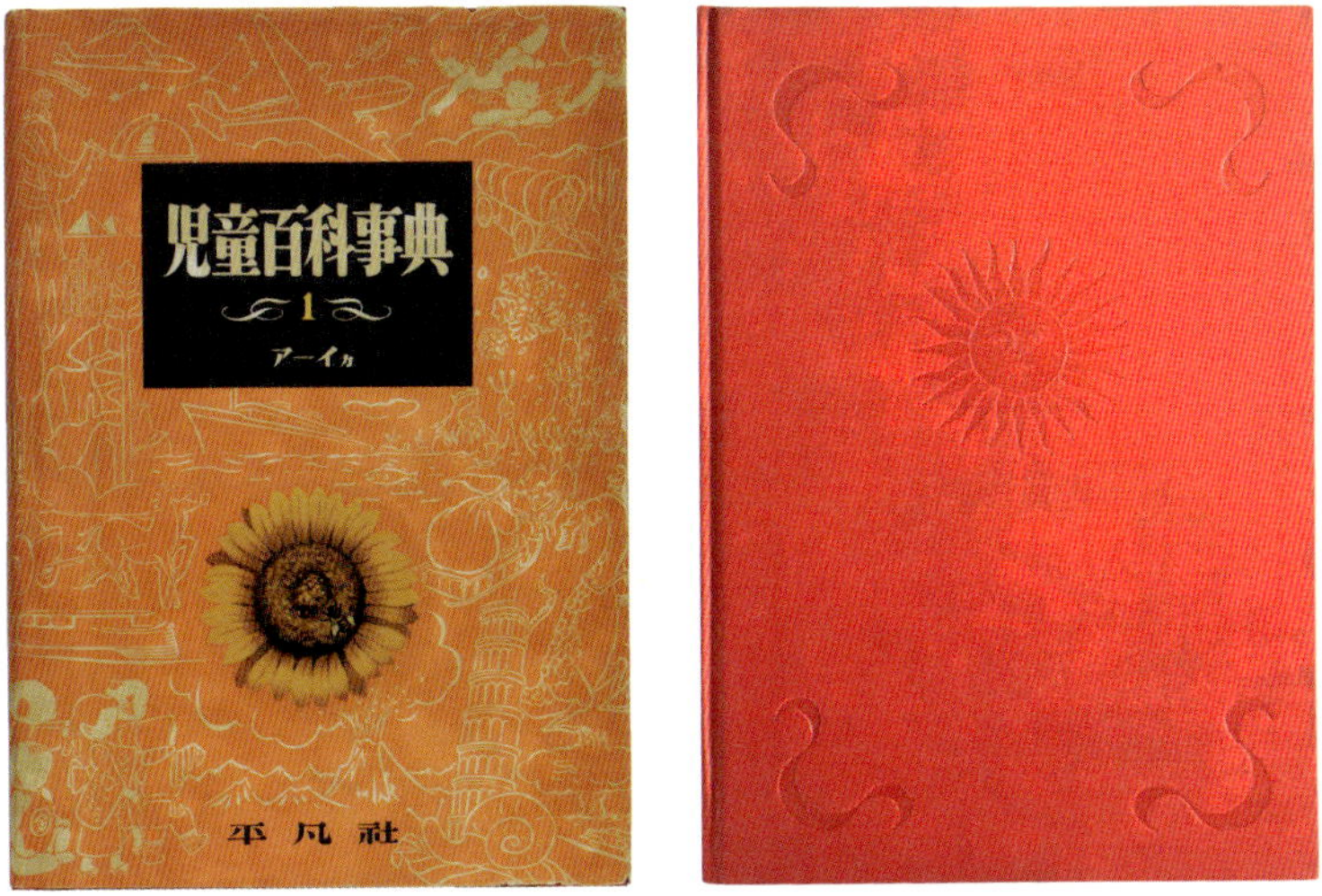

平凡社刊『児童百科事典』第1巻　カバーと表紙

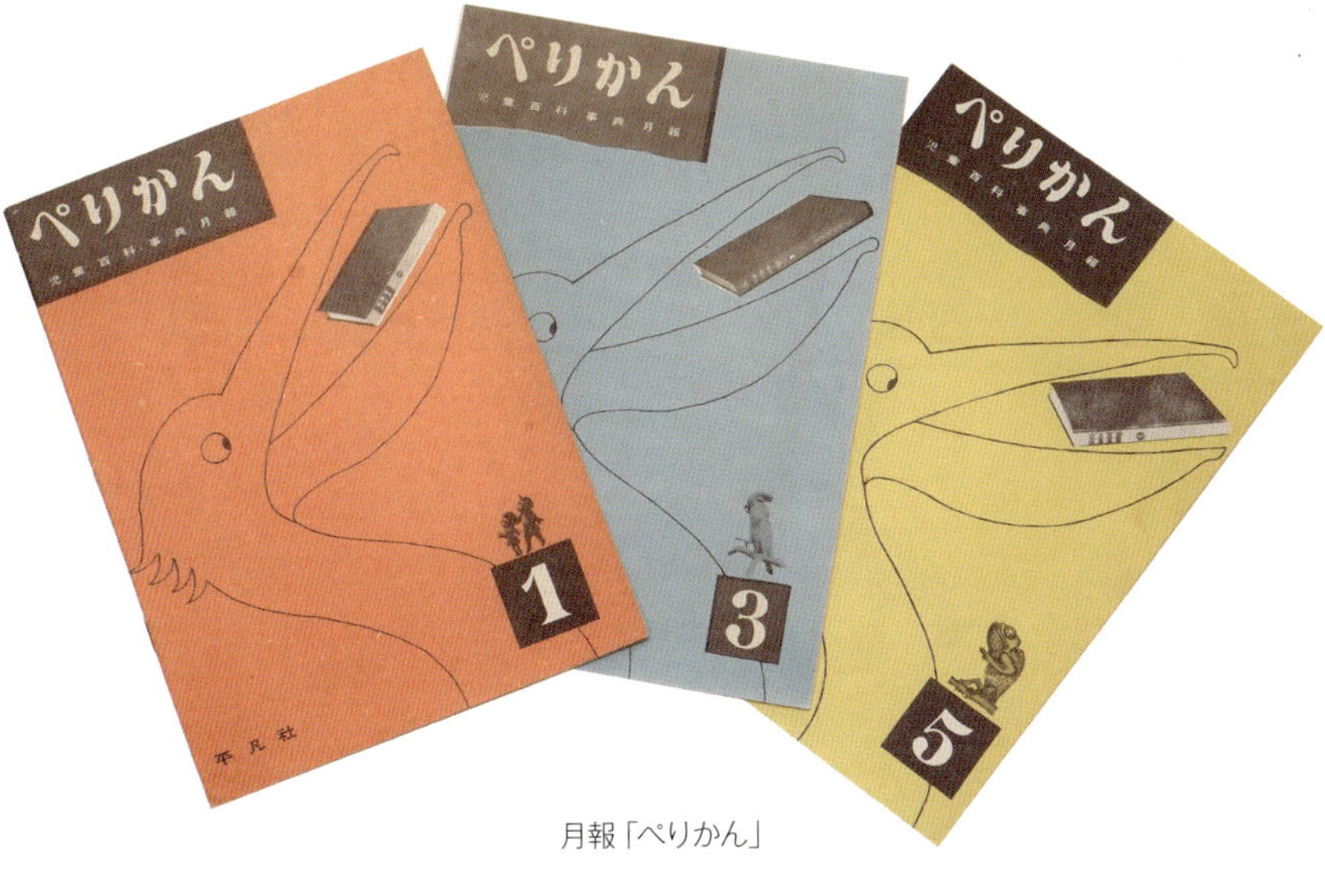

月報「ぺりかん」

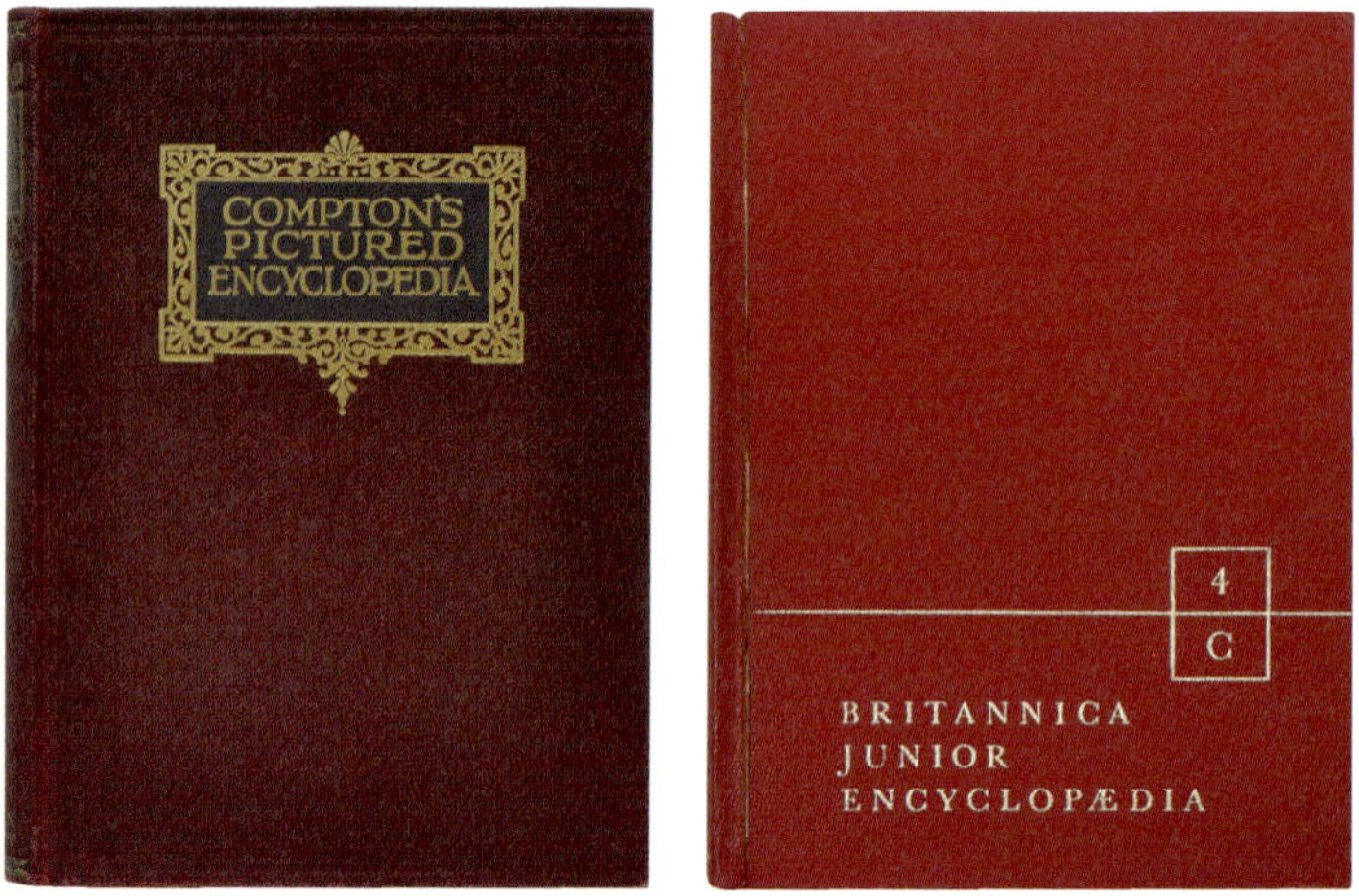

事典作りの参考にしたアメリカの子ども向き百科事典二つ（p.49）
左『コンプトン絵入り百科事典』第1巻
右『ブリタニカ・ジュニア百科事典』第1巻

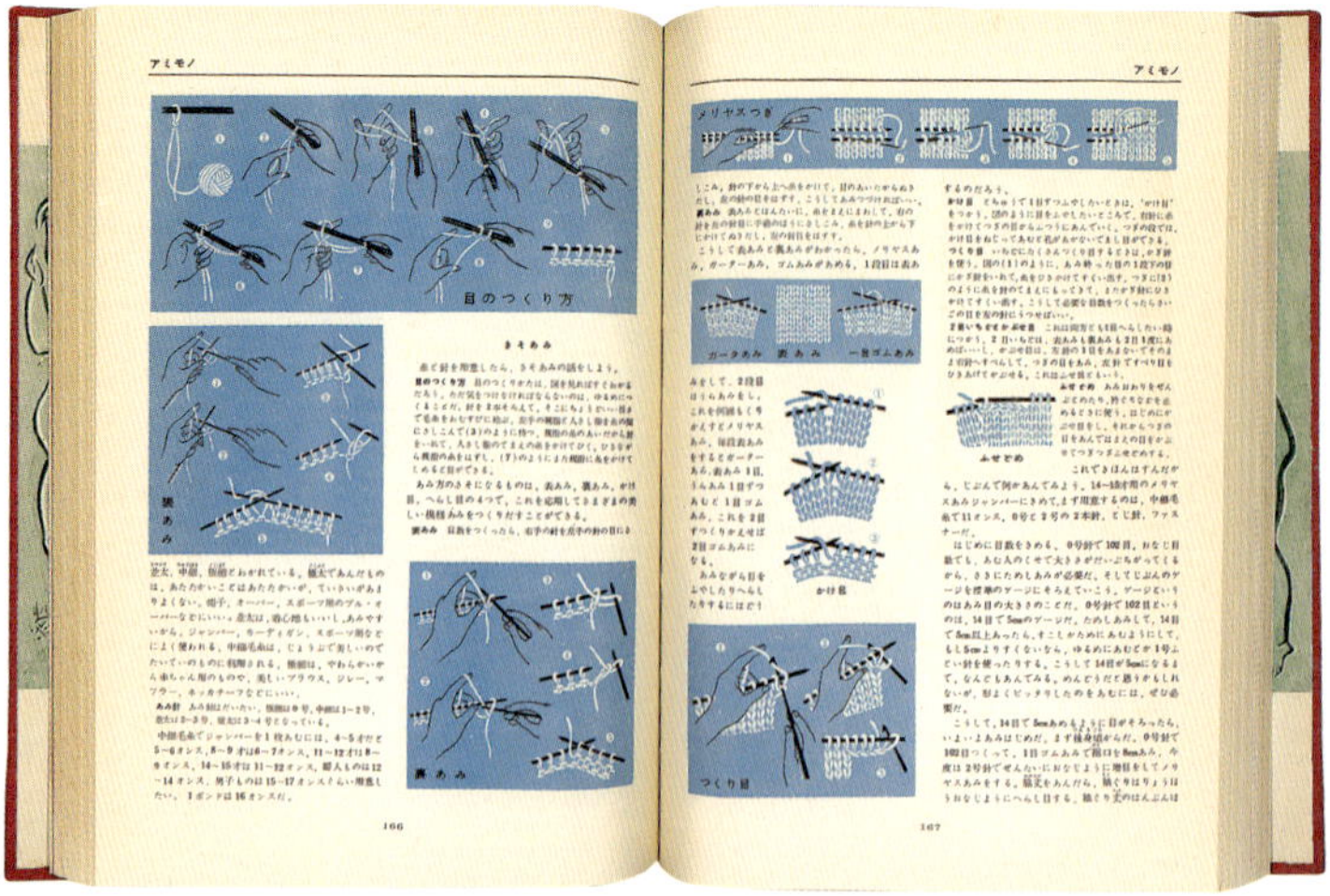

『児童百科事典』には二色刷りの楽しい図版がたくさん入っている　第１巻〈アミモノ〉

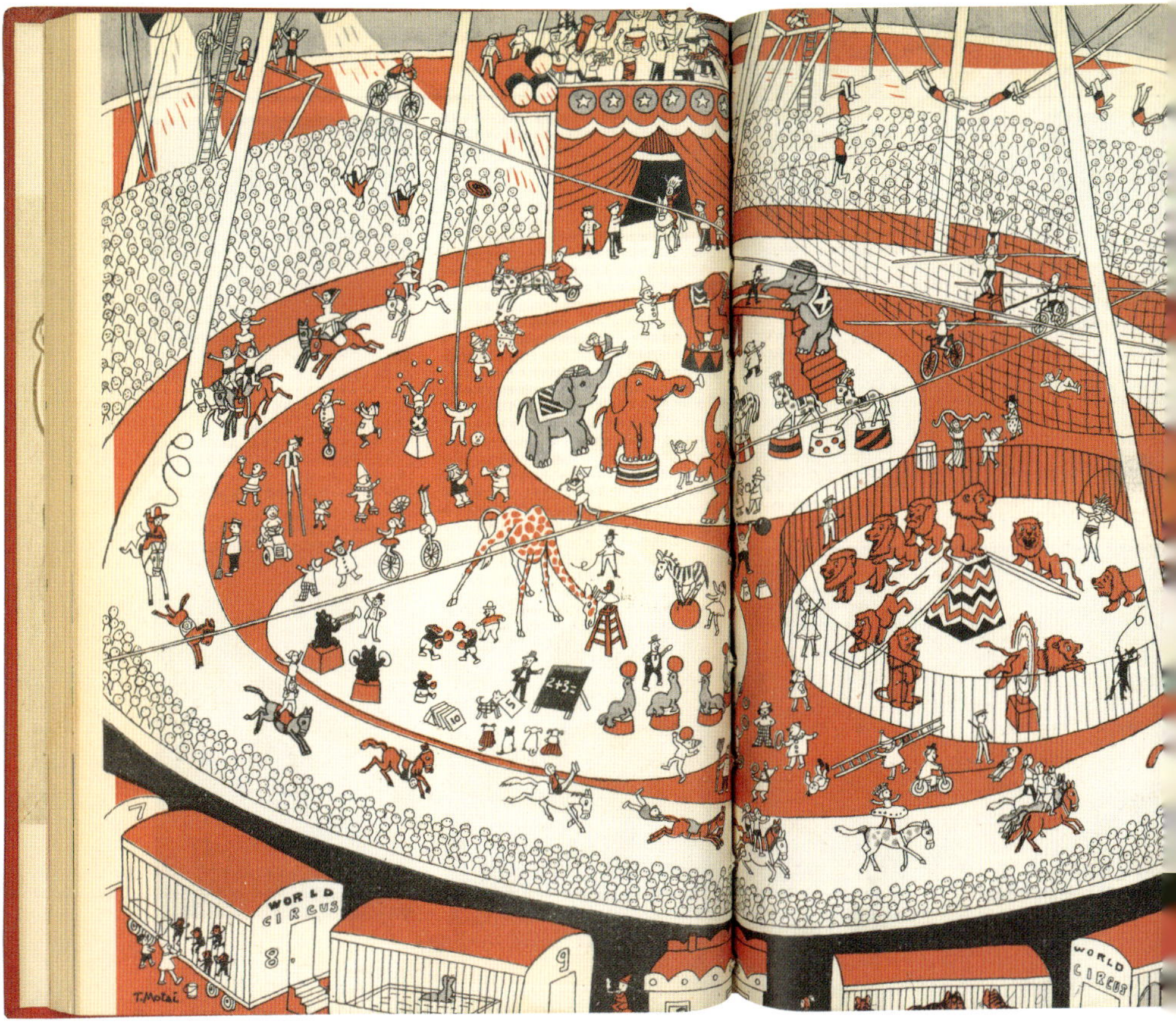

第9巻〈サーカス〉茂田井武画（p.61）

評論集のしごと

『落穂ひろい—日本の子どもの文化をめぐる人びと』（上）・（下）

『絵本論—瀬田貞二 子どもの本評論集』　表紙と帯付きケース

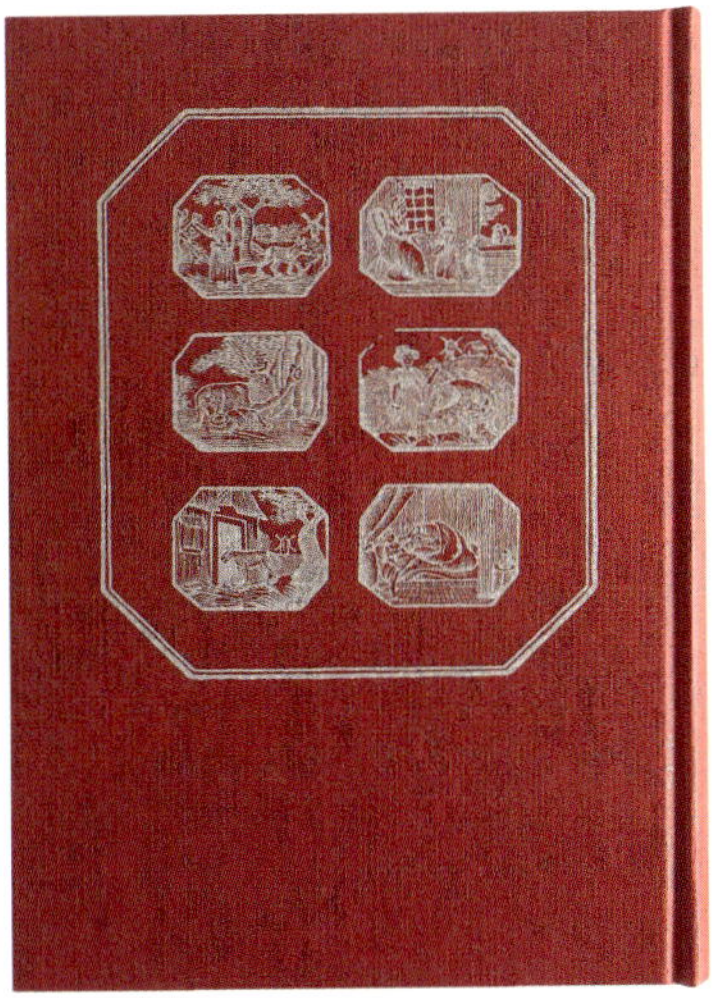

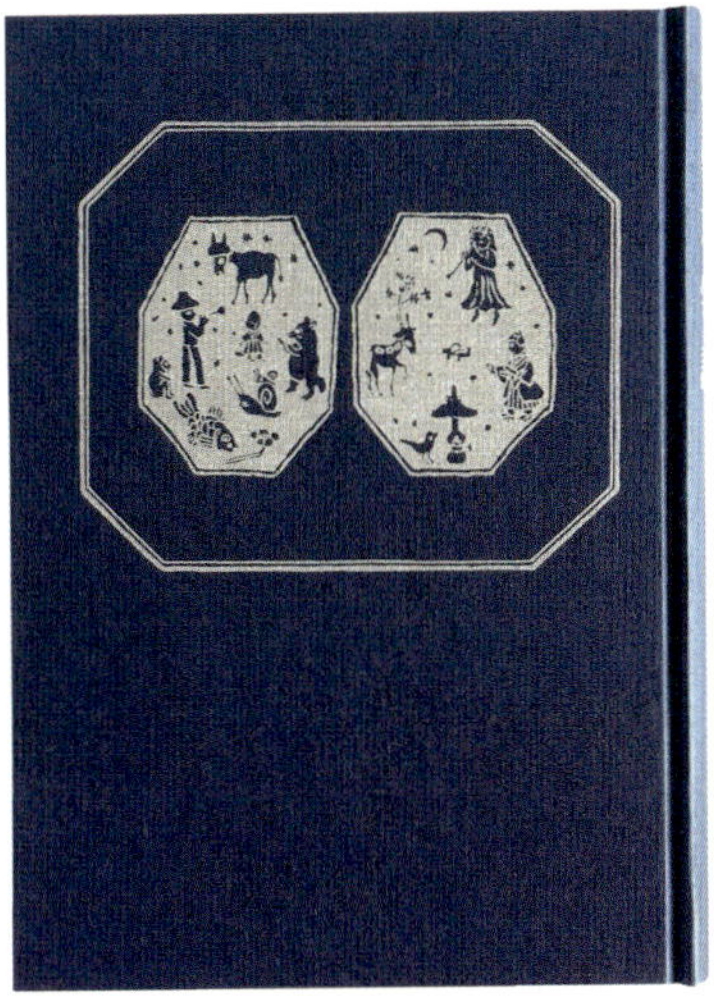

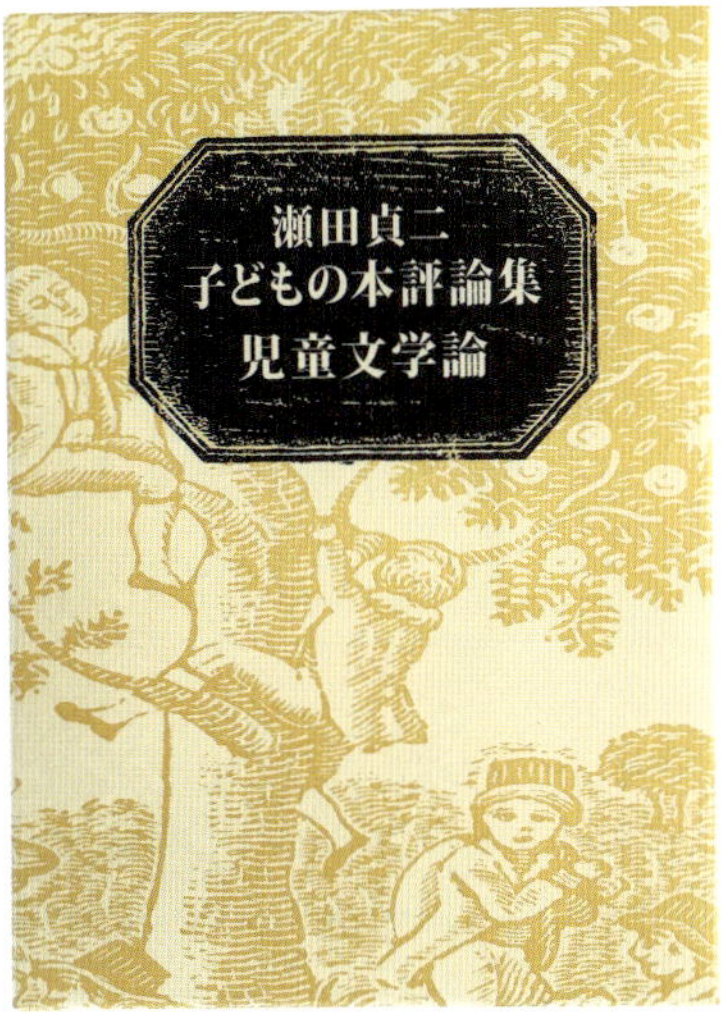

『児童文学論―瀬田貞二 子どもの本評論集』（上）・（下） 表紙とケース

中央公論社刊『幼い子の文学』

「いいもの、すばらしいもの」の中から

おもちゃ絵「風流小金雛・雛段組立ノ図」（p.274 － p.276）

ちりめん本　スペイン語版『桃太郎』『玉の井』、英語版『さるかに合戦』、フランス語版『いなばのしろうさぎ』（p.306 － p.307）

双六「友雀道草双六」(p.274－p.276)

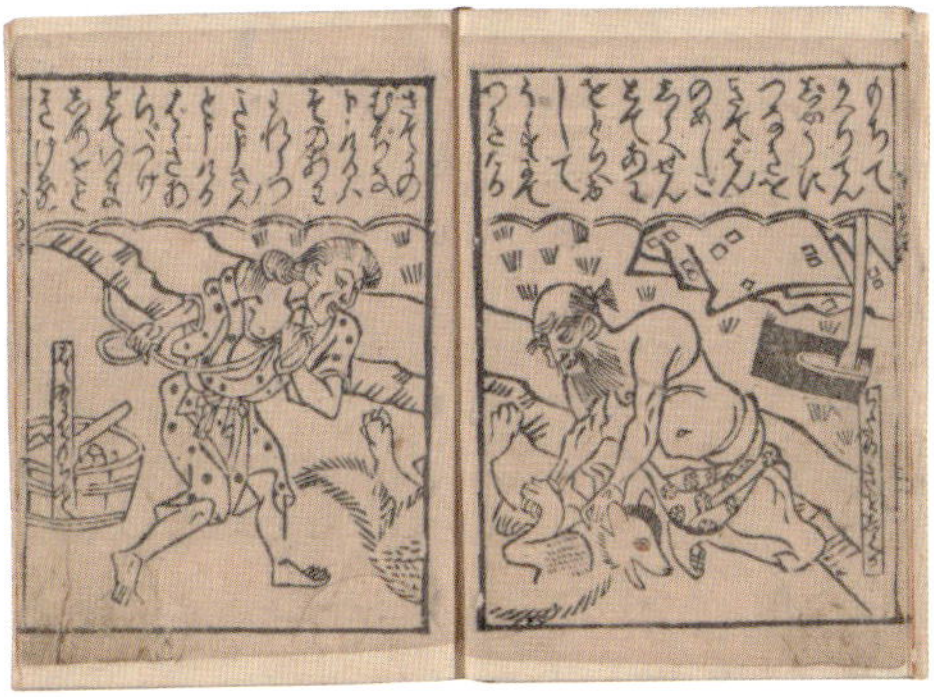

赤本『むぢなの敵討』朱色の表紙と見開き一場面(国立国会図書館ウェブサイトより転載／ p.279 － p.283)

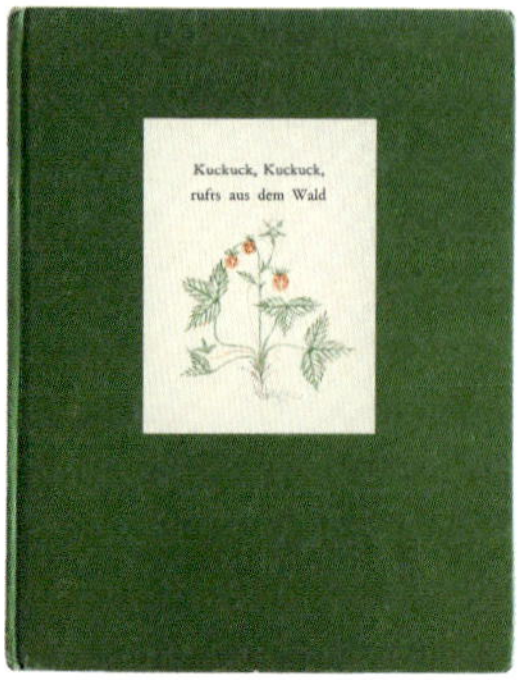

Die Tiere antworteten: Duks,

du hast mit uns gegessen,
du hast mit uns getrunken,
du hast uns alle wohlbedacht,
wir wünschen dir eine gute Nacht.

Da ging das Mädchen die Treppe hinauf, schüttelte die Federkissen und deckte frisches Linnen auf. Und als es fertig war, kam der Alte und legte sich in das eine Bett, und sein weisser Bart reichte ihm bis an die Füsse. Das Mädchen legte sich in das andere, tat sein Gebet und schlief ein.
Es schlief ruhig bis Mitternacht. Da ward es so unruhig in dem Hause, dass das Mädchen erwachte. Da fing es an, in den Ecken zu knittern und zu knattern, und die Türe sprang auf und schlug an die Wand. Die Balken dröhnten, als wenn sie aus ihren Fugen gerissen würden, und es war, als wenn die Treppe herabstürzte. Und endlich krachte es, als wenn das ganze Dach zusammenfiele. Da es aber wieder still ward und dem Mädchen nichts zuleid geschah, so blieb es ruhig liegen und schlief wieder ein.
Als es aber am Morgen bei hellem Sonnenschein aufwachte, was erblickten seine Augen?
Es lag in einem grossen Saal, und ringsumher glänzte alles in königlicher Pracht. An den Wänden wuchsen auf grünseidenem Grund goldene Blumen in die Höhe. Das

48

ハンス・フィッシャー挿絵入りのスイスの教科書（p.384 － p.387）

そして、絵本の名訳……

シュルヴィッツ作・画『よあけ』より（p.253－p.257）

子どもの本のよあけ——瀬田貞二伝◎目次

〈資料編〉

・表紙カバーの絵は瀬田貞二氏のメモより。

まえがき

瀬田貞二先生の浦和の家をお訪ねしたのは、一九七一年の冬二月のことでした。雑誌「母の友」に連載を始めた「落穂ひろい―日本の子どもの文化をめぐる人びと」の担当者として伺ったのです。

瀬田先生はそのころもう、『かさじぞう』など昔話絵本や、『三びきのやぎのがらがらどん』『おだんごぱん』ほかたくさんの翻訳絵本も出されていましたし、『ホビットの冒険』や「ナルニア国ものがたり」など長編ファンタジーの翻訳もすませて、〝自分流に子どもの本とつきあう暮らし〟の中で、日本の古い時代の子どもの文化に向かっていたときでした。私は当時二十代半ば、これから果たして子どもの本の編集者としてやっていけるのかどうか覚束ない思いをしていましたから、この「ほんものの大人」である瀬田先生に出会えたことは文字通り、進む道を決めてしまうくらいの僥倖でした。

七九年に先生が六十三歳で逝去されてからも、私はひきつづき遺されたたくさんの評論を単行本にするという仕事を続けていました。そして九〇年代に入ってからだったでしょうか。そういう編集の仕事のかたわら、図書館員や子どもの本を読むグループの方々に瀬田先生について語る機会が少しずつ増えてきたのです。『落穂ひろい』と『絵本論』はすでに出版し、三つ目の評論集『児童文学論』の準備をしていたころでしたので、先生とはいつも〝会話〟を交わしていて、気持ちの上では全く途切れていませんでした。しかしいったい何を語ればよいのか。いろいろ考えた末に、私は七〇年代に戻ってあの瀬田家に通った日々をできるだけ細かくていねいに思いだすことから始めました。そして私の知らないそれ以前については、ご自身の文章を読みこむのと、親しかった、たくさんの人たちが書いている文章を見ることでたどっていきました。この瀬田先生探しのプロセスで、私は、先生が若いころ出会った俳句のことや、『児童百科事典』編集という仕事の大きさも知ったのでした。

経緯《たてぬき》という、古歌にも出てくる言葉があります。機《はた》の経糸《たて》と緯糸《ぬき》から「たてよこ」のことをいうのだそうですが、私のしたことは、瀬田先生の過ごされた年月をたて糸に掛け、私も含めてたくさんの人たちが語っている瀬田先生についての話をよこ糸にして、一枚の布を織りあげたようなものだと思っています。こうして完成した布は、ですから「評伝」といえるものではなくて、「伝」と表現するほうが適っています。この本のタイトルを『子どもの本のよあけ―瀬田貞二伝』としたゆえんです。

この一枚の布を前にして、私はあることを思いだしました。四年間続いた「母の友」連載も終盤に近づいたころ、先生はこう私におっしゃったのです。「あなたもぼくの手伝いみたいなことばっかりしてないで、何かひとつテーマを見つけてやってみなさい」と。そんなことは思いもよらなかったので、「はあ、そうですか」と張り合いのない返事をしたのを覚えていますが、考えてみれば、時を重ねたあげく私のテーマになっていたのは、ほかならぬ瀬田先生ご自身だったのだと今になって思い至りました。すでに簀《さく》を易《か》えられた先生が、これを知ったらどんな顔をなさるでしょう。

この本のもとになった東京子ども図書館主催の講座「瀬田貞二氏の仕事」は、二〇一三年五月から翌年一月にかけて五回にわたり、東京の中野サンプラザで行ったものです。一回目の『児童百科事典』の時代」から、会場には八十名ほどの聴き手の皆さんの熱気のようなものが満ちていて、私は改めて、今「瀬田貞二」氏がどれほど多くの人たちに必要とされているかを実感しました。聴き手と語り手の間にひとつの共有の場が立ち現れたような、その濃密な感じは、五回目の終わりまで続きました。そして、「この講座、本にしたらどう」と言ってくださったのは、いつもいちばん前の席で楽しそうにうなずいていらした松岡享子さんでした。けれども、もともと著者その人について講座のようなかたちで話をすること自体、編集者としてためらいを感じていたその上に、本にすることの重さまで加わるなんて、私には〝とんでもないこと〟でした。気持ちが変わったのは、二〇一六年が瀬田貞二生誕百年になると思いあたってからでした。生誕百年。それならこれをきっかけにもう少し瀬田先生のことを知ってもらいたい、そんな思いがだんだん強くなってきて、ついにひと苦労するつもりになったのです。しかし、実際には「生誕百年」には間に合わなくて、百一年目の出版になりましたが。

単行本にするにあたってひとつお断りしておかなければならないのは、この本では、瀬田先生のなさったお仕事の中で大きな部分を占めている「指輪物語」などの長編ファンタジーの翻訳にはほとんど触れていないということです。これは私の力に余るからでもあったのですが、けれども徹底して日本語にしようと試みるその翻訳についての考え方は、絵本を翻訳するときと変わることはなかったと思います。この辺りのことも含めて、今後さらに本格的な瀬田貞二論が出ることを願っています。

講座から単行本に至るまで、瀬田きくよさんをはじめ、斎藤惇夫さんほか本当にたくさんの方々のお世話になりました。巻末ではありますがお名前を記させていただいて、厚く御礼を申しあげます。

さあ、それではご一緒に、瀬田先生に出会う旅にでかけましょう。

二〇一六年十二月一日

荒木田隆子

〈凡例〉

一　本書は、東京子ども図書館主催による、第十八期子どもの図書館講座「瀬田貞二氏の仕事―『児童百科事典』と三つの評論集を読む」をもとに加筆、再構成したものです。

二　講座は、二〇一三年五月から翌一四年にかけて、東京の中野サンプラザで五回にわたり行いました。本書の五つの章はそれぞれ五回の講座内容に従っていますが、講座日は次のとおりです。①『児童百科事典』の時代（五月十六日）、②『絵本論』―「がらがらどん」と「おだんごぱん」と（七月十八日）、③『落穂ひろい』の日々（九月十九日）、④『児童文学論』―子どもへの憧れ（十一月二十八日）、⑤瀬田先生の「旅」（一月二十三日）。

三　加筆、再構成するにあたって、それまでに「新潟子どもの本を読む会」や「（飯田市）おいもの会」、また「川口あそびと読書連絡協議会」などの連続講座で話してきたことも付け加えました。

四　講座での臨場感を再現したいと考えて、話し言葉はできるだけ生かしました。このため個人名の呼び方も、「先生」「氏」「さん」、あるいは何も付けないなど、さまざまな表記になってしまいましたが、話し言葉の勢いを感じとっていただければ幸いです。

五　本書後半に〈資料編〉として、松岡享子氏の書評「瀬田貞二著『絵本論』をすすめる―絵本の選択のために」、及び余寧金之助名で書かれた瀬田氏の初期の創作「郵便机」を入れました。いずれも読む機会は少ない、けれども大切なものと判断しました。

六　巻末に入れた「瀬田貞二著述リスト」は、「子どもの館」瀬田貞二追悼号（一九七九年十二月号）に掲載された「瀬田貞二氏著述目録」をベースにして、さらに新しく判明した発表原稿を加えたものです。

七　「著者注」は、本書を読む上で必要と思われることのほか、本文の限られたページ数の中で省いたことも含めました。「瀬田貞二」像をさらにふくらませていただければという意図からです。

八　なお発行所の表示がないものは、福音館書店刊行によります。また、本書に出てくる書名は、単行本を『　』、それ以外のもの（シリーズ名、雑誌名、それに単行本などに収録されている表題以外の編など）は「　」で示しました。英文などによる原書については、タイトルにイタリック体を用いました。

〈瀬田貞二年譜〉

①

一九一六年（〇歳）四月二十六日、東京の旧本郷区湯島切通坂町（現、文京区湯島四丁目）に生まれる。

一九三八年（二十二歳）本郷尋常小学校、開成中学校、旧制東京高等学校を経て、東京帝国大学文学部国文学科に入学。

一九三九年（二十三歳）このころより俳句を始め、中村草田男に師事。（俳名、余寧金之助）

一九四一年（二十五歳）東京帝国大学を卒業。東京府立第三中学校夜間部（桂友中学校）の教諭となる。

一九四二年（二十六歳）十二月に徴兵、千葉県の国府台陸軍病院に衛生二等兵として配属される。

一九四五年（二十九歳）八月、終戦。第三中学校（現、都立両国高等学校）の定時制課程に復職する。（〜四七年）秋に村松きくよさんと結婚。

一九四六年（三十歳）俳句雑誌「萬緑」の創刊に参加。編集長として編集実務を担当する。（〜四八年）

②

一九四九年（三十三歳）平凡社に入社。『児童百科事典』全二十四巻の編集にたずさわる。事典完成後は、冒険小説シリーズ「北極星文庫」を企画。（〜五七年）

一九五五年（三十九歳）石井桃子氏らと子どもの本研究会（ＩＳＵＭＩ会）を始める。

一九五六年（四十歳）八月、初めての絵本『なんきょくへいったしろ』（寺島龍一画／「こどものとも」五号）を刊行。十一月より、「こどものとも」月報に「絵本のはなし」の連載開始（全二十六回）。

③

一九五七年（四十一歳）平凡社を退社。〝自分流に子どもの本とつきあう暮らし〟が始まる。

一九五九年（四十三歳）浦和の自宅で家庭文庫を開く。

☆評論（一九六〇年までの主なもの）

「〈くもの糸は名作か〉再論」五七年

「空想物語が必要なこと」五八年

「キャパシティの発見─『たゆまぬ年々』にふれて─」五九年

「戦後の児童文学」五九年

「文学教育の考え方」六〇年

「民話の文学性」六〇年

☆絵本（主な翻訳、再話、創作）

『三びきのこぶた』（訳／山田三郎画）六〇年

『かさじぞう』（再話／赤羽末吉画）六一年

『チムとゆうかんなせんちょうさん』（訳／アーディゾーニ作・画）六三年

『ねむりひめ』（訳／ホフマン画）六三年

『ブレーメンのおんがくたい』（訳／フィッシャー画）六四年

『ふるやのもり』（再話／田島征三画）六五年

『あおい目のこねこ』（訳／マチーセン作・画）六五年

『三びきのやぎのがらがらどん』（訳／M・ブラウン画）六五年

『おだんごぱん』（訳／脇田和画）六六年

『ねずみじょうど』（再話／丸木位里画）六七年

『おおかみと七ひきのこやぎ』（訳／ホフマン画）六七年

『げんきなマドレーヌ』（訳／ベーメルマンス作・画）七二年

『アンガスとあひる』（訳／M・フラック作・画）七四年

『ロバのシルベスターとまほうのこいし』（訳／スタイグ作・画／評論社）七五年

『よあけ』（訳／シュルヴィッツ作・画）七七年
『きょうはなんのひ?』（作／林明子画）七九年
『おやすみなさい おつきさま』（訳／M・W・ブラウン作、C・ハード画／評論社）七九年、など。

☆ファンタジーの翻訳
『ホビットの冒険』（訳／J・R・R・トールキン作／岩波書店）六五年
「ナルニア国ものがたり」全七巻（訳／C・S・ルイス作／岩波書店）六六年
「指輪物語」全六巻（訳／J・R・R・トールキン作／評論社）七二～七五年、など。

一九六〇年（四十四歳）川村短期大学の講師となる。（～六五年）
四月、『子どもと文学』刊行（共著／中央公論社）。
一九六二年（四十六歳）青山学院女子短期大学に新設された児童教育学科講師となる。（～七四年）
一九六四年（四十八歳）四月、L・H・スミス著『児童文学論』翻訳刊行（共訳／岩波書店）。
一九六五年（四十九歳）五月、岩波市民講座で「子どもと文学―ファンタジーの特質―」を講演。
一九六八年（五十二歳）六月、国会図書館で「子どもの本について―その資料としての価値―」を講演。

④

一九七一年（五十五歳）四月より、「母の友」で「落穂ひろい―日本の子どもの文化をめぐる人びと」の連載開始（全四十八回）。

八月、『英米児童文学史』刊行（共著／研究社）。

一九七三年（五十七歳）五月より、「内外絵本作家評伝」の連載が「月刊絵本」（盛光社）で始まる（全十二回）。

六月より、「夢みるひとびと」の連載が「子どもの館」で始まる（全八回）。

一九七五年（五十九歳）「落穂ひろい」連載完結。秋、初めての海外旅行（ヨーロッパ）に行く。

一九七六年（六〇歳）　二月、「内外絵本作家評伝」のタイトルを『十二人の絵本作家たち』と改めて出版（すばる書房）。

六月、都立日比谷図書館で、のちに中公新書『幼い子の文学』のもとになる連続講座を始める。（～七七年二月）

一九七七年（六十一歳）　二月、肝炎発病。

十月、中村草田男メルヘン集『風船の使者』刊行（「解説」を執筆／みすず書房）。

一九七八年（六十二歳）　三月、編集委員の一人だった「複刻 絵本絵ばなし集」（ほるぷ出版）が完成する。

四月から十月にかけて、『落穂ひろい』の刊行をめざし取材旅行を続ける。

一九七九年（六十三歳）　八月二十一日逝去。


一九八〇年『幼い子の文学』刊行（中央公論社）。

『旅の仲間　瀬田貞二追悼文集』刊行（私家版）。

一九八二年『落穂ひろい―日本の子どもの文化をめぐる人びと』（全二巻）刊行。

一九八五年『絵本論―瀬田貞二子どもの本評論集』刊行。

二〇〇九年『児童文学論―瀬田貞二子どもの本評論集』（全二巻）刊行。


（出版社名記載のないものは、福音館書店発行）

第一章　『児童百科事典』の時代

瀬田貞二先生が一九七九年に六十三歳でなくなられて、もう三十数年経ちました。瀬田先生は石井桃子先生ともども、戦後の私たちの国の子どもの本を、とりわけ絵本の基を築かれた方のひとりといっていいと思います。今でも、『三びきのやぎのがらがらどん』『おだんごぱん』などの絵本で、それからまた、もう少し大きな子どもたちには、『ホビットの冒険』や「ナルニア国ものがたり」、「指輪物語」などの翻訳で読まれつづけている大きな方です。

私はそういう瀬田先生の晩年、足掛け九年間を編集担当者として過ごしました。それも、たくさんある先生のお仕事の中で、たったひとつ、『落穂ひろい』だけの担当者でした。この『落穂ひろい』という本は、室町時代から大正時代まで五百年にわたる、日本の子どもの文化に関わった人たちについて書かれた先生の労作なんですが、これはもともと、福音館書店の雑誌「母の友」に四年間連載されたあと、いよいよ単行本にまとめようというまさにその直前に、先生がなくなられるという思わぬことが起こってしまったんですね。そのために、著者のいないところで出版しなければならないという大変な役目が、雑誌連載のときの担当者だった私に回ってきました。私はそのとき、三十代半ばでした。編集部のみんなに助けてもらいながら、ほとんどもう引きずられるようにして、とにかく『落穂ひろい』と、それから絵本について書かれた文章だけを集めた『絵本論―瀬田貞二子どもの本評論集』の二冊を何とか単行本に仕上げたんですけれども、やっぱり、先生のいないところで本を作るというのは、一編集者にとって非常な重圧でした。そして『絵本論』まで出したところで、そこで私は力尽きてしまったんですね。一九八五年のことでした。

それから私は、そのあとしばらく昔話やわらべうたの本を編集する仕事をしていたんですが、こういう古くからの伝承のものを、今、子どもたちにどう手わたすかということ、それは子どもの本の出版社としてちょっと後回しにできない大きな問題だったからなんですね。それにそういうものが、ことに、幼い子どもにとってどんなに大切であるかを私たちに教えてくださったのが、他ならぬ瀬田先生ご自身でもありました。

そういう、昔話やわらべうたの本を作る仕事も一段落しまして、実は編集部の、私が在職当時に座っていた机の下には、長年大きな段ボールの箱がひとつ入れてありました。この中に何が入っていたかといいますと、瀬田先生が雑誌や新聞、それから本のあとがきや解説などに書かれた文章のコピーが、長いのや短いのや取り混ぜて二百編以上集めてあったんですね。これはもともと『絵本論』に続けて、『児童文学論』というタイトルで、すぐにもう一冊あんまり間を置かないで、追っかけて出版するつもりのその原稿だったんですけれども、とにかくこの二百編は、テーマもいろいろですし、書かれた時期も、それから発表された場所もばらばらで、それに、そもそもまず先生ご本人が単行本としてまとまった発表を考えていなかった文章ばかりですから、とにかく一冊の本にまとめるのは、技術的にもたいへん難しい。そういうこともあって、単行本にするのがどんどん先送りになっていったんですが、そうやってぐずぐずしているうちに、私自身も定年が迫ってきたんですね。これはいよいよ本気になって何とかしなくてはということになりまして、当時福音館書店で私の上役だった斎藤惇夫さんと相談しながら、この段ボールの中の二百編から八十一の文章を選んで、上下二冊の本に編集して、ようやく二〇〇九年の五月に『児童文学論―瀬田貞二 子どもの本評論集』として、刊行の運びになったという次第なのです。

もっとも私自身は、その半年近くも前の、二〇〇八年の暮れでもう実際には福音館を辞めてしまっていますから、つまり退職のときにこの本は間に合わなかったわけで、編集の実務上のことは若い人に引き継いでもらって、「注」とか「索引」とか、最後の仕上げのところは自宅でボランティアでやるという、われながら何とも手順のわるいことだったんですが、これで『落穂ひろい』『絵本論』『児童文学論』と、三つそろって瀬田先生の評論のお仕事のほぼ全体をまとめて本にすることができました。『絵本論』を出したのが一九八五年で、『児童文学論』が二〇〇九年ですから、間が実に二十四年間もあいてしまったという、ほんとに長いブランクの末の完成だったんですが、これだけ間があいてしまいますと、ふつうならもう忘れられてしまうところですけれども、変わらない熱い気持ちで三つ目の評論集を待っていてくださった方がたくさんいらして、幸せな本の誕生になりました。

当然のことながら、なくなってから三十年以上経っているわけですから、今や生前の瀬田先生をじかに知っている人は非常に少なくなりました。大方の人が先生の訳された絵本や、『ホビットの冒険』などのファンタジーを読むことで、「あ、瀬田貞二っていう人がいたんだな」と、そういうことになるんだろうと思います。今回の講座は、東京子ども図書館という場でありますから、先生が自宅で開いていた瀬田文庫を手伝っていらした茨木啓子さんや秋葉恵子さんのお顔も見えて、瀬田先生をよく知っていらっしゃる方々もちらほらなんですけれども、これはまあ、珍しいことですね。だいたい、子どもの本の編集者にしてからが、今若い人たちに「私は瀬田貞二先生の本の担当者だったのよ」なんてことを言いますと、まず「えっ」と驚かれて、私までいっしょに伝説の人になってしまうような感じがするんですが、瀬田貞二氏は、これまで三十年余りの間、私にとって過去の人であったことは一度もありません。『落穂ひろい』『絵本論』、それからちょっと間があきましたけれど『児童文学論』と、三つの単行本の著者として、現在進行中の本の著者として、次々に出てくるわからないこととか、相談したいことを、出来ることなら電話かメールでお聞きしたいというような、切実な、なまなましい編集の現場でずっとおつきあいしてきたのですから。私にとって、これはもう、「思い出の中に生きる瀬田先生」なんていうものではありませんでした。そんな次第で、これから私は、編集担当者という特殊な立場で、瀬田先生について五回にわたってお話しすることになります。

ところでまず、瀬田先生のなさった子どもの本の仕事ですが、これを大きく分けますと、四つの分野があります。

一番目が翻訳の仕事。二番目が昔話の再話。三番目は創作。それと四番目が評論の仕事です。一番目から三番目というのは、これは絵本や物語の形になって出版されていますから、そのまま楽しく面白く読んでくださればいいわけですが、問題は、中公新書の『幼い子の文学』も含めた四つの評論集なんですね。評論まではなかなか手が届かないという方が多いんじゃないかと思います。あるいは、二回三回と繰り返して読んではいるけれども、もうひとつ深く読みこんでみたいという方もおそらくいらっしゃるだろうと思います。たしかにこういう本は気楽に楽しく、さーっと読んじゃうというわけにはいきませんよね。ときどき立ち止まりながら、ていねいに時間をかけて読んでいただくしかないわけですけれども、私の思いとしましては、とにかく読んでいただきたいと思うんですね。子どもの本のこれまでと、さらにこれからを考えるうえで、これらの評論集はきっと大きな、確かな導き手になってくれるはずですから。

で、この五回の連続講座を通して、ぜひ瀬田先生とお近づきになっていただき、親しくなっていただきたいと思います。瀬田貞二ってどんな人だったんだろう、どんな感覚の人だったんだろうというようなことを、少しでもこの講座でお伝えできたらと思っています。そしてそれが、絵本やファンタジー作品だけではなくて、評論に、ことにこの分厚い三つの評論集に入るきっかけになるなら、さらにまた評論集がもっと読みやすくなることにつながっていけば、私にとってこんなにうれしいことはありません。

実は去年（二〇一二年）の九月に、私は仙台の若林区にあるまつお文庫で、瀬田先生の晩年のことをお話ししたんですが、ここはあの東日本大震災のとき津波がほんのそこまできたというところで、皆さんとても恐ろしい体験をなさった方が多いんですけれども、私の話を聞いてくださったあとで、その中のひとりの方が「今日は三十年以上も前のことを、まるで昨日あったことのように話してくれましたね」というふうにおっしゃったんですね。おそらく、六十三歳という、今にして思えばあまりに早くなくなってしまわれた瀬田先生について、こういう話し方、つまり昨日あったことのように話すことができるのは、斎藤惇夫さんとか、青山学院短大で先生の教え子だった中村柾子さんとかを含めて、私たちがたぶん最後の世代になるんじゃないでしょうか。そう思いますと、私たちの残された時間で、瀬田貞二先生についてきちんとお話ししておく義務があるような気持ちになってくるんですが、ここでは一回が二時間半、合計すると十二時間半もしゃべっていいわけですから、それをお伝えするのにいい機会をいただいたと思っています。

最後の五回目は瀬田先生の「旅」についてお話しするつもりでいますのでこれは除きまして、四回までの私の話の全体の見取り図をまず申し上げておきます。一回目の今日（五月十六日）は、最初のお仕事である『児童百科事典』の編集についてお話しするんですが、二回目と三回目につきましては、『落穂ひろい』のつぎに出した『絵本論』のほうから、まずお話ししようと思っています。五回分の構成を考えているうちに、この順番で話すほうが話しやすいということがわかってきたからなんです。十時間以上という長丁場を持たせるには何かストーリーが必要で、そのストーリーとは何かというと、それは先生がずっと過ごされてきたその「時」というものがストーリーになるんじゃないか。その中にこの三つの評論集を置いて読んでいきたいと考えました。つまり、先生ご自身の年譜と、それから著作をリンクさせて話したい、ひとつひとつの文章が生み出された先生の「時」というもの、「時間」というものを大事にしてお話ししたいと、そう思ったんですね。そうすると、『絵本論』（一九八五年刊）は、単行本にまとめた時期はたしかに『落穂ひろい』（八二年刊）のあとになるんですけれど、『絵本論』の特に前半（第一部）の文章が書かれたのは、実際には『落穂ひろい』の雑誌連載時よりずっと前のことなんですよね。ということで、二回目には『絵本論』を、三回目に『落穂ひろい』を、そして四回目は最後の評論集『児童文学論』についてお話しします。

こういうやり方でこれからの五回、先生の年譜を傍らに置いて先生のまなざしにしたがって、評論集に深入りしながら話を進めさせていただこうと、そう思っております。

「俳句」に出会う

前置きが長くなりましたが、それでは、瀬田先生について簡単な年譜を用意しましたので、これを見てください（一六ページ）。年譜の西暦年数の上に○で囲った数字が、①②③④とあるんですが、先生の過ごされた「時」を、私は四つの時代に分けてみました。まず①から見てみたいと思います。①の時代、読んでみますね。

「一九一六（大正五）年四月二十六日、東京の旧本郷区湯島切通坂町《ゆしまきりどおしさかまち》に生まれる」。ここは現在の地図で見ますと、文京区湯島四丁目にあたります。そして一九四八（昭和二十三）年、戦争の終わった直後の時まで、これが①の時代ですね。ここにあげてあるのは、先生の主に二十代の出来事で、子どもの本に関わる前の時代です。

先ほど私は、瀬田先生は石井桃子先生ともども、戦後の私たちの国の子どもの本の基を築かれた方だということを言いましたけれど、この、ある意味で盟友といっていい、時代をともにした石井先生は、このころ、つまり戦前は何をなさっていたかといいますと、石井先生は一九〇七年生まれで、瀬田先生より九歳年上なんですね。ですから、石井先生のほうは、もうこの時代に、『熊のプーさん』と、その続編の『プー横丁にたった家』の翻訳を岩波書店から出していますし、ご自分でも白林《はくりん》少年館出版部という小さな出版社を作って、中野好夫訳の『たのしい川邊《かわべ》』や、井伏鱒二訳の『ドリトル先生「アフリカ行き」』を出版するなど、初期の子どもの本の重要なお仕事をすでにいくつかしています。

一方、瀬田先生の①の時代は、まだ子どもの本の仕事は始まっていません。けれども、いくつかの大事な出会いが瀬田先生にはあります。年譜に戻っていただいて、「一九三九年（二十三歳）、このころより俳句を始め、中村草田男《くさたお》に師事」。俳句に出会い、それから中村草田男に出会う、これが一つ目の出会いです。瀬田先生と俳句の関係は、先生の中でもかなり大きな意味をもっているように思われますので、俳句について少しふれておきたいと思います。

まず、師である中村草田男（一九〇一—八三年）という人は、瀬田先生によれば、こういう人なんですね。

本篇『ビーバーの星』の作者は、俳句作家として名高い中村草田男《くさたお》にほかなりません。その人が、よく知られた「降る雪や明治は遠くなりにけり」の作者であるといえば、おおかたは、ああ、そうかといわれるかもしれません。しかし俳句を知らないかたがたのためにいえば、斎藤茂吉が短歌をしんに近代化したのと同じように、俳句の歴史のうえでは俳句をしんに近代化した詩人ということになりましょう。江戸時代からだれにでも作れて、すっかりよごれた十七文字の風流の道具を、明治のころ、正岡子規が一度洗いなおしたあと、その洗いなおされたもっとも短い詩形に、生きた人間の切実な声を美しくひびきとおるようにしたのは、この人だったといえます。

（『児童文学論』下巻 p.359）

草田男は、のちに福音館から『ビーバーの星』というメルヘン（創作童話）を出すんですが、この文はそのあとがきの一部分です。今これを読みますと、実に明快に草田男の俳句というものがわかる感じがしますね。

草田男には、俳句のほかにこの『ビーバーの星』（原題「海狸《ビーバー》」）のようなメルヘン作品もいくつかあります。瀬田先生は晩年、この草田男のメルヘンだけを集めた『風船の使者』（みすず書房／一九七七年）という本に長い解説を書いていて、この解説は『児童文学論』下巻に収めたんですが、ここから草田男の句を引いてみますと、たとえばこんな句があります。

鼠《ねずみ》・犬《いぬ》・馬《うま》雪の日に喪《も》の目《め》して

記憶を持たざるもの新雪と跳ぶ栗鼠《りす》と

中村草田男作、佐藤忠良画『ビーバーの星』（1969年）

この二つの句は、一九四六年の正月、積雪の信州で詠まれた句なんですが、一九四六年というとつまり昭和二十一年ですね。戦争が終わったすぐ翌年ですけれども、義理のお父さんがなくなって、雪の積もる信州へ急行したときの連作のうちの二句です。前の句については草田男の「自句自解」によると、「……気がついてみれば、我々の身辺では馬・犬・鼠、この三種類の動物ほど、やさしい顔貌と涙にうるおったような黒眼を備えているものは他に居ないのであった」（『児童文学論』下巻p.365－366に引用）という、そのやさしい生き物たちに取りまか

俳句雑誌「萬緑」の創刊号
（1946年10月刊行）

れて義理のお父さんの死があるという、そういう句ですね。

　このたまたま取りあげた二つの句を見ても、草田男の句は、いわゆるこれまでの俳句とはずいぶんと違った感覚で詠まれているのだということがわかると思いますが、そういう、「生きた人間の切実な声を美しくひびきとおるようにした」草田男の句に、まだ大学生だった若い瀬田先生はとても強く惹かれたんですね。当時、全国学生俳句連盟の同人誌で、「成層圏」という俳句雑誌がありました。その東京句会の指導者が草田男だったんですが、先生はここで、草田男のもとで句作に励みます。この「成層圏」は、戦争が始まった一九四一年に、第十五号で廃刊になりました。その前の年の四〇年には、「京大俳句」の同人が治安維持法違反で検挙されるという京大俳句事件が起こり、新興俳句弾圧が続きますが、俳句は、戦時下のその逼塞した状況の中で、若者たちの心をとらえたひとつの有力な表現形式だったようですね。

　瀬田先生は俳句のほうでは、余寧金之助《よねいきんのすけ》*という俳名を名乗っています。ヨネさん（余寧）というのはお母さんの名前で、金之助さんというのはお父さんの名前です。ですからお母さんとお父さんの名前を合わせて俳名にしているんですね。これは一説に「余りねえ、金の助け」のしゃれからきたっていう説もあるんですが（笑）、先生は「そうじゃないよ」と言っていました。

　先生はこのあと、戦後になってから草田男さんが始めた「萬緑《ばんりょく》」という俳句の雑誌で、編集長として編集の実務を担当する時期もあるほど、俳句に打ち込んでいらしたんですが、その後だんだんとお仕事が子どもの本中心になっていって、俳句の世界からは離れました。けれども、俳句そのものは、先生の大きなバックボーンとして、生涯傍らにありつづけたものだと思います。私たちと話していても、もう折にふれて、先生からは俳句の話が出てきましたから。それに、先生の絵本や童話の翻訳に見られる日本語の豊かさは、その底に、あるいは俳句によって培われた光沢《つや》のようなものが潜んでいたのかもしれません。晩年になってから訳された、シュルヴィッツの絵本『よあけ』（福音館書店／一九七七年）などを見ていると、ああいう簡潔な言葉の極みみたいなものは、やっぱり俳句の世界を通しているんだろうなあと思ったりしますね。

で今日は、それでは先生はどんな句を詠まれたのか、そのさわりだけでもお話ししておきたいと思いまして、まず、「御話《おはなし》句《く》歌留多《かるた》*」からいくつか。これはまあ、先生のお遊びの句なんですが。

（あ）から　　秋風やゴーシュのセロはゆるみがち
（え）から　　演説のヒキ君あはれ春の風邪
（し）から　　春愁やババール午後は体操す
（へ）から　　ペーターを床屋にやってクリスマス

私は三番目の、「春愁やババール午後は体操す」が好きなんですけれども、ひたすらのどかな春の昼下がりに、体操をする象のババールの姿が、もう楽しみ極まって憂いを生ずるというような、そういう、子ども時代だけがもっている何とも幸せな境地があって、いいですねえ、好きです。

先生は、こういうふうにア行から始めてワ行まで、アイウエオ順に絵本や童話や昔話を詠みこんだ句をぼつぼつと作っていらしたんですが、四十四句が全部そろったのは一九六九年の暮れごろでした。それから毎年、瀬田家のお正月に集まってくる堀内誠一さんや瀬川康男さん、梶山俊夫さんたちがお酒の席でワイワイと一句一句に絵を付けていくということになるんですが、先生なきあと、われわれ子どもの本のほうでは、先生の俳句というとこういうお遊びの句ばかり取りあげるので、きくよ夫人が、「主人の句はあんなものだけじゃないのよ」とおっしゃるんですね（笑）。それはそうだろうと思います。先生には、俳人余寧金之助として本当にいい句がたくさんありますから。先生の句は、追悼文集『旅の仲間』で見ることができますが、今日はその中から二つの句をあげておきます。

まず一句目は、一九四六年、終戦の翌年、先生三十歳のときに詠まれた句です。

湯屋の煙上るその他は黍《きび》月夜

本郷の家を焼け出されたあと、先生は新婚の奥様と練馬に住むんですが、あたりは食糧増産のために一面にとうもろこしや黍の畑になっていました。きくよさんはこの句について『旅の仲間』の中で、「主人は終戦後、夜間中学の教職に戻っていたので、起伏の多い練馬（被災し親友の離れに借家）の畠道での帰路の実景が〈湯屋の煙〉の句になったので、（中略）本人もこの句をとても気に入っていた」と書いています。「余寧金之助の句は、この一句だ」と言っている人の多い、先生の代表作ですね。

そして二つ目の句は、一九七九年の夏、先生がなくなる三週間ほど前に、病室で詠んだ句のうちの一句です。

蛍放生《ほたるほうじょう》この世あの世の境闇《さかいやみ》

これは私たちには決して忘れることのできない句です。この日、秩父の山奥に住んでいる斎藤たまさんが、蛍を虫かごに入れてお見舞いにきたんですね。たまさんは、子どもの遊びや言葉を、日本全国旅をして集めている人なんですが、その蛍を夜、暗くした病室に放した、それを詠んだ句なんですけれども、先生はあのとき、こういう「闇」を見ていらしたのかと思うと、私などは、今でも涙が出そうになります。

一九四六年の句と、一九七九年の句と。思えばこの間《かん》三十年余りの先生の日々について、これから私はお話しするということになるんですね。という次第で、中村草田男との出会い、俳句との出会い、これが先生の一つ目の出会いです。

「子ども」に出会う、そして結婚

もういちど年譜（一六ページ）に戻っていただいて、五行目。一九四一年、二十五歳で東大を卒業します。卒論のテーマは「芭蕉」だったそうです。そして、「東京府立第三中学校夜間部（桂友中学校）の教諭となる」。夜間中学の国語の先生に就職するんですね。関東大震災（一九二三年）のあと、働く青少年たちのために、エリート校であるいわゆるナンバースクールにも夜間部が創られたんですが、桂友中学もそのひとつでした。ここで、教師として子どもに出会う、これが二つ目の出会いです。でも、教師をしていたのは一年半ほどで、もう戦争が始まっていますから、このころ、若い男の人はみんなそうだったわけですけれども、先生も一九四二年暮れに徴兵されます。そして、二十六歳から二十九歳までの三年間は、千葉県市川の国府台《こうのだい》にあった陸軍病院で、衛生二等兵として軍務に就いています。この国府台陸軍病院というのは、主に、心的外傷後ストレス障害（PTSD）、いわゆる「戦争神経症」にかかった兵隊たちが入院した、その拠点の病院だったようです。

この陸軍病院の中でも、先生はみんなを集めて俳句を詠む集まりを作っていたそうですが、当時幹部候補生だった大塚勇三氏、あの『スーホの白い馬』の再話者である大塚さんも、原因不明の熱でこの陸軍病院に入院していました。そして、ここに俳句にたいそう詳しい「瀬田さん」という衛生兵がいると聞き、何べんも訪ねていって、二人で俳句の話をしているんですね。大塚さんは、瀬田先生から草田男の句集を何冊か借りて書き写し、その句を諳《そら》んじたりしたそうです。大塚さんは一九二一年の生まれですから当時二十三、四歳でしょうか、この瀬田衛生兵のことを、「兵隊のときに会ったうちでいちばん手ごたえがあったのはあの人」だったというふうに追悼文集『旅の仲間』に書いています。そうして戦後、お二人は、今度は平凡社の編集部の同僚として劇的な再会をするんですが、*それはまた後の話になります。

一九四五年、二十九歳。八月に戦争が終わってこの年の秋には同じ陸軍病院の看護婦だった村松きくよさんと結婚します。先生を生涯支えた人に出会っているんですね。これが三つ目の出会いです。

きくよさんは北信濃の飯山の近くの戸狩《とがり》の出身で、家号を「古西《こにし》」という古い農家に育ちました。四人姉妹の上から三番目で、看護学校を出てから陸軍病院に勤務していたんですが、だんだん戦争が激しくなってきて、終戦のときは戸狩の実家に戻っていたんですね。で、秋のある日、突然戸狩の駅から「今、瀬田さんという人がそっちへ向かったから」という電話がきて、「瀬田さんって、だれ?」と言っているうちにご本人が到着、結婚を申し込まれたんだそうです。瀬田伍長とは、ときどききくよさんたち看護婦のいる詰め所にお茶を飲みに来て俳句の話をしたり、「ムラちゃん、今晩は夜勤で腹がへるから何か作ってよ」とたのまれて焼き飯を作ってあげたりとか、そんな程度のつきあいだったので、結婚話で実家に来られたときは本当にびっくりしましたよ、と、これはきくよさんから聞いた結婚のいきさつです。

きくよさんは、ひとことでいえば非常に素朴な感じの方です。この八歳年下のきくよさんについては、先生は『幼い子の文学』の中の「なぞなぞの魅力」のところでふれていらっしゃるのをご記憶でしょうか。きくよさんのささやかな嫁入り道具の中に入っていた『国文読本《とくほん》』という教科書には、柳田國男の「諺《ことわざ》と謎々」という文章が載っていて、「家内が信州の小学校の高等科で習ったというその教科書は、信濃教育会で編纂した独特の教科書で、ぼくはそれはとても程度がいいって家内にほめたんですけれど」とここに書いていますね。また、先生の『かさじぞう』などは、きくよさんの覚えていた信州の昔話をもとにして作った絵本だと聞いていますが、お二人が結婚されて間もなく、きくよさんが昔話を語ることができるのを知って、先生は、「これはあなたの宝物だから、大事に記録しておきなさい」とおっしゃったそうです。東京生まれの東京育ちだった瀬田先生にとって、きくよさんの持っている北信濃の素朴な暮らしが、その生活に加わった意味は非常に大きかっただろうと思います。先生は「素朴」ということを生涯愛していらっしゃいましたから。

結婚と同時に、先生はまた戦前と同じ夜間中学の国語の教師に戻って、二年ほど教師を続けます。ですから戦後すぐのこのころは、教師とそれから俳句の雑誌「萬緑」の編集長の両方をやっていたんですね。戻った中学はなにしろ夜間中学ですから授業は夜やるんですけれど、停電はしょっちゅうのことでした。それに第三中学校があった両国《りょうごく》という町はひときわ空襲の激しかったところですから、窓ガラスも何も吹き飛んでしまったような荒れ果てた教室に、ろうそくの火を灯して、先生が自分でガリ版を切ってわら半紙に刷った手製の国語教科書で授業を受けた思い出を、もと教え子だった篠原久夫さんという方が追悼文集『旅の仲間』に書いています。

江東・下町の玄関口として、最も乗降客の多い駅、錦糸町。その駅前のバラック建ての酒場や闇市の雑踏をすり抜けて、都電の通りに出る。その大通りを両国方面に向かって徒歩五分、江東橋のたもとに、戦災の痕も生々しい都立三中（現在の両国高校）の校舎がある。この道を、瀬田先生と私たち夜学生は、夕方に行き、夜遅くに帰った。

瀬田先生は、当時の復員兵と同じスタイルの軍服で教壇に立ち、油っ気はないがたっぷりある黒々とした髪を右手の指で櫛がわりにかきあげながら授業するのが癖だった。顔かたちは兎のよ

うで、ほほのあたりはややふっくらとし、不精ひげはこわいが、めがねの奥の目はいつもやさしくえみをたたえていた。（中略）
私たちにとって特に楽しかったのは、授業中は勿論、補教や停電の時に（ローソクの明かりで）色々な文学作品や童話を先生に読んでもらった事だ。その時の先生は一段とにこやかな顔つきで、時折手まねを加えながら、歯ぎれよく話してくれた。不思議なことに、先生の朗読や話を聞いていると、その情景や場面の雰囲気が、私たちの脳裏に鮮やかに浮かびあがってくることだった。

と、篠原さんは夜間中学の教師だった瀬田先生について書いていますが、そう、この『旅の仲間』のことを、ここでちょっと説明しておきますね。この本は先生がなくなられてちょうど一年後の一九八〇年八月に、私家版で出された追悼文集です。先生の大学時代からの友人で俳人の香西照雄さんや、福音館の斎藤惇夫さん、菅原啓州《ひろくに》さんたちによって作られたこの本は、先生と親しい九十人ほどの人たちが書いていて、瀬田先生のことを知るには、たぶんいちばんいい本ではないかと思います。五百部しか出していないので、持っている人は多くないだろうと思いますが、今回のこの連続講座では、たびたびこの本から読ませていただくことになります。

『旅の仲間　瀬田貞二追悼文集』ケース

当時の瀬田先生については、よほど印象的だったらしく、いろいろな人がこの『旅の仲間』に書いています。たとえば「萬緑」

の編集員のひとりだった北野民夫さんは、「その頃の瀬田さんは何時お会いしても、幾分か無精髭をはやし、しかも終戦で復員して来た時に着ていた服装と思われる、肩章《けんしょう》をはぎ取った軍服らしいものの詰襟のホックをはずして着ていたが、にもかかわらず柔和な眼差で微笑をたたえての静かな口調での話振りには、その人柄がうかがえて印象的であった」と、非常に細かく観察しています。

また別の編集員の長谷川博和さんはこう書いています。「今想い出しても不思議なのは、服装は復員姿ながら、瀬田さんにはどこにも敗戦ボケ、所帯やつれがいささかも見受けられなかったことである。然も何時も不精ひげなのに……」。

戦争が終わって、もうみんな疲れはてているわけですから、敗戦呆け、所帯やつれ、という、そういう人が多かったんですね。「然も何時も不精ひげなのに」と書いていますね。「不精ひげ」のほうはともかくも、「復員服」のほうは、たぶんそれしか着ていくものがなかったからなんだと思うのですが。

ここに当時の夜間中学の生徒たちといっしょに写した一枚の写真があります。これを見ると、十三、四歳の少年から、なかにはずいぶん年上らしい生徒もいて、なにしろ夜間中学だし、戦争が終わってすぐの時代ですから、いろいろな事情の生徒がいたんでしょう。そういう生徒たちに囲まれて、真ん中よりもやや左寄りの、丸い眼鏡をかけて白い歯を見せて笑っている人が瀬田先生ですね。例の復員服姿です。先生は割合背の高いほうなんですけれども、その、相手に心を開かせるような、知的でありながら穏やかな感じは、ずっとあとになってからの、私たちが知っている五十代の瀬田先生と、基本的にもうほとんど変わっていません。ですからこの生徒たちといっしょに写っている写真を見ます

第三中学校（現、両国高校）夜間部の生徒たちと。1945、6年ごろか。前列左から5人目が瀬田先生。

と、すでに二十代の終わりから、先生はもう大人だったんだなあと思います。

そして、もういちど教え子の篠原久夫さんの文を引かせていただくと、先生はこのころ、夜間中学を舞台にした一編の創作を書いていたようです。

瀬田先生はこの時期、「鮮太」という少年を主人公にしての童話を創作していたらしく、その一部を私たちに話してくれた。
「題はせんちゃんというんだ。せんという字は朝鮮の鮮という字だ。つまりあざやかという意味で、僕はこの名前が大好きだ。僕の子供にはこれをつけるよ。」と前置きをして話し始めた。それ以来、私たち仲間同士では、瀬田先生のことを「鮮ちゃん、鮮ちゃん」と呼ぶようになった。

同じ机を使っている昼間と夜の中学生が、あることから手紙のやりとりを始めるというこの「せんちゃん」の物語は、それから三年ほどして、東大時代の友人清水孝之さん（蕪村の研究者）の紹介で、「少年少女」（中央公論社）の一九四九年八月号に「郵便机」というタイトルで載ります。主人公である夜間部の生徒の「鮮太」は、昼間は郵便局に勤めているという設定になっているんですが、篠原さんも当時東京港区の虎ノ門の近くの郵便局にいたそうですから、モデルの一部分は篠原さんを借りたのかもしれませんね。

二十四年の夏、私の勤めている郵便局（虎の門の近く）へ、瀬田先生が突然訪ねてこられた。私の窓口の前に立たれた先生は、いたずらっぽい目つきで、ニコニコしながら、「これを君にあげるよ」と言われ、「少年少女」という真新しい雑誌をさし出してくれた。それには、余寧金之助のペンネームで、「郵便机」の作品が掲載されていた。当時一八、九の少年だった私の所へ、わざわざ本を届けに来てくれた先生の好意に、私は本当に嬉しくて嬉しくて、ますます先生を尊敬し、好きになっていった。

（以上、『旅の仲間』「瀬田先生とその本」より）

「郵便机」はその後、中学生の国語の副読本「雨の日文庫」に入ったり、「夜間中学」というタイトルで映画にもなったりして、ずいぶん読まれたようですが、戦後書かれたほとんどの創作児童文学作品と同様、今では目にすることがないので、資料編に入れさせていただきました（四四五ページ）。

さて、おしまいにもうひとつ『旅の仲間』から、ここに終戦直後の瀬田先生について語っている非常に印象的な文章があるのでこれを読ませていただいて、年譜①の時代をそろそろ終わりにしようと思います。筆者は、俳人の金子兜太氏です。

金子兜太さんは、一九四四年に西太平洋のトラック諸島に海軍主計中尉として赴任、終戦後アメリカ軍の捕虜になったのち解放されて、四六年十一月に日本に帰ってきます。瀬田先生と、先生の親友である俳人の堀徹さんは、このとき秩父の実家で体を休めていた金子さんを見舞って、三人で、もう山梨との県境に近い秩父山峡の栃本という部落に行くんですが、この冬の山奥の宿に泊まった二晩のことがここに語られています。

「まったく無念」

金子兜太

俳句仲間の雑誌に次のように書いたばかりである。《最近とくに感銘したことが二つあった。その一つは、朝日新聞で神宮輝夫「戦後児童文学と瀬田貞二」を読んだこと。瀬田は「萬緑」同人の余寧金之助。堀徹の親友で堀遺稿集『俳句と知性』を編んだ人。私は瀬田がこれほど戦後の児童文学に巧献した人とは知らなかった。今年亡くなったことも。一貫して〈素朴なもの〉を愛しつづけていた瀬田の姿を見事と思いつつ、今まで敬して遠ざかっていた自分を責めるのみ》

忘れることができないのは、終戦直後の冬、瀬田氏と堀氏と私と三人、秩父山峡（埼玉県）の山梨県境に近い、栃本部落に泊ったときのこと。堀氏は白皙《はくせき》の額を灯にさらして、眼鏡を光らせながら喋りまくる。瀬田氏はふっくらした頰に微笑をたたえて、うんうんと頷き、ときどき具体的な例をあげて、堀氏の話を裏打ちしていた。話は二人の協同作業ですすみ、私はもっぱら聞き役だった。それに二人とも文学の上での先輩である。おまけに私は赤道直下の珊瑚環礁から帰ってきたばかりである。どこかに遠慮があった。

そこで私は、二人の顔を見くらべながら話をきいていたわけだが、瀬田氏の静かな姿勢に妙に煙ったいものを感じはじめたのである。眼は理知的でしかも柔和、眼鏡のひかりも和やかだった。体も大きいほうである。坐って動かず、表情も、わずかに歯を見せて笑うとき以外はほとんど動かない。論旨も整然としていて、常に平静。――その平静なところに私はこだわりを感じたのである。

平静すぎる。瀬田氏にとって戦争はなんであったのか。堀氏が直観的に喋り、私ときたらまったく感覚的で、あっちにとび、こっちにとび、しまいには収拾できない仕末だが、瀬田氏の平静で明晰な世界には、その不明晰さがない。じつに物足りない気持になっていたのである。

そのため、瀬田氏が素朴なもの、まったく自然なものについて、陶酔したように話すとき、おもわず私は反撥して、その状態を獲得するためにどうするかが語りたい。素朴をいくら語ってもしようがない。素朴を至上とする世界への迷える道程を語りたい、と喋ったことをおもいだす。そのとき、瀬田氏は軽く頷きつつ、しかしあきらかに、眼は、私をじっと覗き込むように見ていた。

その眼が、私にとっては借《かり》になってしまった。瀬田氏の思想は戦時下ですでに固められていて、私のように、戦争がどうの戦後がどうのという模索は無用だったのだろう。状況を超えた、人間にとって最貴重な世界、それをすでにはっきり承知していたのだ。

そのことは、瀬田夫人に初めてお会いしたとき、わかったような気がした。一〇年後に、神戸の喫茶店で話したとき、はっきり確認した。そのときも、栃本のときとすこしも変わらない平静な話しぶりで、眼は柔和だった。

以来、私はますます瀬田氏からの借《かり》を感じてしまって、敬して遠ざかる結果になったのである。まったく無念。

（『旅の仲間』より）

金子兜太さんにとって、この栃本での二晩は忘れがたいことのようで、たびたび文章にしています。まず俳誌「寒雷」（加藤楸邨主宰）に書き、岩波新書の『わが戦後俳句史』（一九八五年）に書き、最近では二〇一二年八月の日経新聞でも書き（これは聞き書き）と、私が知っているだけでも四回書いていますから、よほど深く心に残っていることなのだと思います。

金子さんがトラック島から帰還したのは、秋も深まった一九四六年十一月のことですから、三人の方の栃本行きは、日経新聞では「十二月も終わりに入る頃、山は冬枯れで、空気がシーンと澄んでいたのを覚えています」と語っているので、年明けも間近いといったあたりでしょうか。そうすると、瀬田先生の側からいえば、夜間中学に戻り、きくよさんと結婚してちょうど一年ほど経ったころのことです。「萬緑」は同じ四六年の十月に創刊されていますから、*俳人「余寧金之助」として、ひときわ俳句に力が入っていた時代でもありますね。けれども、「萬緑」の編集長として俳句に打ち込む一方で、まだ何も具体的な形にこそなっていませんが、自らの手で、これから子どもたちに向かって成すべきことが、おぼろげながらも見えはじめていたときでした。いよいよ年譜②の時代の幕があきます。

アン・キャロル・ムアのブックリスト

さて話を進めまして、二年間夜間中学の教師をして、一九四七年、三十一歳のときのことですが、そのころ新しく学校教育法が公布されて、小学校六年間と中学校三年間が義務教育であるとするいわゆる「六・三制」が実施されることになります。この新しい学校教育法が腑に落ちなくて、先生は夜間中学の教師を辞めます。

そして年譜②の時代になるんですが、一九五九年に出された『新選日本児童文学3 現代編』(小峰書店)の中の「戦後の児童文学」という文章で、そのころのご自分のことを、次のように書いていらっしゃるので読んでみましょう。

現実の崩壊がやはりショックだった。日本がこれからどうなるか? 私はどのように生きたらよいか? 残務整理ということで一か月そのまま軍隊に残された期間が、そのためには都合がよかった。私は、はっきりと決心した。夜間中学の教師だった私は、一応職場に帰るだろう。しかし、解放された機会に私は自らのあらゆる能力と時間を、子どもたちにむかって解放しなくてはならない。これからの時代は、子どもたちに期待するよりないのだから……。私は真剣にそう思った。そして雑嚢《ざつのう》をぶらさげて、焼け果てた東京へ帰った。吉祥寺の食堂の小さなコック部屋を借りて、停電のさなかに身よりだけをよんで結婚をする。焼けた残骸の校舎の裏で一、二のクラスを作って、やたらにがり版を切る。軍服教師の作った私製教科書は、かなり生徒に気にいられた。生徒たちは戦争や戦災で肉親を失っている者が多く、生活は極端に困難だったようだが、ふしぎと欠席は少なかった。

戦争は大人たちのバクチである。だが負いめは子どもたちが受ける。身におぼえのない者が大きな苦しみをなめた。子どもたちは放り出され、疎開させられ、遊び事や読書のかわりに、コケの一億一心、「欲しがりません勝つまでは」と唱えさせられ、工場へ、予科練へかり出された。私は教師というよりも、むしろ友だちの位置にあることのほうが必要だと思ったし、そのほうが楽でもあった。一年半、その間に二度転居しながら学校へ殺人電車で通勤しつづけたが、二十三年四月の新制高校への切りかえの時に転機を迫られた。新しい制度の新しい教科書が、てひどくアメリカの干渉になった、制約の多い程度の低い内容になりそうな形勢を、私は見た。教師をやめるべきである。兵営で考えぬいたとおりに広く精力的にどこかで働くべきである。教育は下のほうからでもできる。……そして私は教師をやめた。

失職すると、ものを書く勇気を出した。そのころ開かれた赤坂離宮の国会図書館へ通って、豪華なシャンデリアの下で、せっせとアメリカの子どもむき百科事典を読んだ。学力の低下は必至だが、民間から子どもの百科事典のすばらしいものを出して、そいつをくいとめることができないだろうか、そう私は思ってプランをたてた。社会科事典を出していた平凡社が私のプランをいれ、二十四年の夏に、私は、『児童百科事典』の編集にとりかかった。その仕事は八年間かかった。私はその間に子どもの本を、おもに外国の作品を読んだ。

（『児童文学論』下巻 p.36－37）

というふうに語っています。戦争が終わって、これからは「私は自らのあらゆる能力と時間を、子どもたちにむかって解放しなくてはならない」と、大きな決意がここには述べられていて、何べん読んでも感動しますね。

このとき先生が国会図書館に通ってご覧になった、アメリカの子ども向き百科事典というのは、『コンプトン絵入り百科事典』*Compton's Pictured Encyclopedia* と『ブリタニカ・ジュニア百科事典』*Britannica Junior Encyclopedia* なんですが、私はつい先日、新潟大学名誉教授の眞壁伍郎氏のお宅でこの二つの百科事典を見せていただきました。『コンプトン』のほうは一九二二年発行の初版と、一九三四年版、さらに一九七三年版の三種類の版をそれぞれ全巻拝見しましたが、特に初版の『コンプトン』はたっぷりとしていて、豊かで、ほれぼれするほど美しい子どもの百科事典でした。今、日本の全国の図書館の本棚に並んでいる、知識が右に左に飛び交っているような騒々しい子どもの百科事典とは比べるべくもない、それは見事な本のありかたでした。

瀬田先生は、教師を辞めたあとの約二年間をかけて、こういうすばらしい外国の子どもの百科事典を見ながら、私たちの国でもぜひとも実現させなければならない新しい児童百科事典のプランをいろいろ考えていらしたんですね。そしておしまいに、「私はその間に子どもの本を、おもに外国の作品を読んだ」と書いていますけれど、子ども向き百科事典のほかに、この国会図書館の豪華なシャンデリアの下で先生が出会ったもうひとつのものがありました。それは、アメリカの児童図書館員の草分け、アン・キャロル・ムアが作った、子どもの本のブックリストでした。晩年のアン・キャロル・ムアについては、石井桃子先生が、『児童文学の旅』（岩波書店）で実に魅力的に生き生きと語っていらっしゃいますから、私たちはほんとにムアさんに出会ったかのように、忘れがたく記憶に残るんですけれども、ここではまず、『児童文学論』上巻に編集部で付けた「注」（p.514）を読んでみます。

アン・キャロル・ムア Anne Carroll Moore（1871-1961）　メイン州リメリックに十人きょうだいの末っ子として生まれる。一九〇六年、ニューヨーク公共図書館に招かれ、初代児童奉仕部長に就任。以後アメリカの児童図書館運動に大きな役割を果たしたムアが作成した児童書ブックリストに、瀬田氏は一九四八年ごろ出会っている。戦後まもなく『児童百科事典』の構想を練っている最中のこと、『コンプトンズ・ピクチャード・エンサイクロペディア』の「チルドレンズ・リテラチュア」の項目に載っていたムアのブックリストを見て、「ぼくは息をのむほど驚いたんですね。あ、これほど充実した子どもの本があるのか、一冊一冊読んでみたいもんだと思いました」と、吉田新一氏のインタビューで語っている。（後略）

この、「吉田新一氏のインタビュー」というのは、先生がなくなる二年前の一九七七年秋に、児童文学者の吉田新一さんが「児童文学世界」という雑誌の創刊号に載せるために、「私と英米児童文学——瀬田貞二氏に聞く」というテーマで、瀬田先生に長いインタビューをしていて、この「ぼくは息をのむほど驚いたんですね……」という先生の言葉は、その中で言っていることなんですね。インタビュー自体は『児童文学論』の下巻に入れましたから、全文読んでいただけます。

ムアのブックリストが載った『コンプトン』の抜刷り小冊子。

で、話をアン・キャロル・ムアのブックリストに戻しまして、『コンプトン』の初版刊行から十年経って、一九三二年版からは「子どものための七段の本棚づくり」*Seven Stories High** というムアの文章も加わるんですが、ブックリストとこの文章は、その後、抜刷りを小冊子の形にしたものも別に作られました。もう、百科事典の中だけで収まっていない、それくらいこれを必要とした人が多かったんですね、アメリカでは。

石井先生は、二度目のアメリカ行きの「再会の旅」の章で、とうとう再会できなかったムアさんのことを、こう語っています。

……私は、ムーアさんが年とって、枯れ葉のようになってゆくところを想像した。そのムーアさんが、とうとう亡くなり、ミラー夫人から「ミス・ムーアは大統領就任式を子どものように待ちこがれていたが、それを待たずに逝ってしまった。」と知らされたとき、ムーアさんは、最後まで心若く、妖精のようにとびたったのだなと思った。

まだ、ムーアさんがニューヨーク公共図書館児童部長の要職にあって、百人もの子どもが、ががやがやと湧きたっている会に出るときなど、彼女が子どもたちの前にたって五分もすると、あたりがしーんと静まり返るさまは魔法のようだったとは、よくマストンさんやチミノさんから聞かされたことであった。とにかく、アン・キャロル・ムーアというのは、ふしぎなひとだったのだ。このようなひとが、アメリカの図書館の子どものための活動の草創期にいたのは、何というしあわせなことだったろう、と、私はよく考えたのだった。

（『児童文学の旅』より）

と書いていらっしゃるように、ムアの子どもの本に対する「目」は、アメリカの児童図書館員や親たちに信頼されていたんですね。

瀬田先生がこのとき国会図書館で見た『コンプトン』は、もうもちろんムアの*Seven Stories High*の文章も入っていた版でしょうから、当然先生はこれもお読みになっていただろうと思います。このムアの文章は、最近、金山愛子さんが日本語に訳していますが、ブックリストの訳のほうはもう少し時間がかかるそうで、ブックリストの中身もわかれば、瀬田先生がこのときどういうふうに、あっと驚かれたのかがわかりますから、詳しく知りたいところではありますね。今、おぼつかない私の英語力でリストを見てみますと、リストは年齢別になっていて、いちばん最初が「三歳以下の子どもたちのために」で、まずコルデコットの絵本 *The Farmer's Boy* があげられています。そして二歳刻みで年齢順にリストアップされていって、おしまいが「十三歳から上の子どもたちのために」で、シュティフターのクリスマス物語『水晶』*Rock Crystal* で終わっていて、全部で二百九十八冊の本が選ばれています。そして、ただ書名をあげているだけではなくて、ムアは、一冊一冊の本にごく短い解説もつけています。たとえば『アリス』*Alice's Adventures in Wonderland and Through the Looking Glass* は「五歳から七歳までの子どもたちのために」に入っていて、これは特にテニエルの挿絵の入った版と指定され、次のような短い文章がそえられています。

At what age Alice will appeal to a child is always a question. Be sure to choose an edition with Tenniel pictures, which have historic importance, and add it to a child's library so that it may be read as soon as it is wanted.

（アリスが何歳の子どもにうけるかは常に疑問だ。この版には歴史的な重要性があるので、必ずテニエルによる挿絵つきの版を選ぶように。読みたくなった時にすぐ読めるように、子どもの本棚に加えておくとよい）

といった具合ですね。

こういう次第で、一九四七年から四九年のあいだに、先生は、子どものための児童百科事典の構想を練りながら、同時に、アン・キャロル・ムアのすばらしいブックリストも見つけた。そしてこのムアのリストに出てくる絵本や童話の原書は、そのころ東京の日比谷にできたアメリカ文化センターの児童書の棚にほとんどそろっていたので、もう「ほんとにむさぼるように読んで感心したことを覚えています」とインタビューで言っていますが、ここから先生は、子どもの本と本格的に出会うことになります。

『児童百科事典』の編集始まる

年譜の②の時代にいきます。「一九四九年（三十三歳）、平凡社に入社。『児童百科事典』全二十四巻の編集にたずさわる」ということで、先生が三十代の大半をかけた『児童百科事典』の仕事が始まります。

平凡社では、戦後の出版の本格的な立ち上がりとして、一九四八年から『社会科事典』(全十巻)をスタートさせていました。「六・三制」になって社会科が新設されたことから作られたこの『社会科事典』のあとには、『家庭科事典』(四九年)、『理科事典』(五〇年)などが続くんですが、これらは学校や図書館の必備書として、主に教師に向けて編集されたものでした。一方で、子ども自身が読む、子どものための百科事典を作ろうという計画は早くからあって、だれか中心になってやってくれる人がいないだろうか、このときちょうど探していたところだったんですね。先生の旧制東京高校時代の親友の日高六郎さん、子どもの本では岩波少年文庫に入っているヴァン・ルーンの『人間の歴史の物語』を訳された方ですが、当時『社会科事典』の編集委員をしていた日高六郎さんがそれを聞いて、先生の構想を平凡社に取り次ぎました。日高さんは社会学者で思想家で、六〇年安保闘争のころにオピニオン・リーダーとしてたくさんの若者たちに大きな影響を与えた人ですね。瀬田先生とは、ぜんぜん別の人生を歩まれた方です。

瀬田先生ご本人もすでに、これもやはり日高さんの紹介で『社会科事典』に〈児童文学〉〈短歌〉〈俳句〉の三つの項目を余寧金之助の名前で書いています。そういうことも手伝って、おそらく話はすぐに決まったのでしょう。こうして平凡社という実現の場ができて、それこそ中身を入れる器ができたようなものですから、『児童百科』の企画はそれからもうとんとん拍子に進んで、林達夫を委員長格にして、取り次ぎ役だった日高六郎さんや、それから国分一太郎、宮原誠一、原弘など十人ほどの人が編集委員となって、百科事典に取りあげる項目を決め、それぞれ専門の筆者を選んで、原稿依頼がさっそく始まりました。

その筆者たちへの執筆依頼の手紙は、瀬田先生自身が熱意をこめて書いたそうですけれど、「児童のイマジネーションを掻き立てるような文章で、正確な内容を伝えるように」と強く要請したにもかかわらず、集まった原稿はぜんぜんそうじゃありませんでした。子どものイマジネーションを掻き立てる文章を書くなんてことは、そう簡単にはできないことですよね、ふつうの大人には。

まあ、ある程度予想はしていたんでしょうけれど、これはちょっとやそっとの手直しではどうにもならないということがわかったときは、ショックだっただろうと思います。でもここからが瀬田先生のすごいところ、この『児童百科事典』のすごいところなんですが、集められた原稿を前に、先生は大決心をします。こうなったら集まった原稿を編集部の手で全面的にリライトしてしまおう、子どもを引きこんで読ませ、楽しませ、考えさせる文章に徹底的に書き直してしまおうと決断するんですね。これは、本当に大変なことだと思います。でも、このこと抜きでは子どもの知識の本は成立しない、それくらい大事なことですね。

こうして研究者や専門家の筆者によって書かれたオリジナル原稿は、決して自分では編集長と名乗らなかったけれども、実質的な編集長であった瀬田先生を中心に、編集部の手で次々にリライトされていくんですが、先生はこのときリライトにあたっていた若い編集者たちを、もう、しごきにしごいたそうです。彼らはひそかにそれを「瀬田教室」と言っていたそうですが、その「瀬田教室」のひとりだった市場泰男さんが追悼文集『旅の仲間』にそのしごきぶりを具体的に書いているので、それを読んでみましょう。市場さんはのちにサイエンスライターとして、また翻訳家としても活躍する方ですが、『児童百科』では理科関係の項目を受け持っていたんですね。

私は理科出身で文章を書くのが専門ではなかったので、はじめは瀬田さんも特に目を光らせて私の書いたものを検閲したようだし、最終巻までこまごまと行き届いた親切なご指導を受けた。しかし瀬田さんの批評はなかなか厳しく、ここでも容易なことでは妥協しなかった。『児童百科事典』の項目は、瀬田さんのアイディアで、大きいものでも小さいものでも、マクラつまり導入部をつけなければならなかった。これは、たまたまそこを開いた子どもの目をひきつけ、興味をよびさまして、最後まで一気に読ませてしまおうというねらいをもったもので、原稿部では最も力を入れた部分だった。はじめのうちは瀬田さんは私の書いたものに残らず目を通し、気に入らないものは突っ返した。何べんも書き直して、やっとパスできた項目は、数え上げたらきりがない。

それ以上に私が困ったのは、大項目につけるスローガンというかサブタイトルというか、たとえば「ウマ——一本指のスピード王」「絵巻物——手の中の映画」といったような謳い文句である。瀬田さんは自分の受持の部門で楽々と作ってしまうのだが、私など文学的センスが乏しいうえ理科のテーマにはつけにくいものがよくあり、いくら頭をひねっても浮かんでこず泣きたい思いをすることが多かった。忘れもしない、「海」という項目のサブタイトルを考えあぐね、二度も三度も案を出しては突っ返され、はては「サブタイトルなしにして下さい」と泣きついてどやされたあげく、いろんな本をあくせく探しまわった末にやっとオデュッセイアからポセイドンの形容句「地をとりまくもの」を拾い出し、それでなんとか勘弁してもらった。

もちろん瀬田さんは私を突き放して途方に暮れさせるよりは、いろいろ知恵を貸してくれたり、筆を加えたりして助けてくれるほうがずっと多かった。人の知らないエピソードを知っていることは驚くほどで、理科部門でさえ私が聞いたこともない話をたくさん教示してくれた。また瀬田さんが一つの単語、一つのテニヲハを変えただけで、見ちがえるほど文章が活きいきし引きしまってくるのを何度も見せつけられ、魔術師のような文字さばきにはつくづく心からびっくりした。さすが俳人として一家を構えているだけのことはあると思った。私は後にも先にもあれほど有難い教えと訓練を受けたことはない。その後曲りなりにもいくつかの著書や翻訳を出すことができたのも、大部分はあのときの瀬田さんの手とり足とりのご指導のおかげだといえる。

（『旅の仲間』「『児童百科事典』――われらが青春の夢」より）

こうやって編集部の総力をあげて、市場さんによれば彼らは「原稿部」と呼ばれていたようですが、その原稿部が総力をあげて、読者の子どもがほんとに楽しめる文章にリライトしていきました。そうして仕上げた原稿に、瀬田先生は全部目を通しアドバイスをして、それから、これはまたあとで言いますけれど、先生自身もたくさんの項目を受け持ってリライトをしたり、時にはもとのオリジナル原稿から書いたりもしています。このあたりの大変さというのは、私は自分が子どもの本の編集者でしたから身に沁みてよくわかるんですが、ここのところは『児童百科』を作っていくプロセスで、たしかに大きなひとつの山場だったんだろうと思います。

もっとも先生ご自身は、むしろこの状況を楽しんでいたと思えるふしがあります。平凡社で当時『世界美術全集』を編集していた田辺徹さんによると、このころはお互いにすべり出したばかりの企画で駆けまわっていてゆっくり話をする暇もなかったけれど、いっしょにいれば絵の話や文学の話に時の経つのを忘れたそうで、あるとき中野重治の小説『空想家とシナリオ』（一九三九年刊）の話になりました。田辺さんはこう言っています。「……瀬田さんは『空想家とシナリオ』が好きで、（主人公の）車善六を語る瀬田さんは、まるで車善六が自分の分身のような口調であった。車善六が読んでいる石川啄木の詩があった、善六がときどきのぞきにゆく丸善の洋書部があった。そして瀬田さん自身の空想を限りなく刺激するシナリオ『本と人生』がそこにはあった。瀬田さんはこのシナリオを空想する車善六の語り口に『児童百科』の記述の方式を見出し、それを楽しそうに話してくれたものだ」（『旅の仲間』「雑草刈りの名人瀬田さん」より）。

『空想家とシナリオ』の中にある、車《くるま》善六が思いえがいた「本と人生」というシナリオには、たとえばこういう一節があります。

本は何で出来ているか。それは紙と印刷インキとで出来ている。また紙を綴《と》じた糸と糊とで出来ている。

では紙は紙としてあったか。印刷インキは印刷インキとしてあったか。糸や糊も元からそういうものとしてあったか。

むろんそうではなかった。紙は木としてあった。また草としてあった。インキは、これはむずかしい。それは煤《すす》としてあった。鉄としてあった。石炭としてもあった。草木の繊維は紙となり、煤は墨となり、鉄はお歯黒《はぐろ》となり、石炭はコールタール染料となった。
紙の繊維は綿である、麻や三椏《みつまた》である、えぞ松や杉や樅《もみ》やポプラである、また麦わらや砂糖きびの茎である。殻《から》がはじけてまっ白い毛球《けだま》の覗けた棉ばたけ、まっさおな一面の麻ばたけ、金いろの麦ばたけ、黒い針葉樹の樹海、ふるえるポプラの木の濶葉、それらがすべての本の紙である。……

（「中野重治全集」第二巻／筑摩書房／一九七七年より）

ここには「本」というものを成り立たせている系統だった知識が、実に生き生きとした言葉で語られていますね。先生は十代のころからずっと中野重治の詩や小説を愛読していたそうですから、あの国会図書館で『コンプトン』を見ていた段階から、すでにこの『空想家とシナリオ』の文章が脳裡にあったことは間違いないと思います。そして、『児童百科』の文章はこういう記述のしかたでいきたいというイメージが、もうこの徹底的リライト作戦を決心した時点で先生にははっきりと見えていたのだと思います。

すばらしい図版

ところで、『児童百科事典』の編集部には、原稿部のほかに「図版部」というセクションが作られました。なにしろお手本があの美しい『コンプトン絵入り百科事典』や『ブリタニカ・ジュニア百科事典』ですから、それに負けない、わかりやすくて楽しくて、しかも美しい図版や挿絵をたくさん入れたいというのが、先生のもうひとつの考えでした。

ですから、事典全体の四分の一以上が図版になる、つまり毎ページ必ず図版や挿絵や写真が入るという大がかりなものになりました。特に、『ブリタニカ・ジュニア』がやっている二色刷りの図版をこちらでもやってみようということになって、図版部の編集者たちは、当時アメリカから二色刷りの印刷機を輸入したばかりの東京印書館という印刷所に毎日通って、二色刷りの製版方法を研究して、それに合った原画の描き方をあれこれ工夫したそうです。東京印書館は、ちょうどこのころ（一九四七年）、平凡社の創業者である下中彌三郎氏によって始められた印刷会社で、東京板橋区の成増《なります》にありました。

『児童百科』の挿絵画家のひとりだった寺島龍一さん、のちに『ホビットの冒険』や「指輪物語」の日本語版の挿絵を描いた方ですね。寺島さんは、図版の描き方についてこう言っています。「そもそも『児童百科』のスタイルが斬新であった。ブリタニカのジュニア版に範をとったようで、絵は二色で、自分でスミ版と、色版を描きわけるのでなかなか大変ではあった」（『旅の仲間』「瀬田さんとのおつきあい」より）。

もう少し具体的にその方法を言いますと、まず最初に墨線の絵を描きます（墨版）。その上にトレーシングペーパーを重ねて、下の墨線の絵をすかして見ながら色版になる部分をトレーシングペーパーに描いていく。そして印刷するときには、墨版の分と、色指定をしたもうひとつの版を二枚重ねて刷る、つまりこれはセパレート方式なんですが、このセパレート方式で描かれた見本をひとつお見せしますね。

第九巻の〈サーカス〉の項目に入っている茂田井武さんの絵です（口絵参照）。茂田井さんは、あの福音館書店版『セロひきのゴーシュ』の絵描きさんですね。本当はもっと機能的な、たとえば何かの機械の構造を楽しく、わかりやすく描いたものとか、そういう何かを説明しているもののほうが『児童百科事典』の図版の例としてはいいかなと思ったんですが、この〈サーカス〉の中の茂田井さんの見開きの絵があんまり楽しくて、誘惑に抗しがたくて（笑）、結局これを見本にしてしまいました。楽しいでしょう、これ。茂田井さんは『児童百科』ではこのほかに、〈かちかち山〉（第五巻）の挿絵と、それから〈童謡〉（第十五巻）に小さなカットを三枚描いていますが、瀬田先生は茂田井さんの絵が大好きでしたから、この〈サーカス〉の絵をもらったときは特別うれしかっただろうと思いますね。カラーページを見てくださるとわかるように、墨版と、それからもう一色、この場合は明るい茶色の色版による二色刷りです。

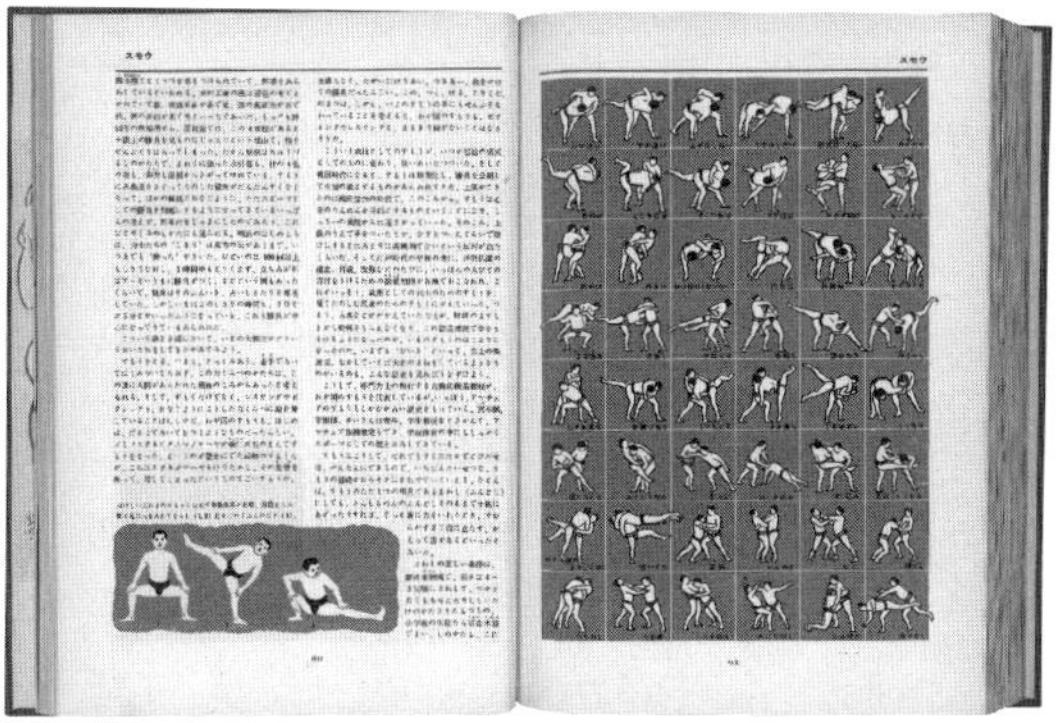

『児童百科事典』第12巻〈相撲〉より。図版は四股（左ページ）と技四十八手（右ページ）。

　もうひとつお見せしましょう。上の図版は、〈相撲〉（第十二巻）に入っている「四股《しこ》」と「技《わざ》四十八手」の図版です。私は相撲が好きなのでこれも入れたんですが（笑）、この薄くグレーになっている部分が色版だと考えてください。これ、色がないとピンとこないかもしれませんが、この色の部分が明るい茶色だったり空色だったりするんですね。

『児童百科』は、どのページも自由自在にこういう二色刷りの図版が入れられるように、一冊丸ごと二色刷りが可能な印刷にしているんですね。すべてのページを二色刷りにするというのは、これは製作費がすごくかかることなんです。このほか別刷りで、ところどころ四色のオフセットやグラビア版によるカラーページも挟みこんだりしていますが、このカラーの別刷りについては、今のほうが印刷技術がはるかに進んでいますから、一九五〇年代なら、まあこんなものかなあと思いますが、しかし、たいへん手間のかかったことをしていますね。

それから文字のほうですが、これも従来の活版印刷で使っている鉛の活字ではなくて、レイアウトが自由にしやすいように、当時新しく始まったばかりの写真植字機を使って、写植文字にしています。ですから、ごらんになるとわかると思うんですけれど、『児童百科』の文字面がなんとなく軽く見えるのは、写植文字を使っているせいなのです。

印刷上の細かいややこしいことをあれこれ言いましたけれども、要するに全巻二色刷りの方式をとったことが、視覚的にもきっぱりと明快な感じになって、それが本としての基調をかたちづくっているんですね。

もう少し二色刷り印刷について言わせてください。二色のうち一色は今言いましたように墨版なんですが、もう一色は、一冊の中でも折ごとにいろいろな色が指定されています。基本的には赤、青、黄、緑の系統の色が代わりばんこに使われているんですが、これがちょっとくすんだ、しゃれた色合いを指定しているんですね。赤だったらローズがかった赤にするとか、黄色だと薄い藍色がかった朽ち葉色っていうんですか、そういう黄色にしたり、緑はミントグリーンのような色にしたり。それが実に落ち着いた色使いで、いいセンスなんですよね。

私は、これは絶対にだれかアートディレクターがいるはずだと睨みました。で、ここはちょっと厄介なところなんですが、『児童百科』はだれがどの部分をやったのか具体的にはまったくわかりません。各巻の初めに「この巻をつくった人たち」というリストがあって、それは「原稿を書いた人たち」と、「絵や写真をつくった人たち」の二つに分けられていて、それぞれアイウエオ順に名前が載っているだけなんですね。つまり、個人の名前が載っているのはここだけなんですね。なにしろ文章のほうは全面リライトをしてしまっているわけですから、だれがどの項目を書いたのかということはちょっと特定しがたいということもあってのことだと思うのですが、今見ますと、これが『児童百科』の謎の部分なんですね。私は、この謎解きをするのがだんだん面白くなってきて（笑）、ずいぶんこれで楽しく遊んじゃったんですが、「この巻をつくった人たち」のリストの中で、アートディレクターになる人はひとりしかいません。それは当時、日本で指折りのデザイナーだった原弘《はらひろむ》です。原弘は、『児童百科事典』の準備段階から企画者の一人として名を連ねていますし、そもそも、これもどこにも書いてありませんけれども、この『児童百科』の装丁、赤いクロスに太陽が空押しになっている装丁なんですけど（口絵参照）、この美しい装丁からして原弘によるものだと私は思いました。原さんはおそらく表紙のデザインから本文の組み方、図版の入れ方、色の決め方など、ブックデザインの基調になることは、いっさいやったんじゃないかと思いました。

原弘といえば、若いころ初期ソビエト絵本に魅せられてたくさん集めている人です。ロシア革命のあと、ソビエトで次々に出版されたレーベデフなどによるペーパーバック絵本は、二〇〇四年に東京港区白金台の庭園美術館で開かれた「幻のロシア絵本 一九二〇―三〇年代」展で紹介されましたから、ごらんになった方も多いと思いますが、原さんはそのコレクターとして有名な方でもあります。ですから、もしかしたら原さんは、この初期ソビエト絵本への想いをこめて、その描き方も念頭に浮かべながら、それを『児童百科』のデザインの中に潜ませたのかもしれない、そうだ、そうに違いない、と私の想像はもうどんどん膨らんでいって、まるで大発見をしたように思っていたのですが、つい先日、平凡社の『六十年史』という社史を見ていたら、あろうことか、「(『児童百科』は)アート・ディレクター制を設けて、それ以後原弘との交渉がふかめられた」と、実に軽くひとことで(笑)ちゃんと書いてあるではありませんか。私の大発見は、こうしてあえなくたったの一行で片づけられてしまいました。

話を戻しまして、図版部の工夫はさらに続いて、六巻目からはいわゆる片面開きや観音開きといわれる、三ページ、四ページ続きの「綴じ込み」をたびたび入れるようになります。たたみこんで入れる綴じ込みですね。船とか飛行機とか、それから蒸気機関車の模型図とか、そういう左右の長さが必要なものは通常のページに収まりきれませんから、三ページ、四ページにつながった広いスペースを使ってレイアウトするんですが、さらに、もう乗りに乗って、ふつうでは考えられないようなこともしています。たとえば第十六巻には、本文の〈鳥羽僧正〉に合わせて、「鳥獣戯画」を、なんと天地十センチ、左右六十四センチのながーい絵巻物の形にして、それをいくつかに折って綴じ込みにしているんですね。六十四センチといったらすごい長さですよ。こんな楽しい編集部からの贈り物が、どの巻にもいつもどこかしらに入っているのですから、さぞかし読者の子どもたちは喜んだだろうと思います。私は以前、こういう観音開きなどの「仕掛け」ものを、大正から戦前にかけて婦人之友社から出ていた絵雑誌「子供之友」でいくつか見たことがあるんですが、そこには大画面の双六の折り込みや、絵柄が立ち上がるポップアップや、めくると下の絵が見えるフラップ方式などいろいろ面白い工夫がありました。戦前の子ども雑誌にはこうした「仕掛け」ものが盛んだったようですから、『児童百科』ではそれも引き継いで、そしてさらに大仕掛けにして百科事典の中に取り入れたのかもしれません。図版部にはどんな難題でもみごと図版にしてしまう図版作りの名人がいて、佐藤仁《じん》さんというその編集者のお名前は、私も先生から聞いた記憶があります。

瀬田先生は、図版や挿絵の画家のことにも深く関わっていたと思います。まず山本忠敬《ただよし》さん。忠敬先生は瀬田先生の開成中学の同級生ですね。のちに『のろまなローラー』(一九六〇年)や、『しょうぼうじどうしゃ　じぷた』(六三年)など、乗りもの絵本の傑作を描く忠敬先生は、東京美術学校(現、東京藝術大学)の図案科を出て、ディズニー映画の技術に魅かれ横浜シネマ商会に就職、徴兵まではここで漫画映画の創作をしていたんですが、すでに戦争中に『ひこうてい南の島へ』という絵本も一冊作っていて、そもそも絵本には興味をもっていらしたんですね。それで、瀬田先生からの誘いを、ご本人の言葉によると「二つ返事で」引き受けます。そして、そこから忠敬先生の友人で人形劇団の結城座で人形を作っていた高田藤三郎が加わり、アートディレクター原弘の弟子の村田道紀や、日本画家の稗田一穂が加わりと、だんだん挿絵、図版画家の輪が広がっていきました。光風会の画家だっ

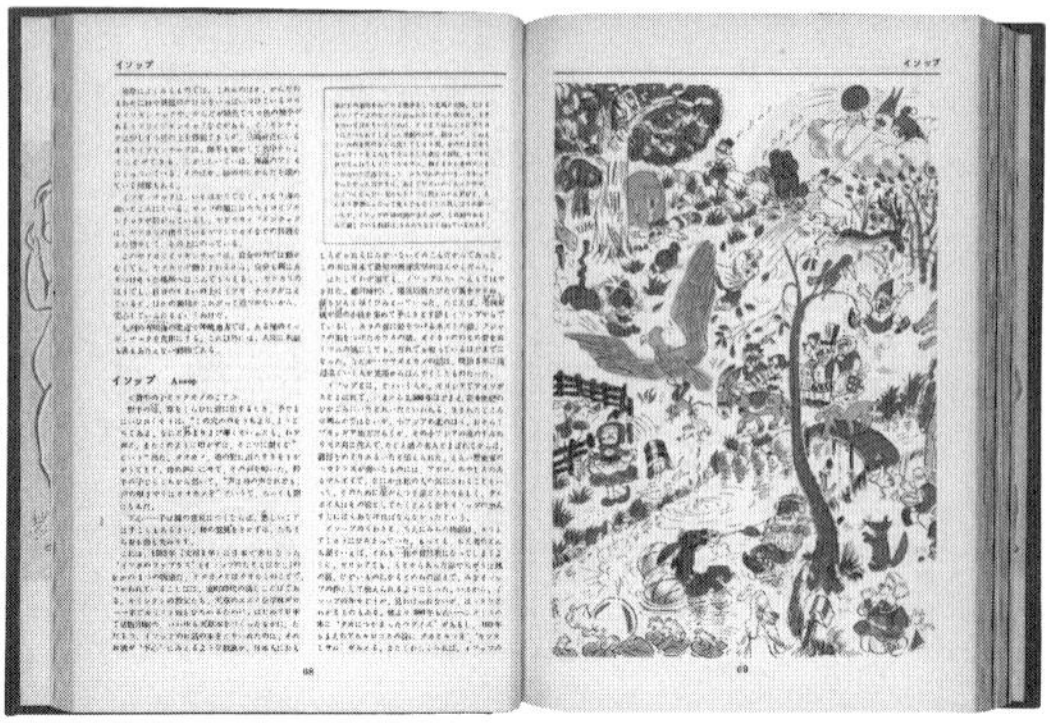
『児童百科事典』第２巻〈イソップ〉より、清水崑の二色挿絵入り。

た寺島龍一さんには、瀬田先生は「少女の友」（実業之日本社）の編集長だった古山信夫という人の紹介で会っていますね。『三びきのこぶた』の画家の山田三郎もメンバーのひとりでした。山田三郎は途中の第十五巻目から参加していて、巻頭のリストには本名の「山田禄太郎」で載っています。人形劇団プークで美術をやっていた人ですが、おそらく高田藤三郎の誘いで加わったんじゃないかと思います。このように、何かしら瀬田先生との関係があって図版画家のメンバーになった方が多いようです。

　ところで、これは百科事典ですから植物や動物やそれぞれ専門の図版を描く人もいて、全巻を通して、野村敏雄という方は機械物専門、松本匡右《きょうすけ》は植物画専門、というふうにそれぞれ受け持ちの分野があったようです。一方で、茂田井武や清水崑のような方は、いわばゲストの画家といったらいいでしょうか。茂田井さんのことは、さっき言いましたけれど、もうひとりの、あの絵本『かにむかし』（岩波書店）の画家で漫画家の清水崑は、二巻目の〈イソップ〉で一ページ大の楽しい挿絵を描いています。『児童百科』は毎巻二十人くらいのメンバーで図版や挿絵を描いていたと、どなたかが言っているのを読みましたから、ここにあげている方々以外にも、実際はもっとたくさんいたんだろうと思うのですが、今の段階では私にはこれ以上わかりません。この方たちについては、これはこの人が描いた絵だろうとだいたい想像がつきました。

『児童百科』はひと月おきに出すというのが建前でしたから、年に六冊、とにかく一巻分平均三三〇ページのうちの四分の一を図版や挿絵で埋めるのですから、この画家の方たちも図版部の編集者たちも、リライトに追われている原稿部に劣らない大変な日々だっただろうと思います。図版部の編集者のひとりだった松森務さんは、そのあたりのことを「月刊絵本」という雑誌（すばる書房／一九七九年六月号）にこんなふうに書いています。「『児童百科』は〆切間際になると画家たちを旅館にかんづめにし、夜昼なしに描いてもらった。禄さん（山田三郎）、山本（忠敬）さん、高田さん、村田さんなどがたいてい同室だった。そういう時の禄さんの仕事ぶりはすさまじかった。ウイスキーのびんを脇に置き、コップになみなみとついで、ぐいぐいとあおるようにしながら描いた」。

と、これは七九年四月になくなった山田三郎の追悼号のために書かれた文章なので、焦点は山田三郎にあたっていますが、こんなおそろしい進行状態なのに、画家の方たちも図版部の方たちも、決して調子を下げることなく、最終巻まで描き切ったんですから、いい仕事でしたね。

以上、『児童百科事典』が出来上がるプロセスを、文章と図版の両方から追いかけてみましたが、あの、もと赤坂離宮だった国会図書館の豪華なシャンデリアの下で、ひとり構想を練っていた、子どものための理想の百科事典というものが、平凡社という場を得て、最高のスタッフたちに恵まれながら、こんなふうにどんどん実現していったんですから、瀬田先生としては本当にうれしかっただろうと思います。

『児童百科事典』を読む

さて、ここまでのところ、『児童百科事典』はこんなふうにして作られてきたのだという、いわば仕事の進め方についてお話ししてきたんですが、次に『児童百科』の中を少し読んでみたいと思います。

先ほど『児童百科』の構想を平凡社に取り次いだ、日高六郎さんのことをちょっとお話ししましたが、日高さんは追悼文集『旅の仲間』の中で、「瀬田貞二君の思い出」という、青春時代をともに過ごし、いつのまにか遠く隔たってしまった親友への、想いあふれる文章を書いていて、

私は、今後瀬田貞二の仕事をまとめてしらべようとする人たちが、この『児童百科事典』で彼がした仕事、彼が執筆した項目を忘れないでほしいと願っている。

と言っているんですね。それでは私たちも、日高さんの言にしたがって『児童百科』に瀬田先生の痕跡を求めながら、まず第一巻を開けてみましょう。最初に、瀬田先生自身が筆を起こしたという「まえがき」*があります。これからどういう百科事典を作ろうとしているのか、すべてここに明確に語られているので、長いんですけれど全文読んでみたいと思います。

「まえがき」

フランスの科学者アンペールは、おさないころ、フランス革命というはげしい国乱に生いたったために、家ははなはだ金持ちの商家だったのに、満足な教育を受けることができなかった。しかし、かしこい父親が乱をさけて彼をいなかの別荘にあずけ、そこに百科全書がひとそろいそなえてあったことが、じつに彼の一生を決めたのだった。百科全書はすべてで35巻、当時明るいルネッサンスの精神が、人間を暗い僧院からとき放して、科学をおしすすめた気運に乗って、新しい人間の、新しい知識、新しい見かたを、学問の正しいすじ道にあまねく含めていこうとする学者たちの手で作られた、世界最初の百科事典だった。小さなアンペールは、ものにつかれたように、このぶ厚い事典を1ページ残さず、日夜読みふけって、ついに後年、電流の単位にまで彼の名を冠せられるほどの、大発見をする基礎をつくった。

これは、ただ一学者の、おどろくべき努力や、暗記力を示すひとつの例ではない。科学者のダランベールや思想家のディドロたち、すぐれた百科全書家のまいた種子が、正しい花をひらいた、美しい例ではないだろうか。日本のつきあたっているむつかしい情勢や、新しい問題は、考えようによっては、あのフランス革命以上である。かりに教育の一事をとりあげても、社会の秩序や学問の組織の上に築かれなければならない社会科やホーム・ルームの試みは、おびただしい努力をつんで空廻りしているかに見える。そのままでは、すべての生徒、学生は、年々学力を低めて新しい世界をつくる列から離れていくことになろう。

実際にいって、これら若い人たちは、教科書に追いつくようにその場限りの参考書や、冷淡な辞書にすがりついているばかりだった。いままでの百科事典が、正確で、学問的で、すべてに触れていたにしても、特別な研究家のほかは、とりつくしまのない、味気なさをなめなければならなかった。

もし、ここに、若い人たちが偶然めくったページに読みふけってしまうほどの、おもしろい百科事典があったら、また、いやいや勉強のために引いた項目から、すぐさまはげしい好奇心をそそられ、志をよびさまされるほどの、たのしい百科事典があったらどうだろう。家にも、学校にも、図書館にも、目にふれ、手にとれるところに、そのような百科事典を送りたいものだ。

このような望みにかられて、この児童百科事典は、くわだてられた。


ほんらい、本を読むこと、ことに事典をよむことは、おとなにとっても、なみなみのことではない。若い人たちは、ほとんどじぶんのために、本をめくることがない。けれども、なにか特別な目的、たとえば学習のために、知識を追って、しだいに本を親しいものにすることはできる。それが学校を離れるとともに、本の世界を忘れさってしまうのは、さきにのべた参考書や辞書のせいであった。おもうに、読書は習慣である。そして若い人たちに、知識を求める心があり、新しい世界を感ずる好奇の眼があるかぎり、おもしろく、たのしい記述は、かならず読書の貴い習慣をやしなうだろう。

児童百科事典は、やさしい話から知識へ、身ぢかな事がらから深い道理へ、応用から原理へ、読むことから考えることへの、かけ橋でなければならない。しかし、若い年齢を考えて、わざわざ、〝児童のために〟書くことは、いずれにせよ明白なあやまりである。児童は、可能性である。事がらの正しさと、高さとは、あつかいかたによって、児童に全的にうけとれるであろう。要は、それを興味あるすじだてによって、明瞭単純なことばで書かれることであり、それは、どんなおとなにとっても通ずる真実である。そこで、この事典は、

学問の正確さと、視野の広さとを保つこと、

問題をいきいきと、まざまざと表すこと、

しかも、中心を直接ついて簡明であること、

を、あくまでもめざした。全巻の特色は、まったくここにかかっている。事典として、わが国ではじめてなされた試みと、自負するところである。

本文を生かしてかざるために、全体の4分の1以上におよぶ、たくさんの挿図をいれた。これらの挿図は、2色版を主として、ときに多色刷をまじえた。それはしかし、美しさにおいてと同じく、つけられた説明によって本文をおぎない、ひとめ見て、ただちに諸関係をのみこみうる、明快なたのしさを、つけ加えるだろう。

また、児童百科事典は、つぎのような3特色を、項目のたてかたに、記述に、挿図に、はっきりと示している。つまり1には、あくまで児童の本であること。標準からすれば、いままでもっともないがしろにされてきた中学生（12才〜15才）の読みものである。そして項目の程度によっ

て、小学上級にも高校下級にもむかえられる読みものである。そこで、とくにあつかう事実は、利用の度を考慮して、能うかぎり、実際的にとりあげられた。工夫しうること、実験しうることを大いに利用されたい。2には、現在の出版行為であること。ために、最新の成果としての、もっとも達成した知識の水準を保つことに心がけた。進歩は刻々になされている。わたしたちは、この事典の版をさらにあらたにして、つねにいまの最高レヴェルをつづけるよう、将来も心がけるであろう。3には、日本の事典であること。日本を知り、日本を愛する小国民のために、すべての項目に、おおいない公正な目をもって、日本を正しく世界事情のうちに位置づけ、日本の特別な伝統をふたたびふりかえる観点をとった。

事典の読者にとって、巻ごとの月報は本巻をおぎなう読みものとして、また本巻にはいる指針として、役立つことを信ずる。つけたりの附録として、すてることなく、保存されんことをねがう。

さいわいに、児童百科事典は、児童の将来にふかい関心をもつ多くの識者のあつい協力によって、ここに成った。ひとつの項目にこそ、協力諸家の名まえをしるさなかったが、うえにのべた編集企図によって、いくどか本文をねりなおしたことでもあり、若い人たちへのおしみない協力をあらわすためもあって、執筆者氏名は、すべて各巻のはじめに、まとめてかかげた。記して、関係されたすべてのひとびとに、深謝するところである。

平凡社　児童百科事典編集部

と、こういう「まえがき」です。この「まえがき」に掲げていることを、これから全巻にわたって実現させていきますという、そういう宣言をここでしているんですね。

次に「この巻をつくった人たち」のリストと、それから「ここをよんでみよう」*という、第一巻に収められている百四十三の項目を大きく十一に分類した一覧が続きます。この一覧は、凡例の「この事典のひきかた」によると、「まずあてもなく事典のおもしろい記事を読もうとする読者は、はじめにある〝ここをよんでみよう〟のページをひらいて、なにかの事がらをさぐりあてることがよいだろう」とありますが、これがまた非常に面白く工夫されているんですね。十一の分類というのは、「画をたのしむひと時」「物語の国へ」「歴史の流れにそって」「見しらぬ土地をたずねて」「社会においたつために」「名だかい人々の生涯」「生活をいろどるもの」「お母さんのおてつだい」「鳥も木もわたしたちの友だち」「人間のちえは日ごとに進む」「いつ、どこに、どうして？」から出来ているんですが、たとえば「物語の国へ」の中にある〝石から剣をぬく者は王となろう〟は、そこに指示されているページにしたがって事典を繰《く》ると、〈アーサー王物語〉の項目にたどりつきます。「鳥も木もわたしたちの友だち」にある〝あたまに足のはえた怪物〟は〈イカ〉にたどりつきますし、「いつ、どこに、どうして？」に

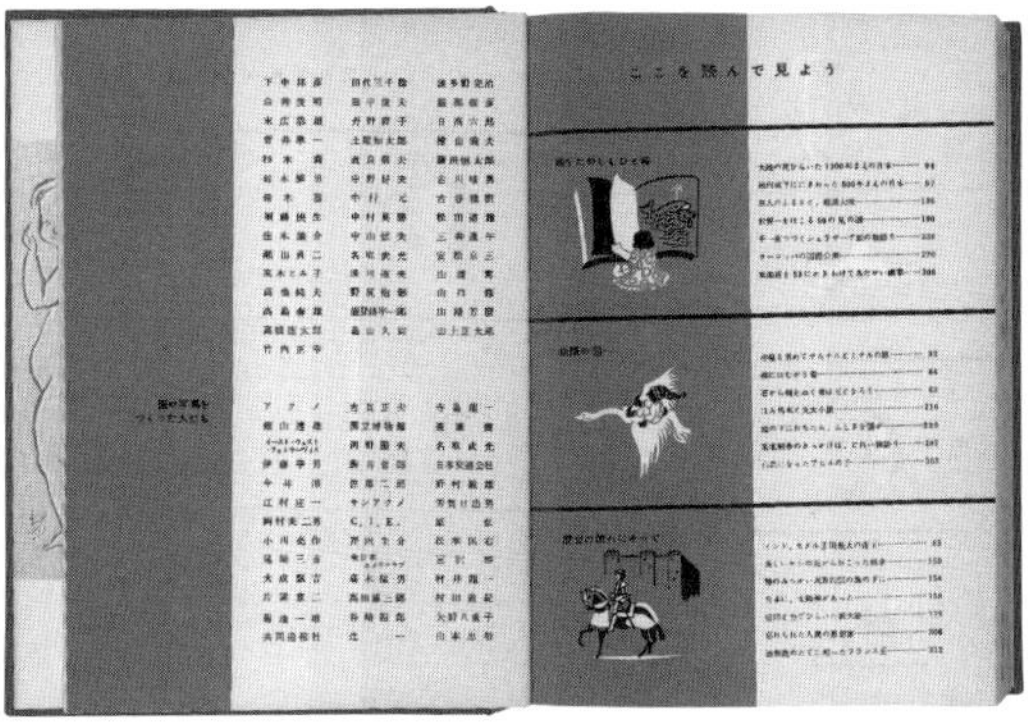

『児童百科事典』第１巻、「この巻をつくった人たち」リスト（左ページ）と、「ここをよんでみよう」の分類一覧（右ページ）。

ある〝おなかがいたむのはなぜか〟は〈胃〉にたどりつきます。
この一覧、見はじめると止められなくなっちゃうんですね。そのひとことからいったいどういう項目が現れるのか、今、大人の私が見ても次々と知りたくなってしまいます。この、いわば百科事典の道案内的な一覧は、このあと続くすべての巻のはじめにまず置かれています。

最初の項目は〈愛国心〉

いよいよ本文に入りまして、ア行の第一ページ、最初は〈愛国心〉という項目から始まっているんですね。百科事典の最初の項目は、ふつうなら「愛」という言葉あたりから始まると思うんですが、『児童百科事典』の場合は、〈愛国心〉という言葉から始まっています。

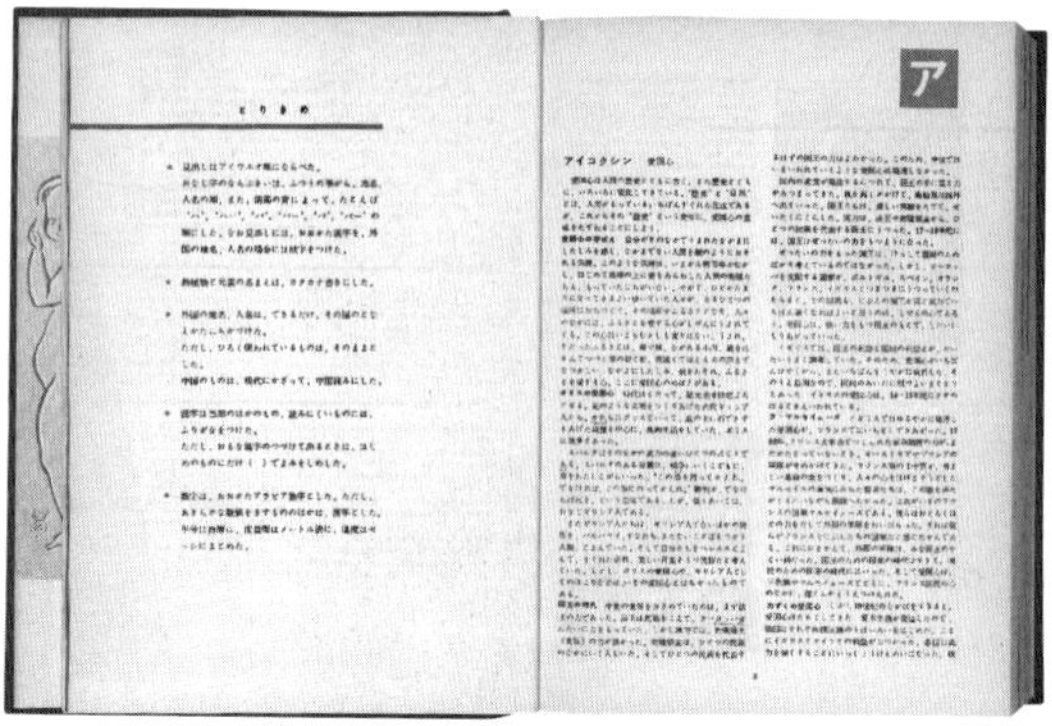
『児童百科事典』第１巻、最初の項目は〈愛国心〉だった。

戦争が終わったのが一九四五年八月で、この『児童百科』の第一巻が出たのがそれから五年半後の五一年二月ですから、ほんの数年前まで、大人も子どももこの「愛国心」という言葉で縛りつけられていたんですね。これを、戦争が終わってすぐの子どもたちに知識としてどう説明するのか、これは大人として非常に難しいことですね。

〈アイコクシン　愛国心〉の書き出しというのは、こうです。

〈アイコクシン　愛国心〉

愛国心は人間の歴史とともに古く、また歴史とともに、いろいろに変化してきている。「歴史」と「自然」とは、人間がもっているいちばんすぐれた先生であるが、これからその「歴史」という先生に、愛国心の意味をたずねることにしよう。……

（『児童百科事典』第一巻より）

その歴史をたどっていくことで、「愛国心」という言葉をまず客観的なところに置き、戦争中の呪縛から見事に子どもたちを解き放っています。これは最初の項目で大事なところですから、この項目の執筆（あるいはリライト）には瀬田先生が大きく関わっていると思います。

〈愛国心〉についで、〈アイスクリーム〉〈アイスランド〉〈アイソトープ〉〈愛知県〉……と、百科事典ですからアイウエオ順に項目は続いていきます。日高六郎さんによりますと、

彼は、作家や画家や探検家などはもちろん、児童文学や神話や日本の古代中世近代の文学などで、じつにたくさんの項目を書いたと思う。彼の文章の簡潔さ、短い表現のなかに本質的なことがらをおさえるたくみさ、そして歴史的な位置づけのあざやかさなど、目を見はるものがあった。

（『旅の仲間』「瀬田貞二君の思い出」より）

とありますから、そして日高さんは、『児童百科』の編集委員のひとりとしてこの仕事を実際に間近に見てきた方ですから、だいたいここで日高さんがあげている分野の項目は、瀬田先生がらみと考えていいだろうと思います。

さて、第一巻目にはさっそく〈アラビアン・ナイト〉の項目があります。この〈アラビアン・ナイト〉の項目の中に、エドマンド・デュラックの絵による「シンドバットの冒険」から一枚とってカラーで大きく載せています。大鳥ロクの足にぶらさがって夜の空を飛んでいるシンドバッドの絵ですが、この絵については、『絵本論』の中の「わが思い出の絵本」のところで瀬田先生はこんなふうに書いていています。

デュラックの別刷り挿絵が入った『アラビアン・ナイト』より、「ロク」。

ところが、私にとって出来事は、三年の春にやってきました。通学途中の道わきに庭じゅう山吹の咲くひっそりした家がありましたが、ある日下校する私をその庭から大学生がよびこんで、一冊の洋書を見せてくれたのです。見ず知らずの小学生をどうしてよびとめたのか、その後ただ一回もその大学生にも会わず、その家にも寄ったことのない私にはわかりませんが、その大学生は見ていた本の絵のよさを私《わたくし》することにたえられなかったのでしょう。部厚いその洋書には、アート紙の別刷り挿絵が貼りこみになって約三十枚ぐらいあり、その一枚一枚に目をこらした私は、うたがいようもなくその洋書が『アラビアン・ナイト』であることを知りました。雲間からでる月に照らしだされて、木馬にのって飛行する王子らしい人のターバンの飾り羽根も、ガウンもいっぱいになびいています。大天井のある岩窟のなかにぽつんと立っている貧しい男の眼前に、箱や瓶《かめ》からあふれた宝石が、わずかなつり灯籠の光できらきらと輝いています。大きな怪鳥の足に布一本でつりさがった男の下は画面の大部分が雲をまく深い谷で、その底に星のようにきらめくダイヤモンドのようなものが見えます。

これらすべての絵をくり返して見ているうちに、私は、いままで見た『アラビアン・ナイト』の挿絵が全部うそで、この本のこの挿絵だけがほんものだという気がしてきました。地味で複雑な多色を重ねた深い色感のなかの輝きといい、思いがけない劇的な構図といい、ふしぎをきわめて具体的に描きだしてもなお空想のまま神秘を内蔵した表現力といい、私のような小さい者が心のなかで『アラビアン・ナイト』をひそかにイメージとして夢みている方向が、ほかの挿絵(日本のいいかげんな仕事での)をたちこえて、ここに実体をもっていたのです。私は、それらを、清水をのむようにながめたのだと思います。なぜといって、そののち私は、いつ『アラビアン・ナイト』を読むときでも、あの群青色に深紅の炎を秘めたような挿絵のいくつかが目のうちに現われてしまうからでした。そして私はそれ以後、物語を絵で再現する挿絵というものの意味と力とを知ったように思います。

(『絵本論』p.82―83)

はやばやとその痕跡のひとつが見つかりました。こういう具合に、先生が子どものころに出会った大事なものも、ちゃんとこの『児童百科』の中に入れてあるんですね。〈アラビアン・ナイト〉の項

アリス

アリストテレス

アリストテレス　Aristoteles

生いたち

252

253

『児童百科事典』第１巻〈アリス〉より。図版はティー・パーティーの場面とキャロルの肖像画の組み合わせ。

目の後半は「船乗りシンドバッド第2の航海」のあらすじになっているんですが、このあたりは、特に先生のリライトの腕が発揮されているところじゃないかと思います。〈アリス〉の項目も、瀬田先生がらみと思うんですが、例のにせ海ガメとグリフォンのナンセンスな会話が飛び交う場面をここでは紹介していて、

……よろけ方（reeling）と、もがき方（writhing）というのは、よみ方（reading）と書き方（writing）のしゃれで、訳しようがない。こんなしゃれはいまに英語がよめるようになって、もとの本をじかに読んでいただくほかはあるまい。

なんて百科事典の中で言っているんですよね（笑）。これはもう、いわゆる百科事典の文章

じゃありませんよね。図版は、テニエル挿絵の、三月ウサギとぼうし屋と眠りネズミのティー・パーティーが始まる場面が入っています。まわりの飾りはバラの花ですが、これが二色刷りの別版で、ローズ色というのかな、赤系統の色です。左上に憂鬱そうな顔つきのルイス・キャロルの肖像画がありますね。『児童百科』では、人物を写真で入れることはあんまりなくて、かわりに新しく描き起こした、なかなかいい肖像画が入っていますから、それもまた楽しめます。

『児童百科事典』の初めに入れてあるカットの小鳥は、巻数を示している。左は第７巻（７羽）、右は第23巻（23羽）。

ついでに前付や見返しの図版のこともお話ししてしまいましょう。

『児童百科』は毎巻、初めに小鳥のとまっている道標のカットを入れています。第一巻は入っていませんが、第二巻からこれが入っていて、第二巻では二羽の小鳥が道標にとまっています。第七巻には七羽いますね、一羽はキツツキですが。こうやって小鳥の数が巻を追うごとに増えていって、もう道標にはすきまがなくて、空に飛んでたり地面に一、二羽ちょちょっとこぼれていたりするんですが、実際に数えてみると、正確にその巻数の小鳥がいます。二十三巻目ともなりますと、二十二羽の小鳥と一羽のフクロウでぎっしりです。こういうふうにちょっとしたところに楽しい仕掛けがしてありますね。

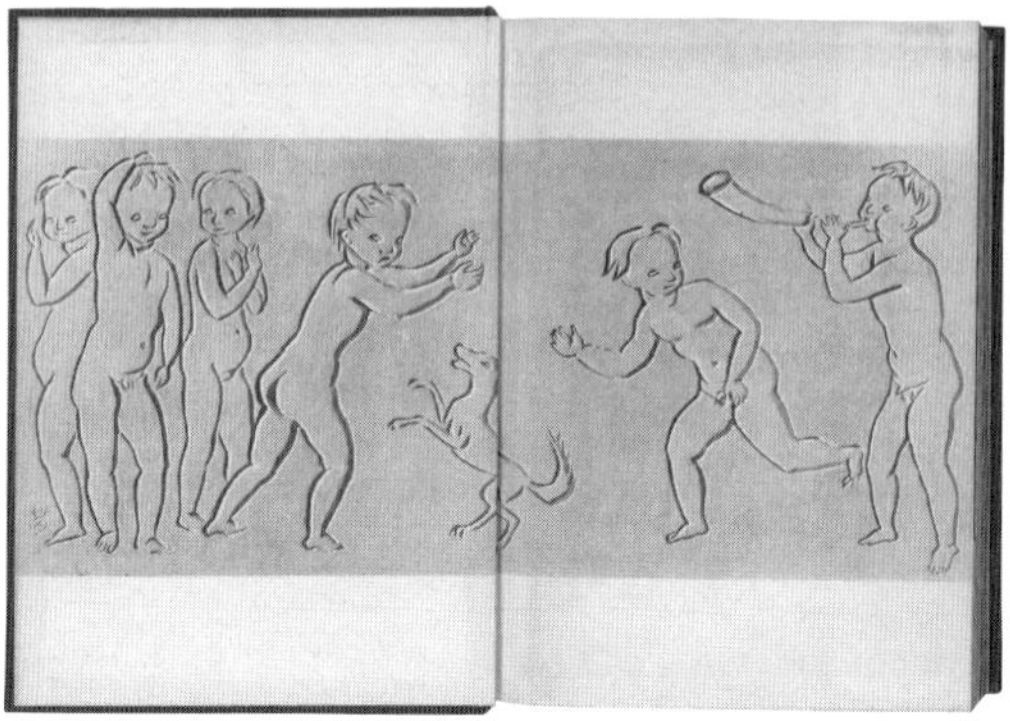

『児童百科事典』の見返し。菊池一雄のレリーフを原画にしたものと思われる。

それから次は見返しですが、全巻通して見返しは同じ絵柄です。子どもが六人と犬が一匹、左下の隅に漢字で「菊」というサインが入っています。『児童百科』ではたまに図版に自分のサインを入れている人がいるんですが、そういうのが私のねらい目なんです（笑）、画家の見当がつきますからね。で、巻頭の「絵や写真をつくった人たち」のリストを見ると、菊池一雄という名前があって、「菊」というのはこの人しかいませんから、これは菊池一雄氏によるレリーフを原画にしたもののようです。

ところで、これは言おうか止めようかさんざん迷ってたんですが、正直に言ってしまいます。『児童百科』が出ていた一九五〇年代、私は小学校の高学年でまさに現役でこの事典を使っていた世代なんですが、この裸の男の子たちがいる見返しを見るのがいやで（笑）、だってほんとに裸なんですものね。いやというより正視に耐えなくて、学校の図書室なんかでこの本を使うとき、なるべくここを見ないように注意するんですけれど、そう思って本を開くと、運わるくぱっと見えてしまう、そういうこだわりの見返しでした（笑）。瀬田先生はじめ、アートディレクターの原弘さんも含めて、この事典を作っていたおじさまたちは、ひとりの女の子にそんな微妙な思いを抱かせていたなんてきっと夢にも思わなかったことだと思いますね。私は正直に言いますとね、『児童百科』

というと今でもこの裸の子どもたちの見返しが最初に頭をよぎります。これはもう、ほとんど刷りこみ状態ですね。もちろん大人になってから考えれば、これからの新しい時代に生きる子どもたちをこういうレリーフの見返しで表現しようとした、その編集意図はよくわかります。それに今、『児童百科』のまえがきの、「明るいルネッサンスの精神が、人間を暗い僧院からとき放して」世界最初の百科事典が作られたというあたりを読むと、この裸の子どもたちのレリーフは、ここで言う、その「ルネッサンス」の表現だったのかもしれないんですよね。そういえば、『児童百科』第二十三巻にある〈ルネッサンス〉の項目は、先生たちが敬愛してやまなかった評論家の林達夫氏が執筆しています。当時三十代の瀬田先生たちにとって、この見返しにはおそらくさまざまな思いがこめられていたのでしょう。

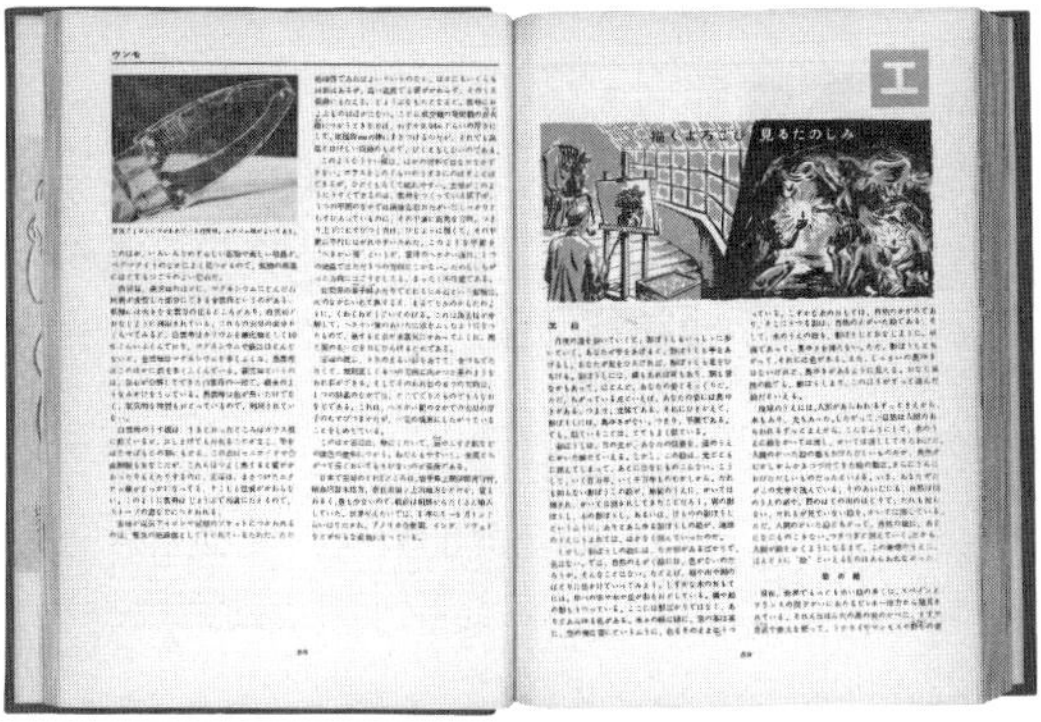
『児童百科事典』第３巻〈絵〉の項目、冒頭（右ページ）。

先にいきましょう。第三巻には〈絵〉の項目があります。〈絵〉の項目については、『世界美術全集』の編集者、田辺徹さんが追悼文集『旅の仲間』で、「私は瀬田さんが編集した『児童百科事典』をひとつの理想が生んだ珠玉の書として忘れることができない。たとえば瀬田さんが執筆した〈絵〉という項目、それはまったく素晴らしい書き出しであった」と言っています。その書き出しはこうです。

〈エ　絵〉

月夜の道を歩いていくと、影ぼうしもいっしょに歩いていく。あなたが手をあげると、影ぼうしも手をあげるし、あなたが足をひろげれば、影ぼうしも足をひろげる。影ぼうしには、頭もあれば耳もあり、胴も背なかもあって、ほとんど、あなたの姿とそっくりだ。ただ、ちがっている点といえば、あなたの姿には奥ゆきがある。つまり、立体である。それにひきかえて、影ぼうしには、奥ゆきがない。つまり、平面である。でも、似ていることは、とてもよく似ている。

影ぼうしは、月の光が、あなたの似姿を、道のうえにかいた絵だといえる。しかし、この絵は、光とともに消えてしまって、あとにはなにものこらない。こうして、いく百万年、いく千万年ものむかしから、だれも知らない影ぼうしの絵が、地面のうえに、かいては消され、かいては消されしてきたことだろう。岩の影ぼうし、木の影ぼうし、あるいは、けものの影ぼうしというふうに、ありとあらゆる影ぼうしの絵が、地球のうえにうまれては、はかなく消えていったのだ。

しかし、影ぼうしの絵には、ただ形があるばかりで、色はない。では、自然のえがく絵には、色がないのだろうか。そんなことはない。たとえば、池や川や湖のほとりに出かけていってみよう。しずかな水のおもてには、岸べの家や木や丘が影をおとしている。橋や船の影もうつっている。ここには形ばかりではなく、ありとあらゆる色がある。木々の緑は緑に、家の茶は茶に、空の青は青にというふうに、色もそのままにうつっている。しずかな水のおもては、自然のかがみであり、そこにうつる影は、自然のえがいた絵である。そして、水のうえの絵も、影ぼうしとおなじように、平面であって、奥ゆきを持たない。ただ、影ぼうしとちがって、それには色がある。また、じっさいの奥ゆきはないけれど、奥ゆきがあるように見える。おなじ自然の絵でも、影ぼうしより、このほうがずっと進んだ絵だといえる。

地球のうえには、人間があらわれるずっとまえから、水もあり、光もあった。したがって、自然は人間のあらわれるずっとまえから、こんなふうにして、水のうえに絵をかいては消し、かいては消ししてきたわけだ。人間のかいた絵の数もおびただしいものだが、自然がむかしからかきつづけてきた絵の数は、さらにさらにおびただしいものだったといえる。いま、あなたがたがこの文章を読んでいる。そのあいだにも、自然は山のうえの湖や、野のはての川のほとりで、だれも知らない、だれもが見ていない絵を、かいては消している。ただ、人間のかいた絵とちがって、自然の絵は、あとになにものこさない。つぎつぎと消えていく。だから、人間が絵をかくようになるまで、この地球のうえに、ほんとうに〈絵〉といえるものはあらわれなかった。……

（『児童百科事典』第三巻より）

非常にユニークな、子どもたちを、「絵」というものにこういうふうに引きこんでいくのかという、まったく見本のような書き出しです。このあと、大昔の洞窟に描かれた絵から、絵の主題、絵の見かた、絵の用途と話を進めていって、さらに十四ページにわたる、ブリューゲルから始まってピカソにいたるまでの絵画の別刷りが続きます。これがまた、うーんとうなるほどよく選択された構成になっていて、「絵」というものを子どもに向かって完璧に指し示す、これは堂々たる出来ばえの項目だと思います。

さて、同じ第三巻には〈ウソ〉という項目もあります。これも面白そうなので、ちょっとのぞいてみましょう。まず「ウソは美しい鳥で……」という文から始まる小鳥の〈ウソ〉の項目があって、次が虚言の〈ウソ〉です。

〈ウソ　虚言〉

うそということは、だれでも知っている簡単なことのように思えるが、じっさいは、こみいったことがらだ。

まず、うそと、まちがいとはどうちがうのか。2の2倍を5と答えても、まちがえて答えたのであれば、うそではない。学校にはいるまえの小さいこどもがうそをつくのは、たいていはこの、まちがいであって、うそとみないほうがよい。うそというのは、ほんとうのことを知っていながら、わざと、反対をのべた場合、じっさいとちがうことを、わざとのべた場合、である。Aさんだと知っていながら、わざと、Bさんだといえば、うそである。

と、出だしで「うそ」と「まちがい」を対比することで、「うそ」という言葉の輪郭をえがいておき、ついで物語や芝居などの作りごと（創作）との違いを述べて、「うそ」のまとめにかかります。

1．まちがいは、うそでない。2．ほんとうのことを知っていて、わざと、そうでないことをのべたのが、うそである。3．またそれをひとに信じさせるのが、うそである。4．さらに、それによって、人に不利益をあたえたりじぶんがよくない利益をえたりするのが、うそである。

こうして「うそ」の概念がはっきりしたところで、次の段階の「うそをつくと、なぜ悪いか」「どんな人が、しばしばうそをつくか」に進みます。そして結びの「うそつきを見つけるには」で、うそ発見器の話になるんですが、おしまいにこう締めくくっています。

しかし、うそ発見器は、まだ完全ではないし、うそそのものをはかるわけでもないから、平気でうそをつける人をきめつけるわけにも、世のなかの大きなうそを発見するわけにもいかない。やがて科学が、うそを正しく見わけるようになろうが、わたしたちはその器械にかかるうそつきには、けっしてならないようにしなければいけない。

（『児童百科事典』第三巻より）

うそ発見器は、今どうなっているのかなあと思って『広辞苑』を引いてみたら、「ポリグラフ」で載っていました。

〈虚言《ウソ》〉とか、〈心〉とか、〈好奇心〉とか、思想・心理部門の項目は、どれも面白くてここで取りあげたくなるものばかりなんですけれども、次に第六巻の〈空想〉を見てみましょう。

〈クウソウ　空想〉

小説家スティヴンソンに、〝見えない友だち〟というかわいい童謡一ぺんがある。〝こどもたちがひとりで遊んでいると、野原から森から、見えない友だちがやってくる。たのしいときにはきっとそばに来てすわっている。そして眠るときにはそっとおもちゃの見はりをしていてくれる〟という意味だ。じっさいに、ひとり子には〝空想の友〟があって、そんなこどもたちは空想で友だちをつくりだし、そだて、しまいには、その友だちがじっさいにいると信じきって、いっしょに食事をしたり、遊んだりする。ある子は電車にのるさいに、空想の友だちをさきに乗せようとして、車掌《しゃしょう》をびっくりさせたことがあった。こどもは、だれでも空想がゆたかだ。雲をながめてさまざまな国々を旅したり、おもちゃをつかって冒険にでかける。けれども、こんなに空想に生きているこどもたちに、〝空想ってなに？〟ときいたら、はっきり答えるものはあるまい。

いったい、空想は、ねがいから生まれた想像である。……

そして、この「想像」の働きを「理想」と「空想」と「妄想」の三つに分けて説明することから〈空想〉の意味を明らかにし、次のように結んでいます。

よく、空想的だとか、夢のような考えだとか、空想をけなすことがあるけれども、こどもの純粋な空想を、そんなにけなしてよいものだろうか。また、おとなの構成的な空想を、そんなにうちけしてよいものだろうか。わたしたちはそう思わない。むしろ、空想はできるだけ、ゆたかにしたいと思う。その方法は、やはり受動的な空想からすすむよりほかにない。ある絵をみて、それに似た絵をそらで描いてみるのもよかろう。ある話をきいて、それからあとをじぶんで作ってみるのもよかろう。日々のくらしのなかで、できるだけよい音楽をきき、よい本をよんで、空想のはばをひろげることは、もちろんたいせつだ。そして、空想が、妄想のように現実とくいちがったまちがいをつづけさえしなければ、その人の考えをくみたてる、構成力（構想力）を正しくやしなうことになるだろう。かりに、わたしたちが芸術家や発明家にならなくても、正しくやしなわれた空想の通行切符をもっていれば、すぐれた人びとの住むゆたかな精神の国へいくことができるにちがいない。

（『児童百科事典』第六巻より）

〈虚言《ウソ》〉も〈空想〉も、おそらく心理学者によるオリジナル原稿をもとにして、話の運び方から何から、そっくり先生がリライトに関わった項目ではないかと私は思っています。『児童百科事典』が完成して二年後、先生は初期の代表的な評論「空想物語が必要なこと」（一九五八年）を書きます。この、日本で最初の本格的なファンタジー論を書いたあと、さらに短いエッセイ風の読みものとして「子どもとウソ」（五九年）を「母の友」に載せているんですが、こちらは柳田國男のウソの起源説を引きながら、「子どもの自由な空想力がウソの形でふき出してくる実際」をあたたかく認めている柳田さんに心から同調しています。〈虚言《ウソ》〉と〈空想〉は、そういう先生の『児童百科』以後のお仕事の展開を思わせる項目でもありますね。

さらに第六巻を見ていて、おやっと思ったことなんですが、「切手」の項目が〈切手あつめ〉となっているのも、『児童百科』ならではのユニークな切り口ですね。切手の起こりから種類など知識を述べたあと、切手集めの方法、見分け方、整理の仕方など、ここでは収集の実際に役立つことに記述の大半がついやされています。『児童百科』が出た一九五〇年代のころって、子どもたちのあいだでも切手集めがはやっていたんですね、それこそ猫も杓子も。私も、その「猫」のひとりでした。

さて次は第七巻を見てみましょう。ここには〈グリム兄弟〉の項目があります。この中には、グリムの「ルンペルシュティルツヘン」が「竹馬ガタ助」というタイトルで載っています。例によって執筆者の名前はないのですが、私は瀬田先生によるものだと思っていまして、そうすると、これは先生が翻訳されているお話の中でも、ごく初めのころのものになります。今日はほんとは東京子ども図書館の内藤直子さんに読んでいただくつもりだったんですが、時間の配分をまちがえまして、時間がない（笑）。それに、これは次に続く絵本や物語の翻訳のお仕事に直接つながっていることでもありますので、次回の最初にまわします。「竹馬ガタ助」は、そこでゆっくり見てみたいと思います。

さらに、第十巻にいきます。ここには大物の〈児童文学〉があります。一九五〇年代の初めという時点で、こういう児童文学史が書かれていたということを、たくさん入っている図版といっしょに『児童百科』を見る機会がありましたら、ぜひごらんになってください。この〈児童文学〉の項目も瀬田先生によるものだと私は思っています。

ところで、ずっと巻を追っていくうちに、第二十一巻と、第二十二巻で、私は不思議なことを見つけました。「この巻をつくった人たち」の中の「原稿を書いた人たち」のリストにはいつも「瀬田貞二」の名前が載っているんですが、二十一巻と二十二巻にはそれがなくて代わりに、あの俳句のほうの「余寧金之助」の名前が載っているんですね。ん、これはどうしたわけかと思ったんですが、理由はすぐ想像がつきました。二十一巻には〈松尾芭蕉〉の項目があり、二十二巻には〈与謝蕪村〉の項目があるからなんですね。読んでみたら、ことに〈松尾芭蕉〉は実に名文でした。ここは先生は、「瀬田貞二」としてではなくて、「余寧金之助」として関わりたかったのだと思います。やっぱり俳句というものは特別なものだったんですね、先生にとって。それと、もうひとつ、さらに深読みすると、二十一巻には、先生の俳句の師だった「中村草田男」の名前もリストに入っています。ということは、〈松尾芭蕉〉のオリジナル原稿は草田男の筆によるもので、師であるその草田男の原稿を、「わたくし余寧金之助が、リライトさせていただきました」というメッセージがここには隠されているのではないかと、そういう推測も成り立つかしらと、これは私の想像です。

俳句そのものについてはすでに第十七巻で、〈俳句と短歌〉という項目で扱っています。俳句も短歌も両方とも、世界でもまれな短い詩であるということから考えていくまとめ方で、その本質がたいへんわかりやすく語られていて、これも非常に優れた内容なんですが、しかしここにもちょっと不思議なことがありまして、この第十七巻の「原稿を書いた人たち」のリストには、瀬田貞二の名前自体が入っていないんです。もちろん、余寧金之助の名前も入っていません。でも〈俳句と短歌〉をこのような独自な視点で書ける人は、瀬田先生のほかにいないはずですから、これは何かの間違いですね。そうとしか思いようがないです。何かの手違いで名前が載っていないのだとそう思います。謎が多いですね、やっぱりこの『児童百科』は。なかなか一筋縄ではいきません。

今回私は、『児童百科』を単なる百科事典として必要な項目を引くためにではなくて、まさに書物としてその美しさを愛でながら拾い読みをして、この三ヵ月ほど至福の時を過ごしました。そのうえでつくづく感じたことなんですけれど、先生は、子どものころ出会ったデュラックの挿絵や、大学生になって出会った俳句や、自分にとってごく大切にしているものを、そういうものをみんな、大人として本気になってこの『児童百科事典』に注ぎこんでいたんだなあと、これはもう、心から感動しながらそう思いました。

〈河童〉は今も川や沼にすんでいる

さて、先生の痕跡を求めて『児童百科事典』の中をあちこちのぞいてみましたが、ここで極めつけの項目、第五巻の〈河童〉を、これは全文読むことにします。オリジナル原稿は、おそらく巻頭の「原稿を書いた人たち」のリストに載っている、文化人類学者で『河童駒引考』の著書がある石田英一郎氏かと思われるのですが、瀬田先生の見事なリライトで、『児童百科』の中でも〝絶品〟といわれるものに仕上がっています。

河童がほんとうにいるかどうか。だれもみたものはない。いや、村の太郎は、ゆうがた一人で川へいって、おしりに吸いつかれて、おぼれて死んだ。たしかに河童が、あの頭の皿《さら》で吸いついたのだ。ところが、次郎の家では、知らないまに河童が畑の手つだいをして、おかげでしごとがはやくすんだ。すると、おじいさんが語りだす。むかしむかし、岩手県の遠野の町にちかい小烏《オガラ》瀬《セ》川の姥子《ウバコ》淵《フチ》のほとりに、一けんの農家があった。ある日、そこのこどもが淵へ馬をひやしにいったが、あそびに夢中になって、馬をそこへおいたまま、どこかへいってしまった。そのすきに河童があらわれて、馬を淵に引きこもうとした。ところが、あべこべに馬に引きずられて、うちの庭までつれてこられた。こまった河童は、うまやのまえにあった馬ふね（まぐさ桶《おけ》）をふせて、そのしたにかくれたが、ふしぎにおもった家のものが、馬ふねをすこしあけたので、水かきのついた手がでて、たちまちつかまってしまった。あつまった村の人たちは、殺そうか助けようかと、いろいろ相談したが、河童は、これからはけっして村の馬にいたずらをしないと、かたい約束をしてゆるされた。……

河童のはなしは日本じゅうどこでもきくから、河童はたしかにいるらしい。では、どんなすがたをしているかというと、それは地方によってまちまちだ。オカッパあたまに皿《さら》をのせ、とんがった顔をして、手に水かきをもっているのが、ふつうだが、からだの色は、西の諸国では緑色だというし、東北では赤いともいう。カメレオンのようにかわるともいう。そうかとおもうと、中国、四国などには、エンコウとよんでサルににたものだという土地もあるし、また地方によっては、カメ、スッポン、カワウソのなかまだと考えている。ところが芥川竜之介《アクタガワリユウノスケ》は、名高い小説「河童」のなかで、河童の国とカワウソの国が戦争をすると書いている。また、ふるい漢字では、水虎をカッパにあてている。河童はその名のごとく、河のわらべ（こども）のはずで、地方によってカワランベ、カワコゾウ、ガワラ、カワコ、カワタロウ、ガタロウなど、いろいろによばれるが、するとこの一族は、こどもからとしよりまでいるらしい。そして、河童は、頭の皿に水がたまっているあいだは、おそろしい強力《ごうりき》だが、水がなくなると、たちまちへなへなとまいってしまうといわれている。

ところで、河童族の起源や、馬を水に引いたりする習性のいわれなどは、芥川の小説などからはわからない。とおいむかしから、日本の山里だけに住んでいる河童のことは、山里の人たちにきくのがいちばんよい。彼らは、いろいろの伝説を知っているし、河童の神さえまつっている。

むかし荒源三郎《アラゲンザブロウ》という毛利《モウリ》家のけらいが、広島県吉田の釜淵《カマフチ》の水そこにもぐって淵猿《ふちざる》をつかまえ、首を左右にふりまわして、頭のまんなかのくぼみにたまった水をこぼし、力がぬけたところをたやすく生《い》けどったという話がある。この淵猿は河童にちがいない。河に住むカワタロウが、淵猿にしろ、カメにしろ、あるいはカワウソにしろ、スッポンにしろ、水中族にはちがいない。しかも、ふつうの魚や、サンショウウオや、シジミや、カエルとちがって、水中の神が、かりにこどものすがたをかりたのだともいうし、また、水神《すいじん》につかえる童子《どうじ》だともいう。南九州では、河童のことを水神とよんでいる。河童の木像を水のほとりにまつって、〈水神さま〉とあがめたり、河童まつりをする地方もおおい。いろいろの供《そな》えものをして、馬やこどもが川や沼に引きこまれないようにたのむのだ。水神が少年のすがたをかりて人間に幸福をあたえる話は、伝説のスクナヒコナの神や、昔ばなしの桃太郎や瓜子《ウリコ》姫などのほかに、シナや朝鮮にもあるが、河童さまは無邪気な水神だから、あぶない淵のそばであそぶようないたずらっ子には、どんどん吸いつくし、飼い主がほったらかしておくような馬は水に引きこんでしまう。ときどき失敗はするが。ところで、とくに馬を水に引きこむのには、わけがある。

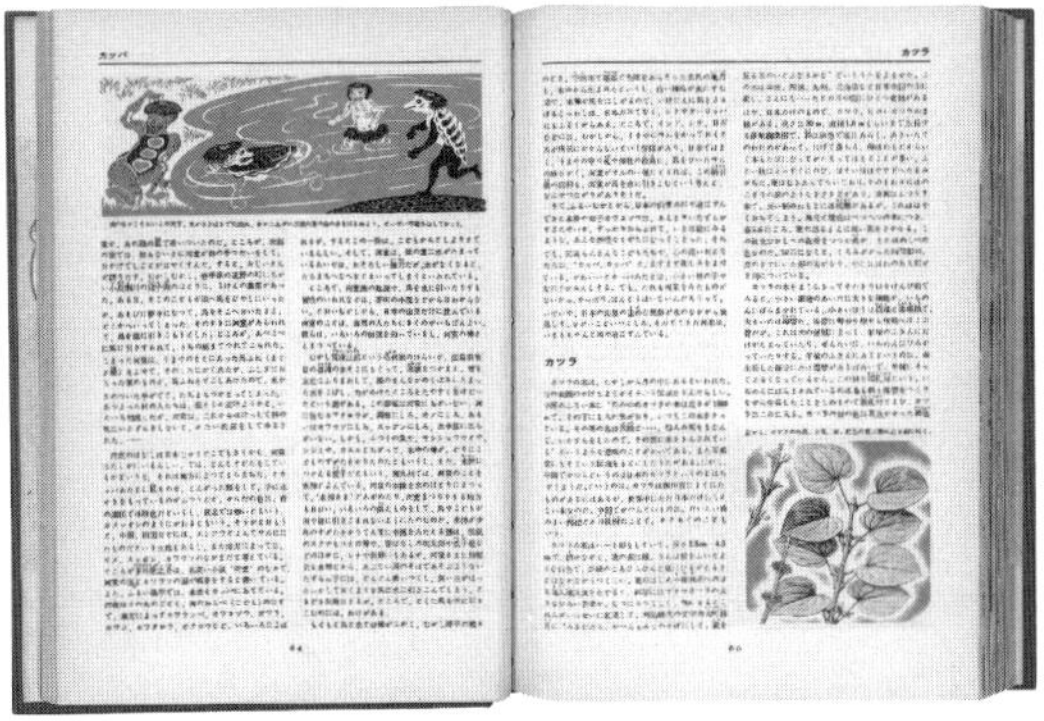

『児童百科事典』第５巻〈河童〉より。「河童は、いまもちゃんと川や沼にすんでいる」という言葉で結ばれている。

もともと馬と水とは縁がふかく、むかし源平の戦さのとき、宇治《ウジ》川で磨墨《するすみ》と先陣をあらそった名馬の池月《いけづき》も、水中から生まれたというし、白い神馬が水にすむ話や、水神が馬をほしがるので、いけにえに馬をささげるならわしは、日本だけでなく、シナやヨーロッパにもふるくからある。ところで、インド、シナ、日本などには、むかしから、うまやにサルをかっておくと馬が病気にかからないという信仰があり、日本ではよく、うまやの守り札《ふだ》や神社の絵馬《えま》に、馬をひいたサルの絵をかく。河童がサルの一種だとすれば、この駒引猿《こまひきざる》の信仰も、河童が馬を水に引きこむという考えと、なにかつながりがありそうだ。

さて、ふるいむかしから、日本の山里の川や沼にすんできた水神の童子カワコゾウは、あんまりいたずらがすぎたせいか、すっかりおちぶれて、いまは絵にみるような、あんな奇怪なすがたになってしまった。それでも、天真らんまんなこどもたちや、心の清いおとなたちは、「カッパ、カッパ」と、ますます親しみをよせている。かわいいオカッパあたまは、小さい男の子や女の子がみんなする。でも、だれも河童をみたものがないから、やっぱり、ほんとうはいないんだろうって。いやいや、日本の山里の素朴《そぼく》な民俗が水のなかから発見して、ながいことといつくしみ、そだててきた河童は、いまもちゃんと川や沼にすんでいる。

（『児童百科事典』第五巻より）

これはもう、こうやってただ読んでいるだけでも面白いですね。百科事典の項目であることを忘れてしまいます。

ちなみに、今出ているポプラ社の『総合百科事典 ポプラディア』にある〈かっぱ　河童〉の項目はこうなっています。

〈かっぱ　河童〉

川や池などにすみ、人間に悪さをすると考えられている妖怪。地方により、メドチ、ガワタロ、スイコなどともよぶ。河童に関する伝説は日本各地にある。姿や性質は地方によって多少ことなるが、こどもの姿で、背中にカメのような甲羅をもっていることが多い。キュウリが好物で、頭の皿にある水がなくなると元気を失うといわれている。おこらせると人やウマを水中にひきこんでおぼれさせるなど、おそろしい性格をもつ。しかし、食べものをやるなど親切にすると、畑をたがやしたり、魚を届けてくれるといった恩返しをするといわれている。

（『総合百科事典 ポプラディア 新訂版』第三巻より）

『児童百科』の〈河童〉を読んだあとですと、「えーっ、たったこれだけなの」という感じがしますね（笑）。両方を比べてみると、その百科事典としての作り方の違いがよくわかっていただけると思います。なお、今出版されているほかの子どものための百科事典（たとえば、『玉川児童百科大辞典』とか、『ニューワイド学習百科事典』など）には、そもそも〈河童〉の項目自体がありません。

この〈河童〉の項目をリライトしているときの瀬田先生について、当時平凡社で編集部員だった上村翠さんという方が、追悼文集の『旅の仲間』に書いていますから、これも読んでみましょう。上村さんが、浦和の自宅にこもってリライト原稿を書いている先生のところに通って、先生とあれこれやりとりがあったあげく、のあとの様子です。

こうして持帰る原稿だが、瀬田さんの手にかかると、くどくどしく無味乾燥なオリジナル原稿も、生きて飛びはねて、子供の興味を掴んで離さぬ文章に変っている。その中でも瀬田さんならではの絶品という項目が当然いくつかある。「河童《かっぱ》」もその一つである。

「河童がほんとうにいるかどうか。だれもみたものはない」

で始まるこの原稿は日本、中国、朝鮮の民話、昔話、絵馬、遠野物語、芥川竜之介の作品などの博い知識を盛りながら生き生きとした河童像を描き出している。誰が読んでも河童はいると信じたくなる文章だ。編集部内でも、少なくとも『事典』と銘打つ以上はという思いから、

「これでいいんですか、瀬田さん」

という声もあったが、瀬田さんは、

「いいんです」

の一と言。やがて本になり、案の定、読者の子供から、

「かっぱはほんとうにいるのでしょうか」

という投書がきた。瀬田さんは、「河童」の原稿の最後の一行、「河童はみなの心をとおして、川や沼にすんでいるはずだ」と同じ趣旨の返事を情熱をこめて書いた。あの時、瀬田さんが、

「子供にとって河童が生きていなくてどうするのです」

と、意気高く言った言葉を思い出す。


（『旅の仲間』「浦和通い」より）


と書いています。

「子供にとって河童が生きていなくてどうするのです」——この言葉を、百科事典を作りながら言うっていうのはすごいことですね。なにしろ百科事典ですから、物事を正確に客観的に伝えることを旨とするものですけれども、百科事典でありながら、同時にこういうまなざしももっている。これはこの『児童百科事典』の大きな特徴であり、読者の子どもたちを惹きつけてやまなかった魅力でもあったのだと思います。

『児童百科』はマイ・ブック

ところで、『児童百科』の刊行が進むにつれて、大きな問題が出てきました。『児童百科』は、実は最初は全十六巻ということでスタートしているんですね。ところが、とにかく今言ったような編集方針ですから、どんどん一つ一つの項目の記述が長くなってきます。十巻を超えても、まだサ行あたりをうろうろしているという始末で、これではとうてい十六巻で収まりそうにない、それに、なにしろあの徹底リライトと大変な量の図版ですから、ひと月おきに刊行という最初の予定が、まもなく三ヵ月に一巻という具合に、刊行も遅れはじめました。

そこでついに、十五巻目を刊行した一九五四年四月に、平凡社は「刊行が遅れ気味ですみません。それと全十六巻のところを、全二十四巻にさせていただきます」というお詫びとお願いの社告を出すことになります。これには読者から、特にお金を出している親たちからは、ずいぶんクレームがあったようです。『児童百科』の一冊の定価は七八〇円。全十六巻の予約購読ですから、すでに十六冊分、一万二四八〇円を払っているんですね。そのうえさらに追加で六二四〇円を支払わなければならないということは、合計すると一万八七二〇円になります。

これが当時どのくらいの金額にあたったのかを調べるのに、『値段の明治・大正・昭和風俗史』上下二巻（朝日新聞社／一九八七年）というい本があるので、これを見てみました。もともと「週刊朝日」に連載されていたものですが、さまざまな品目の値段が年代別にひと目でわかる値段表と、いろいろな筆者による値段に関する思い出のエッセイを集めた本で、沢村貞子の「江戸前寿司」から、高峰秀子の「ダイヤモンド」まで、全部で二百十八品目がここに出てきます。この本によりますと、『児童百科事典』の第一巻目が出た一九五一年当時は、小学校の先生やおまわりさんの初任給が五千五十円。銀行員はなぜか安くて、初任給三千円と書いてあります。ちなみに、内閣総理大臣の月給は八万円でした。お豆腐や納豆が十円、地下鉄や都バスが十五円、映画館の入場料が八十円といったところです。この時代に、一万八七二〇円の出費はたしかに痛いですよね。タバコを節煙してまで買っているのに、このうえ六二四〇円を出せとはいったいなにごとかという文句は、まあ出て当然ですね。全巻予約の部数は二万部だったんですが、でも結果をいえば、このせいで部数が減ることはなかったようです。だってもう半分出た百科事典でしょう?(笑) 途中でやめちゃう人はまずいないですよね。よほどの理由がないかぎりやめないですよ。そしてなかには、あるお父さんから次のような手紙がきまして、これは『児童百科』の月報「ぺりかん」第十五号に載っていますから、読んでみます。

……第八巻のころにわたしは十六巻では五十音がおさまりきるまいと予想をたて、では予定の十六巻にむりやりちぢめて一切をおさめるようなことがおころうが――そのために物語ふうの面白い記述のやりかたを変えたり、ちぢめたり、また盛るべき予定項目をはずしたりしないように、念ぜざるをえませんでしたが、このたび新聞紙で全二十四巻と変更の広告を拝見、二、三巻のしみたれた申訳のふやしかたでなく、一度に八巻ましと知って、心からよかったと叫んだことでした。

このうえは項目のふりおとし、ページ数のへらし、別刷のかげんなどなく、あとにもさきにもないりっぱなものを作るつもりで多少ギセイをはらっても利をうすくしても、巻数をふやしても、大切な教育出版を完成せられるよう、さらに十分なサクインをつけられるよう、切望するしだいです。編集部のみなさんのご活躍をいのります。

（『児童百科事典』月報「ぺりかん」第十五号より）

なんだか読者のほうが、むしろハラハラしていたみたいです（笑）。しかしこれはもう、ひとえに『児童百科』の出来がいいからで、それでこういう有り難い手紙もくるわけで、こんな形ではありましたけれど、そこのところの読者の手応えを、ここではっきりとつかむことができて、編集部では涙が出るほどうれしかったんじゃないかと思います。

実際、発行の遅れとか、そのあげくに予定どおりの巻数に収まらないなんていう事態は、編集者にとって相当動揺することなんですが、見たところ、十二巻、十三巻、十四巻と、その渦中にあってもまったく調子を下げていないのが立派ですね。最初の第一巻が出たところで、すぐに二万部の全巻予約が入ったので、このときは会社から編集部全員に金一封が出たそうですが、それからこういう発行の遅れや巻を増やすという事態になって、ずいぶんとこの『児童百科』にはお金がかかったんじゃないかと思います。このあたりのことは、平凡社の社史には、「この事典は、学校や家庭はもちろん、知識人からも高く評価された」、しかし「売れゆきはよかったが、編集に時間をとられ、刊行時期がのびたりしたため、その当座の経済的プラスとはならなかった」（『平凡社六十年史』）というように書かれています。まあ、企業としてはそういうことなんでしょう。戦後のこの時期、平凡社は、『理科事典』や『世界美術全集』『世界歴史事典』など次々に大物企画を出している中で、こういう問題をかかえた『児童百科事典』をよく支えたと私は思います。

こういう具合に大人の読者の熱い支持があったんですが、それでは肝心の子どもの読者はどうだったかといいますと、子どもたちは新しい巻が出ると、本屋から届くのを待ちかねて、ふつうの本と同じように頭からおしまいまで一冊丸ごと通して読んでいた。「『児童百科』は、ぼくのマイ・ブックでした」というもと少年、今七十代になっている方たちですけれども、そういう方々を私は何人も知っています。「少女」はいなくて、なぜか今私が耳にするのは「少年」ばっかりなんですね（笑）。どうして少女がいないのか、そういえば不思議ですね。見返しの絵柄のせいでちょっと引いてしまった、私みたいな理由ではないだろうと思いますけれど。『コンプトン』や『ブリタニカ・ジュニア』の初版など貴重な書物をいろいろ見せてくださった、眞壁伍郎氏もそのおひとりです。新しい『児童百科』が本屋から届くと、四人兄弟のうちでまず月報に載っている前巻の誤植訂正を書き入れるのが眞壁先生の役だったそうで、今でも何か知りたいことがあると、この『児童百科』を引くんだそうです。

それからもうひとり、編集者で演出家で、本についての本をたくさん書いている津野海太郎さんも『児童百科』がマイ・ブックだったようですね。「中学時代、サラリーマンの親にむりして買ってもらったこの児童百科が、いつも私のそばにあった」（「考える人」二〇〇六年夏号）と書いていますから。

この新潮社から出ている「考える人」という季刊誌で、二〇〇六年に、「戦後日本の『考える人』100人100冊」という特集をやっていて、この中でその「一人」と「一冊」に選ばれているのが、「瀬田貞二」と『児童百科事典』なんですね。「子どもの可能性を信じ、24巻の児童百科を嘘いつわりのない言葉で満たそうとした」ということで選ばれていますが、それをここに強く推薦したのが津野海太郎さんのようです。百人のひとはアイウエオ順にならんでいて、瀬田先生の出ているページのご近所にはどんな人が選ばれているかといいますと、谷崎潤一郎と『細雪』、團伊玖磨と『パイプのけむり』、檀一雄と『火宅の人』といった、そういう顔ぶれです。子どもの本ではほかに、「長新太」と「茂田井武」が選ばれていますが、この「100人100冊」は、二〇〇六年の時点で物故されている方が対象ですから、たとえば石井桃子先生のお名前はここにはありませんね。

このほか、刊行当時、浦和の瀬田家の隣に住んでいた少年、伊東進さんがやっぱり『児童百科事典』をとっていて、「瀬田さんのおじさん」が作っている『児童百科』がどんなに面白いか、『旅の仲間』で語っています。

二、三ヵ月に一冊刊行されるこの事典を祖父母は計画の段階で予約してくれました。そして全二四巻が完結したのはわたしが中学も半ば過ぎのころでした。（中略）考えてみますと、この百科事典を勉強や学校の宿題をするのに用いたことはあまりありませんでした。むしろ、配本のたびに新しい巻にパラパラと目を通し、あとは気のおもむくままに偶々手に触れた一冊の興味を引く項目に読みふけるという形でくりかえして読みました。ですから、この事典は『ロビンソン漂流記』や『ドリトル先生アフリカ行き』そして『ハイジ』や『無人島の三少年』等々と同様に子どものころのマイ・ブックだったのだなと思います。今でもカラー刷りのセガンチニの「アルプスの真昼」の絵や、ある項目、例えば神話の項で知った台湾の高砂族の二つの太陽の話などはその挿絵にいたるまではっきりと覚えています。

（『旅の仲間』「瀬田さんのおじさんのこと」より）

というわけで、子どものころ『児童百科』を楽しんで、今でも熱い思いでこの百科事典のことを語る人というのはほんとに多いのです。

そして、子どもだけではなく、大人もこの百科事典を愛用していました。たとえば中野重治さんは、『児童百科』二十四巻が完成した翌年、一九五七年に出された『児童読物に関する100の質問』（中央公論社）の中で、「百科事典もいろいろ出ているようですが、どんなものがいいでしょうか」の問いに、次のように答えています。

……この事典は、「児童」と名はついていますが、児童、少年以外、相当専門的な仕事をするおとなたちも、これを頼りとしていいほどの出来ばえを示しています。世界でもっとも新しい、正確な事実、もっとも正しいものの見方ということを尊重して、地図、写真、図解を豊富に入れ、説明の仕方にもずいぶん苦心していると思われます。（中略）最後に、百科事典というものは、何かしらべようとする時だけでなく、平生なんとなくひっくり返して読むのが役に立つものだということを申しそえます。

（『児童読物に関する100の質問』より）

この中野重治さんの文を目にしたときは、先生はうれしかったでしょうね。なにしろ、『児童百科』の記述の方式を思いつかせてくれた『空想家とシナリオ』の作者ご本人の言葉なのですから。中野さんはそれからもずっと『児童百科』を身近に置いていたようで、二十数年後に出版された『沓掛《くつかけ》筆記』（河出書房新社／一九七九年）の中にも、「祈るがごとく―産をするカマキリ―」の話のところで、「私の愛用する平凡社の『児童百科事典』では……」と出てきますね。

さて、第一巻の〈愛国心〉から始まったこの『児童百科事典』は、第二十三巻ワ行の〈笑い話〉〈ワラジムシ〉で終わります。これに索引だけの第二十四巻がついて、全部で約八千ページ、二五一四項目の百科事典として、五年五ヵ月かけて、一九五六年七月に完結します。

全部で二五一四項目というと、百科事典の項目数としては、意外に少ないなという感じがしますが、たとえば『ポプラディア』などは、全十一巻で、約二万四五〇〇項目が収められているそうですから、項目数だけいえば『児童百科』の十倍ですよね。これは百科事典としての作り方の違いによるもので、『児童百科』は、〝大項目主義〟をとっていたからなんですね。めざしていたのは、個々の知識をバラバラにただ並べるということではなくて、これを読むことで、まとまった、系統だった理解が得られるようにしたいということでした。ですから、たとえば〈音楽〉とか〈科学〉とか〈教育〉とか、こういう大項目を中心に立て、小さい事柄はより大きい、まとまった事柄の中に含めて扱っています。第十七巻にある〈日本〉という項目など一〇〇ページ以上がついやされていて、これは十七巻一冊の中で三分の一近くにあたる分量になっていたりするんですが、ということは反面、細かい事柄を手っ取り早く知りたいという場合、この『児童百科』はかなり使いにくいものになってきます。

また、二つの事柄を並べてひとつの項目にしていることも『児童百科』の大きな特徴でした。〈アワとキビ〉〈インカとマヤ〉〈害虫と益虫〉〈俳句と短歌〉〈味噌と醤油〉というように、お互いに関係の深い事柄をひとつの項目にしていっしょに説明することで、たしかによりわかりやすくなります。でもこれでは、たとえば〈俳句と短歌〉の場合、〈俳句〉を引きたいときはハ行（第十七巻）を見ればいいんですけれど、もう一方の〈短歌〉はタ行（第十三巻）を引いても出てこないという、困ったことになるんですね。そういうわけで、ある事柄がどの項目に入っているか、何巻の何ページに載っているかを知るためには、どうしてもちゃんとした索引が必要になってきます。そこで、最後に一巻、丸ごと索引だけの第二十四巻が付け加えられたということですね。

こうやっていちいち見ていくと、そういう工夫に工夫を重ねた構成のしかたで、しかも読みものとしても面白い百科事典を作ろうとしていたんですから、何度も言うようですが、実に大変な仕事だったんですね、この『児童百科事典』は。改めてそう思います。

月報「ぺりかん」

さて、今日のおしまいに、『児童百科事典』に毎巻付けられた月報の「ぺりかん」についてお話ししておきたいと思います（口絵参照）。「ぺりかん」は、十六ページの小冊子なんですが、さっき読みました第一巻の「まえがき」に、「事典の読者にとって、巻ごとの月報は本巻をおぎなう読みものとして、また本巻にはいる指針として、役立つことを信ずる。つけたりの附録として、すてることなく、保存されんことをねがう」とあるように、これは非常に力を入れた、充実した月報なんですね。最終巻は索引だけの巻ですからこれを除いて、「ぺりかん」は全部で二十三冊出ているんですが、なにしろ月報ですから、やっぱりなくなってしまうことが多くて、今まで私も二十三冊全部を見る機会はありませんでした。ところが、ここにきまして『児童百科』に注目する人が増えてきて、ごく最近のことなんですが、ある図書館員の方が、あちこちの図書館に数冊ずつある「ぺりかん」をまとめて、ついに二十三冊そろえてくれました。私もその「ぺりかん」のコピーをいただいて、これでやっと「ぺりかん」の全体が明らかになった、とそういう次第です。

『児童百科事典』第20巻の月報「ぺりかん」より、北欧神話「神々のたそがれ」寺島龍一挿絵。

『児童百科事典』本体と同じように、この月報の「ぺりかん」にも瀬田先生は深く関わっていて、ご自身で書かれた、無署名の文章もこの中にたくさんあります。どうしてこれがわかったかといいますと、一九七九年に瀬田先生がなくなられてすぐ、当時福音館で出していた児童文学雑誌の「子どもの館」で、急遽先生の追悼号を出すことになり、このとき著述リストを作ろうということで、直接平凡社の人に聞いたんですね。そのころはまだ平凡社に

『わたし』*Ich selbst,Myself, Moi-même*

「ぺりかん」12号は、右の原書を丸ごと一冊翻訳している。

も実際に『児童百科』の編集をした方が何人もいましたから。それで「ぺりかん」の中ではどれが先生の文章なのか、そこでわかったものが著述リストに載っているということになります。「ぺりかん」に先生が書かれた文章は「カナダの探検家マッケンジー」（第五号）とか、「魔の山　ナンガ・パルバット」（第十六号）とか、「アマゾンの探検」（第十九号）などのノンフィクションや、また「東洋のお話めぐり」（第十四号）、「北欧神話—神々と巨人、神々のたそがれ」（第二十号）のような昔話、神話がある一方で、キャンプのやり方について書いた実用的な記事（「キャンプはどこでどのように」第六号）もあります。

「ぺりかん」はとにかく月報ですから、雑誌みたいなもので、その軽いフットワークを生かして『児童百科』本体ではできないことをいろいろやって、読者の子どもたちを喜ばせたのですが、五号目あたりから毎号テーマを決めて特集を組むようになります。なかでも一九五三年六月に出た第十二号の〈自画像の世界〉という特集は、ちょっと異色なんですね。はなしはミュンヘンの国際児童図書館を創ったイェラ・レップマンという女性から『児童百科事典』刊行中の平凡社に届いた、一通の手紙に始まります。その手紙というのは、「私たちは、子どもたちが描く〝世界自画像展〟を計画しています。ついては日本の子どもたちの作品を、平凡社で集めてくれませんか」と、そういう内容なんですね。平凡社のほうではさっそくこれを受けて、方々の幼稚園や小学校、中学校に依頼し、瀧口修造や久保貞次郎たちを審査員にして二百点の作品を選び、二ヵ月後に航空便でミュンヘンに送ります。そしてこのうち三十五点の自画像が展覧会に選ばれました。それから一年近く経って、ミュンヘン国際児童図書館編による『わたし』*Ich selbst, Myself, Moi-même* という五〇ページほどの小さな本ができまして、これを一冊丸ごと訳したのが「ぺりかん」の十二号になりました。この本はケストナーなども執筆者のひとりなんですが、「ぺりかん」のほうでは特に日本の子どもたちのために、勝見勝という、美術評論家で『児童百科』の編集員のひとりでもあった方の「自画像物語」という文章を別に付け加えています。ですから原書とはまた違った、「ぺりかん」独自の考えで編集をしているんですね、日本の子どもたちによくわかるように。こういうところが「ぺりかん」のすごいところですね。

原書の表紙をここに入れておきましたけれども、「ぺりかん」はこの号だけ特別に判型もひとまわり小さくして原書の感じを出しています。この原書もまた、眞壁伍郎氏が貸してくださったんですが、ほんとに眞壁先生は何でも持っていらっしゃいますね（笑）。一九五三年六月、十二巻目刊行という、ちょうど半分までいったところで、こういう国際的な企画にも参加することになって、『児童百科』の編集部もさらに勢いがついたんじゃないかと思います。企画の中心になったイェラ・レップマン[*]は、一九五二年に創設された「国際児童図書評議会」（IBBY）の提唱者でもあるんですね。

こういう具合に「ぺりかん」の各号の内容を見ていくと、いろいろ面白いことがわかってくるんですが、『児童百科』本体の第九巻であの楽しいサーカスの絵を描いた茂田井武は、この「ぺりかん」でも、五号から八号の四回にわたって「星の輪」という漫画風夢物語を載せています。瀬田先生は茂

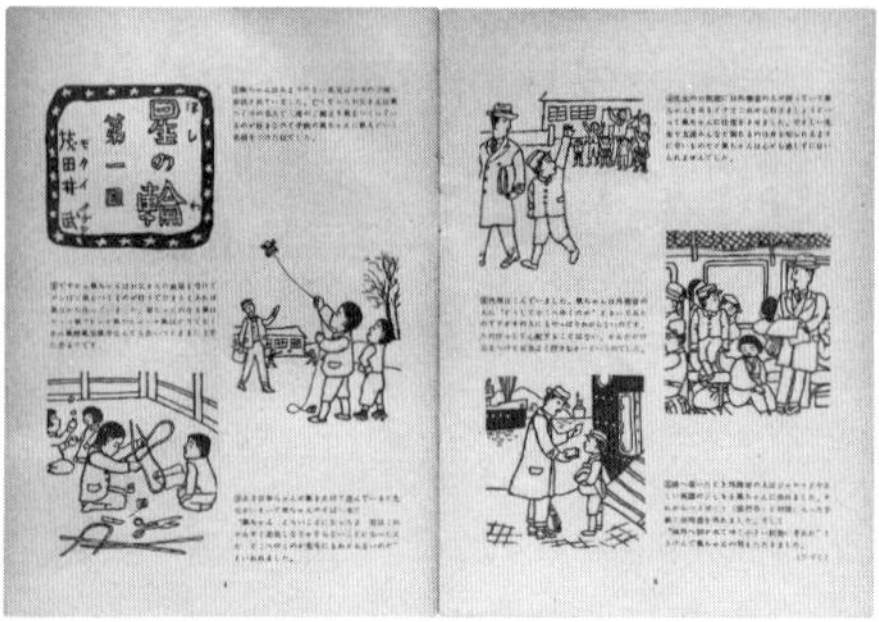

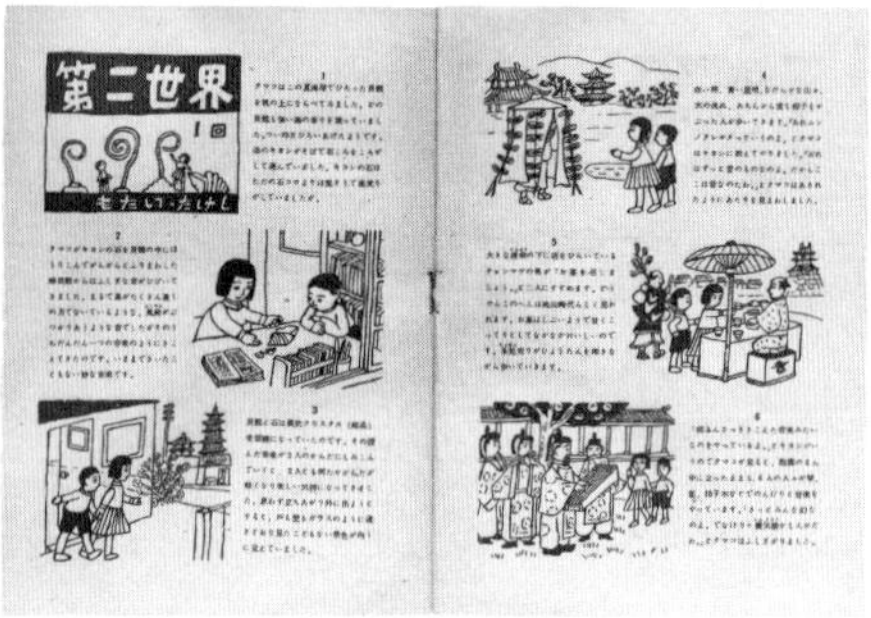

「ぺりかん」５号から９号までは、毎号茂田井武の絵物語を載せている。上／「星の輪」第１回（５号）、下／「第二世界」第１回（９号）。

田井武論をいくつか書いていて、このうちの「ボヘミアン・茂田井武さんのこと」（『絵本論』に収録）によると、茂田井さんを『児童百科』に誘ったのは、図版部の編集者、松森務さんだったようです。松森さんは戦後、八王子から詩人たちが集まって出した「こども雑誌」という児童文学誌を編集していて、「星の輪」は、そもそもここで茂田井さんが描いたものなんですね。松森さんは『児童百科』の第一巻目が出た二ヵ月後の一九五一年四月に平凡社に入ります。なにしろ瀬田先生は茂田井さんの絵が大好きですから、「茂田井さん、ああ、いいですねえ。ぜひ『児童百科』に挿絵を描いてくれるようにたのんでくださいよ」ということになったんでしょう。ついでに言いますと、第二巻で〈イソップ〉の挿絵を描いている清水崑も、この「こども雑誌」に「正直ハンス」や「のんきな千一夜」を発表しているそうですから、清水崑もまた松森さんの関係なんですね。

茂田井さんにはまず手はじめに「ぺりかん」三号（五一年七月）に小さなカットを描いてもらい、

茂田井武画『セロひきのゴーシュ』はのちに単行本になった（1966年）。

五号（十二月）から「星の輪」の再録が始まりました。茂田井さんには『三百六十五日の珍旅行』（講談社／一九四八年）など夢物語の傑作がいくつかあるんですが、「星の輪」は、「こども雑誌」に掲載されたままになっていたので、この秀作をせめて『児童百科』を手にする子どもたちにだけでも見せてやりたいという、そういう気持ちが先生にはあったのかもしれません。

このあと茂田井さんは「ぺりかん」九号（五二年九月）に、「第二世界」という、子どもたちが平安時代から江戸時代までを時間旅行するやっぱり夢物語四ページを載せていますが、これは新しく「ぺりかん」のために描き下ろされたものなんでしょうか。けれどもタイトルに「（第）一回」とありながら、続きはありません。これ一回こっきりで終わっています。このあと『児童百科』本体で、十五巻目（五四年四月）になって〈童謡〉の項目に茂田井さんのカットが見られるんですが、ご存じのように茂田井さんは、それから二年後に宮沢賢治の童話『セロひきのゴーシュ』（「こどものとも」二号／一九五六年）を描き上げて、四十八歳でなくなります。

ブックリストの特集

さて、これだけ力を入れて毎号作られた月報ですから、「ぺりかん」については言うべきことが多

「ぺりかん」10号はブックリストの特集号。

いんですけれども、おしまいにひとつだけ、〈児童文学へのみちしるべ〉というブックリストの特集について、少していねいにお話ししておきます。

この〈児童文学へのみちしるべ〉が入った第十号の「ぺりかん」（五二年十二月）は、特別にいつもの倍の三十二ページになっていて、これ一冊が丸ごと、『児童百科』の主な読者である中学生のためのブックリストになっています。このブックリストを作ったのはだれかというと、例によって個人の名前は記されていないのですが、また、特に瀬田先生によってまとめられたとも聞いていないのですが、『児童百科』のメンバーから見て、先生以外にあり得ないだろうと思います。この『児童百科』の第十巻には〈児童文学〉の項目がありますから、第十巻に入れる月報の「ぺりかん」にブックリストを思いつくのも、ごく自然なことじゃないかと思います。それになにしろ先生は、もと赤坂離宮の国会図書館の、あの豪華なシャンデリアの下で、『コンプトン』に載っているアン・キャロル・ムアのブックリストを見て驚いたときからずっと、いつか日本の子どもたちのためにも、こういう充実したブックリストを作りたいと思っていたはずですから、まず間違いなく、これは瀬田先生の企画といっていいと思います。

この中学生のためのブックリストに、それでは先生はどういう考えで、どういう本を選んでいるのか、ということなんですが、まず表紙うらには『たのしい川べ』（ケネス・グレアム）の第七章「あかつきのパン笛」のネズミの言葉が引かれています。

ああ、あの音色の美しさ！　うきうきする喜び、ほそく、すんだ、楽しげな、はるかな笛のさそい！　こんな音楽のこと、夢にも思わなかったけど、あのさそいかける力は、音楽のみごとさ以上だ。さあ、漕《こ》いでくれたまえ、漕いで。あの音楽がよびかけているのは、ぼくたちなんだよ。

このネズミの言葉を誘《いざな》いとして、ブックリストに入るんですが、おしまいに「あとがき」がついているので、これを読んでみましょう。先生の考えのあらましがわかりますから。

このペリカンは、すっかりひとつの特集として、ページもいままでの倍にふやしました。特集はごらんのとおり、児童文学の本のリストです。題は「児童文学へのみちしるべ」としましたが、「児童文学へのおさそい」としたほうがよいかもしれません。わたしたちのよむ本のしるべのためにはちがいありませんが、それ以上にその道へさそうつもりが強いからです。このつもりは、ひとつには児童百科事典本文の〈児童文学〉の項目をきっかけとして生まれ、ひとつにはクリスマスと正月とをむかえてなにを読もうかと思っているみなさんを考えて、生まれました。しかし、もともと児童百科事典がはたそうとしていた考えから生まれたものといって、さしつかえありますまい。つまり、とらわれずに、広く、自由に、ものを考え、感じ、また動く、いきいきした人に、成長するための、よい読物をあたえたいという――。

よい読物といっても、中学校や高校のみなさんはたいていい、このリストの大部分をもう卒業したと考えているかもしれません。だが、よい文学はよい文学です。ケストナーはその小説に、わざわざ「おとなのための童話」と題していますが、すこし大きくなった人、すっかり大きくなった人が、童話や少年小説を読むことはすこしもさしつかえありません。そのほうが、やわらかい、若やいだ、純粋な気もちがたもてるというものです。どころか、表紙うらのことばのように、自然の神の笛の音をきくことのできる、美しい耳をもつことのできるものです。

本のえらびかたは、古典となっているもの、訳のでているものを中心にしました。いくつも本のあるものではなるべく手にいれやすいもの、最近のものをあげました。外国のもののなかで、イギリスやアメリカの本が多くなっているのは、やむをえません。それらの国で児童文学がいちばん発達しているのですから。

本のならべかたは、だいたい、1部に神話、伝説、昔話、童話を、2部に小説、劇、綴方などを、3部に伝記、歴史、地理を、4部に芸術、社会、科学をわけてみました。ただし科学といっても筋だてのおもしろいものを中心にして、知識を主とした、なかば学術書といった、理くつの多い本はやめました。

解説のしかたは、おもに筋がきですが、なかには本のなりたちを説明したものも、その本のおなじ種類のほかのものにいいおよんだものも、すくなくありません。本のなりたった年代はとくにしるしませんでした。それは、いずれ年表をつくりたいと思っています。ただ、本のならべかたが、あらまし古いものからになっています。本の総数は二百十二です。

（〈児童文学へのみちしるべ〉あとがき）

文学が中心で、歴史や科学の本は特に面白いものを入れたという内容になっているこのブックリストは、「あとがき」にあるように、それぞれの本に短い解説がついています。見本に、いちばん初めの『ギリシア神話』についている解説を読んでみましょう。

『ギリシア神話』（呉茂一）ともだち文庫　中央公論社

大神ゼウスと、そのこどものオリュンポスの神々たち、星座でおなじみの英雄ペルセウス、ヘラクレスや、テーセウス、探検船アルゴー号など……その名はわたしたちの耳にしたしいけれども、あんがい知られていないギリシアの神話。西洋の文学ばかりではなく、美術でも音楽でも、これらの物語を知れば、いっそうおもしろくなるだろう。

と、こういう短い文章が二百十二冊すべてについています。

一九五〇年代に小学生だった私などがこれを見ますと、そのころ大好きだったヒルダ・リュイスの『とぶ船』が入ってないわとか、鈴木哲子の訳でさんざん読んだ岩波少年文庫の『長い冬』がなくて、石田アヤの訳のほうが載ってるわとか、いろいろあるんですが（笑）、これは時期的にとっても微妙なところで、このリストが作られた一九五二年十二月というと、岩波少年文庫がスタートしてちょうどまる二年なんですね。ここから二、三年あとだったらもう少し岩波少年文庫も出そろっていたでしょう。そうすると、リストアップされる翻訳本ももうちょっと変わっていたかもしれないという感じはありますが、でも、一九五二年のその時点で、日本の子どもたちが読むことのできる最高の訳文のものを、先生は選んだのだと思います。それと、先生独自の考えから選んだ日本のものを合わせて出来たのが、この〈児童文学へのみちしるべ〉でした。

もういちど一九五二年の私たちの国の風景を思い起こしていただきたいんですが、戦争が終わって七年目、焼野が原はまだまだあちこちに広がっていて、学校も校舎が足りなくて二部制授業をしていたような時代です。語りかける対象は、中学生を中心としたその前後の年齢の子どもたちですが、戦争で彼らをひどい目にあわせてしまった大人として、今これだけは読んでほしい、味わってほしい、大きな書物の世界の全体像がここにあることを知ってほしい、そういう先生の並々ならぬ思いが、このブックリストには込められていると私は思います。この〈みちしるべ〉には、幼い子の本、特に絵本は入っていませんけれど、高学年向きのものとしては、おそらく日本で出版された最初の本格的なブックリストになるのではないでしょうか。このへんのことは、私は詳しくないので、これは東京子ども図書館の方たちにうかがいたいところです。

「ぺりかん」のこの号が出るちょうど二年前（一九五〇年）に、石井桃子先生が岩波書店の「図書」の十二月号に、「子供のためのブックリストふたつ」というエッセイを載せていて、キャロライン・ヒューインズのブックリストと、バーサ・マホーニー・ミラーとエリナー・フィットニーのブックリストについて書いていらっしゃるんですね。ですから日本でもこういうブックリストを作ることの大事さを、そのころお二人とも考えていらしたんだと思います。

このあと、石井先生や瀬田先生たちは一九五五年になって、これはまだ『児童百科』を出している最中のことですが、「子どもの本研究会」（いすみ会）という集まりを作ります。次回詳しくお話ししますが、戦後日本の子どもの本にとって非常に大きな存在であった研究会です。この研究会で手がけられた仕事のうち、ブックリストのことだけを取りあげますと、絵本も含めたブックリストは、やがて一九六六年になって『私たちの選んだ子どもの本』という小冊子で実現します。そしてこのブックリストは七四年子どもの本研究会の解散にともなって、東京子ども図書館に刊行がひきつがれて、その後七八年、九一年に大幅な増補改訂がおこなわれ、現在では『改訂新版 私たちの選んだ子どもの本』*として東京子ども図書館から刊行されていると、こういうことになりますね。

「ぺりかん」では、この〈児童文学へのみちしるべ〉のあと、もういちど第二十二号（五五年十二月）でブックリストの特集をやっています。今度はその姉妹編として歴史、地理、理科などの教養部門を中心としたブックリストなんですが、文学に限らずさらに幅広くさまざまな知識の本に出会ってほしいという思いがあったのだと思います。ただし、この教養部門のブックリストには、『児童百科』本体の完結を間近にひかえていたころですから、一冊一冊について短い解説は入っていません。書名だけのブックリストです。「まえがき」に、「みじかい時日のあいだにつくったので、いろいろ不備な点も多いことと思いますが、本をえらぶうえに一つの手がかりともなればありがたいことです」と書かれているのを見ると、こっちのリストにはじゅうぶん時間がかけられなかったなあ、とちょっと残念に思っているような口ぶりですね。

『児童百科事典』完成する

さて、「ぺりかん」のことは尽きないのですが、『児童百科事典』本体に話を戻しまして、一九五六年七月に最終巻の第二十四巻が出て、企画段階から数えると足掛け八年かかった大きな仕事が完成します。

ここまできたところで私が驚いたのは、あの『児童百科』第一巻の「まえがき」に書かれている、子どものためのこういう百科事典を作りたいと掲げられたことのすべてが、ここで完璧に実現しているということなんですね。ただし、たったひとつのことを除いてです。「まえがき」には、その終わりのほうに次のようなことも書かれてありました。「進歩は刻々になされている。わたしたちは、この事典の版をさらにあらたにして、つねにいまの最高レヴェルをつづけるよう、将来も心がけるであろう」――この一点が残念ながら実現されませんでした。

改訂版は、その後出ることはありませんでした。『児童百科』はそれから二十年ほどは学校図書館を中心にして現役の百科事典として使われ、八〇年代後半には、全巻揃いでしばしば古書店に出るようになり、今はこうして「伝説の百科事典」として私たちの目の前にある、ということになります。

あの『コンプトン絵入り百科事典』は一九二二年の初版以来、何度も新版や改訂版が出されていますし、『ブリタニカ・ジュニア百科事典』にしても、あとのほうでは改訂版は出さないかわりに、年鑑を出してそれを補ってきたことを知りますと、『児童百科』が事典の出版としてその後続けられなかったのは実に残念ですが、これはむろん瀬田先生のせいではなくて、出版社側に関わることですね。

平凡社はその後、企業としてこの子どものための百科事典を継続して支えることができなかったんだろうと思います。けれども『コンプトン』が、今もって出版されつづけているのは、一私企業ではなくて、大学の出版局のようなところがその改訂にたずさわっているようですから、日本でもほんとは何かいい方法があったのではないかと思うのですが。

先生は、『児童百科事典』が終わったあと、今度は少年少女向けの冒険小説シリーズ「北極星文庫」*を企画して、新設された児童課の課長にされてしまうんですが、これくらい先生に似合わない役職はなくて、課長会議のある曜日は、常に突然腹痛になる（笑）という噂が編集部にはあったんですね。これはほんとにお腹が痛くなったんだと思います。とにかく、ほんの少しでも権力のにおいがつきまとうようなことはいやだった、いやなことはできない、そういうところに身を置きたくない、それが先生には終始一貫して強かったですね。

私もきくよさんからこんな話を聞いています。ある日きくよさんが浦和駅への道を歩いていると、向こうから瀬田先生が帰ってくるんですね。そして、きくよさんの顔を見るなり、「おい、会社辞めてきたよ」と言うんで、きくよさんは「あら、そうお」と言ったそうです。当時小さなお子さんが三人もいて、先生のお母さま（あの「余寧《よね》」さんですね）も同居している、そういう状況で、「あら、そうお」じゃ、すまなかっただろうと思いますが、それがきくよさんのすごいところですね。「北極星文庫」の一冊目『狼犬』は一九五六年十一月に、二十二冊目（最終巻）の『黒人王の首かざり』は翌年九月に出版されていますから、おそらくこれは五七年秋のことではないでしょうか。

この平凡社を辞めたあたりのことは、吉田新一氏のインタビューの中で、先生自身はこう言っています。「それで、百科事典の仕事が終わると、平凡社のほうじゃ児童課ってものをおいていろいろしたんですけど、もともと百科事典を作るためだけにはいっていたものですから、ほかのことには興味はなかったんで、それでしばらくいてまもなくやめまして、自分流に子どもの本とつきあう暮らしがはじまったわけなんです」（『児童文学論』下巻 p.13）。

そしてこの言葉どおり、ここから「自分流に子どもの本とつきあう暮らし」、つまり年譜の③の時代が始まります。

今日は、『児童百科事典』についての話がだいぶ長くなってしまったんですが、私が先生のお宅に通うようになったのは七〇年代に入ってからですから、『児童百科』のお仕事からは十五年ほど経っています。もうこのころ先生は、私たちには『児童百科』のことを話されることはほとんどありませんでした。私も今回この講座のために、初めて『児童百科』をていねいに読みこんでみたのですが、先生のその後のお仕事につながることをずいぶんたくさんここで見つけました。もっと早くちゃんと読みこんでおけばよかった。そうすれば先生の評論集につける「注」ももっと増えたのに、と今になって残念に思うのですが、こういうことを後の祭りっていうんですね。

第二章　『絵本論』——「がらがらどん」と「おだんごぱん」と

七月も半ばになりまして、一日だけ涼しかったのにまた暑さが戻ってきて、しかも今日（七月十八日）はけっこう細かい、眠くなっちゃうような話がありますので、聞いてくださる方は大変だと思いますが、よろしくお願いいたします。

今日のテーマは『『絵本論』を読む』です。前回は先生の年譜を片手に、①の時代の、「俳句に出会う」、次に夜間中学の教師として「子どもに出会う」、それから三番目の出会い（結婚）で「生涯をともにされる方に出会う」と、三つの出会いをお話ししました。そして、さらに②の時代の『児童百科事典』の編集まで話を進めたんですけれども、前回の講座があった五月十六日の翌日、私は「三つ目の出会い」の方に、つまり瀬田夫人きくよさんに久しぶりに電話をしました。しばらく出ていらっしゃらないのであきらめかけたところ通じまして、こういうふうにおっしゃるんですね。「今ね、荒木田さん。私、庭の芝生に寝っころがって、雑草抜いていたのよ」。先生は、椿の花がとてもお好きで、庭には小さな花の黒椿から、明石という名前のびっくりするような大輪の花をつける椿まで、たくさんの種類の椿の木が植わっているんですが、きくよさんはもう少し素朴な野の花がお好きで、先生がなくなられて三十年以上経ちますと、椿のほかにさすがに桜草など、野の草花も増えているような、そういう庭になっています。

植物を育てるには、「生《な》らし手《で》」と「枯《か》らし手《で》」とがあって、枯らし手の人にかかると、植物はおおかた枯れてしまいますが、きくよさんはもちろん生らし手で、きくよさんの手にかかると植物はみんな元気になる、すばらしい「みどりのゆび」の持ち主です。そのきくよさんのことを、「どこを押しても、えくぼが出るような」と、絶妙な表現をしていらしたのは他ならぬ瀬田先生なんですが、先生はあるとき、「家内には、長年うちのことばかりやらせていて、詩のほうの才能を伸ばしてやることができなかったんですよ」*とおっしゃったことがありました。お二人は前回言いましたように、戦争中に陸軍病院で衛生兵と看護婦で知り合うんですが、先生がなくなられる前の年に、この瀬田家の庭に咲く花々を集めて和紙に染め、それをちっちゃな、手のひらにのるくらいの折り本に仕立ててくれた人がいました。その折り本に、二人がこれまで詠んだ俳句を五句ずつ選んで、これを交互に書いて、小さな句集を作ろうよということになったんですね。先生が戦後まもなく詠まれた句で、「湯屋の煙上るその他は黍《きび》月夜」の句のことは前回申しましたが、この句を第一句にして、そのあとをきくよさんが、

髪梳《す》くや麦の穂鳴りに雲来る

と続けていく、そういう二人だけの、世の中でたった一冊だけの小さな私家版の句集をこしらえていらっしゃいます。

きくよさんは先生と八つ違いですから今年（二〇一三年）八十九歳になるんですが、この五回の連続講座のことを電話で話しましたら、「まあ、それはご苦労さまね」とおっしゃっていました（笑）。という次第で、「どこを押しても、えくぼが出るような」方は、とてもお元気でした。そのことをご報告します。

〈児童文学〉と光吉夏弥さん

さて、本日は年譜の③の時代。一九五七年に平凡社を辞めて「自分流に子どもの本とつきあう暮らし」が始まってからの先生のことをお話しするんですが、その前に、『児童百科事典』についての補足と訂正をさせていただこうと思います。連続講座はこういうことができるので助かりますね。

まず初めに、瀬田先生が『児童百科事典』の参考になさったという『コンプトン絵入り百科事典』と『ブリタニカ・ジュニア百科事典』のことですが、前回私は、もうほれぼれするほど美しい、子どものための百科事典だとさんざん言っておきながら、実物を皆さんにお見せすることができなかったんですけれども、新潟の眞壁伍郎氏が、「それじゃ、私の本をお貸ししましょう」とおっしゃってくださいました。

『コンプトン』は一九二二年、それから『ブリタニカ・ジュニア』は一九三四年の創刊で、今回お借りしたのは両方とも初版の第一巻目です。二つとも、ほとんど毎年のように改訂版が出ていますから、瀬田先生があの、もと赤坂離宮の国会図書館で見たのは、おそらく一九四〇年代に出版された改訂版のひとつだったと思うんですね。ですから、この初版とは装丁もだいぶ変わってはいるんですけれど、本のもっている佇まいのようなものは同じだろうと思います。

『ブリタニカ・ジュニア』は、残念ながら一九八四年に刊行は終わりましたが、『コンプトン』のほ

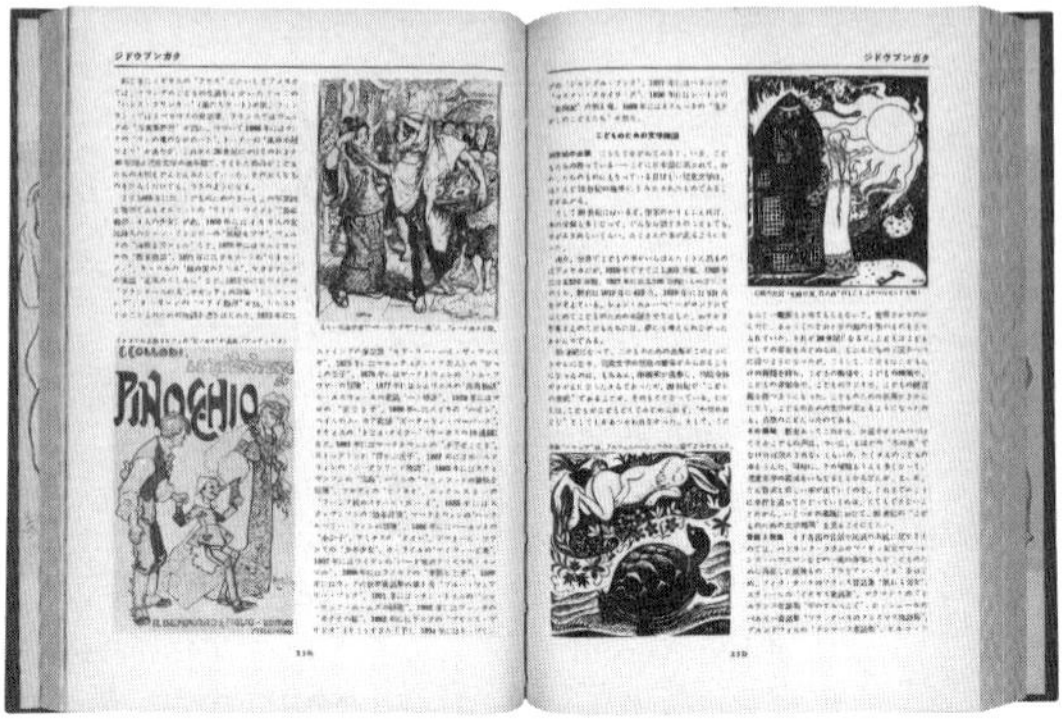

『児童百科事典』第 10 巻〈児童文学〉より

うは、前回も言いましたように今も続いて改訂版が出されていて、一九二二年創刊ですから、何ともう九十年も続いているんですね。この美しい二つの百科事典の初版はカラー図版（口絵参照）で見ていただくことにしまして、次は訂正です。

前回の話のうち、『児童百科事典』の第十巻に載っている〈児童文学〉の項目のことなんですが、私はこれを瀬田先生が手がけたものだと申しました。先生がご自分でオリジナル原稿から書いた項目だと、疑いもなく頭からそう思いこんでいたんですが、実はそうではなくて、この十五ページにわたる〈児童文学〉の原稿は、光吉夏弥さんがお書きになったものだということがわかりました。一回目の講座が終わったあと、『児童文学論』下巻に入れてある「英米児童文学を日本はどうとりいれたか」という章を見ていましたら、戦後のところで『児童百科事典』にふれていて、そこに「〈〈児童文学〉の）執筆者は、光吉夏弥であった」と瀬田先生自ら書いていらっしゃるんですね（p.152）。

自分で編集した本なのに、どうしてこういうことが頭に残らなかったんだろうと、ちょっと情けなかったです。ほんとに目をむきました。たしかにこの〈児童文学〉の項目には、非常に詳しい欧米の児童文学史が記されていますし、そのうえ、毎ページごとにたくさんの図版が入っているんですね。瀬田先生は戦後のあの時点で、こういう資料をいったいどうやって手に入れたのだろうかということは、私もチラリとは思ったんですが、戦前からの蔵書家で有名な光吉夏弥さんがオリジナル原稿をお書きになったというのなら、これはうなずけます。そして私は、『児童百科事典』の巻頭にある例の「この巻をつくった人たち」という執筆者リストを見てみたんですが、光吉さんのお名前は全二十三巻中、十三巻にわたってリストに入っていました。『児童百科事典』の中で光吉さんが果たされた役割は大きかったんですね。

ということで、〈児童文学〉の項目の執筆者は光吉夏弥さんで、瀬田先生はおそらくリライトには関わっていただろうというふうに訂正させていただきますが、でも、と私はしぶとく思うんですけれども、この項目の後半三ページ分に書かれている「日本の児童文学」については、これはオリジナル原稿から瀬田先生が書いたものだろうと私は考えています。こういうところはちょっと光吉さんの守備範囲ではないように思いますし、それにこの後半部分では、前半の、光吉さん執筆による、イギリスの児童文学が一挙に子どもたちの手に渡るようになったのは、十八世紀半ばにジョン・ニューベリーが世界で初めての子どもの本屋をロンドンに開いたことによるのだという記述を受けて、「さて、日本には(同じころ)一人のニューベリーおじさんもあらわれなかった」と続けているんですが、こういう言い方、整理のしかたは、いかにも瀬田先生らしいと思います。そしてこう書いたあと、しかし、はたして本当に日本には一人の「ニューベリーおじさん」もあらわれなかったんだろうか、という問いがおそらくずっと瀬田先生には残っていて、これが『落穂ひろい』執筆につながっていく、ごく早いころの動機のひとつになっていたんじゃないかと私は考えるんですね。このことは次回にもういっぺんお話ししたいと思っています。

いずれにしましても、よく確かめもしないでいいかげんなことを言って申し訳ありませんでした。同じときに出た月報の「ぺりかん」十号のブックリスト〈児童文学へのみちしるべ〉、こちらのほうは、経過からいってもその内容からいっても、瀬田先生がなさったお仕事と考えて間違いないと思います。

ついでに光吉夏弥さんに少しふれておきますと、光吉さんは一九四二年（というと戦争の真っ最中ですね）、当時できたばかりの筑摩書房から「世界傑作絵本シリーズ」として、クルト・ヴィーゼの『支那の墨』、アイネス・ホーガンの『フタゴノ象ノ子』、マンロー・リーフとロバート・ローソンの『花と牛』、この三冊の翻訳を出しているんですね。当時筑摩書房は、銀座の裏のほうにあったそうで、瀬田先生はある講演会でこう語っています。「私はある日新聞で見まして、もう大学を卒業して（中学に）勤めていたころですが、わざわざその場所へ訪ねて行って、直接に買った子どもの本が幾冊かあるんですがね」と言っているその本が、この光吉さん訳の三冊なんですね。先生が軍隊に入隊される直前のことだと思います。先生は別のところでも、「（この戦争の時代に）清らかな奇蹟に近い出版物」とこの光吉さんの翻訳本のことを書いていますが、このうちの『花と牛』（『はなのすきなうし』）は、戦後になって「岩波の子どもの本」シリーズの中でよみがえりました。

このとき、岩波書店の編集者だったいぬいとみこさんは、一九五三年に始まった「岩波の子どもの本」の創刊当時のことを、岩波のＰＲ誌「図書」にこう書いています。

絵本について何一つ知らない素人たちが、戦前から絵本を愛して集めていらした光吉夏弥さんの蔵書を中心に、石井桃子さんも若い編集者も、夜おそくまで苦心して、（「岩波の子どもの本」を）作っていった。ツタのからんだ岩波書店の旧館のあちこちに、灯りがおそくまでついていた。

（「図書」一九九〇年七月号／岩波書店より）

とあるように、「岩波の子どもの本」での光吉さんの役割もまた大きかったんですね。私の間違いから改めて今回そう思いました。

「竹馬ガタ助」

さて、それでは前回積み残しになった『児童百科事典』第七巻の〈グリム兄弟〉の中に入っているお話の「ルンペルシュティルツヘン」、つまり「竹馬ガタ助」を、東京子ども図書館の内藤直子さんに読んでいただこうと思います。先ほどの〈児童文学〉の項目の執筆者の間違いもあるので、断定はできないのが辛いところなんですけれども、この巻の執筆者の顔ぶれからいって、また訳文の調子かいっても、この「竹馬ガタ助」は、瀬田先生ご自身が手がけたものであることはまず間違いなかろうと思います。

「竹馬ガタ助」が入っている第七巻というのは一九五二年の五月に出ているんですけれど、このころ瀬田先生が、ほかにどういう物語を書いていらしたかといいますと、大きい人たちのために二つの創

『児童百科事典』第７巻〈グリム兄弟〉より、おはなしのページ「竹馬ガタ助」。

作があります。一つ目は、前回言いましたように、一九四九年八月、つまり平凡社に入社する前後に「少年少女」（中央公論社）に載せた「郵便机」なんですが、もうひとつ、俳句の雑誌「萬緑」の一九五二年一月号に「風邪の機関銃」という、これも創作の短編を書いています。そして、ちょうど「風邪の機関銃」発表とほぼ同じころに、この「竹馬ガタ助」が出来ているんですね。

瀬田先生が本格的に「こどものとも」や「母の友」でグリムやイギリスの昔話の翻訳を始めたのは、それから六年ほど経って一九五八年以後のことですから、この「竹馬ガタ助」が瀬田先生によるものだとすれば、昔話の訳の試みとして、初めて本に載ったものだろうということになります。

挿絵は寺島龍一さんです。上の図版の右ページ下に、寺島さんのサインが見えます。

それでは内藤さん、よろしくお願いします。

「竹馬ガタ助」

むかしむかし、まずしい粉ひきやがおりまして、あるとき、王さまとお話ししているさいちゅうに、ちょっと自慢してみたくなったものですから、こういいました。「王さま、わたしにはきれいなむすめがひとりおります。この子は、きれいなばかりじゃなくて、ワラをつむいでキンにできますよ」

王さまは、びっくりして、いいました。

「それはすばらしい。そういうことなら、わたしも大すきだ。おまえのいうとおりだったら、むすめをあした、わたしの城へつれてきておくれ、ためしにな」

むすめが来ますと、王さまは、ワラのいっぱいつまっているへやへつれていって、さて、糸車をわたしました。

「さあ、どんどんおやり。あすの朝まで夜かけて、ワラをキンにつむがなければ、おまえは死ぬのだぞ」

そして王さまは、カチリとかぎをかけ、むすめは、ひとりになりました。

かわいそうなむすめは、すっかりとほうにくれました。どうしたらいいのか見当《けんとう》がつきません。心配のあまり、とうとう泣きだしてしまいました。すると、サッと戸があいて、ちっちゃな男がはいってきました。

「こんばんは。粉やのねえさん。どうして泣くの？」

「ワラをキンにつむげって……わたしには、できないわ」

「わしがかわりにつむいであげたら、なにくれる？」

「わたしのくびかざり」

小人《こびと》は、くびかざりをもらいました。それから糸車のまえにすわって、シュル、シュル、シュル、三べんまわすと一本の糸まきが、シュル、シュル、シュル、三べんまわすともう一本の糸まきが、……こうしてつぎつぎに朝までやりますと、ワラは一本のこらずつむがれて、糸まきには一本のこらずキンが巻きつけてありました。

日がのぼると、王さまが来ました。王さまは、このキンの糸まきをみて、びっくりしましたし、またよろこびもしました。そして、もっともっとキンがほしくなりました。そこでこんどは、むすめをべつのへやへつれていきましたが、このへやはまえのより大きいうえに、まえのよりもたくさんワラがあったのです。いのちがおしければ今夜のうちにみんなつむげ――こう、王さまがいいわたして、かえりますと、むすめは、またとほうにくれて、泣いていました。するとまた戸があきました。また小人があらわれました。

「このワラをキンにしたら、なにくれる？」

「わたしの指わ」

小人は指わをもらって、またまた糸車をシュル、シュル、シュル、そして朝までにワラをのこらず光りかがやくキンにつむいでしまいました。もちろん王さまは大よろこびでした。そして、もちろん大よくばりになりました。そこで、むすめをつれて、もっともっとワラのつまっている、もっともっと大きいへやへつれていきました。

「ワラをぜんぶ今夜のうちにつむいでしまえば、わたしの妻にしてやるが、そうでなければ死ぬのだぞ」

王さまは、粉ひきのむすめだからって、こんなに金持ちの妻は、どこをさがしてもあるまいよ、と考えたのでした。

むすめがひとりになりますと、また、あの小人がやってきました。

「ワラをつむいだら、なにくれる？」

むすめは答えました。

「あげられるものは、もうなんにもないわ」

小人がいいました。

「そんなら、おまえがおきさきになったら、いちばんはじめの子をくれると、約束しとくれ」

むすめは、そんなさきのことはどうなるかわからないと思いました。そこで、小人のいうとおりに約束しました。小人はもう、シュル、シュル、シュル、どんどんキンをつむいだのでした。朝になって王さまが、このキンを見たとき、さっそく妻にむかえようと思いました。こうして美しいむすめは、王さまのおきさきになったのです。

一年たって、おきさきは美しいこどもを生みました。小人のことはすっかり忘れておりました。すると、あの小人がいきなりおきさきのへやへはいってきて、

「さあ、約束したもの、わしにおくれ」

おきさきはギョッとしました。こどものほかなら、国じゅうのどんな宝でもあげていいといいましたが、小人は、世界じゅうの宝よりも、生きてるこどもがいいといいはりました。おきさきはこまりはてて、泣きだしました。小人もおきさきがかわいそうになって、

「三日だけまってあげる。その日までにわしの名まえがわかったら、おまえのこどもは、おまえのものさ」

といいました。

さあ、おきさきは、これまで聞いた名まえを夜どおし思いだしてみましたし、お使いを出して、あらゆる名まえをしらべさせてもみました。

あくる日、小人が来ますと、おきさきは、知っている名まえをすっかりいいました。

「太郎かしら、次郎かしら、三郎かしら」

「そんな名まえじゃ、ありゃしない」

二日めには、おきさきは、しらべた名まえをすっかりいいました。へんな名をすっかり。

「乳のでた郎かしら、ヒツジのすね男かしら、クジラのアバラ兵衛かしら」

「そんな名まえじゃありゃしない」

いよいよ三日めになると、さがしにいった使いの者のひとりがもどってきて、こういいました。

「新しい名まえは一つも見つかりませんでしたけれど、高い山の深い森へまいりましたとき、そこはキツネとウサギが〝おやすみなさい〟をいいあうさびしいところでしたが、そこに小さな家が一けん

ございました。家のまえに、火がもえておりまして、そのまわりを、へんな小人がおどりはねておりましたが、そいつめ、

　きょうはパンやき、あしたは酒屋だ
あさって、きさきの赤んぼさらって
やぁれ、しめしめ、だぁれも知らない
　わしの名まえが、竹馬ガタ助

と、うたっておりました」

おきさきの喜びは、みなさんにもよくわかるでしょうね。そこへまもなく、あの小人がはいってきました。

「どうだね、わかったかい、わしの名まえが」

おきさきは、いいました。

「ちびさん、っていうの？」

「いや、ちがう」

「まめこう、っていうの？」

「いや、ちがう」

そこで、

「竹馬ガタ助、とでもいうのかしら？」

するると、

「悪魔《あくま》がいいつけやがったな。悪魔がいいつけやがったな」と、小人はさけんで、はらだちまぎれに、右足をドンとふみましたら、メリメリ腰まで地べたへうまってしまいました。そこで、小人は、気ちがいのようになって、左足をりょう手でグッとひっつかむと、じぶんでじぶんのからだを、まっ二つに、ひきさいてしまいました、とさ。

（『児童百科事典』第七巻〈グリム兄弟〉より）

ありがとうございました。こうして、改めて耳から聞くとなかなかいいですね。内藤さんは、朗読だけじゃなくて、実際に子どもたちの前で「竹馬ガタ助」を語ってみましたとおっしゃっているので、講座の最終回には今度はストーリーテリングをしていただこうと思っています。

さて、この「竹馬ガタ助」の訳の大きな特徴なんですが、お妃が名前を当てるところの合計九つの名前がすべて日本語にしてあります。太郎、次郎、三郎、から始まって、乳のでた郎、ヒツジのすね男《お》、クジラのアバラ兵衛、それに、ちびさん、まめこう、という具合にですね。名前なんだから意味よりも音の面白さが伝わればいいんじゃないかという考え方ももちろんあるんですけれども、この訳は、名前もその意味がわかるように、とにかく日本語にしようとしています。そこで、いろいろ出ている「ルンペルシュティルツヘン」の訳の中から、ここでは四つの訳を取りあげて、名前のところだけ比較した表を作ってみました（一三六―一三七ページ）。

取りあげた四つの訳は、金田鬼一《きいち》の訳と、今読んでいただいた瀬田訳と思われるもの、それから東京子ども図書館の『おはなしのろうそく』の訳、そして「岩波少年文庫」で二〇〇七年に出た佐々木田鶴子さんの訳です。

まず「金田鬼一訳」なんですが、『児童百科事典』の〈グリム兄弟〉の項目が書かれた一九五二年当時で先生が見ることができたグリム童話の訳としては、小学生のころ愛読していたという、冨山房「模範家庭文庫」の中島孤島《ことう》の訳（『グリム御伽噺』所収、一九一六年）もあるんですけれども、ここでは、それよりも昭和の初めに「世界童話大系」の第二巻、第三巻として刊行され、その後岩波文庫全七巻に入ったこの金田鬼一の完訳グリムに拠った、そういう可能性のほうが大きいと思います。中島孤島の訳は、子どものころさんざんお読みにはなっているんでしょうけれども、タイトルは、「ルムペルスチルツヘン」とドイツ語のままですし、中に出てくる九つの名前も別に日本語にはしていません。一方、金田訳のほうは、まずタイトルが「がたがたの竹馬小僧」となっています。そしておそらく、ここから先生の「竹馬ガタ助」という訳が出てきたんじゃないかと思うんですが、でも「がたがたの竹馬小僧」と「竹馬ガタ助」を比べると、「竹馬ガタ助」のほうがいかにも名前らしくて、すっきりしていて、しかもぴたりと決める日本語の鮮やかさがありますね。

今、子どもたちが読んでいるグリムでは、タイトルも中に出てくる名前も、ドイツ語のままがほとんどだと思います。『おはなしのろうそく』もそうですね。ただ、二〇〇七年に出た岩波少年文庫の佐々木田鶴子さんの訳はちょっと違っていて、タイトルは「ひょろひょろ足のガタガタこぞう」と、名前の意味も訳の中で生かそうという方針のようでしたので、この表に取りあげてみました。佐々木訳は、たとえばリッペンビーストと書いて、（　）の中にアバラボネコゾウという意味を入れる、そういうやり方ですね。

瀬田貞二訳？ （児童百科事典第7巻／1952年刊）	東京子ども図書館訳 （おはなしのろうそく12／1982年刊）	佐々木田鶴子訳 （岩波少年文庫／2007年刊）
竹馬ガタ助	ルンペルシュティルツヘン	ひょろひょろ足の ガタガタこぞう
太郎	カスパル	カスパール
次郎	メルヒオール	メルヒオール
三郎	バルツァー	バルツァール
乳のでた郎	リッペンビースト	リッペンビースト （アバラボネコゾウ）
ヒツジのすね男	ハンメルスバーデ	ハンメルスヴァーデ （ヒツジノフクラハギ）
クジラのアバラ兵衛	シュニールバイン	シュヌーアバイン （ホソヒモアシ）
ちびさん	クンツ	クンツェ
まめこう	ハインツ	ハインツ
竹馬ガタ助	ルンペルシュティルツヘン	ひょろひょろ足の ガタガタこぞう

『ルンペルシュティルツヘン』に出てくる名前（訳）の比較

		グリム原書	金田鬼一訳 （世界童話大系第2巻独逸篇〈1〉／1924年刊）
タイトル		Rumpelstilzchen Rumpel〈がたごという音〉 Stilzchen（Stelzenの訛） Stelzen〈支柱、または竹馬の縦棒〉 chen〈縮小辞〉	がたがたの竹馬小僧
1日目	①	Kaspar 〈東方三博士のひとり〉	カスパール
	②	Melchior 〈東方三博士のひとり〉	メルヒオール
	③	Balzer 〈東方三博士のひとり〉	バルツェル
2日目	①	Rippenbiest Rippe〈あばら骨〉 Biest〈いやな虫、いやなやつ〉	リッペンビースト （雌の初乳　めすのはつぢち）
	②	Hammelswade Hammels〈去勢された雄羊〉 Wade〈ふくらはぎ〉	ハンメルスワーデ （去勢羊の脛　きんきりひつじのすね）
	③	Schnürbein Schnur〈ひも〉 Bein〈脚〉	シュニュールバイン （衣装下の鯨骨　いしょうしたのくじらぼね）
3日目	①	Kunz 〈Konradの短縮形〉	クンツ
	②	Heinz 〈Heinrichの短縮形〉	ハインツ
	③	Rumpelstilzchen	がたがたの竹馬小僧

表の左はじにある、グリム原書のいちばん上のタイトルのところを見てください。ルンペルシュティルツヘンのRumpelというのは「がたごという音」、StilzchenはStelzenからきた訛《なまり》のようで、Stelzenは「ものを支える柱」のほかに「竹馬（の縦棒）」の意味もあるそうです。それに名詞を小さいとか可愛らしい、あるいは取るに足りないものとする縮小辞chenを付けています。ドイツには竹はありませんから木の棒なんですけれども、写真で見るとStelzenは竹馬と同じ遊びで、ですから金田訳の「がたがたの竹馬小僧」は原語どおりの訳なんですね。佐々木訳が「ひょろひょろ足のガタガタこぞう」としているのは、今の子どもたちにはちょっと竹馬は遠いかなということなのでしょうか。ドイツでも、今はもうノスタルジックな遊びになっているそうですが。

次に一日目の、カスパール、メルヒオール、バルツェルなんですけれども、これは金田訳も含めてみんなドイツ語のまま、原語のままですが、瀬田訳は、ここもひとり頑張って（笑）「太郎、次郎、三郎」としています。この三つの名前は、キリスト誕生のときに東方から礼拝にやってきた三人の博士の名前だそうです。私はこのあたりの教養にまったく欠けているんですが、東方の三博士たちに名前がついたのは西洋では七世紀からだそうで、メルヒオールは青年の姿の賢者、バルツェルは壮年の姿の賢者、カスパールは老人の姿の賢者として、それぞれ名前があてられたようです。この三人の博士の名前は『ニルスのふしぎな旅』にも出てくるんですね。飾ってあるタペストリーに、東方の三博士が馬に乗っている絵が織りこまれているという描写がありますから、きっとヨーロッパの子どもたち、キリスト教圏の子どもたちなら、だれでも知っている名前なんだろうと思います。でも、お妃が一日目にこの東方三博士の名前を言うのは、なんか洒落ているというか、奥が深いような感じがしますね。そこのところを瀬田先生は、「太郎かしら、次郎かしら、三郎かしら」とこれはちょっと平凡すぎるというか、軽いんですけれども、とにかく原文は東方の三博士だということで、訳のほうも三つそろった日本の名前を考えてあてているんですよね。できるだけ日本語にしようと、苦労していることがわかります。

ところで、問題は二日目なんですが、金田訳は「リッペンビースト（雌《めす》の初乳《はつぢち》）」というふうに日本語の意味は（　）に入れて表記しているんですけれども、瀬田訳は、ここもドイツ語抜きで、いきなり「乳のでた郎」と日本語にしています。そして「ヒツジのすね男」とか「クジラのアバラ兵衛」とか、ここはよく出来ていて面白い訳なんですが、でも残念なことに、この二日目の名前については、もとの金田訳に混乱があって、瀬田訳はそれをそのまま引きずってしまっているんですね。ここのところは岩波少年文庫の佐々木訳が正解のようで、要するに瀬田訳は「乳のでた郎」の代わりに、佐々木訳の「ホソヒモアシ」にあたる日本語の名前を入れると、これはもう、ばっちり決まりということになります。

三日目はまた一日目同様、瀬田訳のみ、クンツを「ちびさん」、ハインツを「まめこう」と日本語にしています。クンツはコンラッドの短縮形ですし、ハインツはハインリッヒの短縮形ですから、「ちびさん」と「まめこう」で、まあ適切な訳だと思います。ちなみにドイツ語で Heinz und kunz というと、「どいつもこいつも」という慣用句になるそうで、最後に勝利を確信したお妃が「クンツかえ」「ハインツかえ」と言っているのは、これまたなかなか洒落た答えなんですね。

先生は『ホビット』や「ナルニア」にしても、ゴクリとか馳夫《はせお》とか泥あしにがえもんとか、人の名前もできるだけ日本語にしようとしていますし、『おだんごぱん』や『三びきのやぎのがらがらどん』などの絵本の翻訳でも、そういう訳し方をしていますが、それはすでにもうこのあたりから始まっているんですね。瀬田先生の訳はまず、(1)口調がなめらか、それから、(2)ごたごたしていない、そして、(3)できるかぎり日本語にしている、などの特徴があると思うんですけれど、そうしたことの出発点が「竹馬ガタ助」の訳で具体的に見受けられると私は思います。

ということで、「竹馬ガタ助」は、『児童百科事典』の項目すべてにわたってなされたような、金田訳をもとにした徹底的リライトのひとつだと思ってもいいんですが、それにしても、このグリム童話を、面白い「おはなし」として子どもたちに向かって語っていこうという姿勢は、もとの金田訳に比べると、瀬田訳の「竹馬ガタ助」のほうがずば抜けているように思いました。

ここでちょっと『絵本論』をのぞいてみますと、第一部第二章の「三つの昔話」という文章で、ドイツの「ルンペルスティルツヘン」、イギリスの「トム・ティット・トット」、それから日本の「だいくとおにろく」を取りあげて、先生は、この三つの昔話のクライマックスを次のように語っています。

そしてクライマックスが、いきなり嵐のようにおそってきます。どうしても名をあてなければならない主人公は苦悩します。あてられるだろうか。思いがけない解決が天佑《てんゆう》のように降ってきます。そして、さまざまな主人公は同時に、「竹馬ガタ助!」「トム・ティット・トット!」「おにろく!」と叫びます。読者もこおどりをしたいほど、いままで痛く感じていた緊張を一気にほどきます。そして、最後は、ほんとうに魔物の最期であり、主人公の勝利におわって、読者はみたされた期待を真っ赤な夕焼け空のように幸福に解放します。それこそ大団円です。完全なしめくくりで、いままでの貴重な重みがそれにふさわしくとじます。

（『絵本論』p.180）

こうやって、自分が話している言葉の中に改めて『絵本論』の文章が入ると、わあ、瀬田節だなと（笑）。瀬田節なんていうと失礼なんですけど、瀬田先生以外のなにものでもない文章ですね、これは。この文章は一九六二年、つまり『児童百科事典』の「竹馬ガタ助」から十年経って書かれたものですが、ここでも「ルンペルシュティルツヘン」は「竹馬ガタ助」という名前で出てくるんですね。

自分流に子どもの本とつきあう暮らし

さて、今日のテーマ「『絵本論』を読む」に入りまして、年譜の③の時代を見てください（一六ページ）。一九五七年四十一歳「〝自分流に子どもの本とつきあう暮らし〟が始まる」のところですね。この言葉は前回も言いましたように、瀬田先生ご自身が吉田新一さんのインタビューの中でおっしゃっていることです。

「自分流に子どもの本とつきあう暮らし」、考えてみれば、このあと、結局最後まで先生はこれを通したわけなんですが、先生のその時その時の関心のありどころから見て、年譜の上では、前半（③の時代）と後半（④の時代）の二つに分けてみました。今日はその前半、つまり一九五七年（四十一歳）から七〇年（五十四歳）あたりまでの、③の時代の瀬田先生の子どもの本のお仕事についてお話ししたいと思います。

まず、平凡社を辞める前後、つまり②の時代と③の時代の境目になる一九五六年から五八年にかけての先生は、それでは具体的に何をしていらしたのかということなんですが、五六年七月に『児童百科事典』の第二十四巻（索引巻）が出て完結、この年の八月には初めての「こどものとも」である創作絵本『なんきょくへいったしろ』（五号）を、寺島龍一さんの絵で出しています。翌五七年の一月には「岩波少年文庫」で『オタバリの少年探偵たち』（C・D・ルイス作／アーディゾーニ挿絵）の翻訳を出し、十月には再び「こどものとも」で創作『きしゃはずんずんやってくる』（十九号）を、これも寺島龍一さんの絵で続けています。

この五七年中の秋ごろ先生は平凡社を退社されたようなんですが、正確にはいつなのかわかりません。要するに五七年は、「百科事典の仕事が終わると、平凡社のほうじゃ児童課ってものをおいていろいろしたんですけど」の児童課にいて、進めていた新企画「北極星文庫」をやりながら、一方で「こどものとも」の創作や「岩波少年文庫」の翻訳も始めていたということになると思います。

明けて五八年、平凡社を辞めた先生は、これは子どもの本ではありませんけれども、五月にハヤカワ・ミステリの一冊『夜来たる者』（E・アンブラー作）の翻訳を出し、この月から「母の友」に毎号、「世界の昔話」を載せはじめます。フィンランドの昔話「この世のおわり」から始まって、「おばあさんとぶた」（イギリス）、「三びきのヤギのガラガラどん」（ノルウェー）、「ねこの大王」（イギリス）……と続いていくこの世界の昔話の翻訳は、このあと、先生の絵本の仕事のひとつの柱となるものですね。一方、日本の昔話の再話のほうは少し遅れて、「母の友」五九年六月号の「ねずみのじょうど」が最初で、七月号「さるとひきがえるのもちとり」、六〇年一月号「かさじぞう」と続きます。

こうして五六年からの四年間を詳しく見ていきますと、これから先のお仕事の方向が浮かんでくるんですが、年譜③の時代に戻っていただいて、年譜にはまず、平凡社を辞めた直後の一九五七年から六〇年にかけて書かれた六つの評論をあげておきました。「自分流」の暮らしに入った先生が、その初めに、子どもの本についてどんなことを考えていらしたのか、それを知るために、この六つの評論の内容を少していねいに見てみたいと思います。

「〈くもの糸は名作か〉再論」（五七年）は、おそらく、辞めてから最初に書かれた本格的な評論だと思うんですが、これは、古田足日さんの「くもの糸は名作か」に対する反論という形で、雑誌「日本児童文学」に掲載されました。今まで子どもの読みものとしてほぼ無批判に受け入れられてきた芥川龍之介の『蜘蛛の糸』が、本当に子どもたちにとってふさわしい「名作」なのか、その評価のやり直しをしている古田さんの論を、先生はここで再検討し、子どもの文学では、近代小説とは異なる「説話」の概念を正しく取り扱う必要があることを説いています。そして、ここで言われている「説話」とは、そのまま「昔話」にも通じているように読みとれます。

続いて二つ目、私たちの国にまだ「ファンタジー」という概念も言葉もなかったこの時代に、「空想物語」という言葉をあてて、それがどんなにすばらしく、そして子どもたちにどれほど大きな喜びを与えるものかを一生懸命に伝えようとしている「空想物語が必要なこと」（五八年）が、これも

「日本児童文学」誌に発表されます。考えてみれば、先生の「自分流に子どもの本とつきあう暮らし」のスタートは、こうして、子どもの本にとってもっとも大事な「昔話」と「ファンタジー」の、その意義を論じることから始まるんですね。さすがだなあと思います。

三つ目は、「キャパシティの発見—『たゆまぬ年々』にふれて—」（五九年）ですが、これはリリアン・H・スミスの *The Unreluctant Years* の翻訳にとりかかったころに書かれた文章で、この本がどれくらい画期的なものであるかを、アメリカやカナダの図書館員たちの仕事に大きくふれながら、これもまた非常に熱をこめて述べていて、読んでいると、私たちの国の子どもの本にいったい何が欠けているのかが、自然にあぶり出されてくるような感じがしてきます。これは岩波書店の雑誌「文学」に掲載されました。

四つ目は、「戦後の児童文学」（五九年）です。戦後続々と出た児童文学雑誌から生まれた作品を取りあげて論じたもので、先生ご自身も戦後まもなく一九四九年に創作「郵便机」を書いているんですが、その論は、渦中にいてそのことを誠実に見てきた人の臨場感と迫力があります。この文章のうちの一部分、（戦争が終わってこれからは）「私は自らのあらゆる能力と時間を、子どもたちにむかって解放しなくてはならない」と決意するところは、前回ここで読みました。これは『新選日本児童文学3 現代編』（小峰書店）の解説として書かれました。

五つ目の「文学教育の考え方」（六〇年）は、岩波講座「現代教育学」第八巻『芸術と教育』に入っているものです。これは一九六〇年当時の文学教育を論ずるということで書かれているので、テーマとしても、また時代的にも制約はあるんですけれども、子どもにとって文学とは何か、そしてそれに大人はどう関われるのかを根本から問いかけ、具体的に展開した文章になっていて、「文学にある固有の力をまず文句ぬきでだまって渡してやること。これが文学の渡し方である」という結論まで一気に読ませます。これもまた読みごたえがありますね。

そして六つ目は、「民話の文学性」（六〇年）です。「学校図書館」という雑誌に掲載された文章で、民話（昔話）がなぜ子どもたちを楽しませるのかをテーマに、昔話のもっているその特質をきちんとふまえた、短いけれどこういう本格的な昔話論が書かれたのが一九六〇年といえば、これはかなり早い時期になるのではないでしょうか。そして、「〈くもの糸は名作か〉再論」から三年、ここに至って明確に、はっきりと昔話に焦点のあたった文章が先生自らの手で書かれたというふうにも言えるのではないかと思います。

こうやって改めて瀬田先生の初期の評論をここに並べてみますと、いずれも子どもの本の根本に関わる大きなテーマを、真っ正面から取りあげていることがよくわかります。私が知っている晩年（④の時代）の瀬田先生は、もうこうした子どもの本の「今」と直接斬りむすぶような文章は書かなくなっていらしたので、先生は若いころ、こういう面も持っていて、鋭い論客だったんだなあと思いますね。ファンタジーから昔話まで、この初期のころの六つの評論はすべて三番目の評論集『児童文学論』に入れてありますから、詳しくはこの本を読んでいただきたいんですけれども、これらはみんな、『児童文学論』の柱になっています。

そしてさらにこのころ、一九五六年から六〇年代にかけて、先生は絵本についても、長いまとまった連載を三度「こどものとも」の月報でやっています。このうち一度目の連載「絵本のはなし」がいちばん長くて、五六年から五九年まで二十六回続けています。二度目の連載「おかあさんの絵本講座」は六一年から翌六二年までの十一回、それから三度目の連載「絵本の世界」は少し経ってからですが、六六年から六七年まで十二回にわたって書かれました。そしてこの「こどものとも」の月報に載せた三つの連載が、先生の二番目の評論集である『絵本論』の前半第一部を構成している主なものになっているというわけです。

ISUMI《いすみ》会と『子どもと文学』

さて、また年譜に戻りまして（一八ページ）、一九六〇年、先生四十四歳のとき、『子どもと文学』が刊行されます。このころ瀬田先生は、石井桃子先生たちと「子どもの本研究会」という集まりを作っていて、そこで話し合われたことをまとめた『子どもと文学』の出版は、この「子どもの本研究会」、通称「いすみ会」*の大きな成果でした。そこで、「いすみ会」についてちょっとお話ししておきたいと思います。

そもそも石井先生と瀬田先生が出会ったのは、いつなのかということなんですが、一九五〇年の秋ごろのようです。終戦の年から宮城県の栗駒山の麓の鶯沢《うぐいすざわ》村で開拓農業をしていた石井先生は、岩波少年文庫を始めるために東京に戻っていらしたんですね。一方、瀬田先生のほうは、平凡社で『児童百科事典』の刊行がスタートするその直前のころです。このときのお二人の出会いについては、瀬田先生の側からの文章はないんですけれど、石井先生は追悼文集の『旅の仲間』にこう書いていらっしゃいます。

瀬田さんとのおつきあいは、長かったといっていいのだろう。戦後五、六年ころからのことで、私はそのころ、岩波書店に勤めていた。あることで、瀬田さんというひとのことを知り、お会いできないかという手紙を出した。紹介もなしに、いきなり知らないひとにそんな手紙を書いたのは、初めてであった。瀬田さんは、たしか、その頃、平凡社に勤めていらしったのだと思うが、岩波に会いに来てくださった。道をへだてて小学館のとなりにあった、もとの岩波書店の廊下に並んだ来客用のテーブルをはさんで、初めて瀬田さんとお話ししたときのことを、まだはっきりおぼえている。私たちは仕事の話をしたのでなく、子どもの本の話をした。その後は、どんなふうにお会いしたのだろう。時どき、コーヒーをのみながら話したこともあり、お茶の水駅まで歩きながら話したこともあるから、瀬田さんは平凡社からの帰りに寄ってくださったのかもしれない。私は、日本の古い子どもの本や、それから新しい本についても、ほとんど知識がなく、ただ好きな本は好き、よいと思う本はよい式の素朴な判断で仕事をしていたから、誰か話し相手がほしくて瀬田さんに手紙をだしたのだと思う。そして、和洋にわたる瀬田さんの知識から、私は大いに学んだけれども、瀬田さんも、私の素朴な質問をおもしろく思われたにちがいないと思われるふしがある。こうして、まったく損得づくでないおつきあいがはじまった。

ここを読みますと、子どもの本のことで、心底、話の通じる人に出会えたという石井先生の喜びが弾むように伝わってきますね。これは一九七九年、瀬田先生がなくなられたときの文章ですから、その人を失ったときの文章ですから、よけい胸を打ちます。

ところで、ここで石井先生がおっしゃっている「あることで、瀬田さんというひとのことを知り」の、その「あること」とは何かをしつこく追及してみたんですが、これは、斎藤惇夫さんが瀬田先生からじかにうかがっていました。岩波書店では少年文庫を創刊する前に、まず「少年少女読物百種」のリストを作ろうという計画があったんですね。そのために各界の著名人にアンケートを送りました。先生の高校時代の親友、日高六郎さんのところにもアンケートがきて、それを瀬田先生が日高さんの代わりに書いて返事を出した。その回答を石井先生がごらんになって、瀬田さんという人にお会いしたいと、そういうことになったのだそうです。ほとんどの人がアンデルセンやグリム、それに『クオレ』とか『小公子』とか『ロビンソン・クルーソー』などをあげている中で、『ドリトル先生』や『アリス』、『プーさん』、『たのしい川べ』を回答している人がいたら、それは目立ちますよね。なにしろ先生は、例の国会図書館に通って、アン・キャロル・ムアのブックリストも見ていた人なんですから。そしてこれは、当時の日本人としてはとても珍しいことですから、そういうことも含めて石井先生は、ここでやっと話の通じる人に出会うことができたという思いがしたのでしょう。

お二人が出会った一九五〇年といいますと、瀬田先生は三十四歳、石井先生は四十三歳のころです。このあと石井先生は、岩波書店を辞めて一九五四年から一年間アメリカへ留学して、翌五五年九月に帰国後、いぬいとみこさんや、「こどものとも」創刊直前の松居直さんも加わって、「子どもの本研究会」が始まります。一九五五年秋というと、瀬田先生は平凡社で『児童百科事典』の二十一、二十二巻目あたりを出していたころですね。

さらに、石井先生の『旅の仲間』の続きを読ませていただきます。

私たちが、このような不即不離のおつきあいから、もう少し仲間的なところに進んだのは、私が一年間、外国へいって、その旅から帰ってからのことである。私は帰国後、それまでわからなかった、日本の子どもの本のおかれている状態が、いよいよわからなくなってしまい、おなじ興味をもつ友人四人と語らって、時どき集まって、話しあいをしようということになった。皆いそがしかったので、一月に一度、夜の何時間か、じっくり、日本の子どもの本を読んでゆこうというのである。瀬田さん、鈴木晋一さん、いぬいとみこさん、松居直さん、そして私が初めのメンバーで、少ししてアメリカから帰っていらしった渡辺茂男さんが、これに加わった。この集まりの最初のころに、いつも「あの会、あの会」といっているのでは、まぎらわしいため、しばらくして、五人の名の頭文字を結びつけて、「いすみ会」と呼ぶようになった。渡辺さんのWは、「いすみ会」の名がかなり呼びなれたものになってしまったあとだったので、とうとう入らなかった。

この会は、いまから考えてもまったく虚心な勉強の会で、私たちは、日本の子どもの本を一冊一冊読んでゆき、意見を言いあった。たいてい、一ばんさし支えのない私の家で集まったが、夕方六時ごろから一二時ごろまで、あっというまにすぎてしまうことがあった。いつかは、話をしめくくって、「さよなら」と出ていった瀬田さんが、しばらくすると、また玄関の戸をたたいて、駅へいってみたら、中央線はあるけれども、乗りかえる先の線がもうなくなっているので、泊めてもらえないかと、とてもはずかしそうにおっしゃったことがあった。

この会で私たちが勉強したことは、たいへん大きかったと私は思っている。誰かひとりが、思いがけなく出した疑問が、いく人かのひとの心にひっかかって、つぎに集まるときまでにいろいろな形の意見になって、また話しあいの的になるようなことが度々だったからである。私たちは、代り番に記録係になり、それを綴じていった。五年たったときに、話しあったことが、かなり整理したものになって、皆の頭に残ったことは確かである。この勉強は、私たち自身のためのものであったのだけれど、本にしてくださる出版社があって、『子どもと文学』という本になった。

（以上、『旅の仲間』「瀬田さん」より）

このいすみ会ではどういうことが話し合われていたのか、実例をひとつあげますと、宮沢賢治の作品「なめとこ山の熊」を読んだときの記録が、『子どもと文学』の中の瀬田先生による「宮沢賢治論に残されています（『児童文学論』下巻p.313─319）。「一九五七年三月某日、司会者『なめとこ山の熊』を読む。列席者、各自のテキストを読みくらべていく」から始まって、そのあとメンバーの発言が続くんですが、これを見ていただくとわかりますね、その勉強会の内容が。

ところで、ひとつ、問題です。このときいすみ会の勉強会に、石井先生のお宅で夕食によく出たお料理は何でしょうか（笑）。今日、ここに荒井督子さんがいらっしゃれば、すぐ答えていただけるんですけれど、答えは「ポトフ」です。荒井さんは、一九五九年日本女子大の四年生のときに、一年間荻窪の石井先生の家で暮らして、この『子どもと文学』が出る大詰めのいすみ会の話し合いの様子をつぶさに見ているんですね。二〇一〇年に世田谷文学館で開かれた「石井桃子展」の図録で、荒井さんはこう書いています。「会は、かなり頻繁に開かれていたように思います。石井さんが『今日は、ポトフよ』と言われると、その日はＩＳＵＭＩ会だとわかります。大きな牛肉のかたまりを買ってきて、居間の猪谷《いがや》式ルンペンストーブに大鍋をかけ、朝からことことと煮こむのです。会は、夕食のあとはじまりました」。

これは、「荻窪の家の石井桃子さん」というタイトルの文章ですけれど、なんかこれ読むととっておいしそうですね、石井先生のポトフは（笑）。で、このときまさに、戦後日本の子どもの本は、新しい出発点を迎えようとしていたというわけです。

『子どもと文学』が中央公論社から出版されたのは一九六〇年でした。いすみ会が作られたのは五五年ですから、それまで五年間、石井先生もおっしゃっているように、いすみ会の勉強会はずっと続けられていたんですね。メンバー六人の方々の年齢は、会が作られた一九五五年当時でいいますと、石井先生が四十八歳、瀬田先生三十九歳、鈴木晋一さん三十六歳。鈴木晋一さんは、もと産経新聞の記者で、その後平凡社で『世界大百科事典』の仕事をされた方です。この当時、「こどものとも」のテキストなども書かれていますけれども（十号『ちいさなきかんしゃ』）、その後子どもの本からは離れ、日本の食べ物の歴史を専門にされて、『たべもの噺』とか『馬琴の食卓』とか、そういう方面の著書がずいぶんたくさんある方です。

それからいぬいとみこさんが三十一歳、松居さん二十九歳、渡辺茂男さんが二十七歳です。渡辺さんはアメリカに留学していたので、石井先生が書いていらっしゃるように、ちょっと遅れていすみ会のメンバーになったんですね。もうみんなが「いすみ会、いすみ会」と言いなれてしまったところに渡辺さんが入ったので、Wはとうとう入らなかったということですが、石井先生を別格にすれば、皆さん、二十代、三十代と若いですよね。今から思えばこんなに若い人たちが、こんなに大きな大きな仕事をしたのかと思います。

この本の中では、明治の末から戦後まで長いあいだ、私たちの国で児童文学の代表的なものとして読まれてきた小川未明や坪田譲治などの作品が、はたして本当に今、子どもが読むのにふさわしいものなのかどうか、その徹底的な見直しがおこなわれました。そして、子どもの本は、大人の童心主義のような感傷にまみれたものであってはならないし、また何かの主義主張の道具であってもならない。子どもの文学は、それを読むことが喜びをもたらす、子どもたちが心底楽しむことができるものでなければならない、という結論に達するんですね。ですからこの新書版の小さな本は、出た当時ずいぶんと大きな起爆剤となって、さまざまな論議を呼んだようです。で、まもなく中央公論社版は絶版になります。そしてそれから七年経って一九六七年に、今度は福音館から初版のまま内容をいっさい変えないで、まえがきだけ新しく入れて再刊したのが福音館版の『子どもと文学』ですね。

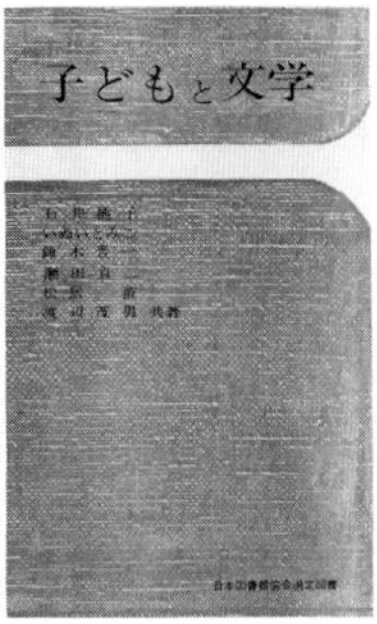

『子どもと文学』（福音館書店版）

私などが今考えてみて、この『子どもと文学』が本当にすごいなと思うのは、この本で言われていることが、ただ単に論として、主張として終わっているだけではないということなんですね。日本のこれまでの児童文学を否定したあと、それでは実際にどんな本が子どもたちに心底喜びを与えるものなのかということを、具体的な形にして、メンバーそれぞれが実現していることなんですね。石井先生は岩波少年文庫に始まって、たくさんの創作や翻訳で、いぬいさんは『ながいながいペンギンの話』などのファンタジー作品を書くことで、松居さんは「こどものとも」を創刊することで、そして瀬田先生は『児童百科事典』に続いて、たくさんの絵本やファンタジー作品を翻訳することで、というふうに、実際の仕事に結びついているんですね。リアルタイムで戦後に育った私などは、この方たちのこういう仕事がなければ、どんなに貧しい子ども時代になっていただろうかと思います。

The Unreluctant Years
by L.H.Smith,1953

右の日本語訳『児童文学論』（岩波書店刊、1964 年）

そしてこの『子どもと文学』を出してからそのあと、石井、瀬田のお二人に渡辺茂男さんが加わって、それからの私たちの国の子どもの本に大きな影響を与える、カナダの図書館員のリリアン・H・スミスによる *The Unreluctant Years*（心のびやかな時代）、日本語版では『児童文学論』*というタイトルになりましたけれども、この本の共訳に三人で向かうというわけです。

ところで、このころ、いすみ会のほかにもうひとつ、石井先生たちの「家庭文庫研究会」という集まりがあって、この会の果たした役割、特に翻訳絵本の出版について、ここでちょっとふれておきたいと思います。いすみ会がスタートして二年後の一九五七年に、石井先生は、すでにそれぞれ家庭文庫を始めていた村岡花子さんや土屋滋子さんと、家庭文庫研究会を作ります。ここではまず、アメリカのアジア財団の基金援助を受けて子どもの本の貸し出しセットをこしらえ、地方の文庫の活動を支えました。それからまた、石井先生が実際に見てきた、アメリカの子どもたちが楽しく読んでいた「あんな絵本、こんな絵本」を、日本でも原書どおりそのままの形で翻訳出版できないだろうかということで、六一年一月に、家庭文庫研究会編集、いしいももこ訳の『100まんびきのねこ』と『シナの五にんきょうだい』が福音館から出版されます。

一九六〇年、六一年といいますと、「こどものとも」は『三びきのこぶた』（五十号）や『かさじぞう』（五十八号）も出ていたころで、すでに一定の読者層が出来ていたころではありましたけれども、そのうえ、はたして売れるかどうかもわからない翻訳絵本にとりかかるということは、それこそ会社にとって「命がけだった」（社史『福音館書店50年の歩み』）ようです。そこで製作費を少しでも安くおさえるために、カラーではなくて墨一色の絵本を選んだ、まあ、地味ですよね。それに本文横書きで、横長の大きい判型の絵本という形に馴染みがなくて、書店からはずいぶんクレームがあったそうです。でもふたを開けてみると、実際に保育園や文庫の子どもたちが楽しんでくれたので、第二弾として、同じ六一年の八月にやはり家庭文庫研究会の編集、今度はむらおかはなこ訳で『アンディとらいおん』『いたずらきかんしゃちゅうちゅう』を出します。

ここに至って、原書どおりの形で外国絵本を出す道が開け、翌年にはもう四色を使った『おやすみなさいのほん』が出版されますし、それから『3びきのくま』などのソビエト絵本や、『チムとゆうかんなせんちょうさん』『もりのなか』『どろんこハリー』……と、今でも「世界傑作絵本シリーズ」

として版を重ねている翻訳絵本がどんどん続くということになります。つまり、それまでたまりにたまっていた欧米の五十年分の傑作絵本が、ここにどっと入ってきたという感じなんですね。しかもこのとき、石井先生や瀬田先生、それからロシア語には内田莉莎子さんという名訳者がいました。日本の子どもたちは、外国の絵本をいろんな日本語で読む可能性があるわけですけれども、こういう方々の響きのいい、ほんとにこなれた日本語訳があったからこそ、外国の絵本を自分たちの絵本にすることができたんですね。これはとても大きなことだと思います。考えてみれば、西洋の絵本はすでにそれまでに、十九世紀イギリスのコルデコットやポターや、それに続くレズリー・ブルックなどの流れがあるわけですけれども、戦後日本の絵本は、こうした海外の傑作絵本を次々に取り入れて出版することによって、ようやく本格的に始まったといえますね。

瀬田先生の「世界傑作絵本シリーズ」のお仕事は比較的遅くて、六三年六月の『チムとゆうかんなせんちょうさん』の訳が最初になります。

『三びきのやぎのがらがらどん』――四つの訳

さて、また年譜③、一九五七年四十一歳「〝自分流に子どもの本とつきあう暮らし〟が始まる」に戻ります。初期のころの先生の六つの評論の次にあげたのは、絵本と童話です。

③の時代に入って、瀬田先生は評論と同時に、もうあふれるように絵本や童話の翻訳を出していき

ます。童話には『ホビットの冒険』や「ナルニア国ものがたり」などファンタジーの大物があるんですが、ここではファンタジー作品はちょっと措《お》いておきまして、絵本のほうを見ていきたいと思います。年譜には絵本は十七冊、これは七〇年代、つまり④の時代になってから出されたものも混ざっているんですけれども、今よく読まれているものを、書き出しておきました。

この十七冊の中身なんですが、翻訳絵本が十三冊、昔話の再話絵本が三冊、創作絵本が一冊ということで、翻訳絵本が断然多いんですね。で、今日はこれから、この③の時代に、いったい瀬田先生はどういう考えで、どういうやり方で絵本の翻訳をやろうとなさったのか、少し時間をかけて具体的にその方法をたどってみたいと思います。

まず子どもの本の翻訳について、瀬田先生の基本的な考え方なんですが、吉田新一氏のインタビューにこたえてこういうふうに語っています。

私は外国のものでも、『おだんごぱん』にしても『三びきのやぎのがらがらどん』にしても、自分で口調のいいものをあれしちゃったもんですから、今になってそれがいいか悪いのかおききしなければならないところなんですけど、子どもに読んでもらって興にのってそれが読めるか、納得がいくかというところがだいぶありましてね。それで「ナルニア国ものがたり」なんかでも妙な、変な人名なんか使いましたでしょう。ああいうふうなのはね、もし片仮名だけの連中だったらよくわからなくなるんじゃないかと思うんです。人がたくさん出はいりしてた場合。それで黒岩涙香じゃありませんけど、少しひるがえして日本のものになるべく近づけようとしてやったことで、ちょっと邪道かもしれませんが。

（『児童文学論』下巻 p.24−25）

少し翻して、日本のものになるべく近づけようとして訳していると、ご自分の翻訳のことを、そうおっしゃっているんですね。

たとえば『三びきのやぎのがらがらどん』ですが、これはご存じのようにノルウェーの有名な昔話を絵本にしたもので、原書はアメリカで、一九五七年に出版されています。マーシャ・ブラウンの最高傑作といってもいいくらいの絵本ですね。テキストはG・W・ダセントによる『北欧の昔話』*Popular Tales from the Norse* からとられています。アスビョルンセンとモーの集めた北欧の昔話集から英訳した、ダセントのこの本は、今から百五十年も前に出たものなんですが、以後現在に至るまで、英語圏での北欧昔話の基礎になっている本なのだそうです。

マーシャ・ブラウン画『三びきのやぎのがらがらどん』の原書

次のページに、英語の原文と瀬田先生による日本語訳を対比させて入れておきましたから、これを見ながら話を聞いてください。

はじめにタイトルの訳からなんですが、英文原書のタイトルは *THE THREE BILLY GOATS GRUFF* です。*THREE* は「三びきの」ということですね。*BILLY GOAT* というのは、成長した雄《おす》山羊のことで、もうひとつ、子どもの言葉で「やぎさん」というときにも Billy Goat というと辞書に載っていました。

THE THREE BILLY GOATS GRUFF

P. C. Asbjørnsen and J.E.Moe
Taken from the translation of G.W.Dasent
Pictures by MARCIA BROWN, 1957

① Once on a time there were three billy goats
who were to go up to the hillside to make
themselves fat, and the name of all three
was "Gruff."

② On the way up was a bridge over a river
they had to cross, and under the bridge
lived a great ugly troll with eyes as big
as saucers and a nose as long as a poker.

③ So first of all came the youngest
Billy Goat Gruff to cross the bridge.
"Trip, trap! trip, trap!" went the bridge.

④ *"Who's that tripping over my bridge?"*
roared the troll.
"Oh, it is only I, the tiniest Billy Goat Gruff,
and I'm going up to the hillside to make
myself fat," said the billy goat with such
a small voice.
"Now, I'm coming to gobble you up!"
said the troll.

⑤ "Oh, no! pray don't take me. I'm too little,
that I am," said the billy goat. "Wait a bit
till the second Billy Goat Gruff comes. He's
much bigger."
"Well! be off with you," said the troll.

⑥ A little while after came the second Billy Goat
Gruff to cross the bridge.
"Trip, trap! trip, trap! trip, trap!" went the bridge.

⑦ *"Who's that tripping over my bridge?"*
roared the troll.
"Oh, it's the second Billy Goat Gruff, and I'm
going up to the hillside to make myself fat,"
said the billy goat, and his voice was not so small.
"Now, I'm coming to gobble you up!"
said the troll.

アスビョルンセンとモーによるノルウェーの昔話

『三びきのやぎのがらがらどん』

マーシャ・ブラウン　え　せた ていじ　やく（1965年刊）

① むかし、三びきの　やぎが　いました。　なまえは、どれも
がらがらどん　と　いいました。
あるとき、やまの　くさばで　ふとろうと、やまへ
のぼっていきました。

② のぼる　とちゅうの　たにがわに　はしが　あって、
そこを　わたらなければなりません。　はしの　したには、
きみのわるい　おおきな　トロルが　すんでいました。
ぐりぐりめだまは　さらのよう、つきでた　はなは
ひかきぼうのようでした。

③ さて　はじめに、いちばん　ちいさいやぎの
がらがらどんが　はしを　わたりに　やってきました。
かた　こと　かた　こと　と、はしが　なりました。

④ 「だれだ、おれの　はしを　かたことさせるのは」と、
トロルが　どなりました。
「なに、ぼくですよ。　いちばん　ちびやぎの
がらがらどんです。　やまへ　ふとりに
いくところです」と、その　やぎは　とても
ちいさい　こえで　いいました。
「ようし、きさまを　ひとのみにしてやろう」
と、トロルが　いいました。

⑤ 「ああ　どうか　たべないでください。　ぼくは　こんなに
ちいさいんだもの」と、やぎは　いいました。　「すこし　まてば、
二ばんめやぎの　がらがらどんが　やってきます。　ぼくより
ずっと　おおきいですよ」
「そんなら　とっとと　いってしまえ！」と、トロルは　いいました。

⑥ しばらくして、二ばんめやぎの　がらがらどんが
はしを　わたりに　やってきました。
がた　ごと　がた　ごと　と、はしが　なりました。

⑦ 「だれだ、おれの　はしを　がたごとさせるのは」と、トロルが
どなりました。
「ぼくは　二ばんめやぎの　がらがらどん。　やまへ
ふとりにいくところだ」と、その　やぎは　いいました。
まえの　やぎほど　ちいさいこえではありません。
「ようし、きさまを　ひとのみにしてやるぞ」と、
トロルが　いいました。

⑧ "Oh, no! don't take me. Wait a little
till the big Billy Goat Gruff comes.
He's much bigger."
"Very well! Be off with you,"
said the troll.

⑨ Just then, up came the big Billy
Goat Gruff.
"T-r-i-p, t-r-a-p! t-r-i-p, t-r-a-p!
t-r-i-p, t-r-a-p!" went the bridge,
for the billy goat was so heavy
that the bridge creaked and groaned
under him.
"Who's that tramping over my bridge?"
roared the troll.

⑩ "It's I!
the BIG BILLY GOAT GRUFF!"
said the billy goat, who had an
ugly hoarse voice of his own.

⑪ *"Now, I'm coming to gobble you up!"*
roared the troll.
"Well, come along! I've got two spears,
And I'll poke your eyeballs out at your ears.
I've got besides two great big stones,
And I'll crush you to bits, body and bones."

⑫ That was what the billy goat said;
and so he flew at the troll, and
poked his eyes out with his horns,
and crushed him to bits, body and
bones, and tossed him into the river.

⑬ Then he went up to the hillside.

⑭ There the billy goats got so fat they were
scarce able to walk again; and if the fat hasn't
fallen off them, why they're still fat; and so—
"Snip, snap, snout.
This tale's told out."

(Harcourt Brace & World, Inc., New York, USA, 1957)

⑧　「おっと　たべないでおくれよ。　すこし　まてば、
おおきいやぎの　がらがらどんが　やってくる。
ぼくより　ずっと　おおきいよ」
「そうか、そんなら　とっとと　きえうせろ」と、
トロルが　いいました。

⑨　ところが　そのとき、もう　やってきたのが
おおきいやぎの　がらがらどん。
がたん、ごとん、がたん、ごとん、
がたん、ごとん、がたん、ごとん　と、はしが
なりました。　あんまり　やぎが　おもいので、
はしが　きしんだり　うなったりしたのです。
「いったいぜんたい　なにものだ、おれのはしを
がたぴしさせる　やつは」と、
トロルが　どなりました。

⑩　「おれだ！
おおきいやぎの
がらがらどんだ！」
と、やぎは　いいました。それは
ひどく　しゃがれた　がらがらごえでした。

⑪　「ようし、それでは　ひとのみにしてくれるぞ！」
と、トロルが　どなりました。
「さあこい！　こっちにゃ　二ほんの　やりが　ある。
これで　めだまは　でんがくざし。
おまけに、おおきな　いしも　二つ　ある。　にくも
ほねも　こなごなに　ふみくだくぞ！」

⑫　こう、おおきいやぎが　いいました。
そして　トロルに　とびかかると、つので
めだまを　くしざしに、ひづめで　にくも
ほねも　こっぱみじんにして、トロルを
たにがわへ　つきおとしました。

⑬　それから　やまへ　のぼっていきました。

⑭　やぎたちは　とても　ふとって、うちへ　あるいてかえるのも
やっとのこと。　もしも　あぶらが　ぬけてなければ、まだ
ふとっているはずですよ。　そこで――
チョキン、パチン、ストン。
はなしは　おしまい。

それから*GRUFF*は「しわがれ声の」とか「どら声の」という意味ですね。ですから直訳すれば、「しわがれ声の三びきの雄山羊たち」という題になるんですが、これじゃ、身もふたもありません。で、*GRUFF*を「がらがら」、それに日本の昔話に出てくる、長者どんとか、太郎どん、のようなときにいう、「どん」をつけて「がらがらどん」。とってもうまい訳ですね。

そしてこのやぎたちは、三びきともみんな同じBilly Goat Gruffつまり「がらがらどん」という名前なんですよね。でも物語が始まると、ちいさいやぎのがらがらどん、二ばんめやぎのがらがらどん、おおきいやぎのがらがらどん、というふうに分けられるんですが、それにしても、このBilly Goat Gruffにあたる日本語はよほどインパクトのある訳語でないと、とうていおしまいまでもたないだろうと思います。先生の訳の大きな特徴は、すでにあの「竹馬ガタ助」からしてそうでしたけれども、子どもによくわかって、しかも一度聞いたら絶対忘れられないような日本語になっていることだと思いますが、「がらがらどん」というやぎたちの名前も、ほんとにいっぺん聞いたら忘れないですよね。

ところで瀬田先生は、この「三びきのやぎのがらがらどん」の訳を全部で四回試みています。まず、いちばん最初の訳、一九五八年七月号の「母の友」に載った「ガラガラどん」を見ていただこうと思います。

「三びきのヤギのガラガラどん」
（北欧民話集「太陽の東・月の西」から）

むかしむかし、三びきのヤギがいて、山の中でふとろうと、山へのぼっていきました。三びきの名は「ガラガラどん」。

のぼるとちゅうの小川に橋があって　わたらなければならないが、橋の下には、ひどくみにくいトロルの神がいて　二つの目玉はおぼんのように、鼻はまるで火かきぼうのよう。

さてまず、いちばん年下のヤギのガラガラどんが、橋をわたりにやってきた。

「コトン、カタン。コトン、カタン」と橋の音。

「だれだ、おれの橋をカタコトさせるのは」と、トロルがどなりました。

「おや、わたしです、ちっちゃなヤギのガラガラどん。わたしはふとりに山へいくとこ」と、ヤギは、とても小さな声でいいました。

「それじゃ、きさまを一のみにしてやろう」と、トロルがいいました。

「いえ、いけません、たべないで。ちっちゃすぎるもの、このわたしは」とヤギはいってね、「ちょっと待って、つぎのヤギのガラガラどんがくるからね。もっと大きいよ」

「じゃ、かんべんしてやろう」と、トロルはいいました。

しばらくすると、つぎのヤギのガラガラどんが、橋をわたりにやってきた。

「コトン、カタン。コトン、カタン」と橋の音。

「だぁれぇだぁ！　おれの橋をガタゴトさせるのは」と、トロルがどなりました。

「おや、おつぎのヤギのガラガラどんさ。わたしはふとりに山へいくとこ」と、あんまり小さな声でもなく、ヤギがいいました。
「それじゃ、きさまを一のみにしてやろう」とトロルがいいました。
「いえ、いけないよ、たべないで。ちょっと待ったら、大きなヤギのガラガラどんがやってくる。もっと大きいよ」
「ようし、かんべんしてやろう」と、トロルがいいました。
するとそのとき、大きなヤギのガラガラどんがやってきた。
「ゴトン、ガタン。ゴトン、ガタン。ゴトン、ガタン。ゴトン、ガタン」と橋の音。ヤギがおもいから、橋がきしんでうなったのさ。
「こら、なにやつだ！　おれの橋をガタガタさせるのは」と、トロルがどなりました。
「おれさまさ。いちばん大きいヤギのガラガラどん」と、ヤギはいいました。その声はひどくしゃがれたガラガラ声。
「じゃ、きさまを一くちにしてやるぞ」とトロルがどなりました。
「よしよし、やっといで
二本のやりをもってるぞ
それで目玉はでんがくざし
おまけに氷すべらす丸石も二つ
肉も骨もこなごなに
ふみつぶしてやるからな」

と、こう大きなヤギがいったそうな。それから、ひらりとトロルにとびかかって、つので目玉をくしざしに、ひづめで肉も骨もこなごなにして、川へどぶんとつきおとして、それから山へいったとさ。三びきのヤギはよくふとって、うちへかえるのもやっとのこと。そこでもし、ふとってるのがやせてなきゃ、なに、いまでもふとっているわけさ。そこで、

チョキン、パチン、ストン

お話はこれで、どんとはらい。

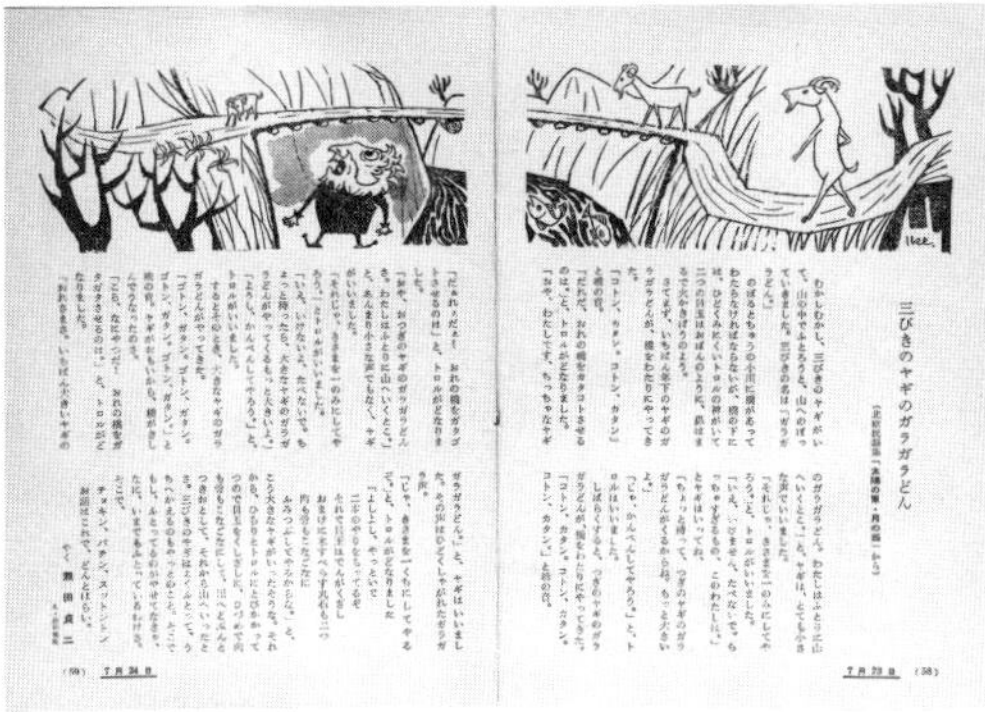

「三びきのヤギのガラガラどん」最初の瀬田訳、池田龍雄挿絵
（「母の友」1958.7）

この最初の訳は、マーシャ・ブラウンの絵本がアメリカで出た一九五七年の翌年、五八年七月号の「母の友」に、「子どもにきかせる一日一話」のお話のひとつとして載せています。挿絵も入っていて、絵は池田龍雄さんです。おそらく、瀬田先生はこのマーシャ・ブラウンの *THE THREE BILLY GOATS GRUFF* をごらんになって、そこから訳した。「こどものとも」は原書そのままの翻訳絵本は入れない方針ですから、この「母の友」に載せた

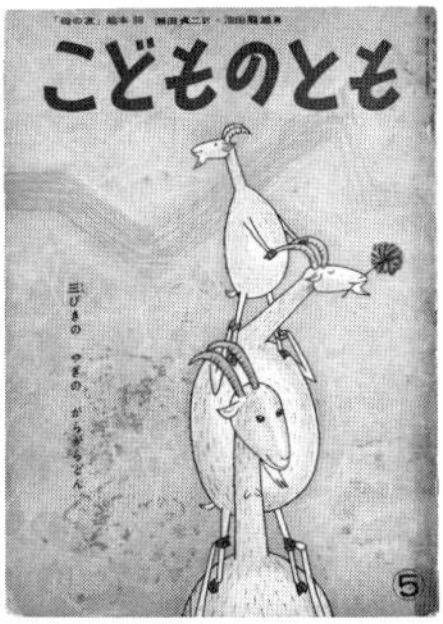

瀬田訳二回目、池田龍雄画
（「こどものとも」1959.5）

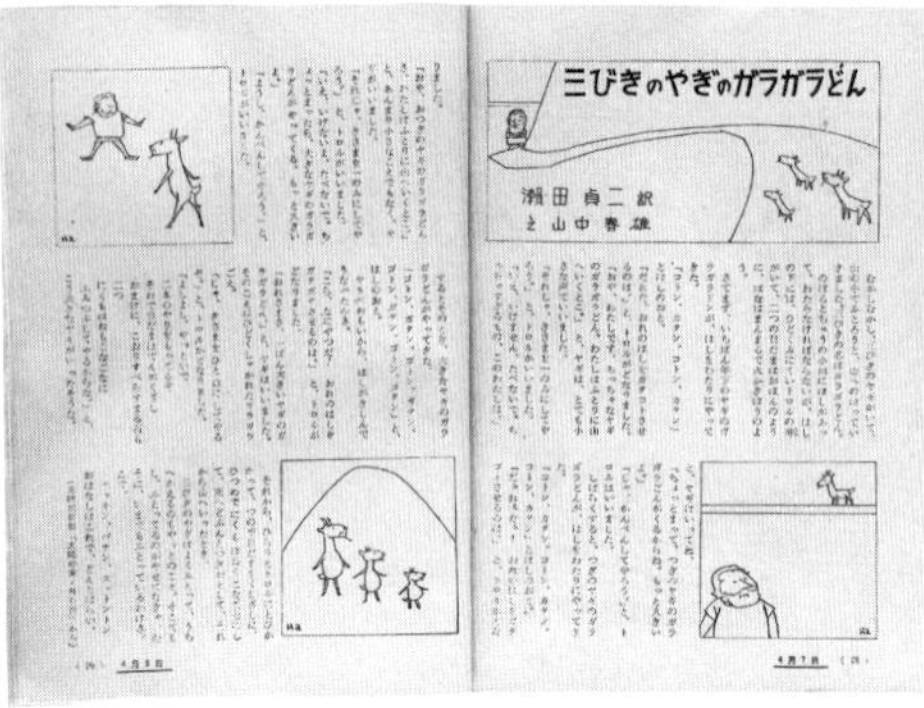

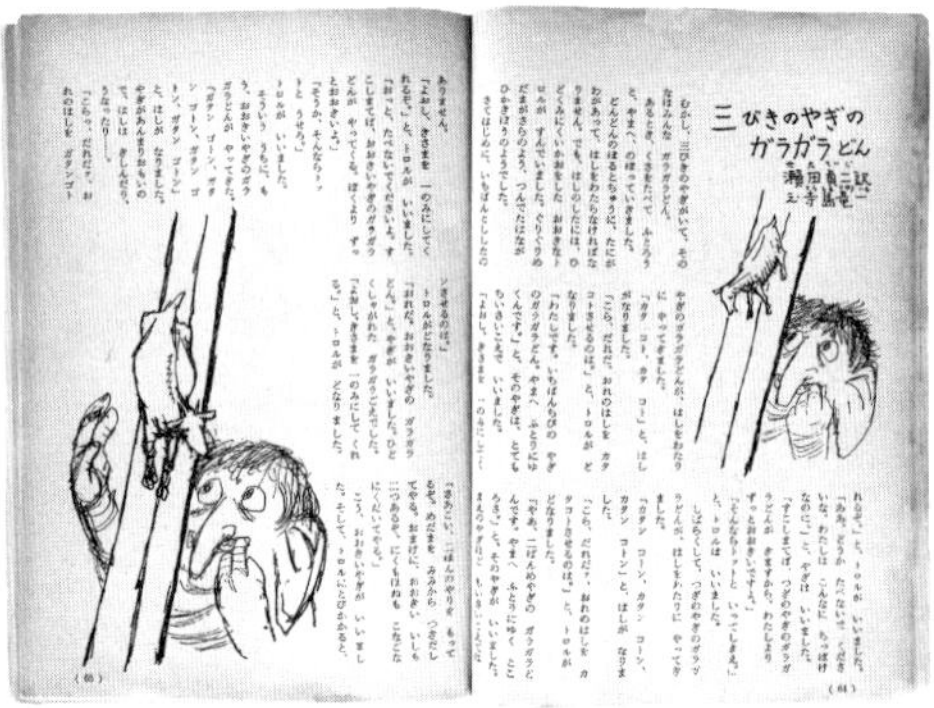

上／初訳の再掲載、山中春雄挿絵（「母の友」1960.4）
下／瀬田訳の三回目、寺島龍一挿絵（「母の友」1964.4）

一回目の訳に少し手を入れて、同じく池田龍雄さんの絵で、翌五九年五月号の「こどものとも」（三十八号）にしたのではないかと私は推測していたんですが、企画者の松居直さんご本人によると、そうではないことがわかりました。もともとノルウェーの昔話のひとつとしてこの話をダセントの英訳版『北欧の昔話』から選び、瀬田先生に翻訳を依頼して、「こどものとも」にしたあとで、石井先生からマーシャ・ブラウンの絵本を見せられて、「うーん、参りました」となったのだそうです。五九年といえば、ちょうど石井先生のお宅で、あの「いすみ会」の勉強会が盛んにおこなわれていて、『子どもと文学』が出版される直前の時代ですね。あんまり想像をたくましくしてはいけませんけれど、「松居さん、アメリカでは、マーシャ・ブラウンの絵でこういう絵本が出ていますよ」というような場面もあったのかもしれません。最初の「母の友」版に手を入れた、この「こどものとも」版の訳が二回目の訳です。

そして、さらに翌年、第一回目の訳がもう一度「子どもにきかせる一日一話」として「母の友」に載るんですが（六〇年四月号）、訳文はほとんど同じですから、これは一回目の訳の再掲載とみていいと思います。挿絵は山中春雄さんに変わっています。

ここからまた四年経ちまして、一九六四年になって「母の友」の四月号に再び「ガラガラどん」の改訳が載ります。今度は、マーシャ・ブラウンのこの絵本が「世界傑作絵本シリーズ」の一冊として翻訳出版されることになり、そのために改めて訳の見直しがおこなわれたんですね。これが三回目の訳です。このときの「母の友」での挿絵は寺島龍一さんです。先生は、寺島龍一さんの絵が本当にお好きだったようです。『児童百科事典』の時代からの長いおつきあいですしね。『ホビットの冒険』もそうですし、「指輪物語」も寺島さんです。たぶん寺島さんが描かれるような挿絵が、物語の中に入る絵の、あるべき形だと先生は思っていらしたんじゃないでしょうか。

そして三回目の訳にまたいろいろと手を入れて、翌年一九六五年の六月に、この、現在子どもたちが読んでいるマーシャ・ブラウン絵の『三びきのやぎのがらがらどん』が出版されたという次第です。この絵本の訳が瀬田訳の決定版ということになります。

このように『がらがらどん』の訳は四回おこなわれているんですが、「母の友」の訳の一回目と三回目はそれぞれ絵本にする直前の試みの訳であるというふうに考えれば、二つの訳があると整理してもいいのかもしれません。

「チョキン、パチン、ストン」と「かたことかたこと」

この四つの訳を見ると、初めからピタッと決まっている言葉と、だんだんに推敲が重ねられていく言葉の両方があります。Billy Goat Gruff を「がらがらどん」としたのは、これはもう、最初からピタッと決まっているんですね。揺るぎません。

もういっぺん英文と決定版の日本語訳を並べた対訳（一五八―一六一ページ）を見てください。タイトルの訳の見事さを言ったあとで、いきなりいちばんおしまいの結びの言葉にとんでしまうんですけれども、⑭番を見てください。⑭番の四行目、日本語から読みますと、

チョキン、パチン、ストン。はなしは　おしまい。

のところですが、英文では、

Snip, snap, snout. This tale's told out.

です。これはどういうわけか、ノルウェー語の原書でも同じ Snipp, snapp, snute. というんですね。でもとりあえず英語の辞書を引いてみますと、snip は、はさみでちょきんと切る。snap は、パクッと噛み切る。snout は、これはちょっと複雑なんですが、豚や犬やワニなどの顎とか鼻とかの、出っ

張ったところをいう、とそういう意味なんですね。日本語に訳そうとすると、また実に難しいです。これを先生は、「チョキン、パチン、ストン」と訳している、これも鮮やかです。日本の伝承昔話の結びの言葉には、いいものがたくさんあるんですけれども、たとえば越後の昔話の結びの言葉に「いきがぽーんとさけた」っていうのがありますが、これに負けていませんね。

ただし、この「チョキン、パチン、ストン」のところは、ちょっと推敲のあとがあって、一回目と、それから「こどものとも」版の二回目では「チョキン　パチン　スットントン　おはなしは　これで、どんとはらい」となっていて、もうひとつ「どんとはらい」という日本の昔話の結びの言葉が重ねられているんですけれども、しかし、こう二つ重ねてしまうと、何か日本の昔話の色合いが濃くなりすぎる感じがします。もう、この「チョキン、パチン、ストン」でじゅうぶん見事な結びの言葉になっているのですから。先生も三回目の訳までできて、やっぱり「どんとはらい」はいらないなあと思ったんじゃないでしょうか。それに「スットントン」も調子が良すぎて、上滑りになっちゃっていますね。「ストン」で止めたほうが幕切れの感じがして、ずっといいと思います。こんな具合に、一回目から四回目の訳を並べると、ちょっと揺れたところもあるんですね。

さてまた、決定版の対訳に戻りまして、今度はTrip, trap！のところ。やぎたちが、トロルの待ちかまえている橋を、順番にわたっていく場面を見てみましょう。まず③番です。英語から読んでみますね。

So first of all came the youngest Billy Goat Gruff to cross the bridge.

"Trip, trap！ trip, trap！" went the bridge.

さて　はじめに、いちばん　ちいさいやぎの　がらがらどんが　はしを　わたりに　やってきました。

かた　こと　かた　こと　と、はしが　なりました。

次に⑥番を見てください。

A little while after came the second Billy Goat Gruff to cross the bridge.

"Trip, trap！ trip, trap！" went the bridge.

しばらくして、二ばんめやぎの　がらがらどんが　はしを　わたりに　やってきました。

がた　ごと　がた　ごと　と、はしが　なりました。

それから⑨番を見てください。途中まで読みます。

Just then, up came the big Billy Goat Gruff.

"T-r-i-p, t-r-a-p！ t-r-i-p, t-r-a-p！" went the bridge.

ところが　そのとき、もう　やってきたのが　おおきいやぎの　がらがらどん。
がたん、ごとん、がたん、ごとん、がたん、ごとん、がたん、ごとん　と、はしが　なりました。

ここのところのやぎたちの足音はみんな、もとのノルウェー語でも、英語と同じ「トリップ、トラップ」なんですが、ここを瀬田訳では、ちいさいやぎは「かたこと　かたこと」、二ばんめやぎは「がたごと　がたごと」、おおきいやぎは「がたんごとん　がたんごとん」と、ほんの少し音を変化させています。昔話の三回の繰り返しは、同じ言葉で語るのが原則ですけれども、この瀬田訳の、ほん

③

⑥

⑨

⑪

マーシャ・ブラウン画、瀬田訳『三びきのやぎのがらがらどん』より

の少しの微妙な音の違いは、三びきのやぎのそれぞれの大きさや、重さや、それから役割の違い——この三びきのやぎを、子どもやぎ、おにいさんやぎ、おとうさんやぎって言う子どももいるそうですが、そういう、やぎたちの役割の違いまで思わせて、この足音の訳は絶妙ですね。そして、Trip trapをこういうふうにほんの少し変化させて訳そうという方針は、もう一回目の五八年「母の友」の訳から決められていたことなんですね。もっとも音自体は「コトン、カタン」にしたり「カタン、コトン」にしたり、いろいろ試みていらっしゃいますけれども。

さらに進めまして、対訳の⑩番です。物語は大詰めを迎え、いよいよ、おおきいやぎのがらがらどんと、トロルの対決になります。

"It's I! the BIG BILLY GOAT GRUFF !" said the billy goat, who had an ugly hoarse voice of his own.

「おれだ！　おおきいやぎの　がらがらどんだ！」と、やぎは　いいました。
それは　ひどく　しゃがれた　がらがらごえでした。

ここで、おおきいやぎのがらがらどんが出した声は、ひどくしゃがれたがらがらごえ、なんですね。そしてここまできて瀬田訳は、これまでずーっと使ってきた「がらがらどん」という名前の意味を初めて明らかにします。

そもそも、日本語訳の「がらがらどん」という言葉は、とても面白い言い方なんですけれども、意味はもうひとつよくわからないということで、ここまで話が進んでしまっているんですね。一方、原文のほうは、ここのところは、ugly hoarse voice と言っていて、これも同じ、おそろしいしわがれ声、という意味ではありますけれども、ここでは、Gruff という言葉は使っていません。でもすでにタイトルで、Billy Goats Gruff（がらがらごえのやぎ）と言っているのですから、もう最初から読者には、この名前によって、がらがらごえのやぎたちの話なんだなということがわかっている。けれども日本語訳のほうは、おおきいやぎとトロルの対決するこの話なんですから、原文と日本語訳のあいだで、ずれが生じていたんですね、ここまでのところ。つまり瀬田訳では、ここまできてようやく、「がらがらどん」と「がらがらごえ」という言葉が出会えたということになりますね。そして、この場面はもうお話の三分の二くらいまで進んでしまったところなんですけれど、それでも何の差し障りもないのは、やっぱり、これはひとえに「がらがらどん」という訳が良いということに尽きると思います。インパクトが強いから、もうひとつ意味不明でも、ここまで引っぱってこられるんですね、読者の子どもたちを。

それに、だいたいここに登場するやぎたちは、たとえちっちゃくても、弱そうに見えても、それでも「がらがらどん」という威勢のいい名前がついている。思えば、雷が落っこちるときの音も「がらがらどん！」ですよね。とにかく威勢がいいんですよ、この名前は。ですからこれは、そこいらにうろうろしている実際の動物のやぎたちの話じゃなくて、北欧神話や北欧の昔話に出てくる勇猛果敢なものの象徴、そういう神話的なイメージをもっているやぎたちのお話なんですね。そこのところを、瀬田訳は、ちょっとずれはありますけれども、Gruff とそれからそれに類する言葉 ugly hoarse voice を、「がらがらどん」と「がらがらごえ」という日本語できちんと押さえて訳すことで、この絵本の、昔話としての肝心なところを外していません。そしてこういう物語の骨格に関わるような訳の上での構成の工夫は、五八年の一回目の訳を見ると、もう最初からきちんと計算されていることがわかります。

「わざといれたのさ」

さらに続いて⑪番を見てみましょう。ここにもちょっと問題があります。今度は日本語だけにしますね。

「ようし、それでは　ひとのみにしてくれるぞ!」と、トロルが　どなりました。
「さあこい!　こっちにゃ　二ほんの　やりが　ある。これで　めだまは　でんがくざし。おまけに、おおきな　いしも　二つ　ある。　にくも　ほねも　こなごなに　ふみくだくぞ!」

ここのところは、「やぎの持っている〝いし〟ってどれ?」と聞く子が多いんじゃないかと思います。原文のほうも、I've got besides two great big stones, と言っていますから、瀬田訳もそのまま訳しているわけですけれども、たしかに、ん?と思うところですね。「おおきな　いしも　二つ　ある」は、ちょっと難しい言い方なのかもしれません。でもそこのところを別の言い方にしないで、あえて直訳のままにしているんですね、ここは。これはやっぱり先生に考えがあってのことだと思います。先生はこういうふうに、小さい子どもにはちょっと難しいかなと思われる言葉を文章の中に入れるということについて、『絵本論』の中の「子どもに書くこと」で、次のように答えています。

> ……むずかしさは、子どもの注意をひき、力だめしになり、経験をひろめることになる場合が多いのです。私自身、「おあいにくさま」という表現が、すらりと子どもに受けいれられたことがあり、『三びきのこぶた』のなかの「めっそうもない」が、子ども仲間のお気にいり語になった例も知っています。文章全体のなかの言葉のバランス、リズム、それに意味のうえで、むずかしい言葉が、小さい読者にやさしい方向を与え、成長する手がかりをつかませるのではありますまいか。そして、言葉のやさしさむずかしさは経験に応じます。ドロシー・ホワイト女史が、絵本のなかに子どもの既知の経験ばかりでなく未知の経験もいれたいとのべるのは、言葉のうえでも、ほんとうではありませんか。むずかしさをおそれるよりも、私は、曖昧な言葉、甘ったるい言葉、不自然な言葉、ひびきや色つやのない言葉、形だけの言葉をおそれます。
>
> （『絵本論』p.162）

歴史学者のヴァン・ルーンは、子どもの読む本にどうして難しい言葉や言い方を取り入れるのかと聞かれて、「わざといれたのさ」と答えたそうですけれども、同じことですね。瀬田先生のほうも、まさに、わざといれたのさ、なんですけれども、でも瀬田訳の特徴は、ただ難しい言葉を入れてそれだけで終わりにするのではなくて、次の用意があることなんですね。これは特に、読者が幼い子どもたちだということもあると思うんですが、「おおきな　いしも　二つ　ある」と言ったすぐあとに、次の⑫の場面で、

……つので　めだまを　くしざしに、ひづめで　にくも　ほねも　こっぱみじんにして、トロルを　たにがわへ　つきおとしました。

というふうに、ひづめという言葉を出しています。これも英語の原文にはない言葉で、ただ、crushed（押しつぶした）というだけなんですが、瀬田訳のほうは、やぎの持っている「いし」っていうのは、もひとつ別の言葉にすれば「ひづめ」っていうんだよ、ということがすぐにちゃんとわかるように補ってあります。

こういう、難しい言葉を使うときの周到な用意は、瀬田訳ではたびたび見受けられることで、たとえば、『チムとゆうかんなせんちょうさん』の嵐の場面の船長の言葉もそうですね。

「わしたちは、うみのもくずと　きえるんじゃ。なみだなんかは　やくにたたんぞ」

「うみのもくず」（海の藻屑）という言葉（原文は Davy Jones's locker 海の墓場）が、ちょっと難しい言い方なんですが、ここなんか、すぐあとにくる文章で、こう続けています。

せんちょうに　いわれて、チムは　なみだを　ふいて、もう　びくびくするものかと　おもいました。この　せんちょうと　いっしょなら、うみのもくずと　なろうとも、かまわないと　おもいました。

というふうに、船長の使った「うみのもくず」という言葉をすぐ受けて、繰り返し使うことで、子どもたちにこの言葉の意味を想像させようとしています。ちなみに、原文のDavy Jones's lockerは、『宝島』や『ピーター・パン』の原書にも出てくる言葉のようですから、英語圏の子どもたちには馴染みのある言い方なのかもしれませんね。
『あおい目のこねこ』にも、そういうところがあります。おなかをすかせたこねこが、蝿をつかまえて、

はえ一ぴきでも、なんにもたべないよりは、ましでした。

というところがあるんですけれど、子どもたちは「それって、食べたの？　食べないの？」になっちゃうんですね。でも次にもういちど、今度は、蚊をつかまえて、

か一ぴきでも、なんにもたべないよりは、ましでした。

という二回目があります。そして、さらにもう少しページをおいて三回目、こねこはくさくてべとべとのアブラムシを食べてしまって、

なんにもたべないほうが、ましでした。

と言っているんですね。こうやってリズムよく二度三度と使って、ちょっと難しい言い回しに、子どもたちを近づけようとする、こういう用意のしかたは瀬田訳にはよく見られることで、まあ、このへんは、もしかしたら『児童百科事典』を作った先生の経験からきているのかもしれません。

ところで、その難しい言葉を入れるということについて、書き手の側からいえば以上のようなことになるんですが、それでは、受け手の側、つまり実際に子どもたちに絵本を読んであげる大人は、このことをどう考えたらいいのかということなんですけれど、これは、長年保育士をやってきた中村柾子さんが、『絵本はともだち』（福音館書店）の中で言っていることをご紹介したいと思います。

あるとき、四歳児のクラスで『がらがらどん』を読んでいる最中に、子どもに「石ってどれ？」って聞かれたんですね。で、読み終わってから子どもたちはいろんなことを言うんですが、「体の中にあるの」と答える子がいて、もうひとり別の子は、「ちがうよ、頭の中にあるんだよ、ただ、あるってこと」と、これまた難しい答えを出してきたので、中村さんはこう言っています。

やぎが持っているという石はなにをさすのか、子どもたちはそれ以上深く考えませんでしたけれど、（中略）これから先々きっと、やぎのいったこの言葉を気にかけるようになるでしょう。

たとえそのときははっきり意味はわからなくても、きちんと意図されて入っているちょっと難しい言葉は、子どもたちの成長というその時間的な幅の中で受け止めましょう、というふうに中村さんは言っているんですね。

あ、それから、『がらがらどん』の場面⑪には、もうひとつ難しい言葉が入っていました。「でんがくざし」です。「これで　めだまは　でんがくざし」。これは面白いことに、先生自身も四つの訳のうち、一度はやめたりして揺れ動いているんですね。一回目の「母の友」は「でんがくざし」なんですが、二回目の「こどものとも」版では「つので　めだまを　くしざしに」になっていて、それが三目に「母の友」に載せた訳ではこうなっています。「さあこい、二ほんのやりを　もってるぞ。めだまを　みみから　つきだしてやる」。これは、英文⑪の四行目のところ、

And I'll poke your eyeballs out at your ears.

という原文にさらに近づけて訳し直しているんですね。

ここにはまたちょっと事情がありまして、先ほど『がらがらどん』の瀬田訳は全部で四つあると

言ったんですが、実はもうひとつあって、一九六四年に共訳で出したリリアン・H・スミスの『児童文学論』の中の、第四章「昔話」の章に、この『がらがらどん』の訳が全文出てくるんですね。石井、渡辺、瀬田の三人の共訳者のうち、第一章から第四章までは瀬田先生の受け持ちですから、この『がらがらどん』の訳は、ご自身の訳をもとにしたのだと思いますが、さすがにリリアン・スミスさんの理論書で「でんがくざし」や「くしざし」はまずいだろうということになったんでしょう。で、ここでは「目玉を、耳からつき出してやる」として、原文に近づけたんだと思います。そして、あ、これでもいけるかなということで、リリアン・スミスの翻訳が出た同じ六四年に、「母の友」に載せた訳、つまり三回目の訳では、「でんがくざし」を引っこめて原文どおりに「めだまを　みみから　つきだしてやる」としてみたんですね、いったん。そして四回目、マーシャ・ブラウン絵本を訳すだんになって、ああやっぱり「でんがくざし」を使わないと迫力が出ないなあと、そう思われたんじゃないでしょうか。もっとも「でんがくざし」という言い方は、昔の子どもならチャンバラごっこなんかでよく使っていた言葉ですよね。でも、今はちょっと古すぎる言い方なのかなあと、先生も思ったのかもしれません。なんかちょっとためらいが感じられるんですね、この「でんがくざし」という言葉には。そこのところを、長谷川摂子さんは、あっさりとこんなふうに言っています。

先日も三歳のクラスで（『がらがらどん』を）読んできましたが、「さあこい！　こっちにゃ二ほんのやりがある。これでめだまはでんがくざし」と言うと、すかさず、あとについて「これでめだまはでんがくざし！」と叫んだ男の子がいました。瀬田貞二の訳は決して古くない。あれは、

意味よりも音が戦闘開始のラッパのように響くからでしょう。　（『絵本が目をさますとき』より）

たしかに「でんがくざし」の「でん」は、太鼓の鳴る音みたいだし、それに「さし」という威勢のいい言葉も入っていて、これはもうじゅうぶんに、おおきいやぎのがらがらどんとトロルの戦闘開始のラッパの役目を果たしていますね。それに、大人になってから「ああ、でんがくざしっていうのは、こういう意味だったのね」とわかるのもまた面白いことじゃありませんか。子どものころ大好きだった絵本が、こういう形で再びよみがえってくるのですから。

ところで、この『がらがらどん』のマーシャ・ブラウンの絵は、ブルーと黄色と茶色と、それに墨の四つの色を、版画のように重ねて印刷するという方法で作られているんですが、二〇〇七年の第百三十刷の日本語版で、もういっぺん、特にブルーを原書の澄んだ青に近づけようということで、編集部で色のチェックがおこなわれました。そして、このとき、それまでの日本語版では省かれていた献辞の To Anne Carroll Moore and the Troll も、この際、原書にあるとおり生かそうということになったんですね。それで第百三十刷から、日本語版でも「アン・キャロル・ムアとトロルに捧げる」という献辞が入りました。

日本の本というのは、そもそも献辞を入れる習慣があまりないので、だいたい八〇年代ごろまでに翻訳出版された絵本や童話には、原書にある献辞がほとんど省略されているんですが、今回これが入ったことで、特に大人たちには、『がらがらどん』についてまたいろいろなことがわかってきました。アン・キャロル・ムアといえば、瀬田先生が、あの国会図書館の豪華なシャンデリアの下で出会った、すばらしいブックリストの作り手ですよね。マーシャ・ブラウンは、ニューヨーク公共図書館の児童図書館員でもあった人で、三十七歳年上の、同じニューヨークの図書館の初代児童奉仕部長だったアン・キャロル・ムアは、ですから崇拝する大先輩というか大先達にあたるわけですね。そういうアン・キャロル・ムアに、この本はまず捧げられています。そしてもうひとり、あのこっぱみじんになってしまったトロルにも捧げられているのがおかしいですね（笑）。

アメリカで一九五七年に原書が出版されたその八年後に日本語版が出て、もう少しで半世紀経つんですね。二〇一三年七月現在で百五十一刷、冊数はおそらく二百五十万部は超えているでしょう。でも実際には、こんな面白い本を買ってもらった子が、一回読んでもらうだけでは満足しないと思います。ひとりの子が五十回も百回も読んでもらうことになりますね。それからまた、保育園や図書館や文庫などでは、一冊の『がらがらどん』を大勢の子どもたちが何べんも読んでもらうわけですから、実際に子どもたちが読んでいる回数にしたら、これは天文学的な数字になります。

でも、原書が出ているアメリカでは、現在はもう、初版と同じハードカバーの形では出版されていないそうです。ペーパーバック版、これが今アメリカで出ているんですが、残念なことにこのペーパーバック版には見返しがないんですね。この、北欧の険しい山々と急流と、登っていくやぎたちを俯瞰的に描いた見返しは、物語の舞台を示す、いわば地図がわりにもなっているんですが、それがありません。それから刷られている紙も白くてテカッとしているものですから、最初の原書の落ち着いた色調にはちょっと遠いんですね。このもとのままの形で、それから瀬田先生のこういう日本語で、この傑作絵本を今でも読むことができる日本の子どもたちは、本当に幸せだと思います。

さて、『がらがらどん』の締めくくりに、先生の『絵本論』の中に収めた「『太陽の東月の西』から来た物語」という文章を読んでみましょう。

昔話には、同じような話の種が世界じゅうに見つかりますが、その土地その土地でおどろくほどあつかいや感じがちがいます。その国の自然と人の性質をくっきりと映しだしています。そして、『三びきのやぎのがらがらどん』は、ノルウェーの土地と人情をまざまざとあらわしている珠玉篇です。まず全体の簡潔な運びと簡潔な描写とをみてください。無駄のないひとすじの話の髄、くだくだしさの一点もない必要なだけの効果で、一気に発端、発展、クライマックス、結びの形式をつらぬいていきます。

『三びきのやぎのがらがらどん』は、昔話でおなじみの三のくり返しになっていますが、くり返しのたびごとに緊張を強めるようにたくみに構成されています。その形の大きさ、それに応じて橋の音の大きさ、最後の不意打ち（意外なクライマックス）が、ゆるぎなくそれで積みあげられています。ここに出てくるヤギたちは、大胆で強くて好戦的で、やはり北欧の人たちの気質を映しているといわれます。トロルというのは北欧昔話によく出てくる山や川の魔霊のようなものですが、むかしの神トールや霜の巨人のおもかげを残しているともいわれて、鼻の大きなみにくい怪物で、ここではやはり、北欧の自然の荒々しさを代表していると見ることができます。景色の描写はほとんどないのに、谷川のはげしい流れや、エゾマツの茂る深い森を感じさせるのは、物語全体のイメージが、単純で荒々しい調子で出来あがっているためではないでしょうか。しかもそれでいて、たっぷりとユーモアがあり、美しいリズムがあります。（中略）

北欧は冬が長くて、炉のそばに人々が寄って昔話に興ずることが楽しみです。人々は自然にお話の妙味を知り、お話をする技術を心得ています。その人たちのイメージに浮かんでくるきびしい自然と、それにむきあって暮らす人々の感情が、昔話のなかに自然に美しく流れこんで、このようなりっぱな物語がつくられたのだと私は思います。

（『絵本論』p.174−175）

と、ご自身では語っていらっしゃいます。この、もとは「太陽の東月の西」からきた北欧の物語を、英語を介してですが、先生がどういうやり方で日本語に近づけていったのか、『がらがらどん』の四つの訳を見ながらその跡をたどってみました。

『おだんごぱん』の訳

さて、次は変わりまして、ロシアの昔話を絵本にした『おだんごぱん』に移りたいと思います。『おだんごぱん』の瀬田訳のもとになった原書は何かということは、これは絵本には表示されていないんですが、一九二二年に、バレリー・キャリクという人が英語訳で出版した『ロシア絵話』*Picture*

こどものとも『おだんごぱん』（井上洋介画）

日本傑作絵本シリーズ『おだんごぱん』（脇田和画）

Tales From The Russian の中に入っているお話（*The Bun*）をテキストにしたと瀬田先生ご本人がおっしゃっています（『児童文学論』上巻 p.354）。

その話を訳して日本語のテキストを作って、まず、一九六〇年に井上洋介さんの絵で「こどものとも」（四十七号）として出しています。それから六年経って一九六六年に、というのは、マーシャ・ブラウンの絵本『三びきのやぎのがらがらどん』を日本語版にして出した翌年ということになるんですが、今度は脇田和さんの絵で、新しく単行本の絵本にしています。井上さんと脇田さんと、どちらの絵が好きかというのはいろいろだと思うんですけれども、いま書店で買えるのは単行本のほうですから、脇田さんの絵で『おだんごぱん』を読む子がほとんどですね。

原書のタイトルは *The Bun*（丸パン）なんですが、この『おだんごぱん』もまた、『がらがらどん』同様、タイトルからして瀬田訳はよく考えられています。「おだんご」も、それから「ぱん」も、子どもたちは別々に知っているけれども、でも、「おだんごぱん」になると、見たことがない。私も見たことありません（笑）。でも、なんだかおいしそう、という感じで、もうタイトルの最初から物語に入っちゃいます。

この『おだんごぱん』の瀬田訳については、作家で英文学者、文芸評論家でもある丸谷才一氏が、『日本語のために』（新潮社／

一九七四年）といふ本の中の「最初の文体」といふところで取りあげています。ここで丸谷さんが言っている『おだんごぱん』は、井上洋介さんの絵のほうの『おだんごぱん』です。でも、文章は脇田版もほとんど同じなので、差し支えないですね。違うところといえば、おだんごぱんの歌の「バターで　やいて」が、井上版では「バターで　あげて」になっていることでしょうか。そのほか、第二場面のおばあさんがぱんを焼くところ、ここはあとの歌に合わせて少し手が入っているくらいですね。それでは『日本語のために』をところどころ読ませていただきます。まず書き出しです。

人生最初の文章は読んでもらふ文章である。これは誰の場合だつてさうだらう。つまり、たいていの場合、両親（殊に母親）に読んでもらふ絵本の文体が、最初の文体といふことになるはずだ。そして絵本といふのは、くりかへしくりかへし読んでもらふものだから、絵本の文体が人間の意識に与へる影響は恐ろしいくらゐだらう。

そしてこのあとは、ひどい絵本の文章と絵の例をあげていますね。そこのところは飛ばしまして……。

もつとも、日本の絵本だつてまんざら捨てたものではない。たとへば福音館の「こどものとも」絵本などは、全部が全部ではないけれど、なかにはじつにいい文体で書いてあるものもある。実を言ふと、わたしは先日、「絵本」といふ雑誌の八月号を読んでゐて、と言ふよりもむしろめくつてゐて、記憶のある絵が二つ（一つは黄褐色の地に黒い線の絵でこれは大きく、もう一つは黄緑色の地に黒い線でこれはその下に小さく）並んでゐるのに愕然としたのだ。説明を見ると、瀬田貞二訳、井上洋介絵の『おだんごぱん』とあつて、福音館の月刊絵本「こどものとも」の一九六〇年二月号である。そしてこれは、うちの長男のためにわたしが選んでやつた絵本のうち、子供も、そしてわたしたちも、特に気に入つてゐた傑作であつた。これはたしか、韋編三絶といふくらゐ読んでやつたため、新しくもう一冊、買ひ直したはずだ。あのころわたしは、子供に絵本を買つてやると、文章のあまりひどいところは直してから読んでやつてゐたのだが、この一冊だけは朱を入れる必要がまつたくなかつたのである。

黄緑色の絵（井上洋介の絵もまたすばらしい）の横には、文章が添へてあるから、拡大鏡で読みながら、引用してみる。

こんどは、くまに　あいました。
くまが、ぱんに　いいました。
「おだんごさん、おだんごさん。
おまえを、ぱくっと　たべてあげよう。」
「そりゃ、だめさ。たべようたって、できないよ。」
そういって、ぱんは　うたを　うたいだしました。
「ぼくは、てんかの　おだんごぱん。

ぼくは、こなばこ　ごしごし　かいて、あつめて　とって、それに　クリーム　たっぷりまぜて、バターで　あげて、それから　までで、ひやされた。けれども　ぼくは、おじいさんからも、おばあさんからも、うさぎさんからも、おおかみさんからも、にげだしたのさ。おまえなんかにつかまるかい。さよなら、くまさん。」

そして、ころころ　ころがって、

どうです、いい文章でせう。力がこもつてゐて、言葉がいちいち生きてゐる。もたもたした余計な言葉はちつともないし、すつきりと歯切れがいい。お団子パンの歌ふ短い自叙伝が、委曲をつくしてゐるくせに頭によくはいり、じつに威勢がいいけれど、いかにもこの子供（?）の子供つぽさをうまい具合にとらへてゐるあたりを味はつて下さい。かういふ文体の快さは在来のいはゆる児童文学には滅多にないものだつた。

で、このあとまた、あんまり思わしくない絵本があげてあって、「ぼくが唸つたのは『おだんごぱん』一冊だけであつたことからも、そのへんのことは判ると思ふ」と言って、次のように続けています。

しかし、名文でなくてもいいが、文章が生きてゐる必要はある。死んでゐる文章、どんよりした、影の薄い文章では困るのだ。わたしに言はせれば、文体論でいちばん大事なのはこのことなのである。もちろん、生きてゐる文章といふものこそ、何のことはない、名文なのだといふ考へ方も成立するわけだけれど。そしてわたしは、子供に与へる文章といふのはぜつたい、上手下手はともかくとして、生きのいい、生気にみちた、文章でなければならないと思ってゐる。それは子供に、人間の精神と文体との関係を教へるのである。

このへんのことは、判る人には簡単に判つてもらへるが、判らない人にはいつまでも決して判つてもらへないだらう。そのことは観念してゐる。といふのは、世に横行する翻訳論に、文体が生きてゐなければならないといふ主張が絶えて見られないからだ。いはゆる翻訳論でいつも言はれるのは、誤訳のある翻訳は困るといふ、ただそのことばかりなのである。しかしわたしは、誤訳なんかすこしくらゐあつたつてかまはないと思ふ。

話はこのあと翻訳の問題に及んで、翻訳することで大事なのは、原文の文体の呼吸を正しく伝えることだ、というふうに言っているんですね。で、いちばんおしまいの二行を読みます。

絵本の話から、つい脱線したやうに見えるかもしれない。しかし、ここで居直つて言ふならば、『おだんごぱん』は翻訳である。あれは瀬田貞二の名訳であつた。(『日本語のために』新潮社より)

と結んでいます。

もう、『おだんごぱん』の瀬田先生の訳については、この丸谷さんの文章で言い尽くされていますから、これ以上何も付け加えることはないんですけれども、ちなみに、このおだんごぱんがうたう歌は英語の原文 *The Bun* ではどうなっているのかといいますと、瀬田先生がテキストにされた、バレリー・キャリクの原書『ロシア絵話』をちょっと見てみましょう。今日はサプライズがありまして、松岡享子先生がおだんごぱんの歌を、wolf にうたっているところを、英語で読んでくださいます。（拍手）

（松岡享子さん）「ころころ　ころがっていきますと」、というところから読んでみます。

『ロシア絵話―第１集』（『おだんごぱん』の原文になった英語版ロシア昔話集）

And he went on rolling, and by and by he met a wolf, and the wolf said to him:
"Mr. Bun, Mr. Bun, I shall eat you up!"
"No, you shan't, Mr. Wolf, for I'll sing you a song."
And he began singing:
"I'm Mr. Bun, I'm Mr. Bun, I was scraped from the sides and swept from the floor of the bin,
I was mixed with cream and fried in butter, and was put to cool on the window-sill,
but I got away from gaffer and I got away from grannie, and I got away from Mr. Hare,and I shan't find it hard to get away from you!"

And he went on rolling again, when he met a bear.

ありがとうございました。英語の原文も、乗りのいいリズミカルな歌になっているんですね。

ところで瀬田先生ご自身は、このおだんごぱんのうたう歌について、『絵本論』の中で次のように書いています。「七五調で物語を語ること」という文章なんですが、読んでみますね。

『おだんごぱん』のなかの、パンが会う獣ごとに名のる言葉は、これも完全に歌になっています。それで、キツネがすてきな歌だとほめるのです。日本の昔話では、東北の豆《まめ》子《こ》話、そのなかの「地蔵浄土」とよばれる話などは、豆がころがっていくところと、じいさんが追っかけていくところ、地蔵さんの問答、すべて歌うようになっています。

（『絵本論』p.187）

こういうところを読みますと、このロシアの昔話である『おだんごぱん』にもまた、『がらがらどん』同様、日本語に訳す過程で、先生にはそのイメージの底のほうに、やっぱり日本の昔話の語りがあったのではないかと思えてきます。

脇田和画『おだんごぱん』より。「こんどは、おおかみに　あいました。……」

それからもうひとつ、この瀬田訳の『おだんごぱん』の歌のリズムが良いのは、よくよく見ると、七五調になっているんですね。「ぼくはてんかの、おだんごぱん」から「それからまどで、ひやされた」まで、字数を数えてみるとわかるんですけれども、だいたい五音と七音から出来ているんですね、この歌は。先生は、七五調ということ自体については、その言葉の内に持っているリズムから出てくるのではなく、ただ口調の良さだけをねらった上っ面だけの七五調を、絵本の文章に安易に使うことを固く戒めていますが、このもっとも七五調から縁の遠そうなおだんごぱんの歌に、まるで自然に湧きあがってくるように、古くから日本語の持っている音数律の五音と七音のリズムを潜ませているんですね。こういうことも併せて考えますと、『おだんごぱん』もまた、「少しひるがえして日本のものになるべく近づけようとしてやったこと」であるのがわかる感じがします。そしてそれは、子どもたちと絵本を読みつづけてきた中村柾子さんが、『絵本はともだち』の中で、「(これを)二、三度口にしてみてください。いつのまにか、はずむような言葉になって転がりでてきませんか」と言っているように、ごくごく自然に子どもたちのところに届いているんですね。

この『おだんごぱん』も、脇田さんの絵で出版されてからもう半世紀経ちます。そして、『がらがらどん』と同じように、とっくに百刷は超えていますから、こちらも負けずにたいへんな回数、子どもたちに読まれているということになります。

「よい絵本をあげましょう」

以上、年譜③の時代に入れた十七冊の絵本の中から、『三びきのやぎのがらがらどん』と『おだんごぱん』を取りあげ翻訳のほうから分け入って、『絵本論』の文章も引きながら細かく見てきたんですが、さらに『絵本論』そのものについて、もう少し話を進めたいと思います。

一九七九年に瀬田先生がなくなられたあと、私たちはとにかくまず『落穂ひろい』を単行本に仕上げて、それから八三年あたりから、今度は『絵本論』の編集にとりかかったのですが、特にその前半第一部の「絵本に出あう」は、「こどものとも」の月報に書かれた三つの連載をいっぺんばらばらにして、それからひとつの流れをつけて、単行本として読めるように新しく構成しなければなりませんでしたから、これはちょっと苦労しました。後半第二部の「十二人の絵本作家たち」は、これは同じタイトルですばる書房から出ていた単行本（一九七六年刊）が、このときもう絶版になっていましたので、ここにそのまま再録したんですが、しかし、いくつかの長期連載や、すでに単行本になっている文章を、別の括り方で再構成して一冊の本にまとめるのはけっこう難しかったですね。これでいいのかなあと迷いつづける本作りでもありました。

一九八五年十一月に、とにかく『絵本論』を出しまして、それから九ヵ月ほど経ったころなんですが、私たち福音館の編集部には、とてもうれしいことがありました。松岡享子先生が「瀬田貞二著『絵本論』をすすめる――絵本の選択のために」という長い書評を、「図書館雑誌」（一九八六年八月号）に書いてくださったんですね。

私たち編集者というのは、新刊を出したあと、たった一つだけでいいんですが、ほんとにその本の真価をわかってくれる書評が掲載されると、「ああ、これでこの本も完成した。もう大丈夫だなあ」と思うものなんです。確かな、目の通った誠実な書評が出てこそ、本は真に理解され生きて世に伝わり、そして残っていくんですね。きちんと受け止めて評してくださる方のいることが、編集者にとってどんなに心強いことか、あれから三十年も経って、今ごろお礼を言うんですから、本当に遅すぎるんですけれど、なんか機会を逃してしまいまして、今ここで言わなければ永久に言う機会がないと思いまして（笑）、ありがとうございました。『絵本論』にとって、これ以上にいい手引きの書はないと私は思っています。まだの方は、ぜひお読みくださいますように〈資料編〉四三三―四四四ページ）。

さて、『絵本論』の内容に話を戻しまして、もう少し私の視点から進めさせていただくと、この『絵本論』の中で瀬田先生は、絵本を論ずるうえで、ある独特な方法を貫いているんですね。第二部「十二人の絵本作家たち」の最初のところで、先生はこんなふうに言っています。

（私が絵本を論ずる時の立場として、その）一つは、子どもの絵本を見るとき、読者の子どもを忘れて、大人のひとりよがりに陥ってはならないということでしたが、もう一つは、印象批評ではなくて、技術論、あるいは分析的な批評であろうとしたことです。前者も後者も、反対の立場はありましょうが、私はむなしいことがきらいです。

（『絵本論』p.312）

と、絵本を論ずるその立場を、ここではっきりとことわっていらっしゃるんですね。一つ目の、「子どもの絵本を見るとき、読者の子どもを忘れて、大人のひとりよがりに陥ってはならない」ということは、まあそのままわかると思うんですが、二つ目の、子どもの本に対して「技術論、あるいは分析的な批評であろうとしたこと」というのはそれじゃあ具体的にはどういうことなのか、これは『絵本論』の中からひとつ見本として実際に取りあげて読んでみたいと思います。「よい絵本をあげましょう」という文章なんですが、これは第一部の二番目に置かれている文章です。少し長いんですが、どうぞここで先生のいわゆる「瀬田節」をじゅうぶんに味わってください。今日は瀬田節レッスンの日でもあります（笑）。

「よい絵本をあげましょう」

小さい子どものための絵本は、新刊書を売る本屋でばかり売られているのではありません。それは相当な程度に、おもちゃ屋で売られ、また古本屋で売られています。古本屋でといっても、古い絵本ではなくて、絵本は消耗品となり、古くなるとたいがい破られて捨てられてしまうので、手にふれられたことのない真新しい絵本が売られています。そして、それらの大部分は、むかしアカ本とよばれていた、もっとも通俗的な、けばけばしい絵本です。

先日も、私がなじみの古本屋で本をさがしているあいだに、五つほどの男の子の手をひいたひとりのお母さんがはいってきました。「この子のよむような絵本、あるかしら?」眼鏡をかけて下駄をはいた三十歳ぐらいのその人は、こうたずねました。そして指示された店頭の新しい絵本の山積みの前に立って、ごく簡単に一冊の本を選びました。

「ね、これでいいでしょ」と男の子にいって、「いくら？」と店番の人にたずねました。

私は、それが『三びきのこぶた』であることを見ました。その表紙には、男の子の服を着た三匹の、ふとった豚の絵が描いてあって、赤い肉太の大文字で表題が書いてありました。豚たちは、熟柿のような赤い顔で同じように笑っていました。それは、けばけばしく、文字通りにアカ本でした。

「こんなにたくさん絵本があるが、これ、売れるの」と私は、古本屋さんにたずねました。古本屋さんは、じつによく売れるのだと答えました。私は、さっきのお母さんの選んだ同じ本を買って帰りました。（中略）

ところで、私のところに、ほぼ六十年前（一九〇四年刊）に描かれたイギリスのレズリー・ブルックという画家の、同じ『三びきのこぶた』という絵本があります。

そのはじまりの見開き部分は、左が本文ページ、右が色刷りのページにわかれ、本文ページのほうには、表題の上に、簡潔なスケッチの母豚と三匹の小さな豚たちのよりそったカットがあり、つぎのような本文が印刷してあります。

「むかし、あるところに、おかあさんぶたと、三びきの　こぶたが　いました。おかあさんぶたは　びんぼうで、子どもたちを　そだてきれなくなって、じぶんで　くらしていくように、三びきを　よそに出しました」

考えてごらんなさい。三匹の子豚がめいめいで家をたてるという前に、ここでは、どうしてもそうしなければならなかったわけがありました。三匹は、遊び半分ではなくて、本気で自前で暮らしていかなければならなかったのです。そしてこれは、食うか食われるかという、子どもにとって切実なすごい冒険にみちた物語に展開していく、シリアスな契機をはらんで語りはじめられているのです。

レズリー・ブルック文・画、瀬田貞二・松瀬七織訳『金のがちょうのほん―四つのむかしばなし』（1980年）より、「三びきのこぶた」はじまりの見開き。

ブルックの右ページの色絵には、母豚と三匹の子豚たちが、別れをおしんでいる情景が描かれています。豚たちはみな、あくまでも豚として特徴的に描かれ、ふとった裸身には、ごくごくうすいピンク（むしろ豚色）がほどこしてあります。絵の右隅には、戸口をあけた真っ暗な豚小屋を背に、母豚が腰をおとして前足をついてすわり、心もち首をつきだして、よそおった笑顔を浮かべて、大きく描かれています。母豚の足もとから、画面は上下に仕切られて、上は、はるかな田園のつながりと広い空がバックとなり、下は、小屋の前の広い地面で美しい花々がところどころに植えこまれているばかり。そして三匹の子豚たちは、母豚に対して、他の三方にめいめいに散っていくところで、いま前方の空にむいて坂をおりようとする子豚は、母豚の顔のすぐ右手でふりかえり、前足をあげて別れをつげています。左下隅に進もうとする子豚は、行く手に前足を出して、母豚の視線から遠ざかるところです。戸口の黄色いモウズイカの花をバックにして右下隅にむかう子豚は、顔を昂然《こうぜん》と上へあげて、前足をこわきにかかえこんだ、おどるような姿勢で立っています。

家と母豚を画面のかなめとして、三匹の子豚たちは、まさに「世のなかに出ていく」のです。手前の二匹のおどるような足どりと、いそいそとした思いあがった表情のうちに、物語のこれから先へどんな運が待っているかを暗示しています。広い空間をバックとした一匹は、きちんとふりかえって、すぐそばの母豚に手をあげているのは、どうみても三匹めのつつましい幸せをかちとるように、この画家によって祝福されているのではないでしょうか。豚たちは、あくまで豚らしくありながら、個性を示し、物語のなかに生きています。

色は、豚たちのごくうすい淡紅色と、同じく前庭の淡黄色と、空の淡青色とが大半をしめ、風景と草花の緑、赤、白、黄がアクセントをそえ、右肩の小屋内部の濃い墨色（黒）が全体をいちじるしくひきしめています。その墨色のベタ塗りのなかの、モウズイカの黄色の花々が、まことにきいています。なんというおちついた色調、そしてなんという躍動的な描線でしょう。さきの絵本と比較するのもおろかに思われるほどです。……（以下略）

（『絵本論』p.38－42）

このレズリー・ブルックの「三びきのこぶた」は、四つのイギリス昔話が入っている『金のがちょうのほん』の中にあるんですが、最初の場面を取りあげて、この見事にお話を物語っている絵について、先生はまさに隅から隅まで分析しつくしています。そして、ここで分析されている、こぶたたちの旅立ちの場面のあとはといいますと、ご承知のように、わらで家を建てたこぶたと木の枝で家を建てたこぶたは狼に食べられてしまいます。煉瓦で家を建てた三番目の、あのお母さんぶたにきちんと手を振って出かけたこぶただけが狼に勝って、狼を晩ご飯にコトコト煮て食べてしまうわけですけれども、おしまいの場面は、狼はこういう具合に敷物になっちゃって、なんとも情けなさそうな顔をしていますすね。そして、この狼もまた、『がらがらどん』のトロルや「かちかちやま」の狸なんかと同じように、昔話における魅力的な悪役として、子どもたちの心の中に永遠の命をもつようになる、とそういうことになります。このレズリー・ブルックの「三びきのこぶた」をおしまいまで読めば、ここで最初の場面だけを取りあげて先生が語っていることは、さらに納得されると思います。

レズリー・ブルック画「三びきのこぶた」より、おしまいの場面。

この「よい絵本をあげましょう」は、今から五十年近くも前に書かれた文章なんですが、初めに登場する眼鏡をかけて下駄をはいたお母さんは、たしかにちょっと古いんですけれども、論じられている中身は少しも古びていません。そして、こういう調子で、こういうやり方で、それから先生は、二十世紀に入って次々に生まれた欧米の優れた絵本を、バートンの『せいめいのれきし』も、マージョリー・フラックの『アンガスとあひる』も、フェリクス・ホフマンの『ねむりひめ』も、どこがどのようにすばらしいのかを、具体的に、そして魅力ある説得力ある言葉で分析していきます。それはもう、「ほら、ここにこんなにすばらしい絵本があるんですよ。これがいいわけはね」という、先生の弾んだ声が背後から聞こえてくるような文章で、読んでいると本当に心が躍ってくるんですね。

日高六郎さんが、『児童百科事典』の中での瀬田先生の文章を評して、「彼の文章の簡潔さ、短い表現のなかに本質的なことがらをおさえるたくみさ、そして歴史的な位置づけのあざやかさなど、目を見はるものがあった」と書いていることは先に言いましたけれども、それがそのままこの『絵本論』でも存分に発揮されていると思います。

『三びきのこぶた』から

ところで、瀬田先生が「よい絵本をあげましょう」の文章をお書きになったのは一九六六年なんですが、その六年前の一九六〇年五月に、「こどものとも」が創刊五十号を迎えたということで、このとき第五十号として『三びきのこぶた』が出版されています。で、ちょっとこちらの『三びきのこぶた』のほうに寄り道をさせていただこうと思います。

「こどものとも」版『三びきのこぶた』のテキストは、『金のがちょうのほん』の中の「三びきのこぶた」と同じジェイコブズの *English Fairy Tales*（『イギリス昔話集』）からとったもので、瀬田先生の訳に山田三郎さんが絵を描いています。そして、それから七年経って一九六七年に「こどものとも傑作集」としてハードカバー版が出ることになったときに、瀬田先生の訳にも、山田三郎さんの絵にもそれぞれ細かく手が入りました。それが今出ている福音館版『三びきのこぶた』なんですが、この本もまた、『三びきのやぎのがらがらどん』や『おだんごぱん』などと同じように、たくさんの子どもたちに読まれつづけている絵本のひとつになっています。

一方、レズリー・ブルックの『金のがちょうのほん』のほうは、これは日本語版が出るのが遅れまして、先生がなくなった翌年（一九八〇年）に、ご家族の方との共訳という形で出版されています。この中にある「三びきのこぶた」の訳文は、「こどものとも傑作集」の『三びきのこぶた』と同じで、先生の訳をそのまま収めてあります。と、書誌的にいえば、そういうことになりますね。

福音館版『三びきのこぶた』の画家である山田三郎さんについては、絵本画家として活躍したのは一九五〇年代の終わりから六〇年代にかけてで、このあと病気になって三十代の後半には筆を折られた方だと聞いています。今こうして山田三郎さんの絵の『三びきのこぶた』を見ていると、たしかにレズリー・ブルックの影響は構図なんかにも強く受けているんですけれども、こんなに似ているのに、でも独自性があるという不思議な絵ですね。なんかちょっとえぐいような引っかかりのある線で、メリハリのきいたスケールの大きな絵だと思います。長谷川摂子さんが、この山田三郎画の『三びきのこぶた』を見て、「こんがり焼けたパンの匂いがしそうな色」と言っていますが（『絵本が目をさますとき』）、五十年経った今でもこれは古びていないと思います。

こどものとも『三びきのこぶた』（瀬田訳、山田三郎画）

こどものとも傑作集版『三びきのこぶた』同じく最初の場面（1967年）

こどものとも版『三びきのこぶた』最初の場面（1960年）

ただ、この山田三郎画の『三びきのこぶた』には、ひとつ問題があるんですね。瀬田先生が「よい絵本をあげましょう」で言っているように、おかあさんぶたが三びきを旅に出すには、子どもたちを育てきれなくなったという大きなわけがあった。冒頭、「おかあさんぶたは　びんぼうで、こどもたちを　そだてきれなくなって、じぶんで　くらしていくように、三びきを　よそにだしました」と、文章にはそのわけが語られているのですが、絵のほうは、こぶたたちの出発の場面は省略して、最初のページからいきなりわらをくれたおじいさんと、それからわらたばを背負ったこぶたが描かれているんですね。それはいかにも唐突なんですけれども、こうなった理由はおそらく、「こどものとも」は毎号決まったページ数で作るという制約があって、それでこういう構成になってしまったのではないかと思うんですが、山田さんがもう少し元気でいてくださったら、今度はページ数の制約から自由になって、出だしのこぶたたちの出発のシーンを、絵本の最初に描き加えていただきたかったところですよね。

　山田三郎さんは、すでに言いましたように人形劇、人形映画の美術制作出身で、『児童百科事典』の図版を描いていた画家のメンバーのひとりでしたし、瀬田先生も山田さんの絵はお好きでしたから、これは残念だっただろうと思います。でも幸い、表紙に三びきが出かけるところが描かれていますから、今では読み聞かせをする場合、「むかし、あるところに」から「三びきを　よそにだしました」までは、表紙の絵を見せて読む方が多いようです。[*]

ところで、さらに『三びきのこぶた』に寄り道をさせていただいて、例のあの、こぶたと狼の繰り返しの問答の場面なんですが、瀬田先生の訳はこうなっています。

「こぶた、こぶた、おれを　いれとくれ」
「だめ、だめ、だめ。めっそうもない」
「そいじゃ、ひとつ、ふうふうの　ふうで、この　いえ、ふきとばしちまうぞ」

ここは、やっぱり原書がどうなっているのか知りたくなってしまうところですよね。そこで、ジェイコブズの『イギリス昔話集』を見ると、こうなっています。

'Little pig, little pig, let me come in.'
To which the pig answered:
'No, no, by the hair of my chiny chin chin.'

The wolf then answered to that:
'Then I'll huff, and I'll puff, and I'll blow your house in.'
So he huffed, and he puffed, and he blew his house in,
and ate up the little pig.

ここのところ、'No, no, by the hair of my chiny chin chin.' なんですけど、私の乏しい語学力で直訳しますと、「ぼくのあごの毛にかけて、だめだめノーノー」という意味じゃないかと思うんですが、これを「だめ、だめ、だめ。めっそうもない」と先生が訳しているのは、先ほど『がらがらどん』のところでお話しした、ちょっと難しいかなと思う言葉を、わざといれたのさ、というあのことなんだと思います。

長谷川摂子さんは、二歳の息子にこの『三びきのこぶた』を読んでやったら、すっかり気に入って「もっかい、もっかい」って言うんで、何度も何度も読んでやっていた。そのうち息子はこの台詞をすっかり自分のものにして、長谷川さんが食卓に彼の大嫌いなピーマンを出したりすると、「だめ、だめ、だめ。めっそうもない」と言ってことわるようになった。で、思わず吹き出してしまったと『絵本が目をさますとき』に書いているんですけれども、要するに、子どもは絵本の言葉を聞くとき、音楽を聴くのと同じように、言葉の流れを聞く、そして言葉の流れをみんな身体に刻みこもうとしている、だからこの「めっそうもない」という言葉も、音と状況と雰囲気で、子どもはまず体の中に取りこんでしまう、というふうに長谷川さんは言っているんですね。時が経てば、大きくなれば、言葉の正確な意味はいやでもわかってくる、そういう「だめ、だめ、だめ。めっそうもない」なんですね。ちなみに、石井桃子先生はここをどう訳していらっしゃるかなんですけど、『イギリスとアイルランドの昔話』でこう訳しています。


「子ブタくん、子ブタくん、おれを入れておくれ。」

「いやだよ、いやだよ、そんなこと、とん、とん、とんでもないよ。」と、子ブタはこたえました。

これを聞くと、オオカミはいいました。

「そんなら、おれは、フッとふいて、プッとふいて、この家、ふきたおしちゃうぞ！」

そういって、オオカミは、フッとふいて、プッとふき、その家をふきたおして、子ブタを食べてしまいました。


というように、石井訳は by the hair of my chiny chin chin. を、「とん、とん、とんでもないよ」と、なるべく原文に近づけて日本語にしていますし、瀬田訳の「ふうふうの、ふう」も、「フッとふいて、プッとふいて」と、これも原文の I'll huff, and I'll puff, and を、できるだけ生かそうとしています。お二人の名翻訳者は、ここのところだけを見ても、こういう考え方の違いがあるんですね。

絵本の大収穫期を支えて

さて、『三びきのこぶた』の絵本をめぐって、ちょっと寄り道が長くなってしまいました。もういっぺん「よい絵本をあげましょう」に話を戻しまして、この文章のおしまいのところで、先生は少し高い強い調子でこういうふうに言っています。

> 私たちはもう、子どもだましはやめましょう。刺激だけでごまかすことをやめましょう。着色菓子のようなもの、ピラピラしたもの、けばけばしいもの、おどかすだけのもの、支離滅裂なもの、だらしのないものを、本とよぶことをやめましょう。それらを出版して、一度だけであきられて捨てられるような商利主義とおろかな無駄づかいを断ち切りましょう。その反対に、子どもたちを静かなところにさそいこんで、ゆっくりと深々と、楽しくおもしろく美しく、いくどでも聞きたくなるようなすばらしい語り手を、私たちは絵本とよびましょう。よい本というものは、どれもみなすばらしい語り手たちです。それらのすばらしさを、私はこれからお話ししていこうと思います。
>
> (『絵本論』p.43)

と、宣言するように書いているんですけれども、それでは、先生にこういうふうに言わせている、この一九六〇年代に、いったい私たちの国ではどんな絵本が出ていたのか。これは海外の翻訳絵本も含めてなんですが、それを調べるために、ここでは、中村柾子さんの『絵本はともだち』の中にある、

「百冊の絵本」のブックリストを借りることにしました。

この『絵本はともだち』は、中村さんが「こどものとも」の月報や「母の友」に連載した文章をまとめて、一九九七年に私が担当して出版したものです。先生の年譜③の一九六二年のところを見ていただくと、「四十六歳、青山学院女子短期大学に新設された児童教育学科講師となる」とありますけれども、中村さんはその三期生なんですね。六四年に先生の講義を青山学院短大で受けています。一九六四年というと、先生が、『絵本論』の第一部に収めてある絵本についての啓蒙的な文章を、盛んに「こどものとも」の月報などに書いていたころです。

中村さんは、初めて瀬田先生の講義を受けたとき、その話があんまり面白かったので、九十分のあいだずっと口を開けてぼうっと聞いていた。そうしたら講義が終わってから先生がつかつかと中村さんの前に来て、「ぼくの顔になんかついてますか」と言ったそうなんですけれど、中村さんにとっては、これはもうまさに一生の方向を決めてしまうような、大きな出会いだったんですね。

卒業してから中村さんは幼稚園の先生になるんですが、それからもときどき浦和の瀬田家に押しかけては、先生が講義で取りあげた絵本を幼稚園の子どもたちと実際に読んでみた感想や、反対に、自分で見つけて面白かった絵本のことを、先生に報告しています。そして、そのころから、一年に大学ノートを一冊と決めて、そこに絵本を読んだときの子どもたちの反応や様子なんかをすべて書きこんでいったそうです。それから十年経って、保育園にかかわってからは、今度は赤ちゃんに

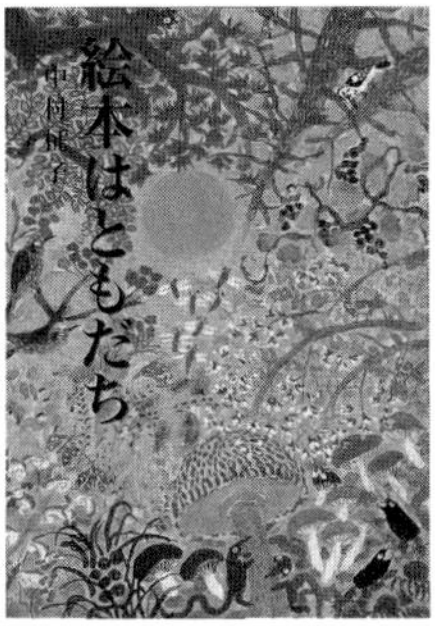

中村柾子著『絵本はともだち』

読んだときの記録も加わって、そういう読書記録のノートが何十冊と積み重ねられていきます。瀬田先生は、自宅で文庫を開いていらっしゃいましたけれども、ここまで実際に子どもたちの中に分け入って絵本を読むということはなかったんじゃないでしょうか。つまり、先生がやっていないところを、中村さんは何十年もかけて、実際に子どもたちと埋めていったと言っていいのではないかと思います。

で、そのことをごくシンプルな形であらわしたまとめが、この『絵本はともだち』のおしまいに付けたブックリスト「百冊の絵本」ということになるんですね。ですからこのブックリストは、ある意味で、瀬田先生の絵本についての見方、考え方が、中村さんがその後やったことを通してですが、大きく反映しているものだともいえます。ブックリストの初めに、中村さんはこう書いています。

ここにあげた百冊の絵本は、私が職場の仲間たちと実際に読んできた絵本の中から、これはと思うものを選んだものです。(中略)百冊の絵本は、私たちが選んだ本でもありますが、同時に、子どもたちに読みつがれている本でもあります。こうした本を軸に、子どもの好みや個性に応じ、心に残る本を増やしていっていただけたらと思います。

中村さんのブックリストは年齢別に六つに分けられて、それぞれの時期の特徴が次のように短い言葉で添えられています。

0〜1歳〈はじめての絵本〉赤ちゃんは語りかけてもらうのが大好き。絵を見ながら、いっしょに遊ぶのも大好きです。（リストは『くだもの』など六冊があげられている）

1〜2歳〈お話のはじまり〉ページをめくると、物語がはじまることを知ります。（『いちご』など九冊）

2〜3歳〈音の響きや、物語に耳をそばだてる〉気にいった言葉を、つぎつぎまねて遊びます。（『うさこちゃんとどうぶつえん』など十三冊）

3〜4歳〈お話にもぐりこむ〉主人公になりきって、物語の世界にとけこみます。（『ぐりとぐら』など二十四冊）

4〜5歳〈レパートリーを広げる〉好奇心旺盛で、本選びの幅もぐんと広がります。（『はるにれ』など二十四冊）

5〜6歳〈物語を深く心に受けとめる〉もう一人前の読書家です。（『よあけ』など二十四冊）

（『絵本はともだち』より）

というふうに、赤ちゃんから六歳まで年齢別にそれぞれの時期の特徴を考えながら、百冊の絵本を選んでいるんですね。刊行時期が一九九〇年の『もけら もけら』で一応この中村リストは終わっているんですが、『絵本はともだち』が出てからもう十五年以上も経っていますから、中村さんに先日、「今でもこのリストは、このままでいいの？」と確かめたところ、「今は赤ちゃん絵本のいいのがもう少し増えているかな。それと『もこ もこもこ』のような面白い言葉の絵本も増えているかも。それから、ほんとは科学絵本のいいのをもっと入れたかったんだけれど、物語絵本を多くしたから、百冊のうちには入れられなかったっていうこともあるのね。でも基本的には、ほぼこのとおりよ」と言っていました。たしかに先生没後の一九八〇年から九〇年の十年間だけを考えても、『いちご』とか『たまごのあかちゃん』のような小さい子向けの絵本や、『おつきさま　こんばんは』のような赤ちゃん絵本のいいのが出はじめていたんですよね。

繰り返しになりますが、この中村リストの特徴をまとめますと、まず一番目は、絵本に対する瀬田先生の評価が、中村さんを通してあるところまで反映されているものであるということ、二番目は、長年子どもたちと読みつづけてきた絵本であること、それから三番目は、現在でも使われているブックリストであること、この三点が言えると思います。

そういう条件を備えているこの百冊の絵本リストを、今度は私が日本での発行年順に並べ替えたのが、次の一覧表です（二一二―二一三ページ）。この一覧表で、先生の「よい絵本をあげましょう」が書かれた一九六五年、六六年あたりを見てみますと、すごいですね、もう毎月のように傑作が目白押し状態です。たとえば一九六五年二月には赤羽末吉画の『ももたろう』が出ています。二ヵ月後の四月には『あおい目のこねこ』が出ていて、同じ月に『しんせつなともだち』（「こどものとも」）も出ていますね。ここのところは「こどものとも」の傑作が続いていまして、五月には『ぐるんぱのようちえん』が出ています。それから七月になって、今度は同じ月に二冊、翻訳の傑作がありますね。『ラチとらいおん』、それから『三びきのやぎのがらがらどん』。下に傍線が引いてあるのは、瀬田訳の本という意味です。そして七月から四ヵ月たって、十一月には『てぶくろ』が出ています。それから六六年になると、五月に脇田和画の『おだんごぱん』が出て、十一月には『どうぶつのおやこ』『じどうしゃ』の二冊が出ている。という具合に、今から見れば、目もくらむばかりの盛況ぶりです。「こどものとも」だけ見てもすごいですよ。たとえば一九六二年のところを見ていただくと、五月に『おおきなかぶ』が出て、すぐ次の六月に『だいくとおにろく』が出ているんですね。それから三ヵ月経って、九月には『かばくん』が出ているというように傑作揃いです。つまり海外の、これまでまだ日本では翻訳されていなかったすばらしい絵本の数々が、ここで次々と出版されている。それと同時に日本の絵本も、昔話絵本や創作絵本がどんどん作られていく、そういう状況なんですね、このあたりは。「百冊の絵本」という、限定された冊数の中でこれですから、この限定をはずしたら、もっともっと増えますすよね。

単純計算なんですけれど、この瀬田先生の「よい絵本をあげましょう」が書かれた一九六六年まで数えてみると、もう三十五冊の絵本が、現在使われているこの中村リストに入っています。少し幅をとって、先生がなくなる一九七九年まで入れると、なんと八十三冊が、「百冊の絵本」のリスト入りをしているんですね。ですから今の子どもたちにとって大事な絵本のほとんどが、もう一九七九年までにおおかた出そろっているといえます。

以上のようなことから考えると、瀬田先生は、現在に至るまで「百冊の絵本」ブックリストに残るような、あたたかくて、しかも芸術的にもすぐれた傑作絵本が続々と出ていた、そういう六〇年代を中心とする絵本の出版状況を背景にして、「私たちはもう、子どもだましはやめましょう」ということの文章をここで書いていたんですね。

1975年　5月『くまのコールテンくん』(偕成社)、8月『ロージーのおさんぽ』(偕成社)、
　　　10月『つきのぼうや』、10月『ロバのシルベスターとまほうのこいし』(評論社)、
　　　12月『かいじゅうたちのいるところ』(冨山房)

1976年　1月『ごろごろ にゃーん』(こどものとも 238)、2月『あいうえおの本』、
　　　2月『ペレのあたらしいふく』、4月『こすずめのぼうけん』(こどものとも 241)、
　　　5月『はらぺこ あおむし』(偕成社)、9月『ガンピーさんのふなあそび』(ほるぷ出版)

1977年　4月『もこ もこもこ』(文研出版)、5月『ずかん・じどうしゃ』(年少版こどものとも 2)、
　　　6月『きんぎょが にげた』(年少版こどものとも 3)、6月『よあけ』、
　　　7月『みんなうんち』(かがくのとも 100)、11月『やまなしもぎ』

1978年　5月『じごくのそうべえ』(童心社)

1979年　1月『はるにれ』(こどものとも 274)、7月『くだもの』(年少版こどものとも 28)、
　　　9月『よるのびょういん』(こどものとも 282)、9月『にちよういち』(童心社)

1980年　7月『しゃがんで みつけた——にわさきのむし』(かがくのとも 136)

1981年　2月『めの まど あけろ』(年少版こどものとも 47)、
　　　8月『はなのあなのはなし』(かがくのとも 149)

1982年　4月『おふろだいすき』、6月『みず』(かがくのとも 159)、8月『しゅっぱつ しんこう!』、
　　　(年少版こどものとも 65)、9月『おやすみなさい コッコさん』(年少版こどものとも 66)

1983年　4月『おかあさんと いっしょ』(年少版こどものとも 73)

1984年　4月『いちご』(年少版こどものとも 85)

1985年　1月『かじだ、しゅつどう』(年少版こどものとも 94)

1986年　1月『ふゆめ がっしょうだん』(かがくのとも 202)、3月『ノアのはこ船』(評論社)、
　　　6月『おつきさま こんばんは』

1987年　4月『たまごのあかちゃん』(年少版こどものとも 121)、5月『せきたんやのくまさん』、
　　　12月『ぞうのババール』(評論社)

1990年　11月『もけら もけら』

〈付記〉
- 出版社名の入っていない絵本は、全て福音館書店刊行。
- シリーズ名は「こどものとも」「年少版こどものとも」「かがくのとも」に限った。
- 1954年、59年の岩波書店刊行の7冊は「岩波の子どもの本」シリーズ。
  このうち『ちいさいおうち』『こねこのぴっち』『ひとまねこざる』『かにむかし』の4冊が、
  のちに「大型絵本」として再刊された。
- アンダーラインの付いている10冊は瀬田訳である。

『絵本はともだち』（中村柾子著／1997年刊）より
「百冊の絵本」を発行年順に並べ替えたリスト

1954年　4月『おかあさんだいすき』、4月『ちいさいおうち』、12月『はなのすきなうし』、
12月『こねこのぴっち』、12月『ひとまねこざる』（以上5冊 岩波書店）

1959年　7月『きつねとねずみ』（こどものとも40）、12月『きかんしゃ やえもん』（岩波書店）、
12月『かにむかし』（岩波書店）

1961年　1月『100まんびきのねこ』、8月『いたずらきかんしゃちゅうちゅう』

1962年　1月『おやすみなさいのほん』、5月『おおきなかぶ』（こどものとも74）、
6月『だいくとおにろく』（こどものとも75）、9月『かばくん』（こどものとも78）

1963年　5月『ちいさなねこ』（こどものとも86）、6月『ふしぎなたけのこ』（こどものとも87）、
6月『チムとゆうかんなせんちょうさん』、8月『あまがさ』、10月『ねむりひめ』、
10月『しょうぼうじどうしゃ じぷた』（こどものとも91）、12月『もりのなか』、
12月『ぐりとぐら』（こどものとも93）

1964年　3月『どろんこハリー』、6月『うさこちゃんとどうぶつえん』、
9月『ばけくらべ』（こどものとも102）

1965年　2月『ももたろう』、4月『しんせつなともだち』（こどものとも109）、
4月『あおい目のこねこ』、5月『ぐるんぱのようちえん』（こどものとも110）、
7月『ラチとらいおん』、7月『三びきのやぎのがらがらどん』、11月『てぶくろ』

1966年　5月『おだんごぱん』、11月『どうぶつのおやこ』、11月『じどうしゃ』

1967年　2月『だるまちゃんとてんぐちゃん』（こどものとも131）、3月『はなを くんくん』、
4月『いない いない ばあ』（童心社）、4月『おおかみと七ひきのこやぎ』、
5月『やまんばのにしき』（ポプラ社）、10月『スーホの白い馬』

1968年　6月『ぞうくんのさんぽ』（こどものとも147）、8月『わたしと あそんで』

1969年　1月『ごろはちだいみょうじん』（こどものとも154）、3月『おばけりんご』、
4月『しっぽのはたらき』（かがくのとも1）、10月『ピーターのいす』（偕成社）、
11月『ねないこ だれだ』、12月『わたしのワンピース』（こぐま社）

1970年　10月『ぶたぶたくんのおかいもの』（こどものとも175）、
11月『ちいさいしょうぼうじどうしゃ』

1971年　11月『ピーターラビットのおはなし』

1972年　3月『りんごのき』、4月『たんぽぽ』（かがくのとも37）、6月『こぐまのくまくん』、
10月『はたらくじどうしゃ1』、11月『げんきなマドレーヌ』、
12月『おしゃべりなたまごやき』

1973年　10月『やっぱり おおかみ』（こどものとも211）、10月『ことばあそびうた』

1974年　7月『アンガスとあひる』

この、高い調子で宣言するような言葉の後ろに、というよりも『絵本論』という本全体の後ろには、こういう絵本の、いわば見事な大収穫期がひかえていたのだということが、この発行年順リストを見るとよくわかると思います。と同時に、リアルタイムでこの絵本の大収穫期を支えた『絵本論』が、第二部「十二人の絵本作家たち」の冒頭で先生が言っているように、なぜ、徹底して分析的な批評を通した技術論でなければならなかったのかという、その理由もよくわかると思います。無責任な印象批評やひ弱な抽象論では、絵本を作るうえで、見るうえで、ものの役に立たなかったんですね。先生はここで「私はむなしいことがきらいです」とおっしゃっていますけれども、それだけではなくて、私たちの国でもすばらしい絵本を実現させるためには、その方向を指し示す、しんから頼りになる、そういう言葉がじっさい必要だった。その役割をまず十二分に果たし、しかもあたたかく支えたのが、この『絵本論』の中のたくさんの文章だったのだと思います。

この気も遠くなるような絵本の財産を前にして、改めて、さて私たちはここからどうやって進めたらいいのか、そして何を付け加えていったらいいのかと思うと、途方に暮れるような思いがするんですが、でも、それは、『絵本論』の中にちゃんと書いてあるんですね。気になる言葉、書き留めておきたい言葉は、皆さんそれぞれだと思うんですけれども、私はもと編集者でしたから、たとえばこんなところに目がいきます。

　絵本のよい絵は、まず物語の雰囲気と一致していること、人物や事件を生かすこと、正確であること、細部まで気をくばること、清朗で霧がかからないこと、繁雑でなく力強いこと、にせ子ども的でないこと、場面に流動感があること、そして、一冊に構成があるものです。

（『絵本論』p.55）

とか、それからもうひとつ。

子どもに冷淡なための誤解は、多くのタブロー画家やデザイナーがおかしています。私は、その絵本が、暖かいか冷たいか、動くか動かないかの二点を子ども理解の冷暖指数にしていますが、裏面の冷たいもの、その構図の動きのないものは、たいていのところ、画家が自分のモダニズムを誇る場合に感じられるように思います。

（『絵本論』p.113）

こんなところを読むと、今の私は、うんうんなるほど、とうなずきます。皆さんはいかがでしょうか。

で、さらにそこから先に進めますと、先日私は近所の絵本専門の古本屋で、ブルーノ・ムナリの『3わのことりのはなし』の英語版 *Tic, tac, and toc* を買ったんですけれども、先生は第二部の「十二人の絵本作家たち」で、このミラノ生まれの世界的デザイナーであるムナリの絵本を取りあげて、彼の絵本がなぜデザイナーの作る絵本にありがちな、大人のひとりよがりのような密室のアクロバットになっていないのか、そして、その絵本の中に、どれだけ日光と子どもを導き入れているのかを、例の瀬田節を駆使して徹底的に分析批評しているんですね（『絵本論』p.398―410）。そういうところを読みますと、私たちはもういちど、絵本はだれのために作られるものなんだろうか、絵本のいちばん最初の読者は果たしてだれなんだろう、という基本の基本に戻らされるような気がします。

それからまた、二〇一二年五月にモーリス・センダックがなくなっています。そうすると、瀬田先生はセンダックについてどう書いていらしたのかなあと、私は知りたくなるんですね。センダックについては、第一部の第三章「絵本作家の世界」の中で、「子どもの内側と、内側の子どもと」という文章で取りあげていて、彼の『かいじゅうたちのいるところ』がどれほど絵本としてすぐれているかを、あの分析的批評の方法を使って思う存分語りつくしています。今そこを読む時間がないのが残念なんですが、センダック自身も、『センダックの絵本論』（岩波書店）という非常に面白い本を出していて、絵本を作ることの難しさについてこう語っています。

……絵本というのは悪魔的なまでにむずかしい分野なのです。そこではほんのわずかな間違いも許されません。ちょっと筆がすべっただけで、本全体が崩壊するのです。

と、絵本を作ることを「悪魔的なまでにむずかしい」と言っているんですが、そういう困難なことに立ち向かって一冊一冊絵本を創り出している、そのセンダックをおそらくじゅうぶんに満足させるであろう意を尽くした『かいじゅうたちのいるところ』論を、先生はこの文章の中でやっています。

センダックは、『かいじゅうたちのいるところ』のあと、『まよなかのだいどころ』と、それから

『まどのむこうのそのまたむこう』を作って、これを自らの絵本三部作としているんですけれども、でも二番目の『まよなかのだいどころ』になりますと、先生はこれにはちょっと否定的なんですね。そこを読んでみましょう。

センダックは、自分の心の内側の子どもにまで、深く測鉛《そくえん》をおろしていく絵本作家です。それは危険なほど微妙で生きた作業で、『かいじゅうたちのいるところ』では成功していましたが、最近の『まよなかのだいどころ』（七〇年）ではまるで失敗しています。彼の内なる子どもとのつながりがきれたのでしょうか。絵が大きくなり、平塗りになって、ローレルとハーディに似た人物のスラプスティック（どたばた）が出てきて、つまり彼の大人っぽいほうのひとりよがりの趣味性が目につくのが、私には気になるのです。

（『絵本論』p.264）

測鉛というのは、綱の先に鉛をつけて、水の中に投げ入れて水深を測る道具です。こういう言い方は、とても瀬田先生らしいですね。

こういうふうに、『かいじゅうたちのいるところ』と『まよなかのだいどころ』の違いを、「彼の内なる子どもとのつながりがきれたのでしょうか」という言葉で瀬田先生は表現していますけれども、三番目の絵本の『まどのむこうのそのまたむこう』は、これはなくなられた翌年、つまり一九八〇年の発行ですから先生は間に合わなかったわけですが、この三作目の絵本をごらんになったら何とおっしゃるか、知りたい感じがします。

という具合に、私自身も何かことあるごとにこの『絵本論』をひっくり返しているので、もう私の『絵本論』には付箋がいっぱい付いています。じっさい『絵本論』はどこをとって読んでみても、うんうんとうなずいてしまうような力があると思います。必ずしもいい方向にあるとはいえない現在の絵本の状況を思いますと、もういちど、この大豊作期に出た数々の絵本に立ち戻って、そこから真っさらな、新鮮な気持ちで『絵本論』を読み返してみる、そして行間から立ち上ってくる、確かな、生き生きとした活気と臨場感をそのまま受け止めてみることが、いま必要なんじゃないかと思いますが、どうでしょうか。

夏川八朗と小山内龍と

『絵本論』について、もうひとこと。日高六郎さんが言っている、先生の文章の特徴のひとつ「歴史的な位置づけのあざやかさ」なんですが、これは『絵本論』でも発揮されていると思います。『絵本論』を読んでいると、十八世紀半ばのイギリスで物語る絵を始めた、風俗画家のホガースから、コルデコット、ポター、レズリー・ブルックなどを経て、現代のセンダックに至るまでの西洋の絵本の流れが、その背後からうっすら浮かびあがってくるんですね。『絵本論』は書き下ろしではないので、ちょっとそこのところは見えにくいんですけれど。それで、第一部第一章のおしまいに、そのまとめとして「絵本の歴史から」という文章を入れて構成上の工夫をしてみたんですが、ここで先生は、およそ百年にわたる西洋の絵本の歴史を、発生期、基礎期、成長期、成熟期、そして変わり目としての現代、というふうに五つに分けてまとまりよく語っています。ここのところをしっかり頭に入れて読んでいただくと、第二部の「十二人の絵本作家たち」に至るまで、西洋の絵本のその大きな流れを見失わないで読んでいくことができて、『絵本論』はたぶんとても読みやすくなるだろうと思います。

これは私がおすすめする『絵本論』の読み方のひとつなんですが、ところで先生が目を向けたのは、西洋の絵本だけではないんですね。欧米の先人たちがこれまで作り上げてきたたくさんのすばらしい絵本と、それから、それを支える理論をここで語るということは、むろんこの『絵本論』の最大のテーマなんですが、それでは、他ならぬ私たちの国ではどうだったのか、どんな絵本があって、どういう絵本画家が嘗《かつ》ていたのか、そういう視点がもうひとつ、先生にはあるんですね。で、ぜひ書いておきたい日本の絵本画家のうち、岡本帰一や清水良雄など、先生は十人のひとを取りあげていますが、なかでも、夏川八朗、小山内龍、茂田井武など、戦争をはさんでその活躍の時と場が非常に狭まれてしまった画家たちを語るときの先生の筆には、それを哀惜する気持ちがあふれているように思います。

たとえば戦前のプロレタリアアートの第一線で活躍していた柳瀬《やなせ》正夢《まさむ》（一九〇〇—四五年）、この人は夏川八朗という別名で一九四〇年ごろを中心に、婦人之友社が出していた「子供之友」にたくさんの挿絵を描いているんですが、終戦の年、一九四五年五月に新宿駅で空襲に遭ってなくなっています。第一部の第三章「『子供之友』とひとりの画家〈夏川八朗〉」で、先生はこう言っています。

夏川八朗の絵は、くり返しますが、率直大胆な力とみずみずしくて強い動きによって、子ども

小学科学絵本シリーズ『米』（1937年）より、夏川八朗（柳瀬正夢）の挿絵。左ページの右下にネジ釘のサインが入っている。

にそのままわかり、喜ばれ、印象され、育っていくことのできる、ケチケチしたところのない、明るい美しさを持っていました。そして挿絵の要素であるはずの劇的な伝達力をそなえていました。彼が生きていたら、スケールのある、有数な絵本の芸術家となっていたでしょう。（私は、戦争中に彼が子どものために描いた）探検の絵や、雪の絵や、石炭の絵を見ると、じつに残念な、そしてかなわない気がします。夏川八朗をもう一度生かしたい気がします。

（『絵本論』p.280−281）

と、その絵本画家としてのすばらしい才能を、実現することのなかった可能性を、惜しんでいます。夏川八朗の絵は、今ではほとんど見る機会がないだろうと思います。私は古書店で買った「小学科学絵本」というシリーズを六冊ほど持っているんですが、そのうちの一冊『米』は夏川八朗の挿絵です。『米』は「複刻 絵本絵ばなし集」（ほるぷ出版）で複刻されてもいますから、それを見ていただくといいですね。画家柳瀬正夢は「ネジ釘の頭」をサインにしていたんですが、「夏川八朗」の絵にも同じサインが入っています。画家名のない挿絵でネジ釘のサインの入っているものを見つけたら、それは夏川八朗の絵だというふうに、ぜひ思ってください。

そしてもうひとり、第二部の「十二人の絵本作家たち」に登場する小山内龍（一九〇四―四六年）についても、同じですね。小山内龍は漫画家で、『ゲンキナコグマ』『クマトネズミ』『山カラキタクマサン』など動物が主人公の絵本を描いていますが、この人を語るのに瀬田先生は、

今日この人の生涯を思うと、じつに口惜しい気がする。絵本の仕事をしたのが戦時中であって、亡くなったのが北海道の疎開先、それも昭和二十一（一九四六）年十一月で、年齢四十二歳なのだから、すべてはこれからだった。亡くなる前に「残念だ」ともらしたと、この人の友である横山隆一さんが記しているが、さぞかしと思われる。

（『絵本論』p.411）

平塚武二作、小山内龍画『フシギナモノ』より（1943年）

と、まず冒頭に書いています。もし戦争がなければ、この人たちが生きて子どもの本を描きつづけていたなら、私たちの国でもいったいどんなすばらしい絵本が生まれていただろう、そういう大きな可能性が過去にあったことを忘れないでほしい、そのことをぜひもういちど考えてほしい、という先生のメッセージがここには強く込められていると思います。

三人の絵描きさんと

ところで瀬田先生は、この『絵本論』の文章を書いていた一九六〇年代前半から七〇年代にかけて、堀内誠一さんや瀬川康男さんや梶山俊夫さんたち当時若手の絵本画家の方々と、密度の濃いおつきあいをしていらっしゃいました。先ほどの中村柾子さんのブックリストから作った一覧表にも、この絵本大豊作期の六三年には瀬川さんの『ふしぎなたけのこ』が、六五年には堀内さんの『ぐるんぱのようちえん』が、六九年には梶山さんの『ごろはちだいみょうじん』が入っていますが、『絵本論』の話の締めくくりに、そのころのことを少しお話ししておきたいと思います。

堀内さんは、一九五八年に「こどものとも」から『くろうまブランキー』（三十三号）を出して以来、八七年になくなられるまでに、たくさんの絵本を作られた方ですが、『ぼくの絵本美術館』（マガジンハウス）の中で、長谷川摂子さんとの対談にこたえて、こんな言葉を残しています。

福音館で絵本を始めた時代というのは、これから発見して開拓するいろんな大陸がある時代だった。グラフィックデザインだとか都市計画だとか。その一つに、絵本っていう大陸があって。ぼくなんかは、そこへ船出してゆくオンボロ帆船の少年水夫って感じでね。でも航海長に瀬田さんがいたっていうわけで。明るいっていえば明るい時代でしたよね。

宮沢賢治作、横井弘三画
『グスコーブドリの傳記』
（1941年）

これは、六〇年代を中心とした時代の、何か、ものを生み出すときの高揚感のようなものが想像できる言葉なんですけれど、私は一九七〇年に福音館に入社していますから、このオンボロ帆船の一行のやりとりを、時には傍で見る機会もありまして、まだ若かった私には、それがとても魅力的に見えました。画家の皆さんは当時三十代でした。先生とは十五歳くらい離れていたと思うんですけれども、通俗的なことには関心がなくて、絵とそれから絵本のことしか頭にないこの方たちを、瀬田先生は実にあたたかく受け止めていました。

先生に対する呼び方もそれぞれ違っていて、瀬川さんは先生のことを「お師匠」と呼んでいましたし、梶山さんは「おやじさん」で、堀内さんは「師匠」とか、あるいはクールに「瀬田さん」と言っていたと思います。私はこの絵描きさんたちと瀬田先生のことを何とか活字にして残しておきたくて、ちょうど「イラストレイション」（日本イラストレイター会議編／一九七二年七月刊）という雑誌に書かれた「画人・横井《よこい》弘三《ひろぞう》さん」という先生の文章があったので、これを『絵本論』のおしまいに「追考二篇」のうちの一編として入れたんですが、それはこういうふうに始まっています。

うちあけたところ、私たちは、横井弘三さんのことを、あまりよく知らなかった。私たちというのは、横井さんに共通の興味を持つようになった四人のことで、挿絵を描く、堀内誠一、瀬川康男、梶山俊夫、それに私は、ちょうどオリエンテーリング競技のように、すこしずつ指導標を見つけて、声をかけあっては地図を見ながら、目的地にむかったような気がする。発足点は、こんなふうにして切られた。……

（『絵本論』p.485）

ということから出発して、長野市にたくさん残されている横井弘三の絵にたどりつく。そして、それを四人で見に行く顚末が、例の弾んだ筆で語られています。こういう文章から、三人の絵描きさんたちとの交遊を想像していただきたいんですが、私には、先生と瀬川康男さんのことで、ちょっと忘れがたい思い出があります。

一九七二年の冬のことだったんですけれども、山形県の鶴岡の近くに黒川村というところがあって、この村のお祭りで演じられる黒川能を見に行こうってことになったんですね。同僚の、当時「こどものとも」の編集をしていた時田史郎さんが計画して、瀬田先生、瀬川さん、時田さん、それに私の四人で黒川村へ出かけることになりました。私は当時、「母の友」で「落穂ひろい」のほかにもうひとつ、谷川俊太郎さんの『ことばあそびうた』（連載当時のタイトルは「私のことばあそび」）の担当もしていて、その毎月の挿絵を瀬川さんに描いてもらっていましたから、まあいわば、汽車の切符を買いに行ったり、いろんな旅の雑用をするお世話係として一行に加えてもらえたのだと思います。

黒川能というのは、神社の氏子の家が毎年回り持ちで能舞台になって、雪の降り積もった庭に篝火《かがりび》をたいて、夜どおし土地の人たちが古くから伝わる古式のお能を演じるお祭りなんですが、もう夜もはるかに更けて、そろそろ仮眠場所になっている村の小学校へ帰ろうとしたら、瀬田先生と瀬川さんがいないんですね。真夜中ですよ。いくら探しても見つからないので、それじゃあもうひと足先に帰ったのかなと思って、急いで小学校に戻ったんですが、ここにもいないんですね。二人は行方不明になっちゃったんですね。さあ、時田さんと私は青くなりました。大事な著者の身に何か起こったら、大変なことになりますから。仮眠するどころではなくて、小学校の入り口でずーっとお二人が帰ってくるのを待っていました。

そうしたら、雪が降りしきる真っ暗闇の夜道の向こうから、ものすごく酔っぱらった二人が、もつれるようにして帰ってきたんですね。何かしきりに言い合っているんですよね。瀬川さんが、「お師匠は絵がわからねえ」とうめくように言うと、先生が「瀬川さん、あなたはだらしがない」と言い返していました。二人とも酔ってはいるんですけれども、ひどく真剣な感じがしました。あとで聞くと、二人とも小学校に戻ろうと雪の夜道を歩いていたら、前方にぽっと灯りのついているところがあって……、なんか昔話みたいですね（笑）、行くが行くが行ってみると、そこは一軒の居酒屋で（笑）、のぞくとこけし人形のような少女がいたんで、ちょっと寄っていこうということになって、飲んでいるうちに絵の話になって、そこから議論になってしまったらしいんですね。もうそのころは、先生は『児童百科事典』のときの無理がたたって胃潰瘍の手術をしたあとなので、酔っぱらうほどお酒は飲まなかったと思うんですが、とにかく後にも先にもこんなに酔った瀬田先生を見たのは、これが最初で最後でした。

旅の初日がこれなんですから、いったい明日からどうなっちゃうんだろうと、時田さんと私は相当心配したんですが、翌朝になったら二人ともケロリとしていて、結果的には実に愉快な楽しい旅になりました。で、あの居酒屋で、お二人はいったい何を言い合っていたんだろうかということなんですが、瀬川さんは、究極的には画家として道をきわめることを強く志していた方ですから、瀬田先生は瀬川さんの絵本に、センダックのところで書かれているように、「内なる子ども」とのつながりが切れることを心配して、そのことが議論のひとつになったんじゃないかなあと今の私は思うんですけれど、どうでしょうか、わかりません。瀬川さんがお元気ならば、「おまえ、何せこいこと言ってるんだよ」とおっしゃるかもしれません。勝手な想像をしてすみません（笑）、とお二人にお詫びをして、先に進みます。

瀬田先生と瀬川さんたちとの交遊については、「画人・横井弘三さん」のほかにもう一編「旅のお仲間――瀬川康男さんと」という文章があって、これは『児童文学論』のほうに入れてあります。瀬川さんの故郷は愛知県の岡崎なんですが、その山奥の奥三河に、花祭りを皆さんで見に行ったときのことを、先生はこういうふうに書いています。

瀬川さんは、芸処《げいどころ》の三河人らしく、芸を尊重し、職人を敬愛して、その上手を味識できることを誇り、自分でも芸を持っているという自覚があります。この人の勝負好きはそこに関係があるのかもしれませんが、一面スポーツマンで勘がよく、こなしのいいのにもおどろかされます。直観があってよく理解して、勉強好きですから、鬼に金棒なのですが、それからそれへと凝りに凝って止むところを知りません。「テーホヘ」です。

「テーホヘ」というのは、花祭りのときの鬼の踊りに、見物がかける掛け声です。

私はある時、「ぼくは一ッ時だって、絵のことを忘れたことがありませんよ」と言われてびっくりしました。造次《ぞうじ》顚沛《てんぱい》、何をしている時でも、この人の場合、絵に集結されているようです。

造次《ぞうじ》顚沛《てんぱい》というのは、造次はとっさの場合で、顚沛というのはつまずき倒れる意味だそうで、合わせて「造次顚沛」でわずかの間のことをいうそうです。

池大雅と浦上玉堂からはいって、とくに好きなのが平安仏画、あの密教美術の美しさは比類がないとこの人は言います。それにしても、半面、楽浪《らくろう》の塚々の絵や朝鮮民画、初期木版本の挿絵や丹緑本《たんろくぼん》、それらの源のような朝鮮古版本にうちこんでいるのは、瀬川さんに一貫した民庶陋巷《ろうこう》の情であって、美しいものはもっとも底流にあると触知した探索の道につながっているように思われます。

（『児童文学論』下巻 p.459）

ここで、浦上玉堂とか、楽浪の塚々とか、いろいろ出てきますけれど、これみんな辞書を引けばわかりますから（笑）、あとでお暇なときに見てください。こういうところなんか読みますと、この方たちのあいだで常に話されていた日本や朝鮮半島や中国の古い時代の上等なものがわかってきます。こういう東洋の極上のものの中から、西洋の人たちの絵本に対して日本人にしかできない、東洋の伝統をじゅうぶんに響かせたあたたかい子どもの絵本を作ろうと模索していた、そういうことを絵本画家が志していた時代でもあったんですね、六〇年代、七〇年代は。堀内さんは『絵本の世界・110人のイラストレーター』（福音館書店）で見られるように、東洋の古いところというよりはもう少し西洋のほうに目を向けていらしたと思うんですが、私たち当時若かった編集者にとっても、そこで交わされている、面白くてたまらない話のやりとりを、できるだけ近くにいて聞き取ろうと一生懸命耳を傾けていた、そういう時代でもありました。

で、瀬田先生がなくなられたあとなんですけれども、『落穂ひろい』や『絵本論』を作るのに、堀内さんたちにはずいぶんお世話になりました。『落穂ひろい』の表紙のタイトルは写植文字ではなくて書き文字なんですが、これは瀬川さんが書いてくれた文字を版にして銀箔で押したものです。それから堀内さんは、『落穂ひろい』も『絵本論』も、装丁からカラーページのレイアウトからそのブックデザインをすべてやってくださいました。そして『絵本論』の装丁の仕上がりに、瀬田先生への深い敬愛をこめて、本の帯にこういう言葉を書いてくれました。

誰よりも早く、そして深く、絵本の世界を楽しんだ人の本

帯は初版にだけかけられるものなので、これは今では貴重品になってしまいましたね（口絵参照）。『絵本論』はこういう魅力ある交遊をも含みこんで出来上がっている本なのだということを付け加えさせていただいて、今日は終わりにしたいと思います。

次回は『落穂ひろい』についてお話しするんですが、先ほど私は、戦後の日本の絵本は、海外の傑作絵本を取り入れることから始まったと言いましたけれど、実は私たちの国には、もうひとつ大きな絵本の流れがあります。それは江戸時代の初めに興った印刷文化の中から生まれた、赤本とか草双紙とか呼ばれるたぐいの子どもの本なんですが、これらの子どものための絵本類は、江戸時代を通してもう、数限りなく作られつづけました。そういう、いわば、私たちの国の過去にあって、今は地面の下に埋もれてしまっている絵本の古い層の部分は、今日ではすっかり忘れ去られてしまっているんですけれども、九月、三回目は、『落穂ひろい』の世界に入りこんで、先生の目にしたがって、この、かつて私たちの国に存在した、絵本の古層の部分を見ていきたいと思っています。

第三章　『落穂ひろい』の日々

この講座も早くも三回目を迎えまして、今日（九月十九日）は前半は年譜④の時代、つまり一九七〇年代以降の瀬田先生についてお話しして、それから後半はいよいよ先生の主著ともいえる『落穂ひろい』の世界に分け入ろうと、そういうつもりなんですが、今回もまた盛りだくさんの資料で、この椀飯《おうばん》振舞の資料を時間内に全部こなせるのかちょっと心配なんですけれども、頑張って気合いを入れて話を進めたいと思います。

今年（二〇一三年）の夏の暑さはまた格別だったんですが、この暑いさなかに、絵本に関する大事な展覧会が東京で二つありました。ひとつは銀座の教文館で開かれていた、ハンス・フィッシャーの絵本原画展です。『こねこのぴっち』とか『ブレーメンのおんがくたい』など、たくさんのハンス・フィッシャーの絵本の原画のほかに、彼が挿絵を描いているスイスの小学校の教科書も出ていて、このフィッシャー挿絵の教科書のことは、瀬田先生が『児童文学論』上巻の最初に「もっとも美しい〈教科書〉」というタイトルで書いていらっしゃいますね。思えば一九五八年に四十九歳であまりに早くなってしまったこの画家が、その軽やかに生き生きと動く美しい絵で、どれほど子どもたちを楽しませてくれたかがよくわかる、非常に充実した展覧会でした。

フィッシャー画、瀬田訳『ブレーメンのおんがくたい』

展覧会に合わせて、『ハンス・フィッシャー ―世界でもっとも美しい教科書』という小冊子（眞壁伍郎著／編集工房くま）も出版されていて、これは残念ながらもう完売だそうです。

それからもうひとつは東京駒場の日本民藝館でやっていた、室町時代の絵巻物「つきしま」と絵入り本「かるかや」の展覧会なんですね（「つきしま　かるかや――素朴表現の絵巻と説話画」展）。こちらもまた、この暑い夏に、月並みな言い方ですけど、一服の清涼剤のような展覧会でした。日本の絵巻物は、平安時代、鎌倉時代と盛んで、「源氏物語絵巻」とか「伴大納言絵詞」とか「鳥獣戯画」とか、傑作もたくさん今に残っているんですが、この種のものは室町時代になると衰退してしまいます。そこのところに、不思議にナイーブな、まるでミニチュアの人形たちのようにあどけない絵の、一群の絵巻物が現われるんですね。それはもう、作者もほとんどわからない、ただ〝素朴派〟としか言いようのないものなんですが、瀬田先生は『落穂ひろい』の中で、「台風の月に青空をかいま見るような、奇跡的なよみがえり」と、この室町時代の絵巻物のことを言っていらっしゃるんですけれども、この素朴派の絵巻物が、民藝館に出ていたんですね。「つきしま」や「かるかや」は普通なかなか見るチャンスのないものなんですが、うだるような暑さのせいか、ひと気もあまりないところでゆっくり見ることができました。こちらもいい図録が作られています。

図版に載せましたいちばん上の「つきしま」絵巻は、平清盛が海を埋め立てて交易のための港を造ろうとしたときの話なんですが、工事にとりかかるのに占いをしたところ、「三十人の人柱を立てよ」というお告げが出て、それで、清盛は往来を行く人たちを片っぱしからつかまえて牢屋に入れてしまうんですけど、これはその場面です。追いたてる武士や驚き悲しむ人たちや、それからこの牢屋の表現が、なんとも素朴で可愛いですね。

「浦島絵巻」（中）も出ていて、これは例の、浦島太郎が乙姫さまからもらった玉手箱を開けると、白い煙が出て、たちまちおじいさんになってしまうという場面ですね。この白い煙の描き方が、いか

「つきしま（築島物語絵巻）」室町時代、16 世紀、天地 304㎜（日本民藝館所蔵）

「浦島絵巻」室町時代、16 世紀、天地 169㎜（日本民藝館所蔵）

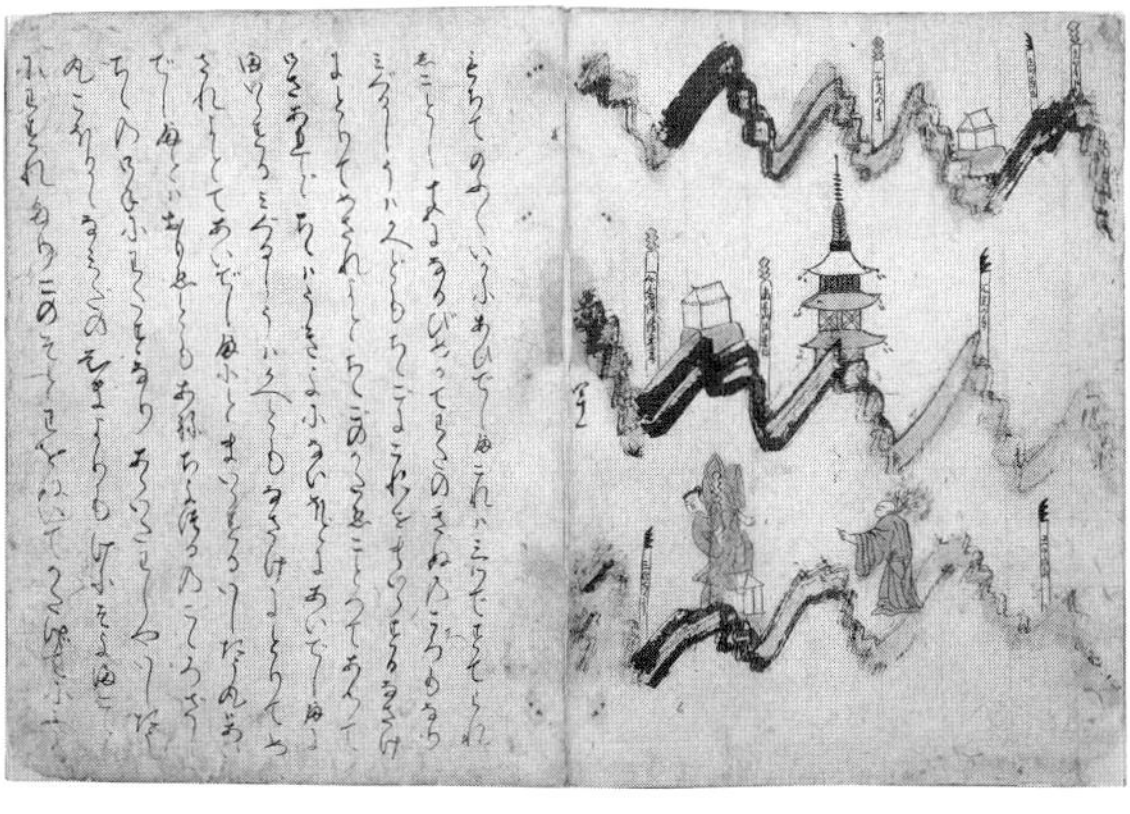

絵入り本「かるかや」室町時代、16 世紀、天地 322㎜（サントリー美術館所蔵）

にも素朴派のしごとですよね。ここから煙が出てこうなりましたという感じで、とてもいいですね。

いちばん下の「かるかや」ですが、これだけは絵巻物ではなくて、冊子本《さっしぼん》なんですね。つまり一ページ一ページめくる本の形になっているもので、話は、石童丸《いしどうまる》という少年が出家した父の刈萱道心《かるかやどうしん》をたずねて、高野山の山奥深く入っていく物語です。この、何か不思議なスピード感のある墨線の筆で山道がざっくり描かれていて、山また山を駆けめぐる感じがよく出ています。これもすごくいいですね。

こういう、だれが描いたともわからない素朴な美しさに満ちた室町時代の絵巻は、その表現の根本のところで、一九六〇年代、七〇年代の瀬川康男さんや梶山俊夫さん、それから赤羽末吉さんたち、日本古来の絵の伝統をふまえて絵本の製作に向かっていらした画家の方たちに、有形無形の影響をもたらしたもののうちのひとつのように思うんですけれど、そんなことを外の蝉しぐれが聞こえてきそうな古い民藝館の展示室でぼうっと考えていましたら、向こうから、奥様手製の大きな布のバッグを肩にかけた瀬田先生が歩いてきて、「どうです、いいもんでしょう」とおっしゃったような気がしました(笑)。

思えばハンス・フィッシャー挿絵の教科書も先生お気に入りのものでしたし、今年の夏は、銀座と駒場で、先生のおっしゃる、「いいもの」「すばらしいもの」が並んだわけですね。そういう夏でした。

一九七〇年代に戻って

それではさっそくですが、年譜④（一八ページ）の時代を見てください。一九七一年、瀬田先生五十五歳から、七九年に六十三歳でなくなられるまで、晩年の足掛け九年間です。

この時代は、平凡社を辞めたあとの十数年間と同じように、「自分流に子どもの本とつきあう暮らし」の延長なんですが、それと同時に、古い日本の子どもの文化についての探索が深まっていった時でもあります。そしてこの④の時期は、これまでこの講座でお話ししてきた一回目、二回目と違って、ちょうど私が福音館書店に入社したころと重なりますので、ちょっとここで仕切り直しをしまして、リアルタイムで少し詳しく私の体験をお伝えすることで、皆さんに④の時代、つまり晩年の瀬田先生に会っていただこうと思うんですね。私の体験からお話しするので、いろいろ私事にわたることが多くなり恐縮なんですが、駆け出しの新人編集者だった私といっしょに、今日は一九七〇年代に立ち戻って、これから瀬田先生に会いに行く〝時間旅行〟をしていただこうと、そういうつもりでお話ししたいと思っています。

一九六六年、この年に私は学校を卒業しまして、生け花に池坊という流派があるんですけれども、この池坊の出版物を専門に取り扱う文化実業社という小さな出版社に就職しました。そして、生け花雑誌（「新婦人」）の編集者として仕事の第一歩を踏み出しました。前回、堀内誠一さんが「福音館で絵本を始めた時代というのは、これから発見して開拓するいろんな大陸がある時代だった」（『ぼくの絵本美術館』）と語っていらっしゃるのを引いたんですが、この一九六〇年代あたりを中心とした時代にあった、何かものを生み出そうとする高揚感のようなものは、私が入った生け花の世界にも及んでいました。日本の古い伝統芸能である生け花も、現代に生きる新しいアートとしての可能性をさまざまに追求していた時代だったんですね。ですから大学を出て、ぽっと入ってしまった私には、先輩の編集者たちがずいぶん大人に見えました。

ここは大学出たての者にとってはけっこう面白い職場ではあったんですけれども、生け花の撮影なんか夜中にやることもありましたし、編集の実務は実際に仕事をしながら身につけていくという、最初からいきなり実戦の中に放りこまれるような、そういう職場で私は四年間過ごしました。そうこうしているうちに、長新太さんや、井上洋介さんや、安野光雅さんのような絵描きさんたちに、挿絵とかカットとか、それから皆さん文章もお上手ですから、エッセイなんかを書いていただく仕事も回ってくるようになりました。

たとえば、安野光雅さん。安野さんは当時、中央線の東小金井に住んでいらしたんですが、アトリエに行きますと、「ぼく、今度こんな絵本を出したんだよ」と言って見せてくださったのが、『さかさま』だったんですね。ちょうどこのころ（一九六九年）出された「こどものとも」（百六十四号）ですけれども、なんか大切な宝物みたいにして見せてくれるのが私には羨ましくて、絵本を作るっていうことが、絵描きさんたちにとって特別にうれしいことのように思えました。

そのころ私は、何でもやる編集者ではなくて、何かひとつ専門の分野をもった編集者になりたいと考えはじめていたところでしたので、こうやって画家の方たちの絵本の仕事を見せていただくうちに、

「そうだ、子どもの本がある」と思いついたんですね。私は一九五〇年代に小学生だったんですが、通っていた小学校が学校図書館のモデル校第一号とかで、学校には明るい広々とした図書室があって、ちょうど出始めていた岩波少年文庫や平凡社の『児童百科事典』などが書架にずらりと並んでいました。私はここでケストナーやワイルダーやヒルダ・リュイスやあれこれあれこれ、もう夢中になって読みに読みました。それは今思っても、私の人生の中でぴかっと輝いている子ども時代の数年間だったんですけれども、その、なんとも幸せな感じを、とつぜん思い出したんですね、このとき。

で、当時出ていた「こどものとも」や、日本や世界の「傑作絵本シリーズ」などをいろいろ見たんですが、そのどれもが面白くて、実に上等なのに驚きました。それはそうですよね。前回も言いましたように、一九六〇年代の終わりごろといえば、創作絵本も翻訳絵本も傑作揃いで、そういう絵本の傑作ばかりをそのとき見ちゃったわけですから。それから、『ホビットの冒険』や「ナルニア国ものがたり」などのファンタジー作品も、ちょうどそのころ出ましたからね、せっせと仕事の合間に読んだんですが、それは本当に私を、あの日当たりのいい小学校の図書室に戻してくれました。学校を出て、もう漠然と編集という職業にまぎれこんでしまったような私だったんですけれど、ここで初めて、出版のジャンルのひとつとして「子どもの本」があるんだ、その子どもの本専門の編集者になろうと思うようになりました。

一九七〇年の四月に、私は福音館書店に移りまして、すぐに雑誌「母の友」に加わりました。ところがですね、入ってみたら驚くべきことに、ここの編集部の人たちは、子どもの本とまったく地続きになっているように見える人たちばっかりだったんですね。斎藤惇夫さんとか、藪内正幸さんとか、時田史郎さんとか。なにしろ私がそれまでいた生け花雑誌では、今も言いましたように先輩の編集者たちはもう、ひたすら大人でしたから、大学出たての私は、目いっぱい、精いっぱい背伸びして大人っぽくふるまって仕事していたんですね。だからもう、拍子抜けするくらいここの人たちは子どもっぽい人たちでした。当時私が座っていた机の後ろにちょっとしたスペースがあったんですが、休み時間になるとこの人たちはここへやってきて、私の後ろで大きな図体でどしんばたんと相撲はとるわ、剣玉はやるわで、もう大騒ぎするんですよね。私は、うるさいなあ、なによこの人たち、と最初のうちは軽蔑していたんですね。だって小学校の教室にいるのかと勘違いするくらい騒ぐんですよ、みんなで(笑)。

ところがひと月も経たないうちに、この連中はちょっとすごいなと思うようになってきました。たしかにやってることは子どもっぽいんですけど、とにかくみんな、子どもの本のことを実によく知っているんですね。そして、こういう本を作りたいという考えが、もうちゃんとあるように私からは見えるんですね。彼らが子どもっぽいのは、子どもの本を作るには十歳の子どもの「子ども心」が必要だからなんで、だからこの人たちのやってることは、正解なんですよね。子どもの本を作るには、「猛烈に大人であって、猛烈に子どもであるようにのぞみたい」、これは『絵本論』の中で瀬田先生のおっしゃっていることですが、彼らが猛烈に大人であるとは私にはとても思えませんでしたけれど(笑)、彼らが子ども心を実践していることは確かでした。これはもう、大変なカルチャーショックでした、私にとって。

一九七〇年当時の福音館といいますと、「こどものとも」が創刊されて十四年目ですね、傑作がどんどん出ていた時代です。それから、単行本の「傑作絵本シリーズ」も、『三びきのやぎのがらがらどん』や『おだんごぱん』などがおおかた出そろってきたころです。次はそろそろ科学絵本にも本腰を入れようということで、六九年には「かがくのとも」を新しくスタートさせていました。つまり、さあ、これからどんどん子どもの本を作るぞとみんなが張り切っていた、そういう編集の現場へ私はどうやら来てしまったようなんですね。斎藤惇夫さんなんかは、もう一作目の自作『グリックの冒険』を牧書店から出していましたし、当時すでに単行本の編集長になっていて、「インガルス一家の物語」や、「ピーターラビット」や、それから古典童話の完訳シリーズにもとりかかっていたところで、もうバリバリやっていました。福音館の編集部だけじゃなくて、子どもの本自体も元気いっぱいの充実期だったんだと思います。

あとから入社した私は、そういうまわりの人たちからはっきり遅れをとっていました。それはすぐにわかりました。とにかく、子どもの本についてどうしようもなく勉強不足、経験不足なんですね。子どもの本を作るのは難しいんですね。特に私は幼年童話が難物でした。これはあまり言いたくないことなんですけれども、たとえば『いやいやえん』とか『ロボット・カミイ』などは、当時はいったいどこが面白いのか見当もつかないありさまで、入社ひと月にして私は、とんでもないところへ来てしまったと思いました。もう後ろがない、崖っぷちに立っているような気がしました。

「落穂ひろい」の連載始まる

そこまで追いつめられていたんですけれども、それから何ヵ月か経って、その年の暮れに、私のいる「母の友」に、瀬田先生の「落穂ひろい」連載の企画が持ちこまれました。「母の友」というのは、四月から翌年の三月まで、その一年間がワンサイクルなんですね。そして「落穂ひろい」は、七一年の四月号から「母の友」に新しく連載されることに決まりました。

連載が決まるまでのいきさつなんですが、六九年に「かがくのとも」を創刊した福音館では、それと並んで単行本の科学書や科学絵本も、海外の本の翻訳ばかりじゃなくて日本のものを作りたいと考え、担当の編集者が瀬田先生にいろいろと相談にのっていただいていました。なにしろ瀬田先生は、『児童百科事典』の名編集長だった方でもあるわけですから。で、担当者がご意見をうかがいに浦和のお宅に通っているうちに、あるとき先生が、「子どものための科学の本は、なにも西洋だけじゃありませんよ。日本にだってすでに明治時代に、子どもたちのためにすぐれた科学の本を次々に出した、石井研堂という大編集者がいますよ」とおっしゃったんだそうです。この石井研堂の話があんまり面白かったので、「母の友」に連載していただいたらどう、ということになったんですね。「落穂ひろい」はそういうことから始まった、「母の友」の編集部にとっては、いわば、棚からぼた餅みたいな企画だったんですが、まあしかし、これは直接的なきっかけでして、実際にはこれまで見てきましたように、「こどものとも」の創刊から始まった瀬田先生と福音館との長いおつきあいから、機が熟して出てきた企画だと考えていいと思います。

年が明けて一九七一年の一月、「落穂ひろい」の第一回目の原稿が入りました。私たちとしては、話の成り行き上、てっきり明治時代の石井研堂の話から始まるんだと思っていたんですが、ところが最初の原稿は、それよりさらに三百年以上も前から始まっていて、室町時代の初等教育の教科書からスタートしていたんですね。びっくりしました。

室町時代の初等教育の教科書は、「往来物《おうらいもの》」といわれるもので、往復書翰《しょかん》集、つまり手紙のやりとりの形をとっています。往来物のそもそもの起こりは平安時代後期まで遡るんですが、室町時代という新しい文化の風が吹きわたったこの時代になって、子どもたちの教科書として盛んに使われるようになりました。そして、江戸から明治に至るまで、寺子屋に通う子どもたちのために、その種類も増えに増えて『庭訓《ていきん》往来』『商売往来』『百姓往来』など、数千種に及んだといわれています。教科書というのは、読者としてははっきり「子ども」に向けて作られるものですから、もっともポピュラーでもっとも古い子どものための出版物から「落穂ひろい」の連載をスタートさせるとすれば、それは室町時代に始まる教科書の「往来物」ということになるわけで、今考えればなるほどとうなずける選択なのですが、でも一般的には難しい入り口ですよね。それに先生の文章はといえば、この連載を毎月読むことになる「母の友」の読者が実際にいるわけですけれど

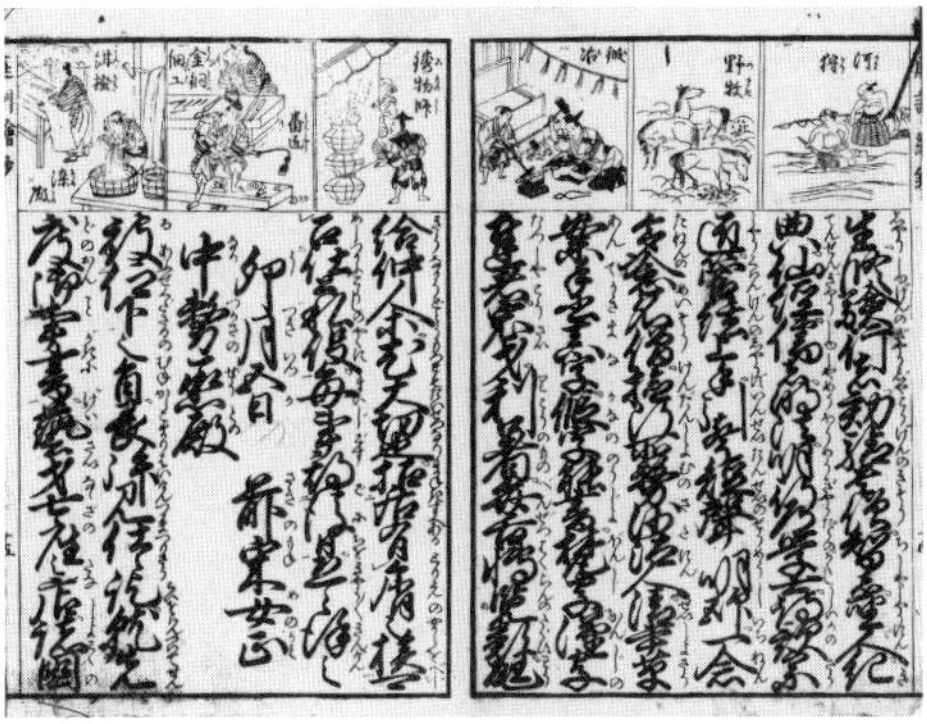

『庭訓往来絵鈔』1717年刊。江戸時代に出版された教科書（往来物）のひとつ。

も、そういう読者も何も関係なくて、遠慮会釈なくばんばん書きたいことが書いてある。ですからもうこの連載が始まる時点で、私たちが考えているより遥かに大きなスケールの構想が先生にはあったんですね、「落穂ひろい」に対して。

先生の大人に向けての文章は、再三言っていますように非常に特徴のある文体でして、私たちは、それをひそかに「瀬田節」と呼んでいたんですけれども、独特な言い回しの、極めて密度の濃い文章なんですね。辞書にない言葉もどんどん出てくるし、省略もされている。ですから、いただいた第一回目の原稿を見て、うーん、難しいなあということになっちゃったんですね、「母の友」の編集部では。当時は、ワープロもパソコンももちろんありません。じかに原稿用紙に書く、生原稿の時代です。それに先生の字は達筆すぎて、崩し字なんか読めない。で、みんな第一回目の原稿を見ただけで、敬遠気味になってしまいました。

でも私は、何とかしてこの連載の担当になりたかった。といいますのは、私は学生のころに『平家物語』を勉強していて、そもそも日本の古典文学には慣れていました。それにもうひとつ、四年間勤めた前の職場で、生け花の歴史をたどる企画を担当していて、生け花というのは室町時代に始まるので、室町時代自体に馴染みがありました。大きな声では言えませんけれど、つまり『いやいやえん』よりは室町時代の教科書のほうが、このとき私にはずっとわかりやすかったんですね。でも、入社したばかりの私にこんな大事な連載の担当が回ってくるわけないよね、と思いながらも、まあ虎視眈々とねらっていました。二十六歳のころのことです。

当時は活版印刷の時代で、文字はすべて鉛の活字を一つ一つ印刷所の植字工の人が拾って組むという方法で本は作られていました。雑誌も毎月校了直前には、「母の友」の編集部全員、といっても四、五人ですが、最後の校正刷りの点検をするんですね。全員で印刷所に行って、当時の印刷所には出張校正室という小部屋がずらりと並んでいたんですけれども、その一室で缶詰めになって内容に間違いがないか、誤植がないか、みんなで回し読みをするんです。このとき「落穂ひろい」の校正をしていて、私はなんと、大きな誤植を見つけました。菅原道真という人がいますでしょう。「みちざね」は、「道」に「真」と書くんですが、これが「道実」となっていたんですね。両方とも「みちざね」と読むんですけれどもね。でも「実」では間違いですね。それもうれしいことに同じ間違いが二ヵ所もありました。おそらく先生の達筆な崩し字を、印刷所で拾いまちがえたのだと思います。「真」も「実」も、崩せば似たような字になってしまいますからね。それで、「あ、誤植です！」って、その場で大きな声で言ってみたんですね。そうしたら編集長が、「ああ、そうだそうだ。あんた、じゃあもう、これからこの連載の担当をやんなさい」と、なんか拍子抜けするくらいあっさり言ってくれました。うれしかったですね。結局、みんなに敬遠されたあげく、私のところに回ってきたんですけれども、ああ、ここでやっと自分にもできそうな仕事が出てきたと思いました。

連載は、こうやって進んだ

さっそく、担当者として張り切って、連載二回目の原稿をいただきがてら浦和の瀬田先生のお宅へご挨拶にうかがいました。そしてここで初めて私は瀬田先生にお目にかかったわけなんですが、お話を聞いているうちに、この人はこれから何かとっても大きなことをやろうとしているんだということに気がついて、こちらにもその気構えがのり移ってきて、何とか役に立ちたいと、ぞくぞくするような思いがしてきたことを覚えています。

こうして担当者になって、私は月にいっぺん、浦和へ通うようになりました。JR、当時は国鉄ですけれども、浦和駅を降りて、延々と続く古い商店街を通り抜けた先に先生のお宅はありました。歩いて二十分ちょっとのところでした。

先生は毎週土曜日に、近所の子どもたちを集めて文庫を開いていたんですが、行くとまずこの文庫の部屋に通されました。古いソファに座って待っていますと、「やあ、いらっしゃい」と先生が和服姿で入っていらして、書き上がったばっかりの原稿をテーブルの上にぽんと置くんですね。二百字詰め原稿用紙を使っていらして、毎回この原稿用紙で四十五、六枚くらいの分量でした。原稿はすぐその場で読む、そして読めない字やわからない言葉を聞きます。会社に持って帰ってゆっくり読んで、あとから電話でわからないことを聞くなんてことは許されませんでした。そして、その回に入れる図版の打ち合わせなんかをするんですけれども、とにかく原稿をひととおり読むだけでも小一時間かかりました。

で、こちらがそれこそ必死になって読んでいるあいだ、先生はというと、ずうっと腕組みをして目の前に座っているんですね。どこか別の部屋にでも行っていてくださればいいんですけれども、そうじゃないんですよね。今思えば、これは、何か聞きたいことが出てきたらその場で答えてやろうとい

1972年春、「落穂ひろい」連載執筆のころの瀬田先生。浦和の自宅、
文庫の部屋で。

うつもりで、私が読み終わるまで目の前に座っていてくださったのでしょう。有り難いことだったんですけれども、私としては有り難いというよりは、とにかくあとで困らないように、中身をちゃんと把握しておかなくてはならないので、これは大変な緊張でした。一回読むのに小一時間で、連載は四年続きましたから、合計すると四十八回、厳密に言うと最初はだれか別の編集者が受け取りに行っていましたから、四十七回分ですね。ですから通算すると一時間かける四十七回で、合計四十七時間というもの、私は先生の目の前で、緊張の極地に達しながら生原稿を読んでいた、とそういう勘定になります。

読み終わったあと、私はいっさい感想とか意見は言いませんでした。何にも言えないということもありましたけれど、それよりも、よけいな、賢しらな知ったかぶりは大嫌いな人なんだということがすぐわかりましたから。でも、あとになって私のことを、「この人はね、ぼくに対して批判がましいことはいっさい言わない人なんですよ」とほかの人に言っているのを横で聞いて、やっぱり先生は、私が編集者としてもの足りなかったんだなと思います。

こうして通っているうちに、毎月の原稿の催促のしかたもだんだん手順が決まってきました。締め切り二週間前にまず絵葉書を出します。「今度の締め切りは何月何日です」と書いた、そういう絵葉書を出すんですが、この絵葉書に私は凝りました。なにしろ先生のところにうかがえば、仕事の話が手いっぱいで、私自身のことなどにはまったく話は及びませんでしたから、この絵葉書の絵柄で、自分のことを少しだけでも知ってもらいたいという気持ちも多少あったんですね。このために私は、このころ本当にせっせと美術館に通いました。もっぱら先生に出す絵葉書を手に入れるためでしたけれど、まあ、行けば中に展示されている絵も見ますから、結果的にはずいぶんと絵の勉強ができました。先生は気に入った絵葉書が届くと、それが文庫の書棚に飾ってありましたから、そういうときは、うれしかったですね。

こうやってまず絵葉書を出しておいて、それから締め切りの三日前に今度は電話をして、進行状態を聞いて、いただく日を具体的に決めるんですが、この電話が一回でも多いともう機嫌がわるくなるんですね。年の暮れなど、印刷所の休みもありますから、こちらも焦ってよけいな電話をすると、不機嫌なのがびんびん伝わってきました。やっぱりとても微妙なものでした。

原稿をいただいたら、私はいつもすぐ帰りました。なにしろ、だいたいいつも締め切りぎりぎりにいただくものですから、すぐに会社に帰って印刷所に渡さなければならなかったので、ぐずぐずしてはいられなかったんですね。でもたまには、こんなこともありました。ある年の三月のことでしたけれども、原稿読みもすんで、図版の打ち合わせをしているあいだに雪が降りだしました。前回お話ししたように、先生の家の庭は、いろいろな種類の椿の木が植わっていて、ちょうど花がちらほら咲きはじめたときでしたけれど、その椿の庭にだんだん白く雪が積もっていくんですね。先生はふっと庭に目をやって、「ああ、今日はもう、荒木田さんと雪見酒にしよう。会社に電話して、『先生の原稿がまだ出来ていないから、出来るまで待って今日は会社には帰らない』って言いなさい」とおっしゃるんですね（笑）。もちろん私はおっしゃるとおりにして、炬燵のある居間に移って、雪を見ながらお酒をいただきました。

こういう具合に、私は「落穂ひろい」の原稿をいただきに、四年間瀬田家に通いました。時には浦和のお宅ではなくて、神田の古書展示即売会の会場でいただくこともありました。この「落穂ひろい」のテーマになっている、古い時代の日本の子どもの文化について書かれた本はそれまでほとんどなくて、いわば前人未到みたいな連載でしたから、とにかく資料が極端に少ないんですね。特に、江戸時代の子どもの絵本は、古書展で手に入れたものをそのまま次の月に使っていたこともたびたびだったんですが、その神田の古書展にいらっしゃるときに原稿を受け取る、そんなことも何度かありました。そういうときは、おいしいコーヒーを出す古い喫茶店で、やっぱり腕組みをして目の前に座っていらっしゃる先生の前で、小一時間私は緊張しながら生原稿を読みました。

「落穂ひろい」の完成

話を年譜④に戻します。一九七三年のところを見てください（一八ページ）。この年、福音館書店から「子どもの館」、盛光社から「月刊絵本」という二つの児童文学専門誌が創刊されます。* 六〇年代、七〇年代というのは、絵本も傑作が多いんですけれども、一方で骨のある、主張のある、子どもの本専門の雑誌の出版も盛んだったんですね。

この、創刊したての二つの雑誌でも、瀬田先生は評論の連載を始めました。「子どもの館」でスタートした「夢みるひとびと」は、ケネス・グレアムやウォルター・デ・ラ・メアなど、主に二十世紀初めのファンタジー作家とその作品を論じたものです。一方、「月刊絵本」のほうは、ウィリアム・ニコルソンとかブーテ・ド・モンベルのような、やっぱり主に十九世紀末から二十世紀前半に作品を残した十二人の絵本作家について論じたもので、連載のときのタイトルは、「内外絵本作家評伝」でした。

月に三本の評論の連載は大変でしたね。「落穂ひろい」はこのとき連載三年目で、もう明治時代に入っていたんですけれども、とつぜんここで強力な競争相手が二誌も現れたものですから、私ものんびりと絵葉書作戦なんて言っていられなくなりまして、せっせと闘争心を燃やして原稿取りに励みました。いろんな手を使って励んだんですが、毎月どこか一誌が落ちるんじゃないかっていうことで、なんかもう、瀬田家はごった返していましたね。まあ、頑張ったおかげで私の「落穂ひろい」は一回の休載もなしにいけました。でも、このとき私が目のかたきにしていた二つの雑誌の評論も、何のことはなくて、結局おしまいには私がアンカーを務めることになったんですね。「夢みるひとびと」は、連載が終わって長いことそのままになっていたのを今度の『児童文学論』上巻に入れました。一方「内外絵本作家評伝」のほうは、『十二人の絵本作家たち』とタイトルを変えて、連載終了後まもなく、先生がまだお元気なころに、すばる書房から単行本になったんですが、割合早く絶版になってしまいました。で、二回目の講座で言いましたように、これをそっくり『絵本論』のほうにいただいて、第二部

「子どもの館」創刊号（1973年６月刊行）

「月刊絵本」創刊号（1973年５月刊行）

として収めたんですね。ですから結果としては、自分で自分を目のかたきにしていたみたいで、今思うとなんだかおかしくなります。

次に一九七五年、五十九歳のところを見ていただくと、この年の「母の友」三月号で四年間にわたる「落穂ひろい」の連載が完結します。最終回の原稿は、前の年の十二月の半ばにいただいたんですが、今から数年前、私が会社を辞めるときに自分の机を片づけていましたら、引き出しの奥から表彰状がひとつ出てきました。「落穂ひろい」の連載が終わったときに、先生がこんなちっちゃなお手製の表彰状（縦一〇センチ×横一一センチ）をくださったんですね。まわりに細く切った千代紙かなんか貼ってあって、毛筆でこう書いてあります。

「賞　荒木田隆子殿　　貴女ハ多年ヨク原稿ヲ取リ上ゲ　ソノ功浅カラズ　依ッテ之ヲ賞シマス

昭和四十九年十二月十五日　　労働大事ニ　瀬田貞二」。労働大臣、っていいましたでしょ、それをもじって「労働大事《だいじ》ニ」。そういう洒落の入った表彰状です。このとき、うなぎもご馳走になりました（笑）。

「落穂ひろい」の連載はこうして終わったんですが、すぐに単行本にはなりませんでした。もともと資料をあちこち探しながらの連載でしたから取りこぼしもあるし、それに先生は、特に江戸時代のところで何か大きな水脈を外しているような気がしてならない、単行本にまとめるにはもう少し時間がほしい、そういうふうにおっしゃっていました。そして、七五年三月には「指輪物語」の翻訳の最終巻（第六巻『王の帰還』下）も出て、ほっとされたんだと思います。秋には初めての海外旅行で、ヨーロッパに一ヵ月と少し出かけられます。このヨーロッパ旅行については、五回目にもう少し詳しく、お話しするつもりでいます。

　とびまして、一九七七年、六十一歳の二月に肝炎発病とありますが、もともと慢性肝炎があったところに急性肝炎を併発されるんですね。いくつかの病院で診てもらったあと、奥様のきくよさんに、「おれはもう、病院には行かないよ」とおっしゃったそうです。完治は難しいというふうに言われたんだと思います。そしてそれからは、自宅で療養しながらぼつぼつと仕事をする生活に入られました。

　そしてこの年の六月に、先生はシュルヴィッツの絵と文による『よあけ』を訳しています。年譜③のところに書きましたように、七〇年代に入ってから先生は、絵本は「マドレーヌ」や「アンガス」のシリーズなどを訳していますけれど、『よあけ』との出会いには、こんないきさつがあります。

　一九七四年にアメリカで出版された『よあけ』の原書*DAWN*は、中国の唐の時代の詩人、柳宗元（七七三―八一九年）の「漁翁《ぎょおう》」という漢詩をもとに、つまり年老いた漁夫のことをうたった詩をモチーフにして作られた絵本だそうです。この*DAWN*を斎藤惇夫さんが福音館の編集部長だったころに、日本橋の丸善で偶然見つけて会社へ持って帰り、編集部の単行本セクションみんなに見せたところ、四対四で、これは大人の本じゃないのかなあということになって、出版を見送ることになったんですね。ところが、その足で斎藤さんは、浦和の瀬田家にこれを持っていっちゃったんですね（笑）。斎藤さんの住まいも浦和なので、帰りに寄ったんでしょう、あんまり心残りでね。で、「ちょっと預かりましょう」

シュルヴィッツ作・画、瀬田貞二訳『よあけ』1977年刊

ということになって、置いて帰った翌朝早く、斎藤さんの出社と同時に先生が会社に現れて、「ゆうべの本ね、こんなふうに訳してみましたよ」とおっしゃって、それがそのまま、日本語版の『よあけ』という絵本になって福音館から出版された、ということなんですが、先生はよっぽどこの絵本が気に入ったんですね。

今こうして『よあけ』の絵本を見てみますと、まず、シュルヴィッツの絵がいいですね。ここで主題になっている、山と湖の夜が明けるまでの風景というのは、中国や日本では、水墨画や山水画として描かれているものであったりするわけですけれども、シュルヴィッツはその大人の絵の世界を、子どもに感じ取れる、子どもにも分かる絵として、まあいわば「絵の翻訳」を、この絵本でしているんですね。そして、その絵を運んでいるシュルヴィッツの言葉もまた、簡潔の極みです。

瀬田先生は、その簡潔の極みである原文を、時には原文よりもっと短い言葉で日本語にしています。おそらく、俳句というものを通したところで出てきた言葉の力を、存分に生かしながら訳されたんだと思います。そして、子どもに分かる分からないをおそれることなく、でも子どもたちに向かって語ろうというその姿勢はきちんと保ちながら、まっすぐに日本語にしています。私には、古い時代の東洋の詩から生まれたこの西洋の絵本が、瀬田訳によって、もういっぺん東洋の本になって帰ってきたんじゃないかと思えるほど、この日本語版の『よあけ』はよく出来ていると思いますが、いかがでしょうか。

子どもたちも、さまざまな感じ方でこの絵本を読んでいると思いますけれども、長野県の木曽で文庫をやっている私の友人が、こんなふうに言っていました。ある日、保育園の年長組のところで『よあけ』を初めて読んでみたら、子どもたちは、「このはをきらめかす」も、「やまが　くろぐろと　しずもる」も、「さざなみがたつ」も、「もやがこもる」も、「みおをひいて……」も、だまってだまって本を見つめていて、「やまとみずうみが　みどりになった」のところでほっと明るい表情になって、本を閉じて、最後に表紙を見せて終わりにしたときに、なんと、拍手がパチパチと静かに起こってきたんだそうです。

先生ご本人は、『よあけ』の訳について「月刊絵本」（一九七八年三月号）のインタビューで次のようにこたえています。

> この絵本のポイントはふたつあります。ひとつは夜がだんだん明けてゆく過程、そしてもうひとつはおじいさんと孫の二人が舟をこぎ出してゆくと突然緑色にそまる、全部がグリーンとなる驚き、それが眼目ですね。
>
> 言葉をおしみながらページページが展開してゆくその呼吸——私もそれを感じとって日本語にしてみたかった……直訳ではなくて、息あいというような……。（談）

『よあけ』の原文と、日本語訳を対比させたものも次ページに入れておきましたので、先生がどういうふうに日本語にしていらっしゃるのか、ごらんになってください。

思えば『よあけ』の日本語版が出版されて二年後に、先生はなくなるんですね。

DAWN

Words and Pictures by URI SHULEVITZ, 1974

① Quiet.

② Still.
It is cold and damp.

③ Under a tree by the lake
an old man and his grandson
curl up in their blankets.

④ The moon lights a rock, a branch, an occasional leaf.
The mountain stands guard, dark and silent.

⑤ Nothing moves.

⑥ Now, a light breeze.
The lake shivers.

⑦ Slowly, lazily, vapors start to rise.

⑧ A lonely bat circles in silence.
A frog jumps.
Then another.

⑨ A bird calls.
Another answers.
The old man wakes his grandson.

⑩ They draw water from the lake
and light a small fire.

⑪ They roll up the blankets
and push their old boat into the water.

⑫ Alone, they move in the middle of the lake.

⑬ The oars screak and rattle,
churning pools of foam.
Suddenly

⑭ the mountain and the lake are green.

(Farrar, Straus & Giroux, Inc., New York, USA, 1974)

『よあけ』

ユリー・シュルヴィッツ　作・画
瀬田貞二　訳（1977年刊）

① おともなく、

② しずまりかえって、
さむく　しめっている。

③ みずうみの　きのしたに
おじいさんとまごが
もうふでねている。

④ つきが　いわにてり、ときに　このはをきらめかす。
やまが　くろぐろと　しずもる。

⑤ うごくものがない。

⑥ あ、そよかぜ……
さざなみがたつ。

⑦ しだいに、ぼおっと　もやがこもる。

⑧ こうもりが１ぴき、おともなく、まいでる。
かえるのとびこむおと。
ひとつ、またひとつ。

⑨ とりがなく。
どこかでなきかわす。
おじいさんが　まごをおこす。

⑩ みずをくんで
すこし　ひをたく。

⑪ もうふをまいて
ぼーとを　おしだす。

⑫ みずうみに　こぎだす。

⑬ おーるのおと、しぶき、
みおをひいて……
そのとき

⑭ やまとみずうみが　みどりになった。

中村草田男のメルヘン集『風船の使者』カバー

一九七七年を続けます。肝炎という病気療養中ではあるんですけれども、先生は、六月に『よあけ』を出したあと、十月には、俳句の師である中村草田男さんの、メルヘンの作品だけを集めた『風船の使者』（みすず書房）という本が出るんですが、ここに先生は長い「解説」を書いています。この解説は、『児童文学論』下巻にそっくり収めました。

それから翌七八年三月には、ほるぷ出版の「復刻 絵本絵ばなし集」の編纂という、大きな企画も続いて完成します。これは、一八八〇（明治十三）年から一九四八（昭和二十三）年までの約七十年間に私たちの国で出版された絵本と絵ばなしのうち、五十三冊を選んで、それぞれもとの本の形に復元して刊行した複刻集です。私たちは、たとえば一九二八年に出た、ワンダ・ガアグの『100まんびきのねこ』は、今も生きている絵本として手に入れることができます。でも、同じころに出た椛島勝一《かばしまかついち》の『正チャンの冒険』（一九二四年）になるとこれはもう古本屋で探すしかないというのが実情なわけですけれども、この複刻集が出たおかげで、『絵本論』の中で先生が戦中戦後の日本人絵本画家の作品として取りあげている、茂田井武の『あたらしい船』（四八年）や、小山内龍の『フシギナモノ』（四三年）とか『ニッポンノアマ』（四七年）など、また夏川八朗（柳瀬正夢）の「小学科学絵本」シリーズの一冊『米』（三七年）なども、ここで見ることができますね。それから今日の話のおしまいにお話しするつもりの、中西屋書店の「日本一ノ画噺」（一九一一―一五年）も六冊だけですがここで復刻されていまして、この「復刻 絵本絵ばなし集」もまた、非常に大きな意味のある大事なお仕事だったと思います。複刻集にそえて別に一冊『解説』が共著で出されていますが、この中の先生の文章（「近代日本の絵本」）は、これもまた『児童文学論』下巻に収めてあります。

こういう二つの大きな企画、『風船の使者』の解説と「複刻 絵本絵ばなし集」の編纂という大きな仕事も仕上がってほっとなさったところで、いよいよ「落穂ひろい」の単行本化をめざして、この際見残している資料をできるだけたくさん見ておきましょうということになりまして、詰めの取材旅行が始まりました。東北大学が所蔵している江戸時代の絵本を見に仙台に行ったり、良寛の跡をたずねて新潟に行ったり、明治の絵師小林清親の描く「お伽の夢」の一軸を見に信州上田に行ったり、七八年の春から秋にかけて七ヵ所ほど、私は担当者として取材に同行させていただきました。

行った先々では、資料をさんざん見て細かくメモをとられて一日の収穫があったあと宿に戻ると、もう先生は上機嫌で、肝炎ですから飲めないんですが、ほんの少しだけお酒を召し上がるとかならず出てくるのが松尾芭蕉の俳諧連歌の話なんですね。どうやって俳諧連歌の歌仙は一巻作るのか、一巻まくのかという話なんですが、この講座の第一回にお話しした『児童百科事典』の〈松尾芭蕉〉とか〈連歌と連句〉の項目で先生が書いているようなことを、ここではじかに、生で聞くわけですから、これは面白いですよね。でも同じ話を、私はたぶん五回は聞いたと思います（笑）。おんなじなんですけれどもね、そのつど興が乗るともう、この話が自然に湧き出てくるという感じでお話しになるんですね。ですからいつ聞いても、何回聞いても、私はきっと百回聞いても面白がると思いますね。初めて聞くように面白いんですよね。そういうふうに、類まれなる語り手でした、先生は。

このときご一緒した取材旅行は私の宝物で、こういうことがあったから、このあとの先生のいない三十年間を、私は先生の本の担当者として、何とか保《も》つことができたのだと思います。

そしてこれは、年譜に入れなかったことなんですけれども、この取材旅行がほぼ終わった一九七八年の十一月に誤訳事件が起こります。かつて先生が訳された本の中で、一ヵ所筆が滑りすぎてまずい箇所があって、ご自身でもそのうち機会があったら直そうと思っていたところを、「翻訳の世界」という雑誌の「欠陥翻訳時評」という連載の中で、欠陥翻訳の見本みたいに取りあげられてしまったんですね。この連載は、一回ごとに医学書とか哲学書とか、ジャンル別に取りあげて誤訳を指摘するというもので、児童書のときに槍玉にあげられたのが『ホビットの冒険』の最初のところの訳でした。今にして思えば、児童文学という、一般書から見ればおそらく特殊なジャンルで、しかも出版社が天下の岩波書店ということで、特に槍玉にあげられやすかったのかもしれません。ちょうどこのとき、評論社でトールキンの『シルマリルの物語』の翻訳が進んでいて、評論社の社長の竹下晴信さんが追悼文集『旅の仲間』にこのことの全貌を書かれているので、それを読ませていただきます。

> お知らせをうけたのは、昨年八月二一日の早朝でした。前日に「おいしい水が飲みたい」とおっしゃり、お届けしようと思っていた矢先のことでした。一瞬、思考が停止するような悲しさの中で、胸につきあげてきたのは、一つの忘れ得ないエピソードです。
>
> その前年の一一月でしたか、先生が神保町の会社にみえられ、一五分ほど時間が欲しいとおっしゃいます。それもたいへん、憔悴されたご様子で。ともかく近所の喫茶店にご案内し、そして

ウィンナーコーヒーを前に、お声も聞きとれないぐらい、また私がきき返すのもはばかられる様で、うかがったのは、「かつて岩波から出版された本で……調子よく訳し筆が走りすぎた箇所があり、自分でも気になっていたのですが、直すチャンスもないまま……『翻訳の世界』という雑誌に欠陥翻訳の見本としてとりあげられてしまい……そういう翻訳者の手になるものをそちらで出されるのはまずいことと思い、お引き受けしている『シルマリリオン』の翻訳をおろさせてほしいと思います」

こう伺っても、私としては先生の翻訳に問題があるなどと思いもよらぬことであり、また、あったとしても先生におりていただく気持もなく、その旨、申し上げました。ただ何分、先生のあまりの御心痛の様に気をのまれてしまい、軽々しくおなぐさめするのもはばかられたのです。

先生が翻訳文化、ひいては現代国語文の確立に果たされた役割ははかりしれないものがあります。なぜあの時、いかに先生の翻訳を大事に思っているかということを、もっとはっきりお伝えできなかったのか、それを思うと、こうしている今も断腸の思いです。

「翻訳の世界」七八年一二月号を手にとると、たしかに指摘のあたっている点はあるにしても、全体に、訳者の意をくむどころか、あえてねじまげての指弾であり、又は、この評論の筆者自身が日本語を知らないことによる的はずれの指摘と言わざるを得ません。「翻訳の質的向上に役立つ」と言いつつ、一片の謙虚さも持たない輩に、文化がになえるのか、先生のようなお仕事をなさった方を、ああした文章によって葬らんとする試みが許されてよいのか、考えざるをえません。

先生は、誠実な方ゆえに、心の床しさゆえに、あの批評をまともに受けられ、弁解もされずに逝かれました。

（『旅の仲間』「先生のこと」より）

先生は、大きな企画を進めている最中の担当者には、ご自分でこのことを話しておこうと思われたようで、私自身は、十二月に入って『落穂ひろい』の打ち合わせで浦和のお宅に伺ったときに聞きました。用事がすんで帰ろうとすると、「ちょっと、そこまで行きましょう」と、珍しく先生がいっしょに外に出ていらしたんですね。そして駅までの道を歩きながら、竹下さんが書いているのと同じことを私も聞きました。「そんなことありません」とか、「先生の訳はどれもすばらしいです」とか言いたかったけれど、竹下さんと同じように私も何も言えませんでした。こういうとき、言葉で受け止めるのは力量がいりますよね。私には、とうていそんな力はありませんでした。だから黙って聞いているしかありませんでした。で、とうとう浦和駅の改札口に来てしまったんですね。そうしたら、私が何も言わないで黙っていたものですから、先生はこんなことをおっしゃったんです。忘れがたい言葉でした。「だから、あなたも、ぼくの言うことなんか信用しないほうがいいですよ」と。たぶん私は途方に暮れたような顔をして、さよならを言ったんじゃないかと思います。

今の私なら、あの丸谷才一さんの『おだんごぱん』について書かれた文章の中で、前回読ませていただいた箇所のほかこういうところもありました、「（大事なのは、翻訳したものが）生きてゐる文章になつてゐることである。誤訳は一ヶ所もないが、しかし文体はでれりと淀んで死んでゐるものと、誤訳はいくらかあるけれど文章は生きがいいものとをくらべるならば、どちらがいいかは至つて明白だらう」という言葉がすぐ浮かびますけれども、当時の私はそんなことも思い及ばず、ただ私に出来たことは、このあとも同じように「落穂ひろい」を単行本にする仕事をどんどん先に進めることだけでした。

一九七九年の夏

明けて一九七九年、先生は「落穂ひろい」の出版に向かってさらに資料を集めたり、それから林明子さんの絵で『きょうはなんのひ？』*という絵本を作ったりなさっているうちに、だんだん元気を取り戻していかれたのだと思います。七月に入ってすぐ、先生から私のところに、『落穂ひろい』用に本箱を一つ書斎に置いたから、一度ごらんにおいでなさい」という電話がありました。そのころ私は林明子さんと、北海道の牧場の話を本にする仕事をしていまして、北海道に取材に出かける直前だったので、「帰ったらすぐに伺います」と申し上げました。

瀬田貞二作、林明子画『きょうはなんのひ?』1979 年刊

七月十一日、この日の午前中に浦和に伺うことになっていたんですが、朝早く、奥様のきくよさんから私の家に電話がかかってきて、「明け方、主人が吐血して大宮の日赤に入院しました。だから今日のお約束は無しにしてください」とおっしゃっているんですね。私はもう、とるものもとりあえず、大宮の日赤病院にとんでいきました。先生は、がらんとした広い部屋の真ん中にぽつ

んと置かれたベッドに寝かされていて、私を見ると、「ああ荒木田さん。ソクラテスがね、毒薬を飲んで死ぬときはこうだったかと思いましたよ」というようなことを言います。私はこれを聞いて、なんか思ったよりもお元気なので、このときはとりあえずほっとして会社に帰ったのを覚えています。

実際、先生は日々快方に向かわれるように思えました。入院中の病室から中村妙子さんに一枚の葉書を送っています。中村妙子さんは、『タチ―はるかなるモンゴルをめざして』とか『ある子馬裁判の記』とか、子どもの本の翻訳もたくさん出している方ですが、このころC・S・ルイスのエッセイ集の翻訳を続けて二冊出版していて、この二冊を先生に贈った、そのお礼の葉書を病室から書いているんですね。中村さんは『旅の仲間』にその葉書の文面をそのまま載せているので、これを読ませていただきます。

すぐる夏の日、瀬田貞二氏の訃報を聞いた。お目にかかってお話したのは一度だけだと思うが、おりおり手紙はさしあげていた。なくなるひと月足らず前にいただいたはがきには、「C・S・ルイスの二つめ、ありがとうございました。私は大宮の病院で過しています。まえからの肝炎がどの程度か、あまり長い期間ではないが、六階でゆっくり療養しています。大したことではないのでご心配なく。私には〝落穂ひろい〟という題の、室町時代以降、大正までの子どもに寄せる大人の文化的関心のあとを見つける楽しみな旅が残っています。トールキンではありませんが、〝道は続くよ、どこまでも〟といった感じです。八月には自宅にもどるつもりです。ビールは飲めなくなりました」とあった。

（『旅の仲間』「瀬田貞二さんのこと」より）

この時点では、だれもが先生は良くなると信じて疑いませんでした。

けれども八月に入って早々、入院中に二回目の大きな吐血があって手術をされたあと、とうとう面会謝絶になってしまいました。私はもうほとんど毎日のように病院に行って、ただ病室の前の椅子に座っていました。「落穂ひろい」のことで聞かなければならないことが山のようにある気がするのに、何にも浮かんでこないんですね。どうしようもない心細さでした。八月十日ごろだったでしょうか、そのときは斎藤惇夫さんもいっしょに病室の前の椅子に座っていました。そうしたら、その日は少し具合がいいようで、「中に入ってもらいなさい」という先生の声が聞こえました。病室に入りましたら先生は、長女の充子《みつこ》さんが買ってきたミネラルウォーターが美味しかったというようなことをお話しになったり、それから、「ぼくは日本最後の天狗が活躍する話を書こうと思ってたが、この話は斎藤さん、あなたに譲りますよ」というようなこともおっしゃったんですね。私はもう胸がいっぱいで何も言えなかったんですけれど、斎藤さんは先生のその言葉をしっかり受け取って、あれから三十四年たった今、五作目の物語を書いているところなんですね。近い将来、子どもたちは斎藤さんの天狗と河童の話を読むことができると思います。これが先生にお会いした最後でした。

八月二十一日の早朝なくなられたとき、私には、とっても本当のこととは思えませんでした。茫然自失、完全に思考停止状態でした。ところが、ぼうっとしていた私に、そのころ「子どもの館」の編集長だった菅原啓州《ひろくに》さんが「さあ、これから弔い合戦ですね」と言ったんですね。あ、男の人ってこういうときこんなふうに言うんだ、と思いました。それから「子どもの館」編集部では、菅原さんの陣頭指揮のもとに先生の著述リストを大特急で作って、追悼の文章を石井桃子先生や日高六郎さんたちに依頼して、その年の「子どもの館」十二月号を「瀬田貞二追悼号」として出しました。十二月号といえば、雑誌はひと月前の十一月に出ますから、原稿はどんなに遅くても十月の上旬、遅れに遅れても半ばには全部そろっていないと間に合いません。どれだけ昼も夜もなしで編集したかわかっていただけると思います。みんな衝撃のあまりに、何かせずにはいられないという状態でした。

弔い合戦は、翌年一月の中公新書『幼い子の文学』の出版、それからなくなられてちょうど一年の「八月二十一日」を奥付にした『旅の仲間　瀬田貞二追悼文集』の刊行と、斎藤さんや菅原さんたちのすごいパワーで続きました。私はといえば、ただぼうっとそれを見ていただけだったんですが、そのうち菅原さんが強力な助っ人になってくれて、「落穂ひろい」の本作りも本格的に始まりました。そして、気がついたら私自身も弔い合戦の真っただ中に入っていました。みんな三十代半ばですね。ちょうど先生が平凡社で『児童百科事典』を作っていらした年齢でした。

そうして私は、一回目の最初にお話ししたように、著者不在のところで先生の文章を単行本にしていくという長い時代に入るんですけれども、この三十数年のあいだに私がいちばんおそれたのは、時が経つにつれて、自分の中の「瀬田貞二」像をゆがめてしまうことでした。とにかく著者がいないのでいっさいの相談ができない。問題のある箇所を見つけると、先生ならこう考えるだろう、そしてこういうふうに訂正なさるだろうということを、あらゆる可能性の中から推測してひとつの答えを出す、そういうやり方で仕事を進めていくわけですから、いつもその中心軸として自分の中に瀬田先生がきちんと保たれていなくては本は作れないんですね。でも私はたぶん、自分流に、自分のほうに引き寄せて瀬田先生に狎《な》れ親しんでしまうことはなかったと思います。七〇年代の初め、連載の「落穂ひろい」の原稿をいただきに瀬田家に通っていたときのあの緊張感、書き上がったばかりの原稿をテーブルの上にぽんと置き、そのまま腕組みをしてじっと私が読み終えるのを待っていらした先生と過ごした、あの合計四十七時間に及ぶ緊張の時間が、有り難いことにいつまでも私の中に続いていたからだと思います。

『落穂ひろい』を読む

そういう心の中の問題が私にもあったんですが、それはさておきまして、時間がありません（笑）。このあたりで一九七〇年代の瀬田先生に会いに行く〝時間旅行〟は切り上げまして、今日のもうひとつの大きなテーマである「『落穂ひろい』を読む」にとりかかりたいと思います。

はじめに、まず、先生が「落穂ひろい」執筆に至るまでの道すじをちょっと確認しておきたいと思います。先生が近代以前の日本の子どもの本について、概括的に述べている文章は、実はそれまでに二つありまして、一つ目は、一九四八年から四九年にかけて出版された平凡社『社会科事典』の第四巻、〈児童文学〉の項の出だしの部分です。

〔日本児童文学の歴史〕　日本には近年まで児童文学がなかった。封建時代の成人の関心は児童にむけられず、一方儒教の実利主義と仏教の厭世主義とに文学の芽を摘まれて、僅かに伝説や民話が雑草のように庶民間に生い残った。奈良期の紀記や風土記から平安期の竹取や今昔の物語、鎌倉期の諸説話集や軍記物、室町期のお伽草子や謡曲狂言、江戸期の怪談や読本《よみほん》草双紙まで、児童は成人の残肴《ざんこう》を拾うのみであった。

（『社会科事典』第四巻より／平凡社）

『社会科事典』〈児童文学〉の記述は、このあと明治、大正、昭和と進み、西洋の児童文学の歴史にもふれて、おしまいに「児童と児童文学」の関係を述べて収めているのですが、要するに、私たちの国では近代以前には子どもの本はなかったということを、先生は冒頭で言っているんですね。

次は、それから四年経って一九五二年に出された『児童百科事典』第十巻の〈児童文学〉の項の十二ページ目、「日本の児童文学」の「文学以前」の部分にあります。前回言いましたように、西洋の児童文学についてはは光吉夏弥さんの執筆によるものですけれど、後半三ページ分の日本の児童文学について述べたところは先生の筆によるものと、これは『社会科事典』との関係から見てもそう断定していいと私は思っているのですが、ここには近代以前の日本の子どもの本について、こう書かれています。

〔文学以前〕　日本もまた、こどものための文学の道すじでは、ヨーロッパとおなじわけであった。こどもたちは、おとなのごちそうに目をぬすんでこっそりと舌つづみをうった。むかしの古事記や風土記や、平安時代の竹取物語や今昔物語のなかから、じぶんたちにあった説話をさがしだし、鎌倉時代の軍記ものや室町時代のお伽草子、さては謡曲狂言までも、てびろく読みあさってきたものであった。そして、それらおとなの文学のなかには、たしかに、いまもなお日本のすみずみで、ばばやじじの口から話される、なつかしい民話の、あまくやさしい語りくちが、とおく、春さきがけの芽ばえのように芽ぶいていた。ことにお伽草子は世に知られた一寸法師や鉢かつぎのようなもののほかに、梵天国や鳥獣虫魚の合戦の物語のように、童話のもつ想像のかおりをふしぎなほどあざやかにたきしめてくれたものもあった。

さて、日本には一人のニューベリーおじさんもあらわれなかった。江戸時代にはいって、かなり美しい絵本がこどものために書かれたことは事実だった。ただその絵本は、おもに腕のよい浮世絵の絵かきの筆さきからうまれただけであって、出版者や作家が気をそろえた、よいおくりものではなかった。それはまず、十七世紀はじめから色美しい肉筆の奈良絵本として生まれ、やがて、金平本《きんぴらぼん》、赤本、黒本、青本、黄表紙のたぐいとなり、明治のはじめまでつづいた鼠表紙あたりでおわった。鼠表紙という本は、ネズミ色のわるい浅草紙《あさくさがみ》の表紙がくさいにおいがしたために、くさ草紙というあだ名があって、駄菓子屋がおまけにくれたものだった。いってみれば、チャップブックのたぐいでしかない。赤本や黒本には、サルカニ合戦や中将姫のような、お伽草子のお話しをごくそまつにくだいた文章がのっていた。文章といえば、それがおもになっている本に読《よみ》本《ほん》があって、滝沢馬琴の〝里見八犬伝〟も、このかたちの本で世に出た。けれども、それもまた、おとなむきの作品であって、やや学問をおぼえた少年がおいすがるくらいの高い調子があったけれども、にぎやかな筋だてと、七五調のなだらかさとで、こどもたちには、西遊記や水滸伝のほん訳とともに、むかえられた一つであった。

（『児童百科事典』第十巻より／平凡社）

この二つの百科事典の書き出しを見ますと、『児童百科』のほうは少しやさしくくだいて、具体的に語られてはいるのですが、内容としてはほぼ同じことを言っています。

近代以前の日本人は子どもの本に関心がなかった、日本には一人の「ニューベリーおじさん」もあらわれなかった――まさに、この「ない」ということの認識から「落穂ひろい」の探索は始まっているんですね。そこをまず押さえておいていただいて、「母の友」では連載一回目の冒頭に「はじめに」と題して先生はまえがきのようなことを書いていらっしゃいますので、ここを読んでみましょう。

とりあえず、「落穂ひろい」と題しておきましたが、私のお話ししようとする事柄に、適切な題名がちょっと思い浮かばないので、そう名づけたばかりです。

実は、私は、だいぶ以前から子どものための文学をおもに考えたりしらべたりしているうちに、いつかしら、子どものためのおとなの役割ということを、しばしば考えさせられるようになりました。それも、ごく最近のこと、たとえば戦後を考えれば、積極的に子どもにむかって自分の才能と時間をそそぐおとなの人たちを、ただちに誰彼と指していえるようになりましたけれども、それが昭和のはじめ、また大正、さらに明治とさかのぼっていくにつれて、だんだんにそのような人々を思い浮かべることがまれになり、できにくくなります。だいたい、文学の大枝から、子どものための文学という別れ枝がのびてくるのが、日本でいえば、明治二十四（一八九一）年、巌谷小波の『こがね丸』からといわれています。それに従えば、明治のなかばより先は、児童文学はないわけで、古い文学の道筋をたどっても、めったに子どもずきな人にあわない荒蕪地をいくようなもので、江戸時代、室町鎌倉と進めば、道のないジャングルにはいるとさえいわなくてはなりません。

けれども、どんな時代にも子どもたちはいましたし、その子たちも、私たちの時代の子らと同じように喜怒哀楽に生きていたにちがいありません。そして彼らにそれを与えたものは、彼らの時代のおとなたちだったことも、たしかです。しかしそのなかで、自分の能力を発揮して、できるだけ純粋に、または積極的に、子どもたちを喜ばせ楽しませたおとなはいなかったかどうかが私の関心事でした。そしてその点を私のせまい探索の道のほとりで、ひろいあげようというのが、この「落穂ひろい」の目的にほかなりません。

そして、これから先生が「落穂」として歴史の中から拾いあげようとしている人たちについて、さらに次のように続けています。

それは、日本の子どもの教育の歴史ともつながりがあることですから、教育史をひもとけば、かなり整理された知識が得られるにちがいありませんが、一方、それらは知的訓練の面でだけ子どもたちを扱おうとしていた人たちの系列に、私を連れていってしまいそうです。そうではなくて、子どもの情感、子どもの生活をこまやかに見て、その喜びを喜びとしたような人々の系列、ケストナーの口ぶりを借りていえば、詩人と庭師しか持てないような方法で子どもたちとつきあった者の歴史の方へ、私は近づきたいのです。

というふうに書いていらっしゃるんですね。このケストナーの言葉は、あの『児童百科事典』の月報「ぺりかん」十二号の特集〈自画像の世界〉の中で、ケストナーが書いている文章（「国際青少年図書館と児童美術」）からとられたものなんですが、ケストナーのもとの文章とは多少違っていて、原文は、「こどもたちがみんな持っているのに、わたしたちおとなには、せいぜい芸術家と発明家と庭作りしか持っていない、第3の力（空想力）を、こどもに正しく助長してやらなければいけません」と、こういう文章です。瀬田先生はケストナーのこの言葉を、「空想物語が必要なこと」や「文学教育の考え方」などの、初期の評論の中にも使っていて、空想物語、つまりファンタジーについて述べるときにたびたび引用しているんですが、それがこの「落穂ひろい」連載一回目の冒頭にも出てきます。

子どもならだれでも持っている、でもわれわれ大人にはもう、「詩人と庭師」しか持てないようなしなやかな空想力でもって、子どもとつきあった過去の人たちを、歴史の中から見つけだしたい。まさに、日本の「ニューベリーおじさん」探しの旅ですね。思えば一九四〇年代の終わりに、近代以前の日本人は子どもの本に関心がなかったと書いた先生が、それから二十年の歳月を経て、さあ、これからその子どもの文化に対する昔の人たちの関心のあとを探す旅に出かけようと、ここでそうおっしゃっているんですよね。これはもう、ホビットの冒険じゃありませんけれど、めったに子ども好きな人に会わない「荒蕪地」を行く、どきどきする旅の始まりですね。先生の心の弾みが伝わってくるようなまえがきです。

そしてその探索行は、「往来物」と呼ばれる室町時代の初等教育の教科書のもとを作った、北畠玄恵《きたばたけげんえ》という学問僧から始まって、江戸、明治、大正を経て、昭和の初めに出された二つの大きな子ども向け全集、「日本児童文庫」と「小学生全集」の刊行で幕が閉じられます。昭和の入り口で終わったのは、大正十二（一九二三）年に起こった関東大震災で、それまで残っていた江戸時代の名残が生活からも文化からもあらかた消え、ここから先は現代に直接つながっていて、また別の記述になるのだという意識が先生にはあったのだと思います。『落穂ひろい』の上巻には室町から江戸時代を、下巻には明治から大正時代を収めました。

次に、単行本にするときに付け加えたものがいくつかあるんですが、大きなことでは三つほどあります。

一つ目は、上下巻それぞれの巻末に入れた「付記」です。「母の友」の連載がすんだあとで、新しく先生が調べられたことは、もう細かい字でびっしりノートやメモに残していらっしゃるんですけれども、先生がなくなられたことで、これを単行本の中に生かすことができなくなってしまったんですね。それが私たちにはあまりに残念で、これらのメモを整理してとりあえず活字にして、本のおしまいに「付記」としてまとめて入れるようにしました。本来なら、先生自らが本文の中で、この付記にあるようなことをもとに文章を書き改めたり、また付け加えたりするはずのことですよね。これがひとつ。

それから二つ目は、図版をできるだけたくさん入れたことです。江戸や明治の古い時代のものは、文章だけではなかなかその良さが、趣が伝わりません。図版で見せるということは、これはもう、この本にとって絶対に必要なことでした。そういうこともありまして、本の定価がずいぶん高くなり、申し訳ないことになってしまったんですが、もうここまできたら本としてやれることはみんなやってしまおうということで、カラーの図版もいっぱい入れました。

さらに三つ目として、付録もつけました。こうなったら居直ってしまいまして（笑）。実物と同じ大きさの「おもちゃ絵」（縦三六〇ミリ×横二四三ミリ）と「双六」（縦六一二ミリ×横七一四ミリ）を付録にしました。思いっきり「どうです、いいものでしょう」という先生の声が聞こえてきそうなものの中から選びましたが、「おもちゃ絵」のほうは「風流小金雛《ふうりゅうこがねびな》・雛段組立《くみたて》ノ図」（口絵参照）で、「友雀道草双六《ともすずめみちくさすごろく》」（口絵参照）は江戸時代の子どもの遊びを双六にしたものです。おもちゃ絵の画家の歌川芳藤《よしふじ》も、双六の画家の二代一立斎広重《いちりゅうさいひろしげ》（歌川重宣《しげのぶ》）も幕末の浮世絵師で、二人とも優れた浮世絵師でありながら絵におっとりとした子どもの光があって、先生お気に入りの絵師です。

この芳藤のおもちゃ絵は、切り抜いて糊で貼り合わせますと、図のような雛段が出来上がります。これ、ものすごくよく出来ていて、一枚の紙に実に無駄なくパーツがぎっしり描きこまれているんですね。貼り合わせるところの隅に×とか△とか合印が入っていて、この合印どおりにやればちゃんと出来ます。作ってみてください。

江戸時代というのは、今思うよりは、遥かに豊かな時代だったようですね。お雛様ひとつとってみても、大名のお姫様が嫁入り道具にするような立派な雛人形から、貧しい家の女の子が自分で切り抜いて作って飾る、こういうおもちゃ絵の紙のお雛様まである。しかも絵に描かれたお雛様は、けっして豪華な嫁入り道具に負けていません。この慶応二（一八六六）年二月に出た「風流小金雛」は、ごらんのように絵として実にちゃんとしています。それになんともあたたかい絵です。見てください、お内裏様も張子の犬までも、みんなにっこり笑っているんですよ。画家の子どもたちへのやさしいおまけですよね。こういうものがたった一枚の紙に刷られているんですね。こんな小さなおもちゃ絵ひとつにも、江戸時代の大人たちが子どもに注いだ、あたたかくて、そして上等なまなざしが感じられます。まさに、「はじめに」で言われているように、「子どもの情感、子どもの生活をこまやかに見て、その喜びを喜びとしたような人々の系列」がここから浮かんできます。そして瀬田先生は、そういう過去の大人たちの子どもに対するやさしいまなざしを「落穂」として楽しみながら、この本で丹念に拾っていこうとなさったわけです。

小さな雛段に仕立てられた芳藤のおもちゃ絵。「風流小金雛・雛段組立ノ図」

　大判の双六「友雀道草双六」は、それより六年前の万延元（一八六〇）年五月に出たものですが、ここには幕末当時の子どもたちの遊びが描かれていて、たけむま（竹馬）、かけくら（駆けくらべ）、かくれんぼなど、今に続く遊びも入っています。作者の歌川重宣*は、「東海道五十三次」で有名な歌川広重の二代目を継いだ人です。この（二代）広重と、それから「おもちゃ芳藤」といわれるくらい生涯たくさんのおもちゃ絵を描きつづけた歌川芳藤*については、注に『落穂ひろい』からの引用を入れておきました。詩人と庭師しか持てないしなやかな空想力で子どもとつきあった、この二人の幕末の浮世絵師を語る、先生の筆の冴えは注でゆっくりごらんになってください。

次に『落穂ひろい』を楽しむために、いくつかの提案をしてみたいと思います。

まず、一番目の提案なんですけれども、「知らない言葉や人が出てきたら、ちょっと調べてみる」。さっきも言いましたように、先生の文章は辞書にない言葉もばんばん出てくるし、省略もされています。読んでいてわからないことがあったら、辞書でも百科事典でもなんでもいいんですが億劫がらないでちょっと調べてみると、また思わない展開になったりするんですね。わかりやすいだけじゃない、こういう、いわば引っかかりのある文章を読みこなすのも面白いことだと思います。

それから二番目の提案は、「図版をコピーして、自分で手製の絵本に復元してみる」です。ただ本に載っている図版を眺めるだけではなくて、一冊丸ごと全ページを掲載した江戸時代の古い絵本もいくつかありますから、*これをいっぺんもとの絵本の形に復元してみると、その絵本としての楽しさがもうひとつ、わかっていただけると思います。私も江戸の前半に出版された絵本「赤本《あかほん》」のうち、『さるかに合戦』を自分で本に仕立ててみました。和紙にコピーしましてね、赤い表紙をつけて、背を糸で綴じました。

赤本の作り方を私に教えてくださったのは、江戸時代の草双紙がご専門の木村八重子氏なんですが、赤本は、ばらせば左図のようになるんですね。表表紙と裏表紙のあいだに二つ折りにした本文が五枚入ります。真ん中のちょうど折り目にあたるところに刷りこんである書名と漢数字（ページ数）を「柱」というんですが、この柱の部分を中央にして二つに折る、つまり袋状にするんですね。これ一枚を「一丁」と言います。一丁、二丁、三丁、四丁と数えて、五枚で「五丁」、これが赤本の本文で、前後に表表紙と裏表紙がつく、とそういうしかけになっています。

赤本『さるかに合戦』（稀書複製会本）のコピー。朱色の表表紙と裏表紙の間に、二つ折りにした本文が５枚入る。

いちばん簡単な作り方は、『落穂ひろい』では図版にそれぞれ本の寸法を入れておきましたから、その寸法に合わせて原寸大にコピーしたものを五枚そろえて、その前後にちょっと厚めの、できれば赤い紙を裁ち落としのまま表紙にして、ホチキスでとめてください。難しいことはとうていできないという方には、それがいちばん簡単ですね（笑）。そして表表紙にタイトルを貼れば、これだけでも本としての形になります。

本というのは、そもそもページをめくることができるからいいんですよね。そこに楽しみとか驚きとか、動きが出てきて本は生きてくるわけですから。で、こういう簡単なものでももちろんいいんですけれども、もう少しちゃんと作りたい方は、コピー用の和紙にこの原稿をコピーして、表紙も赤い和紙を使って、表紙の三方を折りこんで見返しをつける、そして赤の木綿糸で和綴じにすれば、本の手触りなどもさらによくわかってきます。

こうやってこしらえた赤本のページをめくっていると、江戸時代の子どもたちの楽しみが伝わってくるのと同時に、「どうです、これ、いいでしょう」という、瀬田先生の上機嫌な声がまた聞こえてくるような感じがします。ぜひ一冊作ってみてください。

今回試しに作ってみましたこの赤本の『さるかに合戦』は、あとでくじ引きをして当たった方にプレゼントさせていただこうと思っています。外れた方は頑張ってご自分でお作りください（笑）。

赤小本『むぢなの敵討《かたきうち》』と『かちかちやま』

さて、『落穂ひろい』を楽しく読むための三番目の提案は、「何かひとつ、テーマをもって、それを追いかけながら読んでいく」ということです。もちろん頭から、そのまま読んでくださっていいんですが、何かひとつテーマをもって読む、たとえば、「遊び」とか「昔話」とか「絵本」とか「教科書」とか。そういうふうにテーマをもって読んでいただくと、読みやすいかもしれません。そこで、今日はこれから、試みに「昔話絵本」をテーマにして、『落穂ひろい』をたどってみたいと思います。

いろり端で語られる昔話は、もちろんうんと古くからあるんですけれども、昔話絵本となると、これは出版文化が興って初めて作られたものということになります。私たちの国の出版は近世、江戸時代になってからですね。つまり十七世紀に入ってから盛んにおこなわれるようになりましたから、子どものための昔話絵本の出版もまた、そのころからということになります。先生は昔話絵本の始まりとして、『むぢなの敵討』という絵本を取りあげています。そこで、ここではまず『むぢなの敵討』を見てみたいと思います（口絵参照）。

『むぢなの敵討』というのは、「かちかちやま」ですね。表紙の色が朱色であることから、これは「赤本」と呼ばれています。江戸時代の出版の中心は京大坂（上方）と江戸にそれぞれありましたが、十七世紀後半から十八世紀にかけて、およそ八十年のあいだ、江戸のほうでは、こういう、赤い表紙のついた小さな絵本が子どもたちのためにたくさん出版されていました。この『むぢなの敵討』はそのごく初期の赤本で、今からおよそ三百五十年ほど前に出されたものです。*

本文に入る前に、まず表紙を見てみましょう。上の図が表紙（縦一三〇ミリ×横八八ミリ）ですね。

タイトルは別に木版で刷って表紙に貼り付けていますが、これを貼り題簽といいます。この貼り題簽のタイトルの上に角《つの》みたいに二つ文字が並んでいますが、これは角書《つのがき》といいまして、この角書の右側の字は「本年」と読むようです。「今年」のことですね。左側の字は「四つ切」と書いてあります。四つ切というのは本のサイズのことです。江戸時代の本は、全紙一枚をま

赤小本『むぢなの敵討』表紙（本文を含め国立国会図書館ウェブサイトより転載）

ず二つに折る、この二つ折り本を大本《おおほん》といいます。さらに二つに折る、これが三つ折り本で中本《ちゅうほん》ですね。それから、もういちど折る、この四つ折りサイズの本を小本《こほん》、または四つ切本というんですが、初期の赤本はほとんどこの小本サイズなので、特に「赤小本」という言い方をしています。つまり、角書の「本年、四つ切」というのは、合わせて、今年出版した四つ切本シリーズの一冊でございますと、そういう意味のようですね。

赤本というのは、もともと年の初めのお年玉に使ったものらしいです。ですからその内容は、『初春のいわひ』のようなおめでたいものばかりを並べた祝儀ものか、あるいは、お子ども衆が楽しめる昔話ものということになります。新年に棒の先に挟んで売り歩いていたようですね。ここに絵草紙屋の店先の図を入れておきましたが、この絵の左側に棒を肩にかついだ少年がいて、その棒の先に絵本が何冊か挟んであります。こうやって売り歩いていたんですね。何か売り声があったんだと思いますが、それはわかりません。赤本の値段は、宝暦（一七五一―六四年）以前は串団子一本と同じで、五文銭一個で買えたそうです。

絵草紙屋の店先（柳亭種彦著『用捨箱』より）。

それから、この『むぢなの敵討』の表紙の貼り題簽には、タイトルの左側に、もう一列、文字があるんですが、これは「うさぎのちりく」と書いてあります。「ちりく」というのは「ちりゃく（知略）」、はかりごと、という意味です。この『むぢなの敵討』のあとには、後半の物語、つまり『うさぎのちりく』という続きの本がありますよ、ということですね。ですから、この『むぢなの敵討』は、残念ながら「かちかちやま」の話の前半だけで終わっています。というようなことを予備知識としてもっていただいて、中に入りましょう。

原文を読んでみます。まず第一ページ目です。ここは序文にあたるので文字だけです。

〈1〉むぢなのかたきうち
むかし〳〵、ぢゝばゝふうふくらせし百しゃうあり。有《ある》ときぢゝは山へはた（畑）うちにゆきけるあいだ、ばゝ、ひるいゝ（昼飯）にだご（団子）をこしらへてもちゆきけるに、ぢゝことのほかよろこび、かのだごをくいけるに、ぢゝはしにてはさみけるとて、（ちょっとそのあとは、文字が消えていて読めません）□□□《ヨメズ》のあなのうちゑを（落）とせり。ぢゝ心におもふやう、あさゆふほねをりてかうさく（耕作）をいたしけるも、このぼさつ（菩薩）ゆへなれば、（〝菩薩〟は、お米のことです）
〈2〉あだにはせじとて、かのだごのをちたるあなをほりかへしてゆくほどに、三げん（間）ほどほりてゆけば、大きなるふるむぢなをほりいだしける。やがてとらへて四ツあしをくゝして、

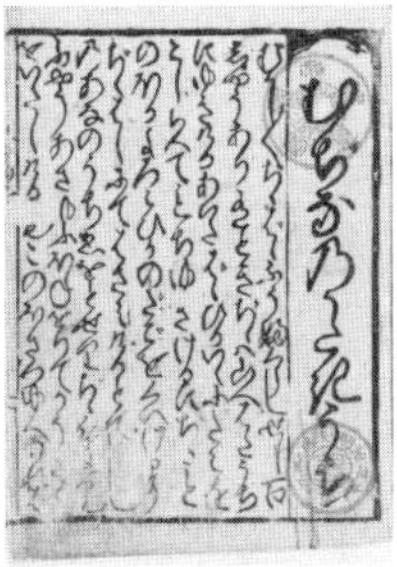
〈1〉『むぢなの敵討』序。

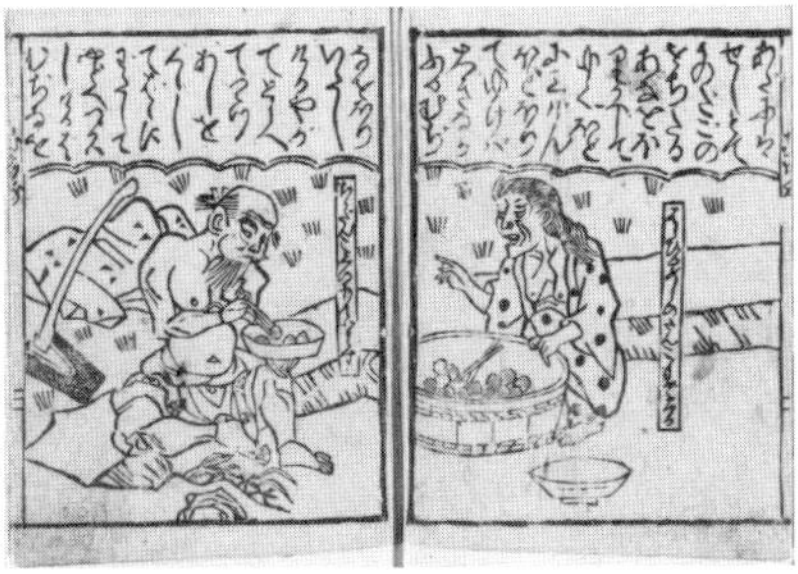
〈2〉爺、ひるめしの団子を穴に落とす。

ばゝにわたしてやどへつかはしける。ばゝむぢなを……（までですね。人物の横に短冊形の詞書《ことばがき》があります。右側は）「ばゝひるめしのだんごもてくる」、（左側は）「ぢゝだんごくいもておとす」（ですね。お気づきのように、この『むぢなの敵討』には、最初のところに「地蔵浄土（おむすびころりん）」の話が入っています）

〈3〉（ばゝむぢなを）もちてかへり、てんじゃうにつなぎをきて、ばんのめしごしらへせんとて、あわ（粟）をとり出《いだ》してうすにてつきける。さて、かのむぢな申《もうし》けるは、そのあわわれらつき申さん、と申ける。ばゝ、さあらばつけとていましめをときける。（短冊右側）「ぢゝたぬきをしばる」、（左側）「ばゝなわをもちゆく」（このあたり、テキストと場面がちょっとずれていますが、まあ短冊の言葉がありますから、わかりますね）

〈4〉そのときむぢな申《もうす》やう、われつきこぼしたらば、そなたひろい給へ。ばゝつきこぼし給ふをば、それがしひろい申べし。とやくそくし、わざとつきこぼしてばゝにひろはせければ、ばゝうつむきてひらうところを、てぎね（手杵）にてつき……（までです。で、短冊右側は）「たぬきたばかる」、（左側）「ばゝたばから

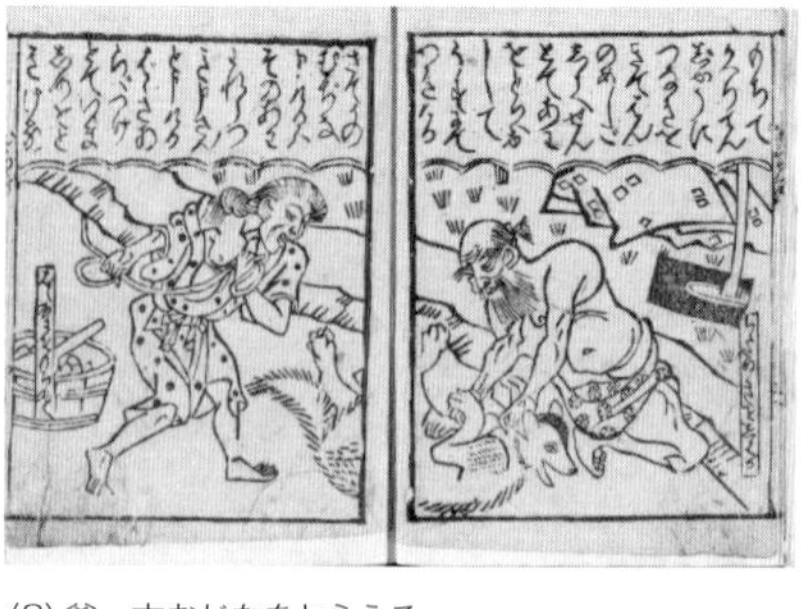

〈3〉爺、古むじなをとらえる。

〈4〉婆、むじなにたばかられる。

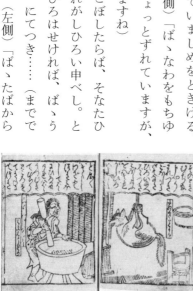

れる」

〈5〉（つき）ころし、やがてゆふめしのしる（汁）にたきて、ばゝのふすまをかぶり、ふせりてゐけり。ぢゝ山よりかへり、めしをくわんといふければ、むぢなのばけ（化け）ばゝねてゐて申様、むぢなじるをにてをき候、そこにてくい給へ。われらはぢむし（地虫）をこりた……（までです。〝地虫〟というのは、病気の名前のようです。ここでまたテキストと絵はいっしょになります。短冊右側）「たぬきばゝをつきころす」、（左側）「ばゝあわをひらふ」（そして最後のページです）

〈6〉（ぢむしをこりた）れば、おき申事ならぬといふて、ぢゝにとくとくわせすましてをどりいで、かけ出《いで》て大をん（音）にて申やうは、ばゝくらいのぢゝめ、かま（以下欠で、あとはありません。短冊は）「ぢゝむぢなぢる（汁）をくふ」で終わっています。「かま」の続きは、「かま（どの下のほねをみろ）」だと思います。

　この『むぢなの敵討』の下巻なんですけれども、先生は連載が終わったあと、大正時代に出たある研究書（和田維四《つなし》郎《ろう》著『江戸物語』）の中から、『兎の手柄』という赤小本の表紙と、一場面だけを模

〈5〉むじな、婆を殺して婆に化ける。

〈6〉爺、むじな汁を食う。

和田維四郎著『江戸物語』（復刊本、東京都立中央図書館所蔵）より。同書に赤小本『兎の手柄』の表紙（右）と一場面（左）の模刻が入っている。

瀬田メモから。上図の模刻『兎の手柄』を筆写したもの。

刻した図版を見つけて、これが下巻にあたるんじゃないかと推測しているのが、上の図です。こちらは『うさぎのちりく』ではなくて『兎の手柄』というタイトルなんですが。この図版を見ると、文字は波線の子持罫《こもちけい》で仕切られた上の部分にだけ入っていて、絵の描き方も『むぢなの敵討』によく似ています。この『兎の手柄』の原本そのものは今では残っていないようなんですが、先生はこれが後半の『うさぎのちりく』にあたるものかもしれないと想像しているわけですね。それから、その下の「瀬田メモから」と書いてある図な*んですけれども、これは先生のノートにあったものです。先生は絵が上手で、こうやってよく古い本に載っている図版なんかも、ご自分でそっくりボールペンや鉛筆で写し取っていました。この兎の表情とか、狸のとろっとした目つきとか、上手に、ちゃんと写されていますね。あとで『兎の手柄』の模刻一場面が見つかったということも、実際、先生が単行本にするところまでお元気でいてくだされば、加えることができたんですよね。

同じく『かちかちやま』より、「ながしのしたの　ほねを　みろ」の場面。

おざわとしお再話、赤羽末吉画『かちかちやま』表紙（1988年刊）

ところで、ここで『落穂ひろい』の記述からちょっと離れまして、現代の「かちかちやま」絵本を見てみたいと思います。今の私たちは、たとえばこういう『かちかちやま』絵本（おざわとしお再話／福音館書店）を持っています。これは赤羽末吉さんの絵ですね。一九八八年に出た絵本ですけれども、私は、たまたま赤羽先生が最晩年に描かれたこの『かちかちやま』絵本の編集担当もさせていただいたんですが、江戸時代に出た『むぢなの敵討』と、この現代の『かちかちやま』を比べてみますと、とりあえずこんなことが言えそうです。『むぢなの敵討』のほうは途中までしかないんですけれど、ストーリーはほとんど同じです。ひとつだけ違うところは、『むぢなの敵討』には「地蔵浄土（おむすびころりん）」の話が入っていることなんですね。爺が団子を穴に落として、穴を掘っていくと狸がいた。その狸を爺がつかまえる、つまり最初に「地蔵浄土」の話を入れて語る、そういう「かちかちやま」が江戸時代には多かったそうです。そしてこのあと狸は、婆汁を爺に食べさせて、それから「かまどの下の骨を見ろ」と叫んで逃げていくという前半のクライマックスがくるんですが、ここのところは、『むぢなの敵討』も、絵本の『かちかちやま』もまったくいっしょですね。

この「かまどの下の骨を見ろ」、あるいは、「流しの下の骨を見ろ」というはやしことばなんですが、かつて石井桃子先生は、「母の友」（一九六八年十一月号）の特集〈童話における残酷さについて〉の中で、「幼児の記憶と思いあわせて」という文章を書いていらして、

おとなになったいま、私が驚くのは、四、五歳のころの私には、「カチカチ山」が、スリルと冒険にとんだおもしろい話だったことである。語り手（それは、祖父だったり、母だったり、姉だったりした）の話が、タヌキがおばあさんを殺して、料理して、にげだす段になると、私は、「ばばぁくったじじいや、流しの下のほねぇ見ろ！」と、語り手といっしょに、声たからかに唱えたものだった。

と言っています。石井先生は同じことを『幼ものがたり』（福音館書店／一九八一年）でも印象深く語っているので、これはきっと、江戸時代の子どもたちも大好きだったはやしことばなのでしょう。よく「悪態をつく」って言いますよね、そういう悪態のひとつだったのだと思います、この「かまどの下の骨を見ろ」は。ここのところだけでも、狸が放つ光と影は強烈ですね。

この子どもたちの日常に呼びこまれた、どきどきするような強烈なドラマを『むぢなの敵討』は、それでは絵本としてどう表現しているのかというと、今見てきましたように、言葉も絵もリアルな描写はいっさいしていません。言うなれば昔話の語り口をきちんとふまえた絵本の作り方をしています。そして、それは赤羽先生の本もまったく同じですね。晩年の赤羽先生は、昔話絵本はどう描かれるべ

きかということを、心底こころえていらしたと思います。私は担当者ではありましたけれども、赤羽先生のこのお仕事に対して編集者として何にも付け加えることはありませんでした。原画をいただいたとき、ああ昔話を絵本にするっていうことは、まさにこういうことなんだなあとつくづく思ったことを覚えています。今この赤羽本を改めて見てみますと、その遠い祖形に、先祖の形に、江戸時代の、三百五十年前の『むぢなの敵討』が見えてきて、もう、その子どもの文化の息の長さに神秘的なものさえ感じてしまいます。

瀬田先生は『落穂ひろい』の中で、「かちかちやま」について次のように書いていらっしゃるので、それを読んでみましょう。

ついでにいいますと、かちかち山も、このころはじめてあらわれて、赤本によって定着した物語の一つです。ほかの、舌切雀や花咲爺は、古く鎌倉室町にその祖形がたどられ、猿蟹合戦も口碑であった例は見つかりますが、かちかち山は、室町時代の『十二類合戦絵巻』と仮名草子の『獣《けもの》太平記』に一部分兎と狸の出あいが語られているのを種としたのでしょうか、赤本にはじめて『兎の手柄』とか『むぢな（狸のこと）の敵討』とか題して、かちかち山の物語がのべられるのです。今東北地方では、狸の役が熊になっている昔話もあり、関敬吾さんによれば、兎は従来悪役でペテン師であったらしいといわれ（これはアメリカ南部の「兎どん狐どん」や、アフリカの昔話でも、そうですから）、それまで日本にも、ちがった動物を主人公とした「かちかち山」系の昔話があり、それがお伽草子や仮名草子の影響で主人公が兎と狸になり、さらにこの時代の

イギリス17世紀初めのチャップブック『親指トムの一生』から。

好みで敵討というテーマがつけ加えられて、改新版がかちかち山として、この時代に出現したのではありますまいか。私の見た赤本の『むぢなの敵討』というのは、おじいさんが団子を穴に落として、その穴を掘って寝ていた狸をいけどりにしたという発端になっていました。すると団子浄土（豆子話《まめこばなし》、おむすびころりん）の筋もからんできます。とにかく昔話は、近世初頭に大変化をうけたにちがいありません。

（『落穂ひろい』上巻 p.67）

そして、この『むぢなの敵討』については、さらに次のようにも付け加えています。

おしいことに、（中略）下巻『うさぎの知略《ちりく》』が残されていません。しかしこの残欠木版本一巻をもってしても、イギリスのチャップ・ブックやドイツのフォルクス・ブーフの佳作をしのぐものと思われます。

（『落穂ひろい』上巻 p.85）

イギリスのチャップブックの始まりも十七世紀ですから、ほとんど同じころに、日本でもこんな昔話絵本の傑作がもう生まれていたというわけですね。図版にあげたチャップブックの古い挿絵は十七世紀初めに出た『親指トムの一生』*Tom Thumb, His Life and Death* の一場面ですが、こっちの絵も非常にいいですね。『むぢなの敵討』に負けていません。このころは洋の東西に共通して、素朴な絵入りのお話の本でこういういいものがたくさん出たんですね。

赤本『むかしむかしの桃太郎』と『ももたろう』

赤本の時代がこうして十七世紀後半から八十年ほど続くのですが、次に赤本最盛期のもので『むかしむかしの桃太郎』を見てみたいと思います。

十八世紀に入りますと、赤本の出版はますます盛んになって、本のサイズも、四つ折り本だった『むぢなの敵討』（赤小本）より、ひとまわり大きい三つ折り本（中本）になります。文章も、初期の赤小本は『むぢなの敵討』のように上段にまとめてあったのが、最盛期の赤本になると、登場人物などの絵柄に添った散らし書きになります。

まず表紙（縦一八八ミリ×横一三二ミリ）ですが、赤い表紙に貼り題簽で「むかし〳〵の桃太郎《もゝたらう》」と書いてあって、タイトル文字のあいだに割って入っているひょうたん形の枠の中には「ゑ、奥村」とあります。「ゑ、奥村」の意味は、絵師が「奥村」という名前の人か、あるいは江戸時代の有名な版元に「奥村」という本屋がありますから、そのことをあらわしているのかもしれないんですが、ちょっとわかりません。いずれにしても、この貼り題簽はあとになってから付けられたもののようで、したがってこの表紙からは

赤本『むかしむかしの桃太郎』（稀書複製会本）表紙

『むぢなの敵討』のような情報は受けとれません。
それでは物語を読んでみましょう。

〈1〉むかし〳〵、ぢゝはやまへしばかりに、ばゝは川へせんたくに。うつくしきもゝながれ来しを、とりてかへる。
（爺）「あゝくたびれた。はやくかへって、ばゝがかほでも見よう」、（婆）「やれ、よいもゝかな。も一つながれてこい。ぢゝにおませう」（〝おませう〟っていうのは、差し上げようということです）

〈2右〉ぢゝ、ばゝ、もゝをふく（服）し、たちまちわかやぎて一子をもうけ、もゝ太郎となづく。（爺）「これほどめでたい事はない」、（場面下の手伝いの女の人が）「おくすりがよふござんす」（と言っていますね）

〈2左〉もゝ太郎、たんじゃう。ふぎゃ〳〵ほぎゃ。（手伝いの女の人が）「ゆをしんぜやせう」、（お産婆さんが）「このばゝがとしにあやかりなさいよ」、（左側のもうひとりの手伝いの人が）「さあ、きせ申《もうし》やんせう。くりむしのやうな御子でござんす」

〈3右〉（桃太郎）「なんとおぢい、たくあんづけのいしでも、か

〈1〉桃、流れてくる。

〈2〉桃を食べた爺婆、たちまち若やぎ桃太郎誕生。

たてゞかふさしあげられよふ、やい」、（男が二人）「つよいがきだ」「これはならぬぞ。四つ子の大りきだ」（と言っています）
〈3左〉「だんごもって、おにがしまへまいりたい」（と桃太郎が言うと、爺が）「それはよしにしや。だんごがすきなら、こしらへてやり申そふ」、（婆は）「太郎がはじめてののぞみでござんす。やらしゃいませ」（婆のほうが何か教育的というか積極的ですね。ここでちょっと、婆の後ろの屏風を見てください。左はしに藤田秀素筆って書いてあるんですが、この藤田秀素という人が、この絵本の絵を描いた画家ではないかと言われています。こういうところに画家は自分の名前を潜ませたのかもしれません）
〈4右〉（爺）「日本一のきびだんご、道中のべんとうにたくさんできるが、ひとりたびが心もとない」（ってまだ言っていますね。で、桃太郎が）「ちょっと百まるめた」、（婆、冷静に）「よくできました」
〈4左〉（桃太郎）「なんじら、ともをせよ。いぬとさる、ずいぶんなかよくましょ」、（さる）「日本一のきびだんご、二、三十くだされ。おとも申ませう」、（きじ）「さるとはよくのふかい。ひとつ下され、御とも申さん」、（いぬ）「さるをかわいがらしゃるよ

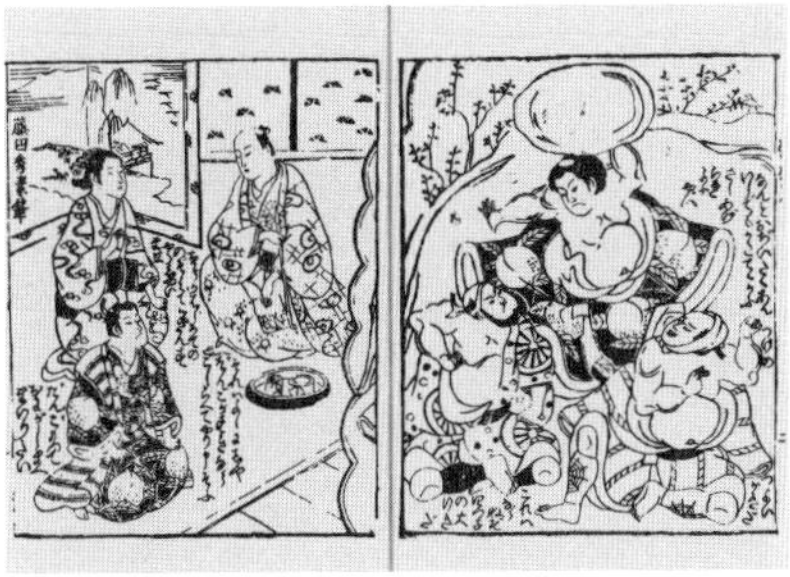
〈3〉右、四つ子の大力。左「鬼が島へ参りたい」

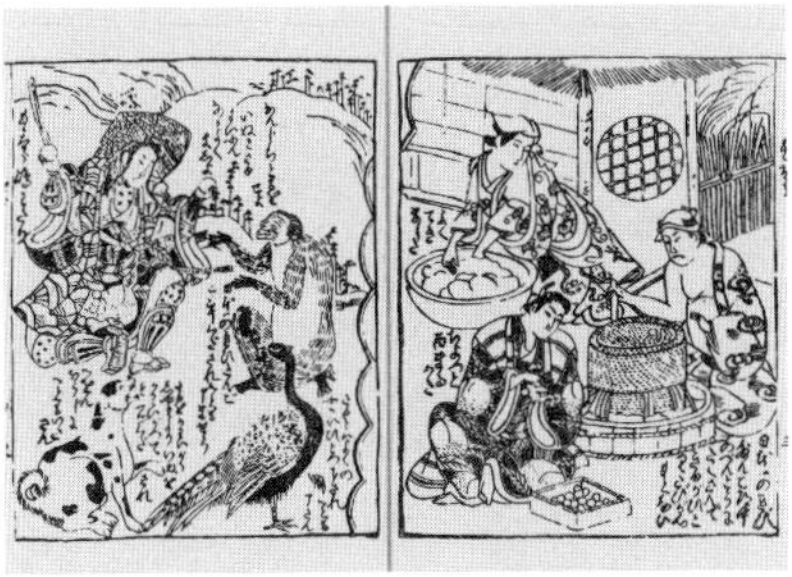
〈4〉右、団子作り。左、猿、雉、犬をお供に嶋わたり。

り、いぬをかわいがって、も一つくだされ。ごをんほうじに御ともいたさん」、（そして）も丶太郎、嶋わたり。（ここはリズミカルな繰り返しの問答にはなっていないんですね）

〈5右〉（さる）「きゃっきゃといふても、をいらはならぬ事だ」、（きじ）「おやかた、そこらでちから一せいだしてたのみます」、（いぬ）「かたはしからおにどもをかみひしいでくれん」、（桃太郎）「はんくゎい（樊噲）あさいな（朝比奈）、ふたりまへの門やぶり、いでものみせん」といふままに、「わりゃ〳〵」、（樊噲と朝比奈、これは有名な豪傑で、江戸時代の子どもならみんな知っている名前です。で、塀の中の鬼が）「おにわかしゅがきた」

〈5左〉（鬼）「やれ、もんをやぶらせるな」、（左の鬼が）「あ丶くたびれた」

〈6〉（最後のページです。桃太郎）「たからはそれきりか、やい」、（鬼）「たからもの、のこらずさし上《あげ》ます。おやかたを御めん」、（鬼の親方）「いのちにはかへられぬ、みんなだせ」も丶太郎、たから物を得て、本こくへかへる。

〈5〉桃太郎、鬼の城へ攻め入る。

〈6〉宝をもって本国へ。

桃太郎は桃が割れて生まれるのではなくて、桃を食べた爺婆が、それで若返って桃太郎を産むということにこの赤本ではなっています。十八世紀前半のころの江戸というのは、こういう合理的な解釈の入った「若返り型」の桃太郎が好まれたのでしょうか。桃から生まれるという、口承のおおらかな不思議さが消えてしまっているのは残念なんですけれども、犬、猿、雉をお伴に鬼退治に行って宝物を持って帰るという、このあとのストーリーは変わりません。

ただ、今、現代の私たちが持っている、やはり赤羽末吉絵による『ももたろう』（松居直 文／福音館書店／一九六五年）についてちょっとふれておきますと、この『ももたろう』では、鬼を退治したあと「たからものは いらん。おひめさまを かえせ」と言っているんですね。そして、おひめさまと結婚することで話は終わっているんですが、それは、この「桃太郎」の話が明治以降たどってきたことと関係しています。桃太郎は鬼を征伐した勇ましい少年として、いつしか軍国主義的な色合いを強くまとわされるようになりました。そういう不幸なことになってしまったけれど、でも、「桃太郎」の話は面白い。何とかもういちど甦らせることはできないだろうかということで、戦後になってストーリーの細かい見直しがおこなわれて、結婚という結末をもった「桃太郎」の話型を選んで、この赤羽本の『ももたろう』が作られたんですね。再話者の松居直さんによれば、柳田國男の説（『桃太郎の誕生』）にヒントを得たそうですが、絵もごらんのように、勇ましい桃太郎というよりは、土人形からイメージしたという、やさしい、美しい桃太郎です。そしてこの桃太郎は、鬼と仲直りして、鬼に船で送られて帰ってくるんですよね。昔話としてみれば、悪い鬼は、『かち

松居直 文、赤羽末吉 画『ももたろう』（1965 年刊）

かちやま』の狸や『がらがらどん』のトロルや『三びきのこぶた』の狼のように、おしまいには徹底的に退治されなければならない存在なんですけれども、桃太郎絵本のこれまでたどってきた歴史を考えますと、こういう、鬼と仲直りの結末で終わらせる『ももたろう』もありかなと思いますが、いかがでしょうか。

赤本『さるかに合戦』（稀書複製会本）の一場面。猿「あゝ、あつや。きゃっきゃっ」

赤本『さるかに合戦』と『かにむかし』

ついでにもうひとつ、『むかしむかしの桃太郎』と同じころに出された、最盛期の赤本『さるかに合戦』の一場面も見てください。さっき試しに復元してみた、あの『さるかに合戦』です。これは『むかしむかしの桃太郎』と違って、登場人物には名前がついていますね。蟹は「さわがにはさみのすけ」とか、蜂は「くまはちさしえもん」とか、芝居仕立てというか、狂言仕立てになっています。江戸時代の人たちの好みがこういう具合にあらわれているんですね。ごらんのように、猿の顔が墨で黒く塗りつぶされていますが、これはいたずら書きです。この本の持ち主だった子が、悪い猿を憎らしがって自分で塗りつぶしたんですね。今に残っている江戸時代の古い絵本の中には、時にはこういうふうにいたずら書き入りのものもあって、絵本をのぞきこんでいる子どもの顔が浮かんできます。なんともリアルな感じがしますね。

ところで今、私たちが持っている「さるかに合戦」の絵本ですけれども、いろいろ見たんですが、やっぱり、この木下順二再話の『かにむかし』でしょうか。もとは「岩波の子どもの本」の一冊として一九五九年に出たものですけれど、七〇年代に大型絵本として作り直されました。特に、この大型絵本の『かにむかし』を見ると、清水崑さんのたっぷりとした墨線の筆使いの絵がさらに映えて、とってもいいですね。ユーモアがあって、しかも美しいです。それから木下順二さんが佐渡に伝わる「さるかに合戦」の話を、ご自身が小学校の後半から旧制高校まで過ごした熊本の、その土地言葉を入れて再話した、その再話もとてもいいと思います。傑作だと思います。でも木下さんの再話で一ヵ所だけどうしても気になるのは、子蟹と石臼の問答のところなんですね。そこを読んでみましょう。

木下順二文、清水崑画『かにむかし』（岩波書店、大型絵本版、1976 年刊）

「かにどん　かにどん、どこへ　ゆく」
「さるのばんばへ　あだうちに」
「こしに　つけとるのは、そら　なんだ」
「にっぽんいちの　きびだんご」
「いっちょ　くだはり、なかまに　なろう」
「なかまに　なるなら　やろうたい」

このとびきり面白い問答が、栗、蜂、牛の糞、稲架棒《はぜぼう》、と四回まではそっくり同じ言葉で繰り返されているのに、五番目の石臼になると、こうなっています。

そこで　そろうて　また　がしゃがしゃ　がしゃがしゃ、それに　ころころ、ぶんぶん、ぺたりぺたり、とんとんという　さわぎになって　あるいてゆくと、しまいに　おおきな　石うすがごろりごろりと　ころんできて、こがにと　あのもんどうをして、石うすも　なかまに　なった。

というふうに、おしまいの石臼のところだけ問答を省略してさっと切り上げて、「こがにと　あのもんどうをして」というひとことで片づけてしまっているんですね。昔話の繰り返しというのは、永遠に続く寄せては返す波のようなもので、こういう具合にすとんと断ち切られると、昔話の語り口からいきなり放りだされてしまったみたいで、聞いていて何か「えっ」と、こけるような感じがしますね。これはつまり、木下さんの劇作家としての考え方というか方法からきていることのようで、今、私たちは、マックス・リュティなどの昔話の理論的な研究で、昔話には独特な語り口があるということを知ると、このあたりはやはりちょっと昔話としてはどうなのかな、と思うことではあります。こういう、『かにむかし』という「さるかに合戦」を、現代の私たちは持っています。

さて、話を先に進めます。

雪国の子どもの昔話——『菅江《すがえ》真澄《ますみ》遊覧記』より

赤本というのは、江戸の町で出版された昔話絵本でしたが、『落穂ひろい』は、その昔話が口伝えで語られていた雪国へ、いろり端で子どもたちが聞く昔話の世界へ、私たちを連れていってくれます。そこで、そのことを今の私たちに伝えてくれている菅江真澄の『遊覧記』を、瀬田先生のまなざしにしたがって、次に見てみたいと思います。瀬田先生は、菅江真澄（一七五四―一八二九年）その人についてはこういうふうに書いています。

なかでももっとも徹底した記録者であった菅江真澄は、もと三河の士白井秀雄といって、若いころ植田義方《よしえ》に国学を学び、名古屋へ出て本草学をおさめてから、どういうわけでか三十にして漂然と故郷をすてて信濃にむかい、以後越後から羽後へ出て、奥州をくまなく漂浪し、蝦夷へまで渡って、一度も故郷へ帰らずに秋田に没した、稀有な旅行者でした。真澄は、脱いだことのない冠物《かぶりもの》のために「常冠《じょうかぶ》りの真澄」と呼ばれて、知己の家をたどっては、和歌を詠み、本草をしらべ、医療に従って後半生をすごしましたが、彼を不世出の人にした所以は、その間に絶やさなかった庶民生活の観察と記録でした。江戸時代の諸藩にあっては、それは今日からは信じがたい勇気と信念の要る仕事でした。

（『落穂ひろい』上巻 p.220）

先生はこのあと『菅江真澄遊覧記』の中から、天明六（一七八六）年、真澄三十二歳のときに訪れた岩手の徳岡、というのは中尊寺のある平泉の近くですけれども、この徳岡の記録を抜き出しています。

記録は二つありまして、一月九日の項は子どもたちの冬の遊びの記録で、後半の二月二十一日の分が昔話語りの記録です。赤小本『むぢなの敵討』からは、百年ほどあとのことですね。そこのところを読んでみます。

「こぼすように雪が降って、たいそう寒いので、子供たちは埋火《うずみび》のもとに集まってあとう語り（あどけない遊び）をしている。牛の画のある草紙をみながら、〈これはなにだ〉〈べこだ〉というと、〈いや牛《うし》だ〉といってあらそい、また〈これはなに〉〈猿《さる》〉というと〈ましだ〉と答える。〈つりごとするな〉と家の老婆に言われて止めた。つりごととはあげ足をとりあうことの方言である。また、なぞなぞをかけたりして遊んでいるのを聞いて、

うなゐ子が稚《おさな》心の春浅みいひとけ難き庭の白雪

こやみなく雪が降っていた。」

生きた子どものいる情景が目に見えるではありませんか。また同じ場所で二月二十一日、

「日が暮れると、某都《なにいち》、某都《くれいち》という二人の盲法師が相宿りした。まず三絃をとりだしてひきはじめたので、童たちが集まり、〈浄瑠璃なぢょにすべい（どうでもよい）。それやめて、むかしむかし語れ〉という。〈何むかしがよかろう〉と答えると、いろり端にいた主婦が〈『琵琶《びわ》に磨臼《するす》』でも語らねか〉という。〈それでは語り申そう。お聞きなさい〉と、〈むかしむかし、どっとむかしの大むかし、ある家に美しいひとり娘があったとさ。……（中略）それで琵琶と磨臼の諺があるのだ。とっぴんはらり〉と語った。」

（『落穂ひろい』上巻 p.220－222）

瀬田先生は、ここで旅の法師が語った昔話の中身は「中略」として、省いているんですが、ここで語られた「琵琶《びわ》に磨臼《するす》」の話の内容は、すぐあとに「猿婿入りの猿を琵琶法師に変えたような物語ですが」と先生自身が付け加えています。「猿婿入り」というのは、ご存じのように、おじいさんから末娘を嫁にもらった猿が、里帰りのとき娘にだまされて、臼を背中に背負ったまま谷川に落ちてしまう。それでも、「お花コ流すがいとおしい、ほーいほーい」なんて言いながら流されていく、そういう話ですね。どうしても殺されてしまう猿の身の上に同情してしまう現代の私たちにすれば、これはむごい話に思えるんですが、ここに猿の代わりに目の見えない旅の琵琶法師をもってくると、そのむごさはいっそう際立ちます。

子どもたちは日が暮れて、いろりの火に照らされながら「琵琶に磨臼」の話を聞いています。そうすると、今ここで語っている旅の法師の某都《なにいち》、某都《くれいち》の姿が、話の中の琵琶法師と重なってきて、いつのまにか極めて濃い演劇的な空間に入りこむような体験をしたんじゃないかと思います。それは普段いろり端で語るおじいさんやおばあさんの「むかし」に耳を傾けるのとはまた違った、非常にドラマチックな出来事だったのではないでしょうか。

ここで省略されている「琵琶に磨臼」の内容を、もとの『菅江真澄遊覧記』で確かめてみるとか、佐々木喜善の『聴耳草紙』に同じ話が一四二番（「坊様と摺臼《するす》」）として採集されているのでそれも見てみるとか、いろいろやってみるとさらに面白いことが出てくるかもしれません。先ほど『落穂ひろい』を楽しむためにいくつかの提案をしましたけれども、こういうところは、「ちょっと調べてみる」

ことのひとつですね。

そして、さらにもうひとつ「ちょっと調べてみる」ことなんですが、先生はここでは菅江真澄のもとの文章ではなくて、内田武志という人が現代の言葉に直したものを引いています。この内田さんの現代語訳がまたとてもいいんですね。あんまりいいので、この内田武志という人はいったいどういう人なのか、ちょっと調べてみたくなります。そこで、引用のもとになっている平凡社の東洋文庫『菅江真澄遊覧記』（全五巻）のあとがきなどを見てみますと、二つのことがわかります。まず、真澄の原文は独特の擬古文で、そのままだとわかりにくいので現代語に直した、とあります。それから二つ目は内田さんご本人のことです。この方は一九〇九年に生まれて八〇年になくなっていますが、あとがきによれば、十代から血友病という重い病気にかかっていて、生涯部屋の中も歩けないような人でした。そういう人が、菅江真澄のような一生かけて日本中を歩いた人の旅行記を、これまた一生かけて研究して、その記録を現代語にすべて直したんですね。これまた、すごい話です。

こういうことは『落穂ひろい』には書いていない、つまり先生は省略していらっしゃることなんですけれども、東洋文庫の『菅江真澄遊覧記』まで見ると、そこまでわかります。こういった具合に知らない言葉や人が出てきたら「ちょっと調べてみる」、そうするとまたもうひとつの出会いがあって、『落穂ひろい』がもっと面白くなります。先生がたっぷり時間をかけて書いた本ですから、読むほうもゆっくり時間をかけて読んでくださると、その面白さも倍になるというわけです。

江戸の町の女の子――『浮世風呂』より

次は、『菅江真澄遊覧記』よりもさらに三十年近くあとの、十九世紀初めの江戸の町の女の子の話です。このころ、つまり文化、文政のころの江戸の町は、すでに人口が百万人にも達していて、同じ時代のロンドンやパリを超えた大都市になっていたそうです。出版文化も最盛期を迎えて、おもちゃ絵も盛んに作られるようになっていました。子ども絵本の出版も、赤本の時代から引き続き盛んで、この時代には絵本は「草双紙」とか「絵草子」とか呼ばれるようになりました。農村のいろり端で聞く口伝えの昔話がある一方で、町で暮らす子どもたちはこういう草双紙でやっぱり昔話を楽しんでいたんだろうということを、瀬田先生の筆は私たちに想像させてくれます。

式亭三馬の滑稽本『浮世風呂』（一八〇九―一三年刊）の中で、「としのころ十か十一ばかりの小娘」二人が出てきて、お風呂屋さんでこんなことをしゃべっています。

丸《まる》「（ふところから手まりをとり出し）これ御覧。お屋敷のね、伯母さんの所《とこ》からね。お年玉にお呉だよ。」　角《かく》「おまへの伯母さんは能《いい》伯母さんだね。そしておまへのおッかさんも気がよいからよいがね。わたしのおッかさんはきついからむせうとお叱りだよ。まアお聴《きき》な。朝むっくり起ると手習《てなれへ》のお師《し》さんへ行《いっ》てお座を出して来て、夫《それ》から三味線《しゃみせん》のお師《し》さんの所《とこ》へ朝稽古にまるってね。内へ帰って朝飯《あさまんま》をたべて踊の稽古からお手習へ廻って、お八ツに下《さが》ッてから湯へ行《いっ》て参ると、直《すぐ》にお琴の御師匠《おっしゃう》さんへ行《いっ》て、夫《それ》から帰って三味線《しゃむせん》や踊のおさらひさ。（ト此《この》内いきをきらずにスウスウといひながらつづけてはなす。これすなはち小娘の詞《ことば》くせなり）其内《そのうち》に、ちイッとばかりあすんでね。日《し》が暮ると又琴のおさらひさ。夫《それ》だからさっぱり遊《あす》ぶ隙《ひま》がないから、否《いや》で否《いや》でならないはな。わたしのおとっさ゚んは、いっそ可愛がって気がよいからネ。おッかさんがさらへさらへとお云ひだと、何《なん》のそんなにやかましくいふ事はない。あれが気儘《きまま》にして置ても、どうやら斯《かう》やら覚《おぼえ》るから打遣《うつちやつ》て置くがいい。御奉公に出る為の稽古だから、些《ちつ》と計《ばかし》覚れば能《いい》とお云ひだけれどネ。おッかさんはきついからね。なに稽古する位なら身に染《しみ》て覚ねへじゃア役に立《たち》ません。女の子は、私のうけ取だから、おまへさんお構《かま》ひなさいますな。あれが大きくなったとき後悔《とうかい》とやらをいたします。おまへさんがそんな事をおっしゃるから、あれが、わたしを馬鹿にして、いふ事をききません。なんのかんのとお云ひだよ。そしてね。おッかさんは幼《ちいさ》い時から無筆《むしつ》とやらでね。字はさっぱりお知《しり》でないはな。あのネ、山だの、海だのとある所の、遠《とをヲく》の方でお産《うまれ》だから、お三弦《しやむせん》や何角《なにか》もお知《しり》でないのさ。夫《それ》だから、せめてあれには、芸を仕込《しこま》ねへぢゃアなりませんと、おッかさん一人でじゃじゃばってお出《いで》だよ。アア、ほんとうに」

（『落穂ひろい』上巻 p.232）

お角《かく》ちゃんは、毎日、三味線と踊りと手習いとお琴と、四つの習い事をしているんですね。江戸時代の子どももけっこうすごい、ハード・スケジュールです。

でも、このお角ちゃんは、習い事のあいだにしっかり遊びの時間も確保していたと思いますよ。お稽古がすんで家に帰ると、今度はその日習ってきたことのおさらいをするんですが、ここでちゃんと、

「其内に、ちイッとばかりあすんでね」と言っていますから。おっかさんが夕飯の支度に忙しくて娘に目がとどかない、その合間の「ちイッとばかり」なんでしょうか。それにそもそもお風呂屋さんで友だちのお丸ちゃんに、これだけのことを息も切らさずにスウスウしゃべっているんですから、彼女にはなんか余裕が感じられますね。心まで忙しくなっていないような感じがします。江戸時代は、夜は基本的に真っ暗になっちゃうわけですから、みんな早く寝てしまうんでしょうけれども、このお角ちゃんは、行燈の暗い灯りで草双紙を楽しんでいたような気がします。

一方、この時代になると、もう昔懐かしいものになっている赤本については、『浮世風呂』の別のところでお辰《たつ》さんとお巳《みい》さんという二人のおかみさんが出てきて、お巳さんがやっぱりお風呂屋さんでこんなことを言っています。「さやうさねへ。私どもの幼少《ようせう》な時分は、鼠の嫁入や、むかし咄の赤《あか》本《ぼん》が此上なしでございました」。

こういうふうに、江戸の町の人たちの記憶に、あの『むぢなの敵討』や、『むかしむかしの桃太郎』や、『さるかに合戦』など、江戸時代の前半に作られた昔話絵本の赤本が、いつまでも懐かしいものとして残っていたようですね。

子ども絵本の三大テーマ——鼠・武者・昔話

次に、赤本以後の江戸時代の子ども絵本について簡単にふれておきたいと思います。先生は『落穂

同じく「武者絵本」（『英雄幼百員』1852 年刊）

子ども絵本の三大テーマ「鼠の嫁入り絵本」（『鼠のこん礼』1860 年頃刊）

ひろい』でていねいにこのあたりもたどっていらっしゃいますから、そしてまた、単行本にするときには図版もたくさん入れましたので、こんなに急ぎ足じゃなくて、本当はゆっくりと実際に『落穂ひろい』を見ていただくといいんですけれども、かいつまんで言いますと次のようなことになります。

江戸時代の子ども絵本の三大テーマは、鼠・武者・昔話と言われているんですが、まず、「鼠」は「鼠の嫁入り」のことです。これはぐるぐる話の「鼠の婿取り」、いちばんえらいのは鼠だったというあの話ではなくて、お見合い、婚礼、出産、お宮参り……と人間の結婚の風俗を、かわいい鼠で描いた風俗絵本です。主な読者は女の子で、『浮世風呂』のおかみさんのお巳《みい》さんも、幼い女の子だった時分に、昔話の赤本とともにこの鼠の嫁入り絵本が「此上なしでございました」と言っていますから、彼女も愛読していたんですね。

二番目に「武者」なんですけど、これは武者絵本ですね。武蔵坊弁慶とか、渡辺綱とか、古今有名な英雄、豪傑をただ並べたり、それからその戦いの場面を勇ましい絵にして綴っただけの絵本です。浮世絵には、美人画とか役者絵とかいろいろ種類があるんですが、武者絵というのも非常によく手がけられたジャンルで、今

同じく「昔話絵本」(『昔語花咲爺』1850 年頃刊)

はやりの歌川国芳などは、実に凝った、美しい武者絵をたくさん残していますね。武者絵本も、ですから美しいものが多いですね。ここでは、少年の英雄を綴った『英雄幼百員《おさなひゃくいん》』第一編（歌川芳虎、芳綱画／一八五二年）の一場面をあげておきました。武者絵本の主な読者は男の子です。

そして男の子も女の子もいっしょに楽しんだのが昔話絵本、つまりストーリーのある物語絵本ということになると思います。

江戸時代を通して、この三大テーマによる草双紙が、さまざまな工夫をほどこされ繰り返し繰り返し出版されて、お子ども衆を楽しませてきたというわけですね。

明治初期に入ります。下の図版『花咲ぢぢい』『舌切すずめ』『猿かに合戦』『桃太郎鬼ヶ島でん』は、四冊ともみんな梅堂《ばいどう》国政（竹内栄久）という浮世絵師が描いたものです。これは瀬田先生が晩年（一九七八年）に編纂をされたあの「複刻 絵本絵ばなし集」に入っているので、その複刻本をお見せするんですが、こんなに小さい絵本（縦一一八ミリ×横七八ミリ）です。これはもう江戸を通り越して、明治十年代に出された昔話絵本で、ごく小さな安本ですけれど、これはこれなりに可愛くて、楽しいですね。そしてこの

明治初期の草双紙 4 冊。梅堂国政画（1880 年刊）

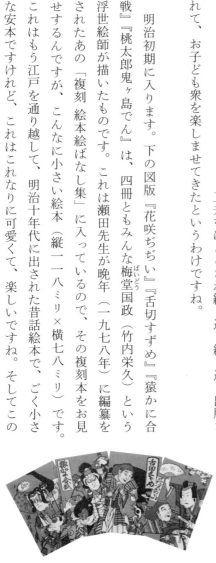

明治十年代の前半あたりを最後にして、江戸時代以来の草双紙は姿を消します。

ちりめん本とグリムの翻訳絵本

次はちりめん本です。

これは複製ではなくて、実物を持ってきました。ほんものです。ちりめん本とは、多色木版の挿絵が刷られた和紙を、ちりめん状に細かくしわを寄せ、クレープペーパーにして作った本のことで、本の形は江戸時代以来の和綴じ本です。中のテキストは日本の神話か伝説か昔話なんですけれども、言葉は日本語ではなくて、英語だったりドイツ語だったりと、外国語になっています。たとえば『いなばのしろうさぎ』で英語版があったり、ドイツ語版やフランス語版やポルトガル語版があったりします。このちりめん本による「日本昔噺」シリーズは、明治二十五（一八九二）年までに、合計二十冊ほど出ているそうです。二十冊がそれぞれ各国の言葉で書かれていますから、冊数にするともっと多いですよね。

どうしてこんな本が作られたのかといいますと、日本にやってくる外国人向けのお土産物として作られていたようなんですね。比較的近年まで売られていて、私は今日ここに持ってきたこの四冊のちりめん本（口絵参照）を、七〇年代に箱根の富士屋ホテルの外国人観光客向けの土産物売り場で買い

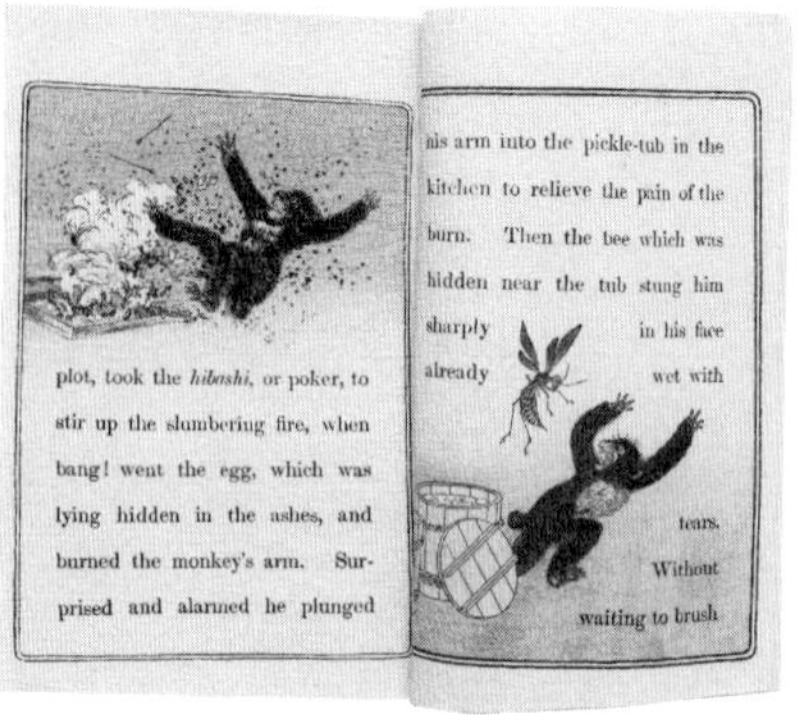

ちりめん本『さるかに合戦』（英語版）。ダビド・タムソン訳、小林永濯画（1885年刊）

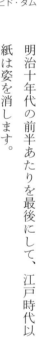

ました。一冊三千円ぐらいだったと思います。ちょっと中を見てみますと、『桃太郎』と『玉の井』(海幸山幸)はスペイン語版です。それから『さるかに合戦』、これは英語版ですね。四冊目の『いなばのしろうさぎ』、これはフランス語版です。これらのちりめん本はすべて、長谷川武次郎の経営する弘文社から出版されていました。

次に二冊のグリム翻訳絵本です。グリムの昔話「おおかみと七ひきのこやぎ」が、日本ではもう明治二十年代に、こういう絵で出版されているんですね。

まず『八《や》ツ山羊《やぎ》』(一八八七年)ですが、これはちりめん本と同じ弘文社から出ていて、統計学者の

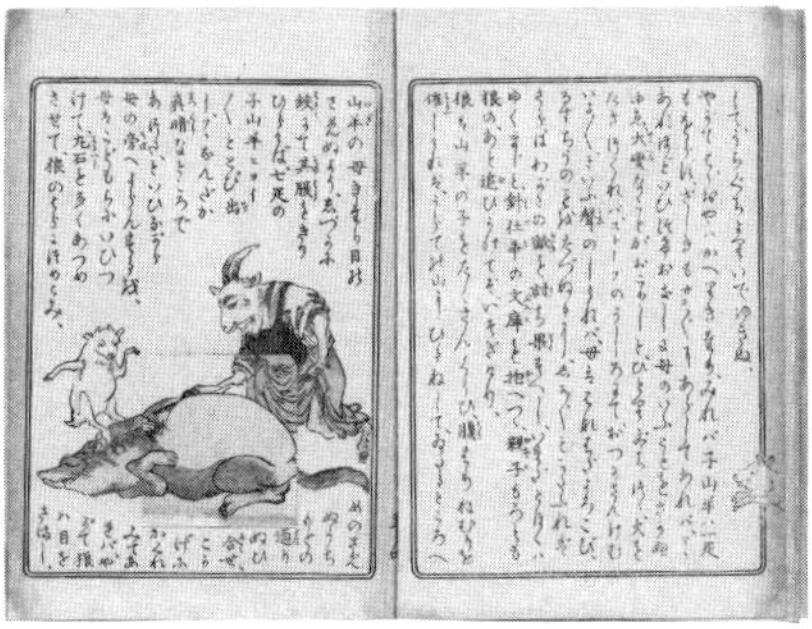

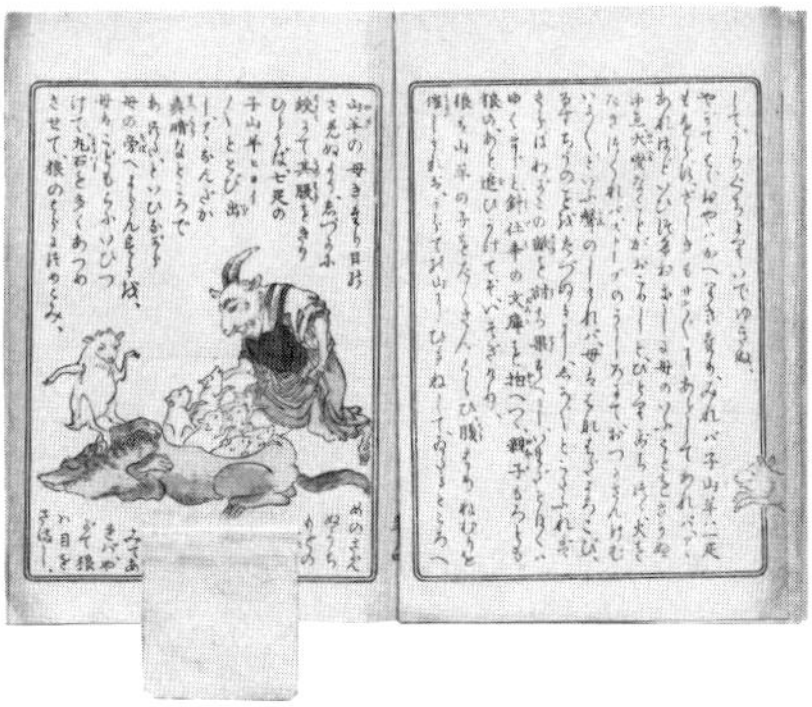

『八ッ山羊』呉文聡訳、小林永濯画?(1887年刊)。上・中/フラップをおろすと、子やぎたちがぞろぞろ出てくる仕掛け。下/裏表紙(国立国会図書館ウェブサイトより転載)。

呉文聡《くれあやとし》（一八五一—一九一八年）という人が訳しています。狼が退治されるところを読んでみましょう。

　山羊《やぎ》の母きたり、目のさめぬよう、しづかに鋏《はさみ》にて其腹《そのはら》をきりひらけば、七疋《（ひき）》の子山羊ヒョイ〳〵とび出し、アヽなんだか真暗《まつくら》なところであった、といひながら母の旁《そば》へよらんとするを、母はこどもらにいひつけて、丸石《まるいし》を多くあつめさせて、狼のはらにつめこみ、めのさめぬうちもとの通《とほ》りぬひ合《あは》せ、こかげにかくれみてあれば、やがて狼は目をさまし、……

というような調子の文語体です。狼のおなかのところが仕掛け本になっていて、紙のふた（フラップ）をおろすと、子やぎたちがぞろぞろと出てくるようになっています。この仰向けにひっくり返っている狼の顔をちょっと見ていただくと、実に能天気な顔をしていて、これは昔話絵本の絵としてはとてもいいですね。何が起こっているのかいっさいご存じない、という顔つきをしています。ここで狼がリアルに痛そうな顔をしていると、つまり写実的な絵になっていると昔話としては困りますものね。やぎのおっかさんは、なんだかあやしげな洋服姿をしていますが、この本の裏表紙にラッカム風の二人の少女のシルエットが描かれているところを見ると、何かもとになった西洋の絵本があったのかもしれません。

　それからその二年後に吉川半七店から出た『おほかみ』（一八八九年）のほうは、翻訳（重訳）したのは国語学者の上田萬年《かずとし》（一八六七—一九三七年）で、この人は作家の円地文子さんのお父さんな

んですが、文章は、明治という新しい時代にふさわしく口語体で書かれています。狼がやってくるところを読んでみますと、

かのわるものは、また〳〵羊《ひつじ》の小屋《こや》にたちかへって、戸《と》をたゝきながら、よい子《こ》や。こゝをおあけ。おっかさんだよ。森《もり》からみんなによいおみやげを、もって来《き》ました、と云《い》ったら、家《いへ》の中《なか》からは子羊《こひつじ》たちが、どれおっかさんか、おっかさんでないか、まづ足《あし》をお見《み》せ、と答《こた》へた。……

と、口語体の調子の整った文章になっています。ここでは「やぎ」ではなくて「ひつじ」になってい

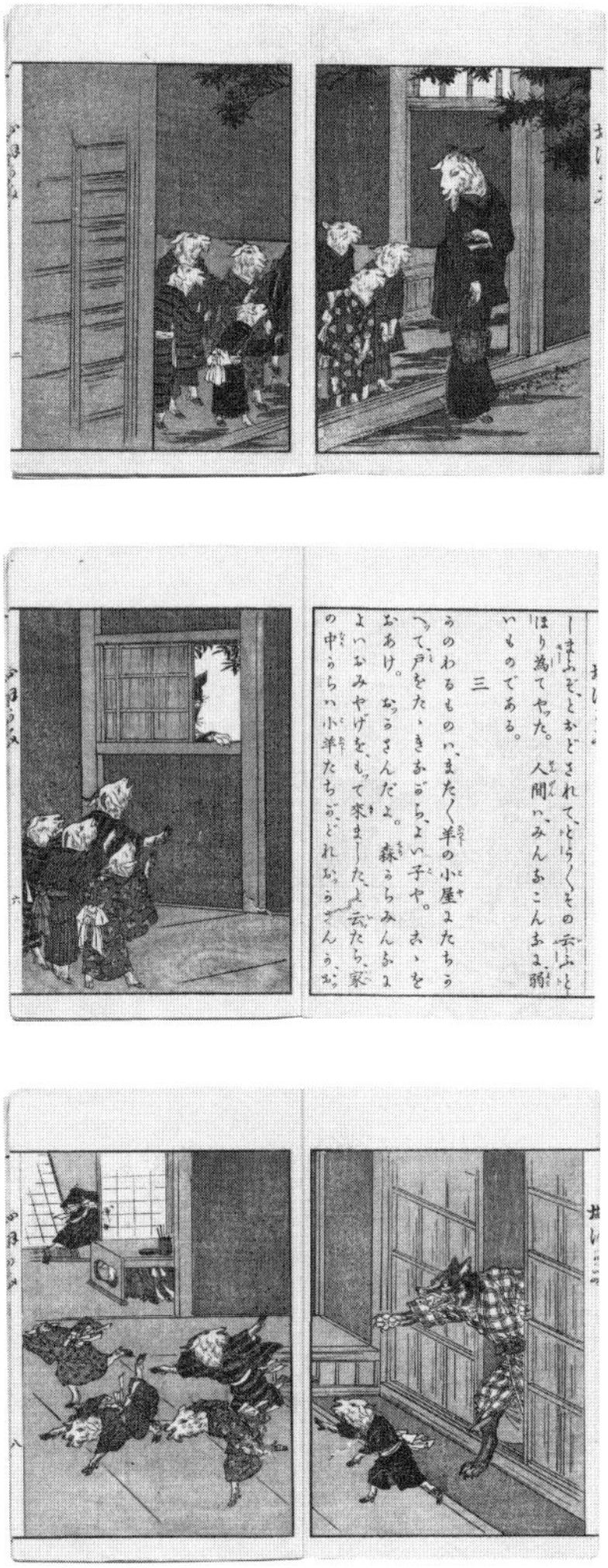

『おほかみ』上田萬年訳、小林永濯画？（1889年刊）。上「よく狼に気をおつけよ」、中「よい子や。ここをおあけ。おっかさんだよ」、下「すると……狼が、ノッソリはいって来た」（国立国会図書館ウェブサイトより転載）。

るんですけれども、絵を見ると、おっかさんも、子どもも、みんな着物姿ですね。狼も、歌舞伎なんかの芝居でよく小悪党が着る弁慶格子という縞柄の着物を着ています。家もごらんのように日本家屋で、墨摺《すみずり》の濃淡だけで描かれた、とても美しい明治調の「おおかみと七ひきのこやぎ」絵本です。『八ツ山羊』も『おほかみ』も、本の形はやっぱり江戸以来の和綴じ本ですけれども、グリムの翻訳である中身には西洋が色濃く入りこんでいます。両方とも画家の名は記されていません。瀬田先生は、絵は二冊とも同じ小林永濯《えいたく》によるものだろうと推測していらっしゃいますが、永濯であるならこの人は、ちりめん本「日本昔噺」シリーズの画家でもあります。永濯の描く絵本は、これまでの江戸の浮世絵師とはちょっと違った感覚の、明治という新しい時代を感じさせる絵ですが、彼は、明治二十三（一八九〇）年に四十七歳という若さで亡くなっています。『八ツ山羊』は明治二十年、『おほかみ』は二十二年の出版ですから、こういう絵本を描いてまもなく亡くなっているんですね。私はこの明治の前半にたくさんの美しい昔話絵本を残した小林永濯という人をもっと知りたくて、私自身の「ちょっと調べてみる」引き出しの中に入れてあります。

ちりめん本もグリムの翻訳本も、明治のこういう新しい試みの絵本というのは、実際にはほとんど子どもたちの手には届いていなかっただろうと思います。ちりめん本は外国語でしたし、『八ツ山羊』も『おほかみ』も、それぞれシリーズの第一冊目として作られながら、いずれもこれこっきりで立ち消えてしまったようですから。そういう特殊なものではありましたけれど、今、瀬田先生の案内でこうやって見てみますと、それぞれが実にいい仕事で輝いています。こういう過渡期を経て、やがて本の形も西洋風の、本格的な洋装本の時代に入るというわけです。

「日本一ノ画噺《えばなし》」

そうして、ようやく、「昔話絵本」をテーマにして『落穂ひろい』を読んできた今日の話の最後、「日本一ノ画噺」にたどりつきました。中西屋書店のこの「日本一ノ画噺」シリーズは、明治の末から大正の初めにかけて全部で三十五冊ほど出ていたようです。このうちの一冊『イッスンボウシ』は、大きく開いた鬼の口の中で一寸法師が刀を振りあげている表紙の絵を、赤、黒、白の色の箔押しにして『絵本論』の表紙に使っていますから（堀内誠一さん装丁）、それで記憶されている方もいらっしゃるんじゃないでしょうか。

ここにはシリーズのうち、小さな箱入りセットのものを持ってきたんですが、これは複刻で、やっぱり「複刻 絵本絵ばなし集」の仕事のひとつです。このひと箱の中には「日本一ノ画噺」絵本が六冊入っていて、このうち昔話絵本は、『カチカチヤマ』と『ウラシマ』の二冊です。それから『ソガキャウダイ』と『キヨマサ』、キヨマサというのは加藤清正のことですけれども、これは歴史物語ですね。それから『アヒルトニワトリ』と『ザウ

「日本一ノ画噺」６冊（「複刻 絵本絵ばなし集」の複刻本より）。縦 128㎜×横 76㎜と、手のひらにのる小さな絵本。

「日本一ノ画噺」より、『イッスンボウシ』表紙。

ノアソビ』、この二冊が創作です。このシリーズ三十五冊の文章は、すべて巌谷小波によりますが、絵のほうは、日本画家でデザイナーの杉浦非水が加わっています。非水は、三越デパートや地下鉄銀座線開通のポスターなどでも知られた、近代日本のデザインの草分けでした。

この「日本一ノ画噺」については、先生ご自身が子どものころ初めて出会った絵本ということで、あちこちで懐かしく語っていますから、そのひとつを『落穂ひろい』から読んでみましょう。

……文はすべて（巌谷）小波、絵は杉浦非水、岡野栄、小林鐘吉の三人がそれぞれ一冊を受けもって、全部で三十五冊（とも、三十四冊とも）、昔話あり、歴史物語あり、鳥獣話あり、みな装と文と絵とが簡素鮮明な統一に従い、余分なもののない直截な美しさを印象づけます。版の様式的な画風は、色ベタとシルエットと白ヌキとで意外なほど強烈なデザイン感覚をたたえ、ディテイルを排して単純化した背景にきちんと写実をきかせた形状が墨のつぶしで配されているのですから、明確なわりに想像をよびおこす効果がありました。

そういうのも、実は私は、小学前に親類から五冊箱入りの一セットをもらって、「日本一ノ画噺」から忘れがたい印象を受けているからで、私はこの『モモタラウ』や『シタキリスズメ』たちによって、お話をおぼえ、文字をおぼえ、さらに絵の趣をさとらされました。絵本はやがてさらに幼い誰かに回されてなくなり、私は三十余年ぶりにそれを鳥越信さんの書庫で見つけた時、小さな本の訴えかけるものは、つい昨日のことのような三十余年前の同じあざやかな印象であって、ささやかではあってもおどろくほど長い余響を残していたのでした。

（『落穂ひろい』下巻 p.230−231）

一九一六（大正五）年生まれの幼いティちゃんが愛してやまなかったファーストブックが、この「日本一ノ画噺」でありました。という次第で、おしまいに三輪車に乗った瀬田先生の写真をおまけに入れておきました（笑）。

第一回目からここまでずっと先生の年譜にしたがってお話ししてきましたが、年譜の最初に、振り出しに戻ったところで、三回目の私の話はそろそろ終わりにしたいと思います。

思えば瀬田先生が六十三歳で簀《さく》を易《か》えられてから、一九八二年に『落穂ひろい』の単行本を出して、もう三十年の時が経つんですね。あの大宮の日赤病院から中村妙子さんにあてた葉書に書いていらっしゃるように、「私には〝落穂ひろい〟という題の……楽しみな旅が残っています。トールキンではありませんが、〝道は続くよ、どこまでも〟といった感じです」というその楽しみな旅を、せめてあと二年、続けていただきたかったなあと、私は今でも切実にそう思うんですが、これは致し方のないことです。

実はなくなられて一年も経たないうちに、江戸初期の子どもの本の歴史を書き換えるほどのことがありました。* お地蔵様の胎内から、わが子への供養で納めた、当時のままの子ども絵本がひと包みそっくり出てくるという大発見でした。これなんか、もう本当になくなって一年も経たないうちの発見ですから、間に合わなかったなあという思いがつくづくする出来事なんですけれど、これはまあ、仕方ないですね。という具合に、特にこの『落穂ひろい』についての思いは、私には尽きません。*

三輪車に乗った「テイちゃん」、1920年（4歳）ごろか。
旧本郷区湯島切通坂町にあった生家の辺りで。

第四章　『児童文学論』——子どもへの憧れ

秋も深まってきまして、もう冬の入り口になってしまいました。この講座も何とか四回目を迎えました。ここまで瀬田貞二という、たったひとりの人についてずっと話を進めてきたんですけれども、今日（十一月二十八日）は、瀬田先生の三つ目の評論集である、『児童文学論』上下二冊についてお話しすることになっています。

実は先日私は、皆様がこの講座を申し込まれるときに書いてくださった受講の理由を改めて読ませていただいたんです。そうしましたら、先生の評論集の中では、『幼い子の文学』と『絵本論』はもうＯＫ、しっかり読んでいますと。でも『落穂ひろい』については、これはもっとちゃんと読んでみたいので申し込みましたと書いていらっしゃる方が多かったんですね。まあそういうことですから、『児童文学論』まではなかなか手が届かないという方も実際には多いようにお見受けしました。

たしかにこの『児童文学論』という本は読みにくい本なんだろうなあと思います。なにしろ先生が二十五年にわたって、さまざまな場にお書きになった文章を、おおよそのテーマに分けて上下二冊にした本ですから、読者の方々にとってはかなり面倒な本になっているのだろうと、これは編集した当事者として正直なところそう思うんですね。で、そこのところの読みにくさの垣根を何とか越えていただく助けにならないだろうかと思いまして、今日はこの本の中身についてしつっこく、もういろんな方面からアプローチを試みさせていただこうとそういうつもりでおります。『落穂ひろい』や『絵本論』と違ってこの本は最近手がけた本ですから私の記憶もまだ新しくて、今回は編集上の細かいこともあれこれ具体的にお話しできると思っています。名付けて、「『児童文学論』を面白く読むための徹底的大作戦」（笑）ですね。

インタビュー「私と子どもの本」から

さて、『児童文学論』のことをお話しするにあたって、どこから始めたらいいのかいろいろ迷ったんですが、下巻の初めに入れてあるインタビュー「私と子どもの本」をまず、糸口にしてみることにしました。一九七八年六月に、「児童文学世界」という雑誌が、中教出版から新しく創刊されるんですが、このインタビューは、前にも言いましたようにその創刊号のために企画されたものです。本来は英米の児童文学について瀬田先生から話を聞こうというのが目的のインタビューなんですが、聞き手の吉田新一氏は、そもそものテーマである英米児童文学に話をもっていくまでに、まず瀬田先生の子ども時代の読書のことから、『児童百科事典』編集のころのこと、瀬田文庫のこと、それから昔話の再話のこと、ファンタジーのことなどについて、時間をかけてていねいに聞いてくださっています。つまり、瀬田先生のお仕事の全体像がよくわかるように聞いてくださっているので、こういう『児童文学論』のようないろいろなテーマの文章が入りこんでいる本にとっては、これは一種、本全体の見取り図的な役割を果たしてくれる、交通整理的な役割も果たしてくれる、そういうとっても有り難いインタビューになっています。ですから、まず最初にこのインタビューから読んでいただくと、『児童文学論』はもっと読みやすくなるかもしれません。

実はこのインタビューの入ったテープそのものは、長いこと行方不明だったんですね。『児童文学論』を編集しているときにちょっと内容を確かめたいところがあって、吉田先生にお願いしてテープを探していただいたんですが、そのときはどうしても見つからなかったんです。それがなんと、今年(二〇一三年)になって突然出てきました。「書斎を片づけていたら、見つかりましたよ」って吉田先生からお知らせいただいたときには、もうすっかり諦めていたところだったのでびっくりしましたけれど、改めて聴いてみると、やっぱり三ヵ所ほど、機会があれば訂正しなければいけない聞き違いがありました。

「児童文学世界」の創刊号にこのインタビューが載ったのは一九七八年の六月号ですが、実際にインタビューがおこなわれたのは、その前の年の七七年の十一月のことで、瀬田先生六十一歳のときの声です。年譜を見ていただくと、先生は一九七六年の六月から都立日比谷図書館で二十数名の図書館員の人たちのために、月に一回、あとで『幼い子の文学』のもとになる連続講座を始められるんですが、一年続ける予定が翌七七年の二月に肝炎を発病したため、ここで講座はおしまいになっています。このあと前回お話ししたように、自宅で療養しながらぼつぼつと仕事をなさって、この年の十月には長い解説を書いた、中村草田男のメルヘン集『風船の使者』が出ています。そしてその翌月の十一月、まさに秋、今のこの季節ですけれど、十一月のある日に吉田先生がインタビューのために浦和の瀬田家に行かれた、とそういうことになります。

インタビューがおこなわれたのは、瀬田家の玄関を入ってすぐ右手にあった文庫の部屋です。この部屋は、かつて四年間、私が「落穂ひろい」の生原稿を先生の前で緊張の極致に達しながら読ませていただいた、あの懐かしの部屋でもありましたが、先年改築されて今はありません。文庫は二階の新しい部屋に移りました。

インタビューの中で先生が語っていることは、すでにこれまで三回の講座のうちでもたびたび引かせていただいていますが、四回目の今日は、インタビュー全体を通して見ていき、少し深く読みこんでみようと思っています。時を遡って「瀬田貞二」氏に出会ってほしいということがこの講座のいちばんの目的ですから、どういう話し方をなさるのか、その口調もここで感じとっていただけたらと思います。途中、間《あい》の手《て》も入れながら、寄り道もさせていただきながら、話を進めていきましょう。それではまず「本郷切通坂町《きりどおしさかまち》」、先生の子ども時代の読書から。

本郷切通坂町《きりどおしさかまち》

「私、生まれて育ったのは本郷の切通坂町でしてね、湯島天神のすぐ前なんです。そこは下町ふうのところでしてね、町内がぜんぶお互いに知りあっているような、そういうなかで育ったわけですから、ひとつはその町全体がいってみればそういう場所でもあり、まあ、教育の場でもあったようなわけなんです。

私のすぐそばに金箔屋さんがありまして、そこに私よりもずっと年上のお兄ちゃんがいて文学青年だったんです。そこに入りびたって本を読んだのが、そもそも本を読む最初のきっかけだったかと思うんです。それから、私の家の真ん前の路地を少しいったはずれの奥まったところに、薬学博士を父親とする私と同年の仲のいい友達がいましてね、そこの家は、私など想像もつかないくらいたくさん潤沢《じゅんたく》に子どもの本が買えるお宅だったもんですから、それが私にとっての私設図書館で、そこにうかがっちゃずいぶん本を読ませていただきました。

私がその友達の家で最初に印象づけられた本というのは、冨山房の「模範家庭文庫」という豪華な本でしてね。あのなかの楠山正雄さんの『世界童話宝玉集』とか『日本童話宝玉集』なぞというのは、とっかえひっかえ読ませてもらった本なんですけどね。そのうちの『世界童話宝玉集』というのが、西洋文学との最初の出会いといっていいんじゃないかと思うんです。それは楽しい本でしてねえ、たとえば『ドン・キホーテ』の一節なんかもギュスターヴ・ドレの挿絵のはいっているような、そういうふうなものですから、直接もとの本の感じをだそうと編集者がつとめたことが今になってみるとよくわかるんです。それで読んだのはやはり私にとっちゃしあわせだったと思うんです。

それで本好きの子どもになって、ひととおりずっといきましたけど……」

模範家庭文庫『日本童話宝玉集』上巻（1921年刊）

模範家庭文庫『世界童話宝玉集』（1919年刊）

ここで先生は、子どものころ強く印象づけられた本として、冨山房の「模範家庭文庫」シリーズのことを語っています。それで、ちょっとこの「模範家庭文庫」について補足させていただこうと思います。

この「模範家庭文庫」は、一九一五（大正四）年に創刊され、第一集が十二冊、第二集も十二冊と、合わせて二十四冊出して、一九三二（昭和七）年に完結しました。二十四冊が全部そろうまでに十七年かかっているんですね。「テイちゃん」が近所の友達の家でこの「模範家庭文庫」をとっかえひっかえ読ませてもらっていたころといいますと、年齢はだいたい十歳前後としまして、先生は一九一六（大正五）年の生まれですから、一九二五、六年あたりのことでしょうか。大正の終わりごろです。「模範家庭文庫」は、第二集の後半がまだこれから出るという、そういうころですね。楠山正雄が中心になって企画編集にあたったこのシリーズは、アラビアンナイトから始まって、グリム、イソップ、アンデルセン、ロビンソン・クルーソーと続く、中身の充実ぶりもさることながら、挿絵も含めたその造本の美しさもあって、これはもう、日本の児童書の歴史に残るシリーズでした。

なかでひときわ「テイちゃん」が熱中したのは、第一集に入っている『世界童話宝玉集』と『日本童話宝玉集』だったとインタビューで言っていますけれど、楠山正雄による、この二つのすばらしいアンソロジーについては、ご自身『児童文学論』の下巻の第十章に収めた「楠山正雄論」で詳しく論じていらっしゃるので、そちらを見ていただくことにしまして、今日は、私は「模範家庭文庫」の中から、別の一冊を持ってきました。『西遊記』です。この本は「模範家庭文庫」の第一集八冊目になるんですが、一九二〇（大正九）年に発行されています。この『西遊記』を持ってきた理由は、実はこの本は瀬田先生からいただいた本なんです。「ぼくは二冊持ってるから、あなたに一冊あげましょう」とおっしゃって、あるとき私にくださったんですが、箱もついています。表紙のタイトルには金箔が使ってありまして、それから本の天と地と小口の部分が三方金《さんぽうきん》になっています。非常に手の込んだ本ですね。

先生は子どものころから『西遊記』がものすごくお好きだったみたいです。『西遊記』そのものについて書いた先生の文章はないんですけれど、このインタビューのおしまいのほうでも、「ぼくは『西遊記』って小学校三年のとき読んで、それでそれ以来なんべん読んだかわからないです。大好きなもののひとつですね」と言っていますし、また『児童文学論』下巻第十一章のエッセイを集めたところでも、子どものころ天神様の縁日で見た「西遊記」の紙芝居のことを書いています。当時の紙芝居は竹串に登場人物を両面貼り合わせて、それを出したり引っこめたりくるっと回したりするそういう紙芝居で、今の紙芝居と違うんですが、それがどれだけ面白かったか、「みるより悟空、觔斗雲《きんとうん》に打ち乗って……」とセリフ入りで、もう熱をこめて語っていらっしゃいます（「ふしぎということ―児童演劇をめぐって―」p.445－446）。

それからさらにこのインタビューの中で、ウォルター・デ・ラ・メアについてふれていて、デ・ラ・メアが『三びきのサル王子』*The Three Royal Monkeys* を書くのにどうも「あれ（『西遊記』）を読んでいたと思えてならないんです」と先生は言っています。このことは、『児童文学論』上巻の第二章「夢みるひとびと」のデ・ラ・メアのところでもほのめかしていらっしゃるのですが（p.225）、『サル王子』が書かれた一九一〇年以前に『西遊記』の英訳本が出ていたかどうかは、もう少し調べてみる必要があることかもしれません。

という具合に、小学校三年のときに出会ったこの「模範家庭文庫」の『西遊記』（中島孤島訳）で、先生の生涯にわたっての『西遊記』好きが始まったわけですけれども、『西遊記』が日本で一般に読まれるようになったのは、江戸時代も末近くになってからのことで、文化三（一八〇六）年から天保

模範家庭文庫『西遊記』表紙
（1920年刊）

水島爾保布による二色刷り
（墨版と黄版）の挿絵

六（一八三五）年にかけて何十冊にもわたって『西遊記』の和訳本が出ています。この江戸時代に出た和訳本には挿絵がたくさん入っていて、物語後半の挿絵は葛飾北斎が描いています。そして「模範家庭文庫」の『西遊記』では、北斎の墨摺《すみずり》の挿絵をそのまま使っているんですが、それからさらにもうひとり、この本が出た大正九（一九二〇）年当時ならではの新しい画家、水島爾《みずしまに》保布《おう》（一八八四―一九五八年）の挿絵も、これは二色刷りで入れてあります。彼の『西遊記』の挿絵を見てみましょう。図版の右が表紙で、表紙の右側の三蔵法師たちが雲に乗って空を飛んでいる絵は水島爾保布だと思うんですが、左側に描いてある象はもしかしたら岡本帰一の絵かもしれません、ちょっとわかりません。それから左の図版の絵は、黄ベタと墨線だけの二色の絵ですが、こういうモダンな、きっぱりした線と色で描かれた挿絵は、当時ずいぶんと新鮮な感じを読者の子どもたちに与えただろうと思います。水島爾保布その人については『落穂ひろい』のほうに詳しいので（下巻p.308－309）、そちらを見ていただければと思います。

そして、現代になってからの『西遊記』なんですが、これには一九七五年と七六年に「福音館古典童話シリーズ」として出た、瀬川康男さんの挿絵入り『西遊記』（上下二冊／君島久子訳）があります。この瀬川さんの『ことばあそびうた』（谷川俊太郎詩）などと並んで、七〇年代の瀬川さんの傑作だと私は思うんですけれども、瀬川さんがこの挿絵にとりかかっていたころ、瀬田先生とお二人でよく、『西遊記』の物語が生まれた中国の宋や明の絵入り古版本などを見ては、「どうです、瀬川さん。この絵の運びが良くて、しかも初々しいこと」

「お師匠、こりゃあ、たまりませんな。絶品ですね」

福音館古典童話シリーズ『西遊記（上）』（1975年刊）

と話していたのを思い出します。先生は、日本や西洋の絵からだけでなく、中国や、また朝鮮の古版本などからも絵の伝統をたっぷり受け継いだ瀬川さん挿絵のこの『西遊記』の完成が、本当にうれしかっただろうと思いますね。

ちょっと『西遊記』に深入りしすぎてしまいましたけれど、このように、子どものものだからといっていいっさいおもねらない、手を抜かない、そういう「模範家庭文庫」のような本で、先生はまず最初に『西遊記』やいろいろな物語に出会っているんですね。はるか子ども時代から、先生はいいもの、確かなものに一直線にたどりついている、これは、改めてすごいことだなと思います。

『児童百科事典』のころ、補足

さて、インタビューでは次に『児童百科事典』編集のころのことを語っていらっしゃるのですが、このあたりはすでに一回目でかなり詳しくお話ししましたので、ここではもうひとつ、やはり瀬田先生の発案によるという『絵本百科』について、ちょっと補っておきたいと思います。

『絵本百科』第１巻（1963年刊）

『絵本百科』は、『児童百科事典』完成のあと平凡社で続けて企画された、さらに年齢の低い十歳くらいまでの子どもを対象にした百科事典で、初版は一九六三年に全五巻で出版されています。最初の版のタイトルは、『絵本百科』だったんですが、このあと改訂版を何度か出していて、巻数を増やしたり、タイトルも『えほん百科』と平仮名にしたり、一九八〇年ごろには『こども世界百科』というタイトルになって出されていました。

この講座でも、一九五〇年代に生まれた方は、年齢的に『児童百科事典』よりも十年あとに出版されたこの『絵本百科』のほうに思い出があるようで、子どものころ初めて読んだ瀬田貞二の本はこの『絵本百科』です、という方が何人もいらっしゃいますね。

実は、第一回目にかなり細かく『児童百科事典』についてお話ししたときに、続いて同じ流れの『絵本百科』のことも少しふれなければいけなかったんですが、なにしろ『児童百科事典』のことが手いっぱいで、『絵本百科』のことまで話をする余裕がありませんでした。

この『絵本百科』については、『児童百科事典』の編集者で『絵本百科』も引き続いて担当した松森務さんによると、「プランは瀬田さんのものだった」ということなんですが、このころは瀬田先生はもう平凡社を辞めていて、実際は社外からの協力でしたから、連日泊まり込みのような『児童百科事典』のときよりも、仕事としての関わり合いが多少遠いかなという感じが私にはするんですけれど、どうでしょうか。

『絵本百科』の項目リストを見ると、おはなしのページもたくさんあって、「まのいいりょうし」なども入っていますが、私はこれは詳しく見ていないので、瀬田先生の再話によるのかどうかは今はわかりません。『絵本百科』については、これから実物をちゃんと見てみたいと思っています。今日は『絵本百科』の初版（右図）と、改訂されて全十二巻になった『えほん百科』と、さらに合冊して全六巻になった『えほん百科』の、それぞれ第一巻目をここに持ってきたんですが、こうやって三つの『絵本百科』を並べてみますと、『児童百科事典』に続く戦後の子どもたちのための知識の本の大きな企画である『絵本百科』が、初版から『こども世界百科』までいくつかの改訂版を経てどういうふうに変化していったか、タイトルや出版形態だけでなく、その内容もきちんと見ておく必要があるように思いますね。

「瀬田文庫」のこと

では、インタビューに戻りまして、次は「家庭文庫をはじめる」です。インタビューのおこなわれているのがこの文庫の部屋だからでしょうか、聞き役の吉田先生とお二人で文庫の話が弾みます。

「考えてみますと、ぼくが生まれて育った本郷の切通坂町っていう、小さな下町の真ん中では、お互い町内の者同士が知りあいでいて、相互に侵犯することのない一種のつきあいのルールみたいなものがありましてね。それで容易にやったりとったり、本を貸してくれたりするような気楽な付合いのなかで本が読めたっていうことがひとつなんですが、やっぱりああいうみんながなにか了解しながら、だいじなものを育てていく雰囲気っていうのはちょっとぼくには忘れられないんですね。後になって石井桃子さんがかつら文庫という子どもの図書館をはじめたときにね、瀬田さんのところでもおやりになったら、なんていわれましてね。ちょうどうちにも寄贈本などたくさんありましたし、それでかつら文庫の翌年（一九五九年）かな、家庭文庫をはじめました。

「ええ、（開いているのは）毎週土曜日ですねえ。土曜日の午後いっぱいですね。本を貸し出したりしていますとね、まあ子どものことがわりあいよくわかりますしね。それに、公共図書館などとちがって家庭文庫ですと、ひとりひとりに対して、うんとファミリアになるでしょ。ですから、個体識別なんていうとおかしいけれども、はっきりわかるんですよ、顔や気持とか。ですから、この本がおもしろかったとかおもしろくなかったとか、言わなくても、なんかいろんなことでその本に対する反応というのが自然の状態でわかるし、そういうことなんかもやっていると楽しみのひとつですね。

「初めのうちは私ひとりでやってましたが、まあ、なんていいますか、家内も参加するようになったり、やがて少し大きくなった上の女の子が手伝ったりして、家族ぐるみでそれこそ。でも四、五十名ぐらいがコンスタントにずっと来てましたんですけれども、ひところ八十人から百人ぐらいになったこともありまして、浦和というところは東京のベッドタウンでここはどんどん人が増えていますでしょ、小学校なんかもだいぶ方々にできまして。そんなことで子どもの数がひところひじょうに多くなりました。今は五、六十名というところでしょうか。

「子どもが本を読む雰囲気っていうのはやっぱり安心して読める場所っていうものをこしらえておく必要があると思いますね。なんか雑な殺風景な、ちょっといたたまれないような部屋で読むっていうのは、これは気になることだろうと思います。うちじゃあこんな手ぜまなところですけど、ここへね、

右上のドアが玄関に通じている。左上の空間は一段高くなった三畳間で、ここには古い貴重な絵本や、文庫の本棚から引退した童話などがぎっしり詰めこまれていた。図は 2000 年に描かれたが、室内の様子は生前と変わっていない（中村剛画／さいたま市立中央図書館所蔵）。

二時から三時ごろにかけてとってもたくさん子どもが来て、もうほんとうに五百羅漢でも見てるようなぐあいになるんですがね」

と、瀬田文庫の話が続きます。瀬田文庫については、『幼い子の文学』でも語っていらっしゃるし（「土曜日の瀬田文庫」p.4）、『絵本論』や『児童文学論』でも「幼稚園以前の学校」（『絵本論』p.77）とか、「アーサー・ランサムの物語の特質」（『児童文学論』上巻 p.297）などで、瀬田文庫に通ってくる子どもたちのことを、瀬田先生は何とも楽しそうに書いています。

それから家庭文庫そのものについては、『児童文学論』の第一章「子どもに本を手わたすこと」の章の中で、「家庭文庫」という題で、一九五〇年代、当時芽生えたばかりの家庭文庫の意義を語り、土屋文庫や、郡山のクローバー子供図書館などを紹介しています。そして「小さな流れではありますが、運河化して、まずおのれの周辺の砂漠を沃地《よくち》にしようという各家庭文庫に、心から敬意を表します」というふうに結んでいますが、この文が書かれたのは一九五九年ですから、五十年以上も前の文章なんですけれど、文庫の原点というか、その出発点を、私たちはここで改めて確かめることができます。

このかつての瀬田文庫の部屋は、私にも思い出が多いですね。足掛け九年担当者として通って、古い本の懐かしい匂いがするこの部屋を訪れた季節は、春も夏も秋もあるのに、なぜか冬の寒さがまず浮かんできます。なにしろ昔のおうちですから、今みたいにぽかぽかの暖房なんかないんですよね。それに私が行くのはだいたいたい午前中ですから、部屋も暖まっていないんですね。ある年の冬のこと、私は風邪のひき始めに、「落穂ひろい」の原稿をいただきに伺うことになってしまいました。クシャミとハナミズがすごいありさまで、遠慮しながらも「ハー、ハー、ハックション！」とやってましたら、先生はスッと立って、屑かごを持っていらして私の横に置いて、「さ、盛大におやんなさい」（笑）と言ってくれました。そういうふうに親切な方でしたね、先生は。

という具合に私にとっても思い出がいっぱい詰まっている文庫の部屋でしたけれど、土曜日はうってかわって大勢の子どもたちがやってきてにぎわう部屋だったんですね。もちろん私はそのにぎやかな文庫の日は知りません。私の知らない、もうひとつの、子どもたちでいっぱいの文庫の部屋のことは、追悼文集『旅の仲間』の中に文庫の常連だった女の子が書いた文章がありますので、今日はこれを読ませていただこうと思います。

小川映子さんという方が、小学生のころ瀬田文庫に通っていたときのことを思い出しながら、中学生になって書いた作文のようです。

「心に残っている人」

小川映子

彼は私の尊敬する人物である。身近にいて心から信頼できる、ただ一人のおとなである。

私がまだ小学校三年の頃、そのころから読書力の旺盛だった私は、読みたい本はたくさんあるのに手に入る本が限られているのが不満でならなかった。そんな私に書物の宝庫である瀬田家を紹介して下さったのは、当時の担任の先生だった。

毎土曜日の午後、その家には本を読みたがっているたくさんの子供が集まってくる。通りすがりの人がその前を通るとき、にぎやかな笑い声のおこる騒ぎにおやっと思って首をかしげることだろう。他の家と少しも変わらない平凡なこの家の騒ぎは、子供たちのむきだしのすねが日の光の中でぶつかりあうとき、エクボとエクボが赤いほっぺたに輝くときおこる。その中にたった一つ大きな太い声が交っていたら、それが〝瀬田さんのおじさん〟。

おじさんは、外国文学の翻訳などなさっている関係で家の半分が書物といってよいほどのおびただしい数の書物である。それで毎土曜ごとに、主に子供向きの本を、近所の子供のために貸し出ししておられる。子供たちが多勢集まってくるのは、楽しいからで、ただ単に本を借りるのだけが目的ではない。そしてつまりは、「おじさんのいる家」だからこそ楽しいのである。

多くの人に対してそうであったように、私自身についても、おじさんは常に賢明な相談相手であったし、子供心というものをわかってくれるおとなだった。動物に深い愛情を抱いており、よくこんな話を聞いた。

バスの停留所で、小さな子供があおむしにさわろうとしたところ、その母親が坊やに言ったそうだ。「そんなきたないものに、さわっちゃいけません」と。それを見ていたおじさんは、あとで「実にけしからん」とおっしゃっていた。「あんなことから、小さな子はあれはきたないものだと思いこんでしまうんだよ。一度きたないものだと頭にたたきこまれたらその子は一生、そう思いこんでしまうだろうね」。そして「あおむしは、ちっともきたなくないよ。よくみたら、あんなきれいなものはないね」と話していらしたおじさんの姿が目に浮かぶ。たまに草むしりをしているとミミズ君がひょっこり顔を出すこともあるが、そのたびに寿命がちぢまる思いのする私は、その話の母親同様に、あおむしなどはどうしても好きになれない。それでいて蝶を美しいと感ずる私たち一般の者の考えがあきらかにまちがっているのだ。おじさんは実際に自分の家でヘビを飼っているがおじさんの子供たちも平気で畳の上を這わしたりしてかわいがっている。家族の人がみな心の暖かい、個性の強い人たちで、ちょっとしたことにもやはり瀬田家の人々だなと感じさせられるのだ。小ぢんまりした瀬田家だが、ただ一つ他の家と違うことは、そこが明るさで満ちあふれているということである。すぐに目に浮かぶのは、芝生と植木と花で美しく手入れされた小さな庭、芝生の上に我がもの顔で寝そべって日光浴している犬のクー、そして毎土曜日の午後、子供たちに囲まれ談話しているおじさんの笑顔である。子供にとって必要なのは、瀬田さんのおじさんのような人だと私は思う。

（これは私が中学二年生の時に書いた作文です。今田映子）

いいでしょう、この作文。特に最後の、「子供にとって必要なのは、瀬田さんのおじさんのような人だと私は思う」の一行は、本当にそうだなあと思います。

欠落部分にひかれる

さて、インタビューを進めます。次は、「欠落部分にひかれる」というところです。

「気になることは、皆さんがやられる分野はとうてい私の出る幕じゃないと思って、そちらにおまかせしといていいと思うんですが、なおざりにされている局面というのがとっても気になるんですねえ。それはちいちゃい子どもたちのお話というのが今まであまり積極的に調べられなかったこと、特に絵本ていうのはただおもしろずくだけで見られてて、まだはっきり組織的な見方もできていないと思いましてね。それでだんだん、いってみれば穴ぼこみたいな、欠落部分というか、人の気がつかないほうへ、いつもいつもひとりでに身がはいっていくような感じになるんです。

同じようなことは、江戸時代の子どもたちは何を読んだかということなんかもやっぱり今まであんまり調べられていない方面ですけれど、そこなんかも同じような興味でそっちのほうへ出ていくことになりました。ごく小さい子どもの絵本、江戸時代のもの、一連のなにか共通性があると思うんですね。みんながみんな、そういうものに対して興味を持っているってもんじゃない。そういうところにぼくは興味をひかれる質《たち》らしいんですね。絵本は特に美術のほうの人も文学のほうの人もけっきょく落としちゃう分野ですね。ところがじっさいには子どもがいちばんよろこぶ、それこそ最初に出あう本というくらいにいわれているところでしょ。だから、ぐうぜんそういう欠落部分として私が見てたところがだんだん関心を集めるようになったのは、むしろ当然のことだと思うんですけどね」

「なおざりにされている局面がとっても気になる」「欠落部分にいつもひとりでに身がはいっていく」、これが子どものためのお仕事の大もとになっているんですね。ここで先生は、生涯にわたってやってこられたことの意味というか、動機を、言葉で明らかにされていると思います。『落穂ひろい』のはじめに、「とりあえず、『落穂ひろい』と題しておきましたが、私のお話ししようとする事柄に、適切な題名がちょっと思い浮かばないので、そう名づけたばかりです」と書いていらっしゃいますが、考えてみると、「落穂ひろい」の「落穂」とはこの「欠落部分」のことで、それをこれから拾っていこうという、そういうことだったんですね。

創作いくつか

録音テープを聴いていると、飼っていたインコの囀りや、奥様がお茶を持っていらっしゃる声など、生活音もいろいろ入っていてにぎやかです。遠くでかすかに「石焼きいもー」の売り声も聞こえて、いかにも初冬です。

さて、このあと吉田先生は、「もうひとつ創作の分野のお仕事もありますね。『あふりかのたいこ』（「こどものとも」七十七号、一九六二年）あたりが私の知ってる最初なんですが、もっと前から書いておられますか」と話を進めています。

私はこの講座の第一回目に、瀬田先生のお仕事には大きく分けて四つの分野（①翻訳、②昔話の再話、③創作、④評論）があるということをお話ししたんですが、このうち①の「翻訳」は二回目に『三びきのやぎのがらがらどん』などでかなり詳しく見てきたことですし、④の「評論」はそれ自体がこの講座のテーマですからいいとしまして、残り二つのうち、まず③の「創作」について、これはここで先生ご本人が語っていることを直接聴いてみたいと思います。

「実は、妙なことなんですが、中村草田男《くさたお》さんのメルヘン集『風船の使者』というのがみすず書房からごく最近出ましてね（一九七七年）、あの解説を私が書いているんです（『児童文学論』下巻「中村

創作のひとつ『お父さんのラッパばなし』（1977年刊）

草田男のメルヘン」)。実は草田男さんが私の俳句の先生なんですよ。終戦後あの人の主宰する雑誌の〈萬緑《ばんりょく》〉というのが創刊されましたとき、初代の編集長、つまり私なんでして、それで一時終戦後の早い時期、家族ぐるみでお付合いしていただいたんですがね。ちょうどそこへのってる作品が書かれた時期に私も刺激されて、まだ児童文学なんていうところまでいかないうちなんですが、もちろん、百科事典に到達する前なんですがね、そのときに一つ二つ書いているんです。

「それが最初でしょうね。昭和二十二、三年のころでしょうか。それは手すさびみたいなもんですが、ですからなんていうか今それを差し出すのもちょっと口はばったい気がしますけど、一つだけ中央公論社の〈少年少女〉て雑誌にのりましてね。〈郵便机〉って題で、夜間の生徒と昼間の生徒が同じ机を共有してるんで、それで手紙のやりとりがはじまるというそういう話なんですが、それが映画になりましてね。

「映画になったのは昭和二十六（一九五一）年ごろじゃなかったかと思います。こっち（浦和）へ引越してきてまもなくでしたから。日大の芸術学部かなんかがやったんで、原作料もなにも出せない……ただ役者がだいぶそろってましてね、宇野重吉とか伴淳三郎とかが出ていて、にぎやかにやっていたんです。〈夜間中学〉という題で、一部だけちょっと出てすぐどっかにいっちゃったようですけど。これは付録的な話ですが。

「『お父さんのラッパばなし』も実はもう十何年か前の作品なんです。あれは〈母の友〉に短篇を連載してくれないかっていうんで、何年ごろだったかなあ、もう十四、五年前になりましょうか。一年間通して短篇を書きまして、だから十二篇あったんですね。それに二篇だけつけたしてそれで十四篇にしてあそこに出したんですけど、あの『あふりかのたいこ』っていうのも、もとはあのなかの一篇で独立しているもんですからね、それであれだけ絵本になっちゃったんです。まあ書いたものっていうと創作らしいものはそれではじめの終わり、もうそれで書いてないんです」

ということなんですが、これに付け加えますと、戦後すぐのころに草田男さんのメルヘンに刺激されて書いた「手すさびみたいなもんですが」とおっしゃっている創作には、「風邪の機関銃」という短編もあります。これが「萬緑」(一九五二年一月号)に載ったということは二回目にお話ししましたが、その後「子どもの館」の追悼号(一九七九年十二月号)で再録されました。また初期の「こどものとも」では、『なんきょくへいったしろ』(五号)、『きしゃはずんずんやってくる』(十九号)、『ピー、うみへいく』(三十号)など、創作のテキストがいくつかありますし、また、ちょっと間を置いてですが、『かみなりこぞうがおっこちた』(百七十九号)も創作ですね。それに、一九七九年八月、なくなる直前に出来上がった林明子さん絵の『きょうはなんのひ?』も創作でした。

こういうふうに先生の「創作」は決して多くはないんですけれども、おしまいにひとつ、前回言いました病室での言葉、「ぼくは日本最後の天狗が活躍する話を書こうと思ってたが、この話は斎藤さん、あなたに譲りますよ」とおっしゃったあのことがもし実現していたら、どんな物語になっていたんでしょうか。物語の構想は、斎藤惇夫さんによると、先生が山小屋(ホビット荘*)にこもって「指輪物語」を訳しながら、もうろうとした頭でふと外を見ると、炭焼きのおじさんが通っていった。そのおじさんはもしかしたら日本で最後の天狗だったんじゃないかと思ったんですよ、というはなしから出てきたもので、斎藤さんは「それをぜひ物語にしてください」と言いつづけて、先生もその気になっていたんだそうです。なにしろ、『児童百科事典』の〈河童〉の項目を書きながら、「子どもにとって河童が生きていなくてどうするのです」と言った先生です。先生に時が残されていたなら……と思いますね。これは読んでみたかった物語です。

それから、先生は「これは付録的な話ですが」と言って、創作「郵便机」が映画になった話もここでしていますが、この作品が「夜間中学」という映画になったのは、実際は一九五六年のことで、ですから先生の言う「昭和二十六（一九五一）年ごろ」よりはもう少しあとになりますね。監督はあの、反戦反核の映画として今もういちどとらえなおされている元祖「ゴジラ」（一九五四年）の映画を作った本多猪四郎《いしろう》で、脚本は水木洋子。配役も、宇野重吉（昼間の生徒の父）や伴淳三郎（郵便局の客）のほか、夜間の生徒の母に木暮実千代、教師に小林桂樹（夜間）と高橋貞二（昼間）、それに満員電車の中を女の子の毬が転がっていくシーンに三木のり平や坊屋三郎が乗客で出ています。監督をはじめ、主なスタッフ、キャストは日大芸術学部の出身者で製作された四十分ほどの中編映画なんですが、映画好きな先生としては、これはうれしかったんじゃないかと思いますね。「郵便机」は余寧金之助の名前で発表されているので、映画化されたとき原作者がわからず、作者探しの新聞記事が出たというエピソードもあったようです。私は機会があってこの映画を見ていますが、白黒の映像の美しさと、見終わって何とも清々しい感じが残る映画でした。どこかで上映されることがあったら、ぜひごらんになるようおすすめします。

昔話と再話

さて、インタビューではこのあと続いて、昔話についてお話しされているんですが、先生のお仕事の四つの分野のうち、②の「昔話の再話」について、これもこの講座ではほとんどふれていませんので、引き続き先生ご自身で語っていただきましょう。

「(昔話の) 再話ふうのものは、私の家内が長野県の下水内郡《しもみのち》という新潟に近いほうの出なんですね、それでかなり昔話を知っていましたんで、それを書きとめといた草稿から、少し起こして昔話を書きはじめたのがそもそもなんですね。それで『かさじぞう』のようなものも、〈母の友〉にのせましたのがね、いろいろ絵本のようなかたちになりましてね。私は木下順二さんのようなかたちで方言使用っていうのはあまりしてないんです。地の文章では方言ふうにはしないで、標準語というふつうの言葉で書いといて、なかの会話に方言ふうな表現を使ってるんですけど、なんかやっぱり、昔話の文体についちゃあ少しだんだん考えができてきました。なんというか小説ふうにうんとモディファイした文章ではいけないんじゃあないかと思いますね。昔話のナレーションというのは、いってみればアクションみたいな、つまり動詞のいちばんプリミティブみたいなかたちを選んで、あまり枝分れしたことやなんかいわないでね、ストレートに物語るというのがいいんじゃないかという気が今でもしてるんですけど。最近リュティの本やなんか読むと、昔話の特質ってのにふれていることは、私たちの考えているようなことに、なんていうか納得のいくような説明がされているんで、やっぱり文体をもう少し考えていかなければいけないんだと思いますが。むかし読んだ楠山正雄さんの文体っていうのは、あれは、〝外に出てみると淡い月が空にかかっていました〟みたいなことで昔話が終わっていたりするんで、今になってみるとふしぎな気がしますね。ああいう小説ふうなアレンジが多かったですね」

ご承知のように先生には、昔話について書かれた文章がたくさんありまして、ずっと遡れば『児童百科事典』までたどりつきます。『児童百科事典』では、あの〈河童〉の項目のように民俗学の部門がていねいに取り扱われているんですが、昔話についても〈かちかち山〉とか〈聴耳〉とか〈花咲爺〉とかたくさんの話型が項目に入れてあります。『児童百科事典』の中の昔話関係のオリジナル原稿を書いたのは、巻頭のリストを見ると主に昔話研究者の関敬吾氏だと思うんですが、瀬田先生のほうは、例の「猛烈リライト作戦」でたずさわってこられたわけで、しかもグリムの「ルンペルシュティルツヘン」(「竹馬ガタ助」)のようなお話まですでに手がけていらしたんですから、もう、先生の昔話についての素地は『児童百科』の時代からじゅうぶんにあったということになりますね。

百科事典のような場ではなくて、瀬田先生個人として昔話について書かれた文章は、二回目にお話ししました、一九五七年の「〈くもの糸は名作か〉再論」が最初ではないかと思います。これは『児童文学論』(上巻 p.281)に入れてありますが、「芥川龍之介の『くもの糸』は説話的な作品である。だから、文学というよりは二流の読み物である」という古田足日さんの論に、先生が真っ向から反論をして、創作文学とは違う、昔話も含めた「説話」というジャンルのその独自性を説いた文章です。当時このような観点から、子どもの文学における昔話の重要性について述べた文章はなかっただろうと思いますから、これは非常に画期的なことですよね。『児童百科事典』が二十四巻すべてそろったのは一九五六年七月ですが、この「〈くもの糸は名作か〉再論」が「日本児童文学」誌に発表されたのは、その一年後の五七年十月のことでした。そしてこのあと先生は、「母の友」で「かさじぞう」とか「ねずみじょうど」とか「おんちょろちょろ」などの日本の昔話の再話を始めます。そして『三びきのやぎのがらがらどん』や『ねむりひめ』や『おおかみと七ひきのこやぎ』など海外の昔話絵本の翻訳もどんどん進めながら、昔話が幼い子どもたちにどれだけ深く関わっているかを考えていかれるわけですが、これは『幼い子の文学』や『絵本論』の中でじゅうぶんに展開されているので、私たちは今そこでそれを読むことができます。

一方、この『児童文学論』の「昔話」の章（上巻第四章）には、もう少し論に近い形の文章が集めてありまして、「〈くもの糸は名作か〉再論」に続いて、その三年後の一九六〇年に書かれた「民話の文学性」では、昔話のもっている口語りとしての独特な性質をさらに明らかにしています。また六五年には、岩波書店の「文学」誌に「昔話の再話について」という長い文章を書いていて、ここでは明治の巌谷小波、大正の楠山正雄、そして戦後の木下順二の再話を取りあげ、日本における昔話の再話の問題について、真正面から論じています。今、マックス・リュティなどによる昔話の理論書が読まれて研究や勉強が盛んですけれども、こういう、明治以降の日本で昔話がどう取り扱われてきたのか、どういうふうに再話されてきたのかという視点で論じられることは、ほとんどありませんね。

それから『児童文学論』の「昔話」の章のおしまいに、平凡社の東洋文庫『日本お伽集』全二巻

（一九七二、七三年刊）に書かれた解説をもってきたんですが、この先生の解説は、すごく面白いですよ。一見ちょっと読みにくいかと思われるんですけれど、これは面白いです。この『日本お伽集』というのは、大正時代に出版された日本の神話、伝説、昔話を集めた『標準お伽文庫』全六巻の復刊なんですけれども、編者に森鷗外や鈴木三重吉、それから神話学者の松村武雄も入っていて、このメンバーが本当にしっかりと内容にタッチした大がかりな企画だったんですね。それなのに、どうしてこれが日本の『グリム童話集』に結実しなかったのか、子どものための日本の昔話集決定版にならなかったのか、その謎を解くことにぐいぐいと迫っていく、もしかしたら本文よりも先生の解説のほうが面白いんじゃないかという傑作なんですよね。これはおすすめです。

というふうに、先生の昔話について書かれた文章をたどっていけば、先生にとって昔話がどれだけ大きな柱であったかということがよくわかると思います。そして、このインタビューの中では、「最近リュティの本やなんか読むと、昔話の特質について、私たちの考えているようなことに納得のいくような説明がされているんで、……」と言っていて、これまでご自分が昔話絵本や昔話論の中で考えたり語ったりしていることを、ここでもういちどリュティの理論などで確認していらっしゃるのが印象的ですね。先生がこのインタビューを受けた一九七七年ごろに読むことができたリュティの日本語訳といえば、『ヨーロッパの昔話―その形式と本質』（岩崎美術社／一九六九年）とか、リュティの講演を本にした『昔話の本質―むかしむかしあるところに』（福音館書店／一九七四年）などですが、そういう本を先生はこの時点でお読みになっていたのだと思います。

「昔話」のあと、インタビューでは「翻訳」について語っています。先生の絵本の翻訳については、この講座でも二回目に『三びきのやぎのがらがらどん』や『おだんごぱん』で少していねいにたどってきたことですね。先生ご自身では、ご自分の翻訳について特に文章にして何かに書いているということはほとんどないんですけれども、これは訳したものを見ればわかりますということでしょうか。

漢文体の翻訳

そして「翻訳」についてはさらに、大正から昭和の初めにかけて子ども時代を過ごした瀬田先生たちには印象深い、漢文体による翻訳に話が及んでいます。

「私、小学校のころ読みましたんでね、大変便利なのは、改造社の〈現代日本文学全集〉という、円本がございましたでしょ。これの一冊で、昭和三年ごろに『少年文学集』というのを鈴木三重吉が編集しましてね。そのなかに、私なんかにするととっても印象の深い翻訳体のものが二つ三つあるんです。一つは森田思軒《しけん》の『十五少年』、もう一つは若松賤子の『小公子』、それからまだほかにも、幸田露伴の『番茶会談』とかね。ああいうものがはいってましたがね。あれはくり返し読みました。『十五少年』の冒頭の、嵐のところを帆船がかすめて飛ぶようにして走りすぎるところなんてのは、漢文体の、あれはすごい、うまい技術だと思って今でも感心してるんです。それから若松賤子の翻訳なんかでも、練れた口語訳でね。あれはいまだにだれも追っつかないだろうって気がしてるんです。日本語の問題だっていう感じしますね、ああなると」

改造社版現代日本文学全集
『少年文学集』（1928 年刊）

ここに出てくる、先生が小学生のころ読んだ「大変便利な」本だったといっている昭和三（一九二八）年出版の、鈴木三重吉が編纂した『少年文学集』は、改造社の「現代日本文学全集」の中の第三十三巻です。装丁は前回お話しした「日本一ノ画噺《えばなし》」の画家、杉浦非水です。インタビューでおっしゃっているように、この『少年文学集』は、巌谷小波の「こがね丸」から、幸田露伴の「番茶会談」とか、北原白秋の童謡とか、三重吉自身の「古事記物語」まで、ちっちゃな活字の三段組でもうぎっしり詰まっているアンソロジーなんですね。本好きな少し大きな子どもには、それこそとっくり返しひっくり返し読めるような本だったんだろうと思います。私がこの本を手に入れた一九七〇年代には、神田あたりのどこの古本屋でも、百円でころがっていましたが、今はどうでしょう。

ここで先生が例に出している森田思軒訳の「十五少年」というのは、ジュール・ベルヌの『二年間の休暇』のことですね。その冒頭の、「嵐のところを帆船がかすめて飛ぶようにして走りすぎる」場面をちょっと読んでみましょう。

「十五少年」

第一回

一千八百六十年三月九日《ここぬか》の夜《よ》、彌天《びてん》の黒雲《こくうん》は低く下《た》れて海を圧《あつ》し、闇々濛々《あんあんもうもう》咫《し》尺《せき》の外《ほか》を弁《べん》ずべからざる中《うち》にありて、断帆怒《だんぱんど》濤《とう》を掠《かす》めつゝ東方に飛奔《ひほん》し去る一隻《せき》の小船《しょうせん》あり。時々《じじ》閃然《せんぜん》として横過《おうか》する電光のために其《そ》の形《かたち》を照《てら》し出《い》ださる。……

（原文は歴史的仮名遣いによる総ルビ付き）

という調子です。こういう、気合いの入った漢文調の文体で翻訳されていると、当時の子どもたちは何か特別な、すごい物語がこれから始まるぞという、どきどき、わくわくするような感じがしてきたんじゃないでしょうか。

ちなみに、「福音館古典童話シリーズ」の『二年間の休暇』（朝倉剛訳／一九六八年）のこの部分の訳は、こうなっています。「一八六〇年三月九日の夜、海上は、雲が厚《あつ》くたれこめていて、視界《しかい》はほとんどきかなかった。大波がにぶく光りながらくずれている荒《あ》れ狂《くる》った海上には、帆《ほ》をほとんどたたんだ一そうの船がただよっていた」。

宮沢賢治とファンタジー

さておしまいに「宮沢賢治とファンタジー」のところを聴いてみましょう。

先生は、『ホビットの冒険』や「ナルニア国ものがたり」など、ファンタジーの大作をたくさん翻訳していらっしゃるんですが、ファンタジーそのものについて書かれた論のほうは、『児童文学論』上巻第二章に収めてあります。「空想物語が必要なこと」から始まって、このあと岩波市民講座で話された講演録の「子どもと文学—ファンタジーの特質—」と、それからイギリスのファンタジーの作家作品を論じた「子どもの館」の連載「夢みるひとびと」が続きますが、先生はこういう西洋のファンタジーについて論じながら、一方で、それじゃあ日本ではどうだったんだろうかという思いがいつもあったようですね。

そもそもこのインタビューは、「私と英米児童文学」がテーマですから、ここからようやくイギリスのファンタジー作品についての話が始まることになるんですけれども、それにたどりつく前に先生は宮沢賢治のことをずいぶんたくさん話されていますし、そこからさらに法華経などの仏典世界のファンタジーにまで話が及んでいます。以下、賢治について次のように語っています。

「賢治の文章を読んでいると、〈なめとこ山の熊〉にしても〈セロ弾きのゴーシュ〉にしても、舌にのって日本語がこうリズムをもって語られるという感じがひじょうに強いでしょ。それで賢治は小さいときにやっぱり、年寄りから昔話をそうとう聞いているんだろうと思うんですよね。ちょうどとなりあったところじゃ佐々木喜善《きぜん》が、『聴耳草紙』なんか採集してる地方ですしね。あの辺は、花巻なんていうところはほんとに昔話のゆたかなところだったろうと思うんですが、そういう、昔話がひとつは土台になって〈鹿踊《ししおど》りのはじまり〉とか、ああいう民俗性がゆたかなものね、〈狼森《おいのもり》と笊森《ざるもり》、盗《ぬすと》森《もり》〉の話だとかああいうものができてるんだと思うんですが。発想のなかにはファンタジーといっしょに土着的なああいうあったかい思想がずいぶんあるようですね。それが純良な、それこそほんとにリズムを持った輝かしい文体になって出てくるから、どうしてもぼくたちひきつけられちゃうんですね。

「（賢治の）擬態語や、擬音語みたいなものは多くは、やっぱり方言的な使用法からそのまま生まれてくるらしいですね。私はこの前、どこかの読書会のグループから、『かさじぞう』のなかにある〝ゆきがもかもかふってくる〟っていう〝もかもか〟っていうのはどういうふうにお使いになったのでしょうかって質問受けたんですがね。あれは家内の地方の方言でね、雪が降ってくるという状態をいっているんですが。（中略）ぼくはとってもそれは好きな言葉です。それでどうしても使っちゃったんですけども。それはやっぱり感情のよくはいっている言葉ですね。そういう擬態語や擬音語なんかとってもきれいな言葉だと思いますね。

「（賢治の作品には、名前が片仮名の人物がたくさん登場しますが）あれはね、エスペランチストだったから、それを使ったんだと思うんですね。ですから盛岡とか仙台とかいうんでもそれぞれモリーヨとかセンダートなんて、ああいう、エスペラントの発想っていうのはやはり世界に通ずるという賢治の理想なんかとぴったりしたんで。彼はもうそりゃあ東京に出てきたとき一生懸命勉強したんだろうと思うんですけど、そのもとに、あの人は語学がそうとう好きでもあったらしくって、英語の〈エヴリマンズ・ライブラリー〉からアンデルセンの話を子どもたちに読んでやってるところがあるようですね。そこを日本語で話して聞かせてるんですから、かなり自信があったんだろうと思うんです。ドイツ語もやったらしいですね。そういう学校の知識をもとにしてそれを独特の造語、詩人的造語法でね、エスペラントの作り方を参考にしながらさまざまな想像力を刺激するような言葉、リズムのある言葉に作っちゃったんだろうと思うんですが。

「カムパネルラとかいろんな姓が出てくると、そういうもののもとになっているものが賢治の頭の中でどう消化されてるのかって、ちょっとさぐってみたくなりますね。もともと賢治という人は幻視や幻聴みたいなものがかなりあった人らしくて。（中略）そういうとこへもってきて、なんか日蓮宗でね、法華経を耽読したということはずいぶん養いになっていると思うんです。仏教文学の中で法華経ほどスケールの大きいファンタジーはないというくらいにいわれているでしょう。そうすると私たちも今になってようやく気がつくんですが、『神道集』だとか、それから〈お伽草子〉だとか日本の中世の物語あたり読んでいると、仏典から触発されて〈梵天国《ぼんてんこく》〉のような幻想的な話が生まれているのに気づくのですが、そういうのと同じ根のところで〈銀河鉄道の夜〉みたいなものを考えていたんじゃないかという気がしてならないんです。仏典世界のファンタジーってのはとってもスケールは大きいし、ファンタジーの性質というのがやはりこの、人間を問わずいっさいのいのちあるものを治めようとするような指向性っていうのを持っているでしょう。ですから大きくひろげればどこまでもいくようなところがあるんですね。星々がそれぞれ五輪の塔であったりなんかするようなイメージを打ち出したりしているようなところがあって、とても似てるところがありますね」

賢治については、『子どもと文学』（一九六〇年）の中の「宮沢賢治」論を、そっくり『児童文学論』の下巻に収めていますが、それ以外にも、たとえば「夢みるひとびと」で、ハドソンの『夢を追う子』を論じる中で賢治の作品との比較がされていますし、何か先生には、ファンタジーについて語っているといつのまにか賢治に戻っていくような、そんなところがありますね。トールキンやC・S・ルイスの長大なファンタジーを子どもたちに向けて訳すことで、いわば西洋のファンタジーの真っただ中に身を置きながら、ふと振り返るとそこに賢治がいる、ということなんでしょうか。いずれにしても、ファンタジーを語るのに賢治は大きな意味をもっているんですね、先生にとって。

この一九七七年秋のインタビューから、二十年近くの時を遡って書かれた『子どもと文学』の中の

「賢治」論は、次のような結びになっています。

……空想の翼にのって、自由自在に願望の世界にはいることのできる物語ほど、子どもに楽しいものはありません。そしてまた残念なことに、ファンタジーほど日本の児童文学に欠けているものもありませんでした。賢治のファンタジーは、多くの子どものための名作がそうであるように、空想世界は現実のなかにひそんでいる真実をとり出して、しっかりと裏うちをされていました。突飛な感覚の切り売りや、とりとめのない幻想のおしつけではありませんでした。

「ほんたうに、かしはばやしの青い夕方を、ひとりで通りかかったり、十一月の山の風のなかに、ふるえながら立ったりしますと、もうどうしてもこんな気がしてしかたないのです。ほんたうにもう、どうしてもこんなことがあるやうでしかたないといふことを、わたくしはそのとほり書いたまでです。……けれども、わたくしは、これらのちいさなものがたりの幾《いく》きれかが、おしまひ、あなたのすきとほったほんたうのたべものになることを、どんなにねがふかわかりません」

こういう童話集の序文は、賢治の場合の真実と空想、あるいは現実と空想の関係をよく示しています。彼は空想の正体のなかにいつも真実をすえて、それが「おしまひ（結局）」、子どものために、いつかは生きることを信じきっていました。その意味でも、彼は子どものための作家でした。

（『児童文学論』下巻 p.339－340）

この賢治に対する先生の結論は、時を経ても変わることがなかったと思います。

座談の魅力

さて、『児童文学論』の中身にふれつつ、この講座全体を振り返りながらインタビューを聴いてきましたが、このへんで終わりにしまして。

ところで瀬田先生は文章もさることながら、話もとっても上手な方で、それで、講演録をそのまま本にした、あの『幼い子の文学』という傑作もあるわけですが、この『児童文学論』の中にも、今聴いていただいたインタビューのほかに、講演録から文章に起こしたものが三編入れてあります。

先生がどれだけ話上手だったかというと、こんな伝説があります。先生は映画がお好きでよく映画館にいらしてたんですが、あるとき、ある人が浦和のお宅に行って雑談をしているうちに、話題が最近ごらんになった映画のことになって、その話がすごく面白かった。そこで、さっそくその人はこの映画を見に行ったんですが、映画はそれほど面白くなかった（笑）。映画よりも先生の話すストーリーのほうがずっと面白かった、というようなそういうことはたくさんあるんですが、要するに先生は、「ほら、ここにこんな面白いものがあるんですよ」ということを伝えたくてしょうがないわけですね。そして、それを本当に楽しそうに伝えてくださる。しかもその話し方がとびきりうまいんですから、聞くほうはこれはもう、面白いですよね。

そういう方なのに、なぜかご本人は講演嫌いだとおっしゃっているんですね。あるとき、どうしてもやらなければならない講演があって、しかたなく出かけていって、会場の高い段の上で話しているうちに、あんまりいやで講演の途中で気絶しちゃったんですね（笑）。大騒ぎになって別室に運びこまれて長椅子に寝かされて、葡萄酒かなんか飲まされているうちに気がついてしまった。で、やれやれ、これで今日はうちに帰れるぞと思ったとたん、主催者が入ってきて、「あ、気がつかれましたね。皆さん会場でお待ちです」と言われて（笑）がっくりという、オチまでちゃんとついています、この話は。でも、先生の「話好き」と「講演嫌い」との境目がいったいどこにあるんだろうということなんですが、あのとき気絶してしまったのは、昔の学校の講堂なんかによくある高い段の上で、聴き手の顔は遥か下のほうに沈んでいるような、まるで海の底に向かって話しているような状況だったからなんですね。そういうところで話していたら、そのうちすーっと気が遠くなってしまった。つまり、聴く人の顔が見えないところで話すのが、まず先生はいやなんですね。それに、偉そうな場所で偉そうな顔をして話をする羽目になるのもいやなんですね。そういうことなんだろうと思います。

話を戻しますと、『児童文学論』に入れた三つの講演録は、講演嫌いの先生が、この三つは気持ちよく話せた講演だったんですね。

まず一つ目は、上巻の第二章「ファンタジー」の章に入れた「子どもと文学」です。これは「ファンタジーの特質」というサブタイトルがついていて、先ほどいいましたように岩波書店の市民講座で一九六五年に話したものです。この講演録は岩波少年文庫の創刊五十周年のときに出た『なつかしい本の記憶―岩波少年文庫の50年』（二〇〇〇年）にも入っていますから、そこでお読みになった方も多いんじゃないかと思います。

それから二つ目は、下巻第九章「近代日本子どもの本の歩み」の章に入れた「子どもの本について―その資料としての価値―」です。これは六〇年代になって、国会図書館に所蔵されている明治以降の児童書をいっぺんちゃんと整理して、一般に閲覧できるようにしようではないかという要請というか、運動がおこって、さらにそれを推し進めるために国会図書館で連続講演会が開かれることになり、その第一回目の講演依頼が瀬田先生のところにきたんですね。で、先生は講演の前に、あらかじめ国会図書館に出かけていって、古い子どもの本がたくさん眠っている書庫に入り、あれこれ目についた本を引き抜いてきて、後日講演のときにそれを見せながら話をしたという、そのときの講演録がこれです。ここでは、『不思議の国のアリス』の日本でいちばん最初に訳されたものという『アリス物語』(永代静雄訳/一九一二年)という本や、野上弥生子が子どものために書いた創作の『人形の望《のぞみ》』(一九一四年)など、いわゆる瀬田ワールドの面白いことの数々が、例の瀬田節でたっぷりと話されています。しかも、絵本、絵ばなし、童話、翻訳本と、あれこれ目についたものを適当に取りあげているようで、これがちゃんと明治以降の日本の子どもの本のひとつの流れになっているところもさすがで、こうして文章に起こしても、古い本の手触りまで伝わってくるような、瀬田先生の座談の魅力あふれた一編になっていると思います。

三つ目は、このあとに続く「明治の絵本」という文章です。これは一九七二年に日本近代文学館でおこなわれた児童文学講座のときの講演録に加筆したもので、読む文章にするという方針でかなり手を入れてから本にしたようで、初出本、つまり最初にこれを載せた本(『児童文学の世界』ほるぷ出版）には特に「講演録」とはことわっていないんですが、これも、もとは講演録です。でも読んでみると、文章には講演録だったという痕跡があちこちに残っていて、事柄の出し入れが自在な点、文章の風通しがよくて、児童文学史をテーマにしたほかの文章に比べるととりかかりやすいかなという感じがします。

以上、インタビューと、それから講演録をもとにした三つの文章を読むことで、瀬田先生の座談の魅力を楽しみながら『児童文学論』を読んでみるのも、ちょっと変化球ですけれど、この本の面白い読み方かもしれません。

『児童文学論』編集メモから

さて、次は、それではこの本をどうやって作ったのか、どうやって編集したのかをお話ししたいと思います。手っ取り早くいえば、編集担当者の苦労話を、ここで聞いていただこうということなんですが、以下の文は、『児童文学論』を編集するにあたって、福音館書店に在職していた当時、私が作った編集メモです。こんな具合にこんなことを考えながら編集の仕事を進めていったのだという、そのプロセスを見ていただく、それからもうひとつは、一つ一つの章を構成するにあたってどういう考えがあったのか、つまり編集意図を知っていただくために、こういう内輪の資料ですけれど、ここへ持ってきました。『児童文学論』はいったいどういう本なのかということを、さらにもう少し別の面からも知っていただきたいという思いもありまして、ちょっと長いんですが、この「編集メモ」を全文読ませていただきます。

『児童文学論』構成案

本書『児童文学論―瀬田貞二 子どもの本評論集』は、瀬田貞二先生が遺された二百編あまりの文章から八十一編を選び、内容にしたがって十一の章に分けたものです（上巻第一章〜第五章／下巻第六章〜第十一章）。以下、章ごとに編集上の留意点を記します。なお、収録する文章の選択基準は、次のとおりです。①本書は瀬田先生の全集、あるいは著作集ではない。今現在の子どもの本にとって必要と思われる文章を集めて編集するようにした。②ファンタジー作品の翻訳など単行本の「あとがき」は外す方向で考える。③ごく啓蒙的な内容の文章は、別にまとめて一冊にするという案もある。

〈上巻〉

第一章「子どもに本を手わたすこと」

この評論集の「総論」にあたる部分として、まずこの章を設けました。旅のエッセイである「もっとも美しい〈教科書〉」を冒頭にもってきた理由は、以下のとおりです。①本書への入り口を入りやすくするため。②上巻は、「絵」（図版）になるものが少なく、このハンス・フィッシャー挿絵によるスイスの美しい教科書を、冒頭の目立つところに入れたい。*

またこの章は、子どもと本との大切な関係が、アメリカの児童図書館運動や、日本の一九五〇年代から六〇年代にかけての文学教育などから論じられた七編の文章を集めているのですが、それが読者に狭く受け取られると瀬田先生の真意が伝わらないように思えるので、スイスの「美しい〈教科書〉」に出会う旅をまず最初にもってきて、以下に続く文章をゆったりした気分で読んでもらおうというのがいちばん大きな理由です。

なお、アメリカの児童図書館運動については、ファクトチェックにその方面の知識が必要で、そのためここは、特に図書館員の方に協力をお願いしてあります。このように、編集担当者の手に余るところはそれぞれ専門の方に見ていただくようにして、万全を期すつもりでいます。

第二章「ファンタジー」

この章で、大きな問題は、「空想物語が必要なこと」と「ゆたかな子どもたち」の文章が一部重複しているということですが、別記のような理由（『児童文学論』上巻の注 p.519 を参照）で両方とも掲載せざるを得ない、あるいはむしろ積極的に掲載したいと思っています。「ゆたかな子どもたち」をあとにもってくることで、その重複感がすこしでも和らぐのではないかと考えているのですが、いかがでしょうか。

さらに「夢みるひとびと」八編のチェックも、慎重にやらなければいけない大物で、ここも専門の方の協力をお願いしています。下巻の明治、大正の絵本あたりになると、ほとんど前人未踏のところにまで踏みこんでいるので、そこでチェックもれがあってもしかたのないことですみます。けれども、イギリスのファンタジーについては、書かれた時期を考えると、特に資料の面で、現在の児童文学では「常識」になっているようなことを見逃してしまうおそれがありますので。

第三章「書評など」

〈3―1〉の映画評三編については、書かれた時期こそ古いのですが（一九五六、五七年）、いずれも納得できるものだと思いますし、ディズニーの映画に対する評も、耳を傾けてよいものだと思います。また、ここには、『ホビットの冒険』や「ナルニア国ものがたり」などの翻訳童話のあとがきを何編か入れたいとも思ったのですが、やはり文章の調子が違って入れにくかったので、結果、ちょっと取り合わせが唐突な構成になってしまいました。「〈くもの糸は名作か〉再論」は落とせないものですし、「プーさん頌」「アーサー・ランサムの物語の特質」は、落としたくないものだと思います。

〈3―2〉は、「子どもの館」に連載された匿名書評六編を、本書で初めて瀬田先生の著述として収録します。この書評欄（「羅針盤」）は、数人のメンバーによる書評委員会を作って新刊本だけを取りあげたもので、作品そのものの評価だけでなく、翻訳の際の文体、挿絵、装丁、本の販売のしかたにまでふれていて、まさに「現代の子どもの本」とわたりあった仕事だったと思います。本書全体が、なんとなく児童文学史的な感じになっている中で、こういう異質なものも入れておきたいと考えました。

第四章「昔話」

この章は、「明治御伽名義考」のように、かなり難しい専門的な文章もあるのですが、「昔話」は瀬田先生の大きなテーマでもありますので、昔話関係の著述は、できるだけ多くを収録するつもりでいます。

『日本お伽集』解説」は、これは一冊の本の解説文として傑作だと思われますが、本文を読んだそのうえでの〝解説〟という前提で書かれているので、これだけを独立した文章として取り扱う場合は、それにともなって補足しなければならないことがいろいろと出てきます。このあたり、本の解説文を入れるときの注意点でしょうか。

また「昔話の文学性」については、一九六〇年に雑誌に発表されたときの原題は「民話の文学性」でしたが、六〇年代半ば以降の先生の用例にしたがって、タイトルを「昔話の文学性」、また文中の「民話」を「昔話」に改めます。なお、五〇年代から六〇年代前半に書かれた文章には、「昔話」の意味で「民話」という言葉を使っていることがしばしばあり、混乱するので「昔話」に統一する方向で考えたいと思います。

第五章「なぞなぞ、遊びなど」

「なぞなぞ」と「遊び」は、「昔話」に準ずるものとして「昔話」の章（第四章）に入れる案もあったのですが、これをやめて別立てにしたのは、「知恵の板とタングラム」、及び「おもちゃ――緑色のランプ――」の置き場所に困ったからです。しかし、こうやってもうまく落ち着いているとは思えず、何かいい手はないものかと思案中です。

なお、「なぞなぞ遊びの諸性格」については、本編は『幼い子の文学』の中で話されている「なぞなぞの魅力」の章のもとになった原稿であり、結果として『幼い子の文学』と内容が重複してしまうことになるのですが、なぞなぞ遊びの魅力が余すことなく語られていて文章として面白く、また『幼い子の文学』では省略されている後半の「なぞなぞの起源」について語っているところも生かしたいので、収録することにします。

〈下巻〉

第六章「私と子どもの本」（インタビュー）

これはすでにいちど『絵本論』初版時の付録にしたものですが、このときは一部分カットしたり、構成を変えたりしています。今回は全文を、もとの雑誌（「児童文学世界」創刊号）に掲載されたままの形で入れます。このインタビューは、先生ご自身の歩みが語られているのと同時に、本書を読む際の見取り図的な役割も果たしてくれると思います。

第七章「戦後の児童文学」

戦後まもなく続々と生まれた創作童話は、『ノンちゃん雲に乗る』（石井桃子／一九四七年）などごくわずかな作品を除いて、今ではほとんど読まれることはありませんが、「戦後の児童文学」は、渦中にいてそのことを誠実に見てきた一人の戦後児童文学論として、臨場感と迫力がありま す。また、本編冒頭に語られている〈終戦にさいして〉の部分は、瀬田貞二という人の、子どもと子どもの本に対する原点を知るうえで、その持つ意味は大きいと思われます。

第八章「知識の本《ノン・フイクション》」

瀬田先生の三十代をほぼついやした仕事が『児童百科事典』の編集であり、「知識の本」に対する先生の関心も大きかったと思います。そこで、ぜひ、ノンフィクションで一章を設けたいのですが、実際にはこのテーマで書かれたものは少なくて、このような、正直いってちょっとものたりない構成になりました。下巻で展開されている石井研堂論では、日本の子どもの本にとって「明治の一人」に「巌谷小波」を採らずに、「石井研堂」を書いたということの関連からも、このノンフィクションの章は残したいと思うのですが……。

またノンフィクションの章をやめてしまうと、力作である「コメニウス以後―大衆啓蒙と印刷―」をどこに入れたらよいかという問題も出てきます。

第九章「近代日本子どもの本の歩み」

「英米児童文学を日本はどうとりいれたか」は、「日本における移植文学の精密な研究がなされたとしたら……」の実際の試みといえる、非常に大きなテーマであり、また、日本の児童文学の近代史としての意味もあります。さらにここから、本書に収めたほかの文章との関連もたくさん出てきます。問題点は、書名だけが羅列されているような箇所もあって、特に明治後半から大正にかけてはちょっと読みにくいのではないかと思われるので、何かもうひとつ、編集上の工夫が必要かもしれません（たとえば、イソップ「兎と亀」の明治時代の翻訳や、エリナー・ファージョンの詩の大正時代の翻訳など、いくつかは実物を注で補う、とか）。

「近代日本の絵本」は、「複刻　絵本絵ばなし集」の解説なので、複刻本の表紙を全点（五十三冊）図版で入れるつもりです。なお、本編と「明治の絵本」とは、明治時代の記述が重複しているのですが、まとめ方が異なりますし、このあたりは瀬田先生のライフワークといっていい領域なので、両方収録します。

第十章「子どもの本をめぐるひとびと」

ここでは、宮沢賢治、坪田譲治、中村草田男、石井研堂、楠山正雄の五人についての評論を収めました。賢治、坪田以外の三人は、子どもの本の筆者としてはほとんど論じられることのない人たちですが、「穴ぼこみたいな、欠落部分というか、人の気がつかないほうへ、（中略）ぼくは興味をひかれる質《たち》らしいんですね」（インタビュー）と自ら語っているように、これは瀬田先生ならではの選択だと思います。

草田男について二編採った理由は、本書の読者にとっていきなり『風船の使者』の解説からでは唐突だろうということと、『ビーバーの星』の解説が近代俳句における草田男の位置を非常にわかりやすく適切に言いあらわしており、さらに草田男と「童話」（メルヘン）の関係をつかむうえで導入の役割を果たすだろうと考えてのことです。

また、研堂についても二編採っていますが、いくつかある先生の研堂論のうちで、もっともあとに書かれ資料的にも充実していると思われるのが「石井研堂―その子どもの本の仕事―」であり、一方、『『日本漂流譚一』解説」のほうは、研堂論の入り口としてその経歴と仕事がより簡潔にまとめられています。重複するところも多いのですが、今日馴染みのうすいこの人を知るために二編続けて入れることにします。

第十一章「エッセイなど」

おしまいに、二十六ページ分をエッセイに割きました。以上の文を書いた瀬田先生の底辺にあるものを感じ取ってもらいたいという意図からです。

担当者の役目

今、この編集メモを改めて読み返してみますと、実際には実現できなかったこともいくつかありま す。まあしかし、編集担当者としてはこんなふうに全体の構成を考えながら、上下二冊にまとめてみたんですけれども、もうひとつ、担当者がやらなければならない重要なことがありました。それは文章の中に間違いがないかどうか、つまりファクトチェックをここで改めてやるということなんですね。なにしろ瀬田先生は、もう三十年以上も前になくなられていますから、今この時点で単行本にするにあたって、ご自分でもういちど文章を読み直すということができないんですね。ですからそれは編集担当者の役目になるわけで、分野によってはそれぞれ専門の方に見ていただくことも含めて、これはもう細心の注意を払ってやらなければならないということになります。

間違いといっても、単純な誤植は気が楽です。たとえば、上巻「ファンタジー」の章の中で、「キリスト教児童文学のあり方」という文章があるんですが、ここでは、C・S・ルイスのエッセイ「子どもの本の書き方　三つ」*On Three Ways of Writing for Children* の訳が引用されていて、なかに二ヵ所出てくる「鳥」bird という言葉が、二ヵ所とも「馬」になっていました。これなんか、もとの英文を見ればすぐに間違いがわかることですね。この文章は「基督《キリスト》教保育」という雑誌に書かれたものなんですが、送られてきた雑誌を見て、先生はきっと「おやおや」と思われたことでしょう。鳥が馬になっていたんですから。前回も「落穂ひろい」連載中のところで言いましたけれど、とにかく先生の書かれる生原稿は達筆の崩し字なので、「鳥」という字と「馬」という字は似ているんですね、崩して書くと。でも、こういう間違いは雑誌に掲載されたときの単純な校正ミスに違いないので、まったく迷うことなく訂正できるんですが、そう簡単にはいかないことも、もちろんたくさんありました。

これは本が出たあと、児童図書館研究会の機関紙「子どもの図書館」（二〇一二年一月号）に書かせていただいたことなんですが、第一章「子どもに本を手わたすこと」の章に入れた「アメリカの児童図書館運動の原動力」という文章が、当時日本にいて見ることができる資料の少なかった時代に書かれたせいか、チェックすることが多かったんですね。そのひとつで、パリの「たのしいひととき」図書館 L'Heure Joyeuse についてふれているところがあります。この図書館の開設には絵本『シナの五にんきょうだい』の作者ビショップ夫人が関わっているんですが、その関わり方に訂正が必要になりました。これは簡単に直せるようなことではなかったので、私はまず、ビショップ夫人のことを書いた一行を本文から削ることを考えました。でも、削ってみて驚きましたね。文章がなんだか面白くなくなってしまうんですよね。何度も言うように、先生は面白いもの、すばらしいものを見つけると、「どうです、これいいでしょう」と上機嫌な声で私たちに語ってくださる。赤本やおもちゃ絵や双六や、ハンス・フィッシャーの挿絵入りスイスの教科書のときもそうでした。文章についてもそれとまったく同じで、要するに瀬田節のおおもとにはこういう「発見」の喜びがあるんですね。この一行にも、「ほら、あの『シナの五にんきょうだい』のビショップ夫人がね、ここじゃこんなふうに関わっているんですよ」という先生の弾んだ声が背後に確かにあるんですね。これではいくら問題があるといったって、削るわけにいきませんよね。それで私は結局、本文の間違いはそのままにしておいて、巻末の「注」で、このことについて詳細に書かれている『フランス近代図書館の成立』(赤星隆子著/理想社/二〇〇二年)という本を引用させていただいて、一応ことを収めたんですが、詳しくは上巻の「注」(p.516)を見てください。

こういうふうに「注」にしてしまうほうが、先生の文章に直接手を入れるという、そら恐ろしいことをしなくてすみますから、担当者としてははるかに気が楽なんですが、このような訂正の「注」があまり多いと、本が複雑になりすぎます。ですから、「注」で訂正を入れるのは、言ってみればもうどうしようもない、最後の手段ということになるんですね。

もうひとつ例をあげますと、ある文章の中で、小泉八雲(ラフカディオ・ハーン)の没年が違っていました。先生、数字に弱いんですよね。意外に思われるかもしれませんけど弱いんです。で、単に没年が違っているだけなら数字を直すことで済むんですけれども、このことが記述されている内容にまで複雑に影響しちゃっているんですね。先生がご自分でもういちど読み返すことができたなら、ここは必ず気がついて直されるところです。こういう事態になりますと、担当者は何日も頭を抱えこむことになります。とにかく先生にはもういっさいの相談ができないわけですから。そこでどうするかっていうことなんですが、先生ならここはこう考えてこう訂正なさるだろう、ということの幾通りもの可能性を推測して、その中からともかくも答えを見つける、そういうふうに進めていくしかないんですね。でも、たくさんの推測の中からひとつの答えを選び出すたびに、私は大変な重圧を感じていました。そしてどうやら確信に近い結論にまでたどりつくと、なんか、これが不思議なんですけれど、「ま、そうしておきましょう」という先生の声が聞こえてくるんですね。それでほっとして、そこから先は、その結論にしたがって編集者の職人技で慎重に文章に手を入れる、とそういうことになるんですが、そうやって訂正した箇所は、当然のことですけれども、そのプロセスも含めて記録を残しておくようにしました。

そのほかにも、この『児童文学論』をまとめるには、編集上の工夫がいろいろと必要でした。たとえば上下それぞれの巻末につけた「注」ですが、この本の場合、収録した文章すべてにずいぶんと時が経っているので、「注」は、今これから、この本を読もうとしてくださっている読者の方たちへの橋渡し役になるようなものが必要だと思いまして、その架け橋になるような「注」をたくさん入れました。この巻末の「注」も見ていただきながら本文を読んでくださると、担当者としてはうれしいですね。

それからさらに細かいことなんですが、この『児童文学論』には、一つ一つの文章の終わりにそれが最初に書かれた日付（初出の日付）が小さな字で入っているのにお気づきでしょうか。一方、『絵本論』のほうはこの日付は入れてありません。これは、『絵本論』はいくつかの連載をいったんばらして、改めてひとつの流れを作って再構成してあるので、ここに一つ一つ日付を入れたらその流れの邪魔になってしまいます。でも『児童文学論』のほうは、「昔話」とか「ファンタジー」とかテーマ別に括るという、ゆるい構成のしかたなので、たとえば、「わんわん物語」など古いディズニー映画の評などを読んでいると、「あ、これ、いつごろ書いたものなのかなあ」とすぐ知りたくなるんですね。という具合に、『児童文学論』は、書かれた時期を、日付を、頭の隅に入れて読んでいただくという、そういう本作りをしています。そのほうがおそらく読みやすいだろうと思ったからなんですが、細かいことをいえば『児童文学論』と『絵本論』とでは、そういう本の作り方の違いがあります。

このように、『児童文学論』をまとめるにはいろんなことがあったんですが、これは話していると切りがないのでこのへんで打ち止めにいたしましょう。

書評「子どもへの憧れ」

以上、四回目の今日はインタビューの録音を聴くことから始まって、編集面でのことまであれこれ聞いていただいたんですが、ところで最後にひとつ、大きな問題が残りました。それは、このような内容をもつ瀬田先生の『児童文学論』を、今、二十一世紀の、二〇〇〇年以降の現代に生きる私たちは、それではどういうふうに読んだらいいのだろうか、また、どういうふうに瀬田先生に出会ったらいいのだろうかということなんですが、おしまいに、この本について書かれた一編の書評をご紹介しようと思います。このことについて考えるひとつの糸口になればいいと思うからです。

「子どもへの憧れ」と題したこれは、二〇一一年十月になくなった長谷川摂子さんが雑誌「飛ぶ教室」十九号に書かれたものなんですが、瀬田先生と私たちのあいだに横たわっている長い年月の距離を正確にとらえようとした、とってもいい書評だと私は思っています。これ、全部読むと十二分かかる長い書評なんですが、『児童文学論』の内容についても、ここでていねいに長谷川さんは書いてくださっているので、ちょっとつかみにくいであろうこの本の中身を、最後にもういっぺん皆さんに整理して確認していただく、そのためにも全文を読ませていただこうと思っています。

長谷川さんは絵本の作者ですけれども、一方で書評家として、本に対して非常にすぐれた眼と、それからそれを表現することのできる筆力をもった人でした。ちょっとキザなことを言わせていただくと、もう著者がいないこういう長いものを編集しているときって、編集担当者はしばしば半端でない孤独感におそわれるんですね。そういうとき、長谷川摂子さんという人がいて、その、読み手としての確かな眼を身近に感じることで、これまで私はずいぶん助けられてきました。

読む前に、ちょっと長谷川さんのことをお話ししておきます。長谷川さんは、出雲の古い町、宍道湖の近くにある平田（現、出雲市平田町）というところの出身で、長谷川さん自身の言葉によれば、ふるさとの出雲を「蹴っ飛ばす」ようにして上京。東大の大学院でフランス十六世紀の思想家モンテーニュの研究をして学者になりかけるんですが、ここで六〇年代の終わりにあった、あの熾烈を極めた大学紛争に遭遇するんですね。で、学問の世界も蹴っ飛ばして、それじゃあ世の中でいちばん生きのいいものは何だろうか、それは子どもだ！という直感で、一転して保育士になり、ここで子どもたちと出会い、それからさらに柳田國男の著作に再会して、自らのふるさと「出雲」を取り戻します。

福音館の「かがくのとも」の編集者が長谷川さんを訪ねたのは、瀬田先生がなくなったそのすぐあとのことで、一九七九年の秋のころでしたから、長谷川さんは本当に惜しいところで直接瀬田先生に出会っていないんですね。瀬田先生が書評委員のひとりだった「子どもの館」のあの匿名の書評欄（「羅針盤」）でも、長谷川さんが新しくメンバーに加わったのは先生がなくなって一年後のことですから、ほんとにもう少しだけ先生に時が残されていたなら、確実にこのお二人は会って話をする機会があっただろうと思います。長谷川さんはまもなく、「かがくのとも」で、『みず』（百五十九号）や『じめん』（百七十六号）などの写真絵本を出します。それから八五年には、「こどものとも」から初めての物語絵本『めっきらもっきら　どおんどん』（三百五十三号）を出すんですが、ここに出てくるへんてこりんな三人組の妖怪のうち、「おたからまんちん」と「しっかかもっかか」は、柳田國男の『分類児童語彙』という本からとったものですね。両方とも大人が小さい子どもをあやすときの言葉だそうですが、こんなふうに柳田國男を絵本の中に登場させる若い人が出てきたわけですから、きっと先生も長谷川さんと話をすることを楽しまれただろうなと思いますね。

さて、ここから先は長谷川さんご自身に語っていただきましょう。

書評『児童文学論』

子どもへの憧れ

長谷川摂子

一冊の本を読んで、その著者に会いたいと思うことはめったにない。しかし、瀬田貞二さんは例外だ。書評する本の著者をさんづけで呼ぶのはいささかルール違反だけれど、私は氏の生前、その謦咳に接したことがない。だから、それは普段のお付き合いの延長から出たことではなく、本を通じての思いであることの特殊性と、思えば、それもひとつの批評のありかたではないかと、独断している。どうぞ、瀬田さんと著者を呼ぶのを許してほしい。

私がそういう思いに駆られたのは『幼い子の文学』(一九八〇年、中公新書)を読んだときだった。この本自体が都立日比谷図書館の図書館員を相手にしたレクチュアーであったこともあって、瀬田さんの文章には語りの暖かさがあふれていた。それに該博な知識を開陳してくれるときのなんともいえぬ正直でシャイな感じには深く心打たれた。いわゆる知識人の高びしゃりが微塵もなく、その人柄の質朴さ、語りの展開の自由闊達、取り上げるわらべ歌やなぞなぞへの愛情に満ちた詩的な感性――読みながらいつしか私は「先生」の話に魅入られる聴講生のひとりになっていた。しかし、そこには日本の児童文学の生い立ちと、当時の実情への厳しい批判の目がちゃんとあり、いちいちについて私はうなずき、納得したのだった。自分自身が保育園で働き、絵本や幼年童話を子どもたちとさんざん楽しんできたのだが、この本を手に取ったときはもう職を辞し、評論や絵本のテキストづくりを始めたばかりのころだった。手探りで迷いに迷い、何をどう考えたらいいのか、自分の体験だけが頼りの心もとない時期だったから、この本に出会い「ここに私の師がいる」という思いが胸いっぱいに広がった。昔の人なら、師を求め、道を遠しとせず会いに行くところだろう。私も昔の人になりそうな気持ちだった。しかし、瀬田さんは一九七九年に逝去され、私の願いはかなわなかった。

一九八五年、遺稿をまとめて『絵本論』が出た。私はおなかがすいた子どものように一行一行、食べるように読んだ。何度も読んで、今、この本は手垢がついた辞書のようになっている。絵本の絵と文を考える際に、私は瀬田さんと歩みをともにしつつ、さらに瀬田さんに疑問もぶつけ、思考の試行錯誤を続け、絵本の新しい状況を踏まえ、瀬田さんが時代の中で及ばなかったことを確かめ、瀬田さんの『絵本論』をめぐりめぐって、さらに半径を広げていくような仕事をしたいと思ってきた。今も思っている。

さて、それから二十年以上の空白があって、今回、『児童文学論―瀬田貞二子どもの本評論集』が出版された。

この本の内容をひとまず紹介しよう。この本は『ホビットの冒険』や「ナルニア国ものがたり」などの解説やあとがきをのぞき、今まで出た瀬田さんの著作に収録されなかったエッセーや論文をすべて集めて、上下二巻の浩瀚《こうかん》な本になっている。上巻の前半は主としてファンタジーを中心とする児童文学論で、子どもにとっての空想の必要性が説かれ、二十世紀イギリスの名作、ネズビット、グレアム、ハドソン、などの名作が論じられている。さらに一九七〇年代、福音館から発行されていた雑誌「子どもの館」に掲載されたなつかしい書評群や映画評など。ついで、昔話やなぞなぞや遊びについてのエッセーが集められている。

上巻の冒頭の章「子どもに本を手わたすこと」を読んでいて私が身にしみるように感じたことは、瀬田さんが子ども文化にのめりこんでいった一九五〇年代と、二〇〇〇年以降の現代とで、子どもの状況がまったく変わってきたという事実である。

終戦を迎え、瀬田さんは子どもたちのために一生をささげたいと決意し、その大きな仕事に取りかかったばかりの一九五〇年代、私は瀬田さんが思いを傾けた子どものひとりだった。片田舎で育ちつつあった私は猛烈に本に飢えていた。しかし、学校図書館は絶望的に貧しく、公立図書館などどこを見回してもなかった。あるのは町の貸本屋。本は大人の大衆小説、子どものものは少女小説や少年講談全集などがほとんどだったが、それでも私はそれらの本をむさぼり読んだ。そんな日本の子どもの状況を瀬田さんは背後に深く意識しつつ、子どものための優れた文学を子どもたちに手渡したいと、身も心も燃焼させていたのである。瀬田さんの視野には大きくアメリカの児童図書館運動があり、リリアン・スミスなどのいきいきした旺盛な活動ぶりとその毅然とした理念を自らの思想的な励ましにし、「くだらないもの、凡庸な作品を大目に見たら、文学のよさを子どもから遠ざけることになろう」というリリアン・スミスの主張に満腔の賛意を示している。彼自身、何が子どもにとって優れた文学なのか、一体子どもとはどういう存在なのか、根本的な人間理解を基礎に、具体的な作品をとりあげて、ファンタジーの諸作品などを情熱的に論じている。そんな瀬田さんの児童文学への思いの底に流れているのは子どもという人間存在への尽きせぬ憧れである。その憧れを瀬田さんはポール・アザールの文章に心を重ねて引用している。*少し長いけれど、私もここに引用したい。

「子どもたち――彼らは朝から晩まで、走りまわり、わめきちらし、喧嘩し、仲直りし、飛んだり跳ねたりしながら立ち去ってゆく。そして彼らが夜眠るのは、翌日、陽の出とともに起きだして、また同じことを繰り返すためにほかならない。彼らの弱い、未熟な肉体がそもそもすでに、将来の成熟へのやむにやまれぬ希望なのだ。彼らは、まだ所有していないあらゆるものを豊富に持っている。彼らは無限の可能性を秘めた魔法の世界に住んでいる。空想することはたんに彼らの第一の楽しみであるばかりでなく、彼らの自由のしるしであり、彼らの生命の飛躍なのだ。まだ分別にしばられることもない。窮屈な分別のとりこになるのは、もっとずっとあとになってからのことだ。子どもたちは夢を雲の上にはせる。そしてなんの虞れもなく、なんの私心もなく、なんの負担も感じないで、この仕合せな者たちは遊んでいるのである」

アザール著『本・子ども・大人』（矢崎源九郎他訳）

さあ、私たちは今の子どもたちにこんな文を手放しでささげられるだろうか。こんなに率直に楽しくささげられるだろうか。私は心の中でうめいてしまう。二、三歳から英語や水泳や勉強と、お稽古事にひきまわされ、競争にさらされ、ガンバレ、ガンバレ、といわれている今の子どもたち。おとなにひきまわされて宵っ張りになっている子どもたちは陽の出とともに飛び起きることなどとうていできない。今の子どもたちにポール・アザールが描いたような仕合せな自由があるだろうか。そんな自由を十全に持っている子はまったくいないわけではないだろうが、わずかなものだ。絵本や児童文学でさえ、下手をすると、読書活動推進などという大人の価値観の押し付けのように感じている子どもも少なくないような気がする。私が一九五〇年代に持っていた、本を手に取れば、まっさらな処女地に一人で足を踏み入れるような気がしたあのワクワク感は感じにくくなっているのが現状ではなかろうか。

話を広げすぎるように思われるかもしれないが、あえて言おう。今の親たちの子ども観には瀬田さんが抱いていたような子どもへの憧れがほとんどない。なにしろ「子育て、大変ですねえ」というのがあいさつのようなのだから。子どもは手間隙のかかる、大人の時間を奪う、厄介な存在として見られている。もちろん、親たちは子どもが病気したり、怪我をしたりしないように大切に育てている。しかし、とびはね、喧嘩をし、大人の分別など気にもしない、そんな子どもをありのままに受け入れる、懐の深さがある人は少ない。子どもを小さな大人ではなく、自然体の、のびのびした生命体として、そしてその生命体がもっている、大人には及ばない、とてつもない感情移入と空想力を憧れをこめて見守っている大人がどれだけいるだろうか。

私は瀬田さんのこの本を読んでいて、そんな思いにとらわれてしまった。競争、競争の現代、親も企業間競争に足をすくわれ、子どもは成績競争に駆り立てられ、それに乗じる商業主義の論理は社会のすみずみまで働いている。このはりめぐらされた蜘蛛の糸をどうやって払えばいいのだろう。

私はため息をつきながらも気を取り直した。この本で瀬田さんが論じているなぞなぞや遊びは言うまでもなく、ファンタジーにしろ、昔話にしろ、この自由で生命力あふれる子どもへの愛情と憧れが、瀬田さんの論をつらぬいているのだ。今、子どもの本に関わる大人たちはそのことを思い出さなければならないだろう。子どものために良いことをしているという意識を払拭し、子どもこそ、私たちの足元を照らしてくれる大いなる自然であることを思い、その無限の可能性とともに歩む楽しみをもとう、とこの本は問いかけているような気がしてならない。私は瀬田さんのまなざしを改めて自分のものにしたい。子どもとともに二人三脚で文学を楽しむこと、お説教ではなく、大人が子どもへの憧れを心に秘めつつ、大人も大好きな本を子どもと共有すること、そのことの大切さが読み進むうちに身にしみてくる。瀬田さんの言葉の端々には瀬田さん自身の楽しみと、真正面から子どもを見つめるあたたかいまなざしが常にあるのだ。

さて下巻について一言。私は瀬田さんの全貌を知らなかった、といわねばならない。他の追随を許さないあの『児童百科事典』を編んだ人だから、当然といえば当然だけれど、瀬田さんは実学者でもあったのだ。明治時代の雑誌「小国民」の編集者、石井研堂を論じる瀬田さんの思い入れはただならぬものがある。私は石井研堂を知らなかったから、目が覚めるようだった。研堂は実証精神を第一とする格物致知の人であり、ジョン万次郎の伝記を初めてまとめた人でもあるという。学歴のない研堂の事物への多角的にしてあからさまな好奇心は、開国したばかりの明治の少年たちとがっちり組んで影響を及ぼしたらしい。この人が幸田露伴と親友であったことも露伴の事物への研ぎ澄まされた目を思うと、なるほどと納得されて面白い。

最後に、今は残念ながら手に入らない『児童百科』の中で瀬田さんが書いた秀逸な「河童」の項がちゃんとこの本に収められていることを報告しよう。それはまるで小さな幸せのプレゼントのようだから。

（「飛ぶ教室」十九号／光村図書出版／二〇〇九年）

瀬田先生の時代にはあって今は失われてしまった「子どもへの憧れ」を、今日私たち大人はいったいどうやって取り戻すことができるのか、この大きな問いを背後にもちながら論じている長谷川さんの書評は、『児童文学論』に対してだけでなく、『絵本論』にも、『落穂ひろい』にも、それから『幼い子の文学』にも、また、たくさんの絵本やファンタジーの翻訳まで含みこんで、瀬田先生のすべての著作の底に流れる通奏低音のように私たちには響いてきます。そしていささか強引な言い方かもしれないんですが、ここに先生のあのいつもの言葉、「どうです、こんな面白いもの、いいものがあるんですよ」という言葉が重なってくるように私には思えます。

第五章　瀬田先生の「旅」

年が明けまして、この講座「瀬田貞二氏の仕事」もいよいよ最終回を迎えました。今日（一月二十三日）は五回にわたる講座のフィナーレとして、まず前半は「瀬田先生の旅」というテーマで話をいたします。そして後半は、もういっぺん「ルンペルシュティルツヘン」の「竹馬ガタ助」を取りあげて、今度はストーリーテリングをしていただくのと、それからこの講座には、瀬田先生と親しくされていた方が何人かいらしてますので、その方たちのお話を聞かせていただいて講座の幕を閉じようと、そういうつもりでおります。

旅の名人

さて、瀬田先生の生前の声は、前回、吉田新一氏がなさったインタビューで小一時間聴いていただいたんですが、実はこの録音のほかにもうひとつお聴かせできる瀬田先生の声が残っていまして、それは、一九七五年の秋にツアーで行ったヨーロッパ旅行のときのものなんですね。ドイツのハーメルンからカッセルに向かって走っている専用バスの中で、先生がマイクを持って話されたそのときの録音です。参加者のひとりで青山学院短大の教え子だった栗田恵津子さんがそれを録音していて、そのテープを私にくださったと、そういうものです。なにしろ高速道路をばんばん走っているバスの中での話ですから、まさに臨場感あふれる、別の言い方をしますと、バスの音がうるさくて（笑）聞き取りにくい録音ではあるんですが、「川口あそびと読書連絡協議会」の奥山博子さんたちが、これをテープ起こししてくれるという、たいへん手間のかかることをやってくださったので、そのテープ起こしをした原稿を横に置いて目で追っていただきながら、もうひとつ残っている瀬田先生の声を聴いていただこうと思います。

録音を聴く前に、この一九七五年の「欧州児童文学の旅」というツアーがどういう旅だったのか、ちょっとお話ししておこうと思います。

旅は福音館書店が企画したもので、参加者を募ったそのときのパンフレットもちゃんと残っていまして、一ページ目の日程表を見ると、まずイギリスはロンドンから始まって、オックスフォード、湖水地方、エディンバラを経てパリへ行き、それからコペンハーゲンを回ってドイツへ入り、ハーメルンからカッセルへ向かい、おしまいにスイスに入ってマイエンフェルトからチューリヒへ行って旅は終わるという、全部で二十日間に及ぶ旅なんですね。

日程表の次は、「同行コーディネーター、児童文学者　瀬田貞二」とあって、先生自らが筆をとった、旅の解説が五ページにわたって続いています。この旅のパンフレットも、テープを私にくれた栗田さんが大切にしまっておかれたものです。ここには「コーディネーター、瀬田貞二」とありますが、福音館としましては、講師兼団長ということで瀬田先生に参加していただいたんですね。メンバーは、図書館員や幼稚園、保育園の方たちなどで、全部で二十人ほど。いぬいとみこさんや大道あやさんも参加しています。そういえば、今日ここに座っていらっしゃる方の中にもおひとり、「新潟子どもの本を読む会」の若佐久美子さんが、四十年近く前のこの旅に同行していますね。

瀬田先生はこれが初めての海外旅行です。なにしろそれまでいっぺんも海外へ行ったことのない人が、いきなりヨーロッパ旅行の案内をするんですから、これはまたすごい話ですよね。もっとも、オックスフォードに一年いて、それから「子どもの館」の編集長になった菅原啓州さんが同行していて、彼は非常に頼りになる付き添いで、そういうアシスタント付きではあったんですけれど。でも、初めてなのに案内人になってしまえると思います。これはもうひとえに、先生がかねてから「旅の名人」であったということに尽きると思います。とにかく、どこかに旅をするときには、予めそこに何があるのかを徹底的に調べつくして出かける方ですから、いっしょに行くほうは、もうすっかりおまかせして、安心して連れていっていただくということになるんですね。それに長年のあいだ、ファンタジー作品や絵本の翻訳を通して、先生の頭の中には、ヨーロッパはすでにすっかり収まっていたんだろうと思います。ですから、この旅に参加した人たちは本当に楽しかっただろうと思います。

最初に行ったイギリスでも、先生にはいくつかの出会いがありました。フィリパ・ピアスにも会っていますし、グリーン・ノウのマナーハウスを訪ねてルーシー・ボストンにも会っています。特にボストンさんに対する先生の印象は強くて、そのときの先生の様子を、いぬいとみこさんが追悼文集『旅の仲間』に「おまけの旅」というタイトルでこんなふうに書いています。

瀬田さんは、ほんとうに少年のように喜びとはじらいの笑みを浮べて、幸せそうでした。そして、英語を話すことが達者でないと必要以上に意識されて、菅原さんに、あのことも言ってよ、このことも言ってよと、一所懸命通訳をたのんだりなさるのです。その謙虚な態度はボストンさんにすぐ通じて、瀬田さんをいたわるようにしゃべっていらっしゃいました。言葉をこえて相手の心がわかるボストンさんにふれていると、ああ、だから子どもたちも、草や木も、中国難民の子もあのゴリラのハンノーも、こういう女主人公には心をゆるしたのだと思えてきました。『グリーン・ノウのお客さま』のハンノーの写真は、暖炉のそばの壁にはってありました。

ボストンさんにとっても、このときの瀬田先生の印象は深く心に残ったようで、やっぱり『旅の仲間』に、こういう追悼の手紙を寄せています。日本語に訳したものを読みます。

瀬田さんのグリーン・ノウ訪問を、私はいつまでも心楽しく思い起こすことでしょう。もう二度と再び彼の訪問がありえぬこととなってしまったことは、悲しいことです、彼は大きな魅力を備えた心の寛い人でした。あまりに遠慮深くて、あえて英語で喋ろうとはされませんでしたが、それでも私は、彼の深い知性と鋭い感受性に打たれました。そして、末長い友情を望んでいたのです。私の本の一冊を彼が訳してくださったということを、私は非常に名誉なことだと思います。

この称讃の言葉を持って追悼集のお仲間に入れることを嬉しく思います。

悲しみを愛に包んで

ルーシー・M・ボストン

先生が訳したボストンさんの本というのは、「グリーン・ノウ」シリーズの中の一冊『まぼろしの子どもたち』（学習研究社／一九六八年）のことですね。

ハンス・フィッシャーの教科書

それからツアーの一行は、日程表にありましたように、イギリスのあと、パリ、デンマーク、ドイツを経て、旅の最終地スイスへ向かいます。ご承知のように『児童文学論』上巻第一章の「子どもに本を手わたすこと」のいちばん初めに入れてある「もっとも美しい〈教科書〉」という文章は、このスイスでのことが書かれています。正確にいえば、日程表の十六日目から十九日目にかけて、つまり一九七五年の十月八日から十一日までの四日間のことがここに語られています。そして、チューリヒ滞在の最後の日に、先生には「ドキンとした」うれしい大収穫がありました。かねてから見たいと思っていた、ハンス・フィッシャーの挿絵が入ったスイスの小学校の教科書をひと揃い手に入れることができたんですね。

それではちょっと長いんですが、まず、「もっとも美しい〈教科書〉」の全文を読むことから始めます。この五回にわたる講座の締めくくりとして、私たちも先生の「旅」にご一緒したいと思いますから。

「もっとも美しい〈教科書〉」

フランクフルトから一時間も飛ぶと、もうチューリヒの上空にあり、午前九時の雲表の上に細長い鋸歯《きょし》状のアルプスが、光って浮き上がってきた。私たちの団体は、ヨーロッパの子どもの本のいわば故里を訪ねる目的で組まれていて、イギリスをふりだしに、フランスとデンマークとドイツをめぐって、いま最終コースにはいりつつあった。

この旅は予想をはるかにこえた楽しい経験にめぐまれてきた。まず着いたロンドンでは、ケンジントン公園の秋色のなかに、ピーター・パンのいるというサーペンタインの長池のあたりを、朝晩散歩しているうちに、私たちの宿のすぐ隣で、作者のジェイムズ・バリーの住んだ（そしてこの作品を書いた）家があることを発見したのだが、私は、ここから彼が、愛犬ポルトスをつれて、私たちのように甘栗《うまぐり》の実のおちている草地を散歩して、ティンカー・ベルを拾いあげたのだろうと想像することができた。また西郊の小村クックハムで時雨《しぐれ》をよけてはいった料亭ですてきにうまい料理を供された後、小高いクックハム・ディーンの丘をおりた辺りで、にわかに開けたのは、明るい雨上がりの広い草地のなかを流れる、岸柳をつづったテームズの銀色の輝きだった。『たのしい川べ』の小動物たちの舞台である。五つか六つだったケネス・グレアムの記憶に生きつづけたこの土地を望んだとき、私も挿絵を描いたアーネスト・シェパードのスケッチを思わずなぞっていた。

チューリヒの空港には、事故でパリに残った二人の仲間がすでに待ち合わせていて、ドイツで心配しつづけてきた私たちを喜ばせた。そのうえ、私たちのこれから訪れるハイジの家のある山村へ案内しようと、ヨハンナ・シュピリの研究家であり、シュピリ文庫の創立者でもあるドクター・カスパールまで、笑顔で迎えに出てくれていたのである。これは私にとって思いがけないことだったが、ドクターはすでに山村のあちこちをひきまわすばかりか、シュピリの生家と墓に同行して、彼のシュピリ文庫のある青少年図書研究所《インスティチュート》に迎えいれるよう、周到なプランをたてていてくれた。

チューリヒを離れて、バート・ラガーツを根城に、マイエンフェルトからローフェルスの村々を歩いた日々は、暖かく晴れて、あちこちの牛の鈴が遠くまで聞こえた。シュピリが身をよせたという友人のフォン・ザーリスの邸も、「ハイジの小屋」とよばれる村の家も、最近つくられたハイジの泉も、マイエンフェルト産ワインを飲んだ村の料亭も、どれもみな深浮彫《レリーフ》のように印象がはっきりしているが、帰ってから持ちよっただれの写真もが、ここの数が多く、かつ秀作ぞろいであったところをみると、山地の空気のせいもあるらしい。

チューリヒへ戻ってからも、ドクターの斡旋《あっせん》はつづいた。私たちは、山手の中央図書館前の、青少年図書研究所に招待されたが、そこは、ベルを押して身をはすにしながら上がる狭い階段で三階にみちびかれ、その「世界一小さな図書館」という一室で、各自が記帳してドクターの挨拶をうかがったのだが、その演説のなかでドクターは、この土地の生んだ先駆的な児童文学者「シュピリの研究も、一九六七年まで、なされなかった」とのべた。この研究所では、児童書ではなくその研究書を集め、目下は「権威を否定する傾向の影響、聖書を素材とする本の問題、セックスを扱う立場、開発途上国の課題」の四つを重点的にみているが、青少年のコミック本と麻薬使用も話しあわれているという。

研究所から廊下つづきに、シュピリ文庫があって、ここにはこの作家のものに関する各国版や自国やドイツの各種の本が集められていたが、私が強く興味をひかれたのは、室の机上に飾られたシュピリ自身の遊んだという小さな人形の家であった。これを仔細に眺めていた私に、ドクターは、ヨハンナからこれを伝えられた姪が老年になって、すんでに廃棄しようとする寸前に貰いうけてきたものだと話してくれた。ドクターは、そのように自国でこの作家を軽視黙殺したのに対して、日本ほど彼女を敬愛してくれた国はないという感謝を私に伝えようとするのだった。

研究所の建物から、内庭を通っていった別棟のかなり広い室に、スイスの絵本類が常陳（常時陳列）されていた（これはドクターが、私たちのためにしたというよりは、ここにいろいろなテーマで特陳をすることがあって、このときは絵本展示であったらしい）。その室には、すでに、この町の郊外に住む著名な児童文学史家であるベッティーナ・ヒューリマン女史がよばれて来ていて、女史は、昨夜夫君と中国の旅から帰ってきたところだと、疲れの色がかくせない様子だった。もう一人、長身の青年が来ていたのは、チューリヒの子ども本専門店キンダー・ブーフラーデンに働いていて、展示された絵本の説明をするためであった。私はこのとき、ふと思いついて、ハンス・フィッシャーの挿絵のはいった小学読本《とくほん》を一揃い、店にとっておいてもらえないかと、その青年に頼んだところ、一部ぐらいならおわけできるだろうと返事があり、私はドキンとした。

もう七、八年前になるが、スイスの美術雑誌を繰《く》っているうちに、彼の挿絵の別刷を見つけたことがある。そのユーモラスでおしゃれな、繊細で優美な色鉛筆ののびやかなスケッチや構図が、教科書の挿絵とわかって、教科書を一目散に捨てるものと思ってきた私は息をのんだ覚えがあった。あれが見たい、あれが欲しい——そういう気持がひそんでいて、チューリヒへ来て、いま果たされそうになっている……。

　その夕方、私は小雨降るミュンスターの真ん前の本屋にいた。青年店員の渡してくれた七冊の国語読本は、淡い七色の色見本のようなクロース角背の中型変形判で、うち二年生用と三年生の一部四冊がハンス・フィッシャー、三年生用三冊がアロイス・カリジェの挿絵になる。その本屋でほかにも、トミー・ウンゲラーの『歌の本』（*Das große Liederbuch*, 1975）などかなり買物をしたので、みな送ってもらうことにして、教科書の一冊だけを宿へ持ち帰ることにきめた。そこへ、鐘の音といっしょにドアを押してドクターがはいってきた。ドクターは、「あなた方のさいごのチューリヒの晩だから、知りあいのフォークシンガーを、あなた方の夕食のテーブルに呼んでおいた」という。ドクターは、宿まで私たち数人を送りながら、彼のいわゆる黄金通り《ゴルデネ・シュトラーセ》をぬけて、あそこにレーニンがいた、ここはラファーターの住居、あそこの奥でゴットフリート・ケラーが生まれたのだよなどと指呼《しこ》することしきりだった。ドクターとフォークシンガーの魅力的なフロイライン・F・Hが加わったその晩、次から次に歌われるハスキーな彼女の伝承とフォークの歌声は、私たちの唱和をよび、だれもかれも酔ったようになった。

　その夜、私は自室にひきあげてから、ベッドに臥して長いこと読本を見た。二年二巻めの『カッコー、カッコーと森で呼ぶ』という題、アリス・フーゲルスホーファの編集で、これは一九七〇年改訂、第三版にあたる。ほぼ六十篇中、半数は伝承童唄《わらべうた》で唱え言や謎かけを含み、時にやや前代の詩人の詩（童謡）もまざる。物語は短い創作があしらわれるなかに、グリムの二篇、「赤ずきん」と「森の家」が要となって前後に据えられている。絵は、二、三ページおきに、色鉛筆の色絵ではいっていて、それは一ページ大から、十行分カットまである。その絵――あのいたずらっぽい日向の猫たちのように、かがみ、潜み、伸び、跳躍し、呼吸し休息する、細く柔らかく伸び広がる色の線のたわむれ。私はあかず眺めて、ふたたびこれが教科書だろうかと思わざるをえなかった。もちろん私はすでに毒されている。子どもの歌は、童謡でなく唱歌でなくて、詩であればいいのだし、子どもの教科書は、教科書でなくて、本であり、絵本であっていいのだから。

ハンス・フィッシャーは、両親が教育者だったが、自分はジュネーヴの美術学校を出て、いっときパウル・クレーに学んだという。はじめ、スイスのユーモア雑誌に気のきいた絵を描いたり、仲間の軽演劇やキャバレーの装置をやったりした。長女のウルスラが生まれて、はじめてその子のために『ブレーメンのおんがくたい』を描いたのがきっかけで、数点の絵本が生まれた。末子のバーバラのために描いた『こねこのぴっち』『おたんじょうび』が訳されているから、わが国にも知られているが、これらの絵本は、もう時流と国境をこえてしまっている。チューリヒ州教員組合が、州教科書の挿絵を頼んできたのは、フィッシャー晩年のことにちがいない。彼は二年の巻を終えて、一九五八年に死んだ。まだ四十九歳だった。

あくる朝六時に起きて、空港へ仲間たちの帰国を見送ったあと、私は約束のあるミュンヘンへ新しい旅に向かうことになった。クローテン空港にフィッシャーの壁画があるはずといくら探してもわからない。例の本屋へとってかえして、例の店員に壁画のことをきくと、いく年か前に撤去したという。撤去してどうしたのか。私は本屋でフィッシャーの石版を一枚買い、トランクの底に敷いて、湖畔へ出た。この石版画は、未亡人が手放した分であるという。あのドクターの言い草ではないが、子どもの本の仕事をしてきたこの人のことを、チューリヒはもう忘れようとしているのだろうか。

このあと私は、ミュンヘンに出る前に、国境近いザンクト・ガレンの町におりて、秋の農業祭に出あったが、下町の小さな古本屋で一九二八年のソロツールン州二年生の国語教科書を一冊買うことになった。編集の仕方は、おどろくほど、チューリヒのものと似ていた。とられている歌や話も、昔ふうなものが多くて、してみれば、チューリヒ現代の教科書もまた、よい意味で保守的なのにちがいない。二八年度のものは百三十五課もあって一冊だけ、挿絵は墨版でリヒターが多かった。

（『児童文学論』上巻 p.11–16）

この文章を今こうやって耳で聴いていますと、なんか、先生のヨーロッパの旅にいっしょに連れていっていただいたような気がしてきますね。

ハンス・フィッシャーの挿絵入り教科書は、あの、去年（二〇一三年）の夏に教文館で開かれた「ハンス・フィッシャーの原画展」でごらんになった方も多いだろうと思います。全部で四冊あって、私もひと揃い持っています。とってもきれいな教科書です（口絵参照）。

それと、フィッシャーには壁画の大作も多くて、チューリヒのクローテン国際空港にも彼の大きな壁画が展示されているということはすでに旅に出る前からご存じで、「欧州児童文学の旅」のパンフレットにも、そのことをおしまいに「補足」として書いています。先生は、この「スイスの仮面行列」（一九五四年制作）という題の壁画を空港で見るのをずいぶんと楽しみになさっていたんだろうと思います。でも、それが実際に空港に行ってみたらなかったというわけですから、もうがっかりされて、ここに書いているように舌打ちしたくなるような気分になったんだと思います。

で、この『児童文学論』を編集するときに、改めてこのフィッシャーの壁画が今どうなっているのか、先生の文章にあるように本当に撤去されてしまったままなのか、日本国際児童図書評議会（ＪＢＢＹ）の会長をしている板東悠美子さんがちょうどチューリヒに行かれたので、調べてもらいました。それでわかったのですが、先生たち一行が訪れた一九七五年当時は、クローテン空港が改築工事のため、壁画は一時的にどこか別のところに保管されていただけで、撤去されてしまったわけではなかったようです。現在は同じチューリヒ市内のコングレスハオス（会議場）に移されて、そこのロビーに展示されているということでした。こういう、あとで判明したことなどは、みんなこの『児童文学論』の巻末の「注」に入れてあるんですが、しかし、ごく最近の情報によりますと、壁画はコングレスハオスのロビーからまたどこか別のところに移されたようですね。どうしてこう、転々とするんでしょうか。高さが二メートル三〇センチ、左右が一一メートルという巨大なもので、そう簡単に移動はできないような作品ですから、何か事情があるのかもしれませんね。

専用バスの中で――ハーメルンの「笛吹き男」

では、行きつ戻りつになってしまいますが、このチューリヒの前に滞在していたドイツにまた戻りまして、ハーメルンからカッセルに向かって走る、一九七五年十月七日朝の専用バスの中に時計の針を巻き戻して、先生の声を聴いてみましょう。

録音されたテープには、まず最初に一分四十秒ほど美しい鐘の音が入っています。この鐘の音のあと、四日前の十月三日にパリでパスポートを紛失してしまった人がいて、この方とそれに付き添ってパリに残った菅原さんの消息が今朝やっとわかった、という先生の報告がまず初めにあります。このころはまだ携帯やスマホなんて便利なものがいっさいなかったわけですから、こういう事故が起きると連絡が自由にとれなくて、とっても心配なことになりますね。それから、ハーメルンの「ねずみ取り男」の話やグリム兄弟の話になります。

♪鐘の音♪　（鐘の音が奏でる音楽で始まっている。人の声やバスが走る音も入っている）

「……お話があったように、菅原さんと八木さんの消息が知れました。復唱して私からちょっとお伝えしておきます。今までいろいろ、モダンパレス（パリの宿）のほうへ連絡してみたんですが、モダンパレスのほうでは、もういないの一点張りなんです。困り果ててたんですけれども、いぬいさんのほうから、堀内誠一さんのところに連絡がとれまして、堀内さんの奥さんが電話でやっぱりたいへん心配しておられる模様だとわかりましたし、菅原さんが引き続きモダンパレスの六五五号室に引き移って努力をしていることもわかりました。昨日、月曜まで待って、月曜に彼は一生懸命パスポートの再交付のために努力したんだと思います。思いますが、結果は今日の午前中か、じゃなけりゃ明日にかかるかというところで、再発行がなされるという見込みまではつきましたが、やや時間的に遅れたのは、われわれとしても残念です。明日か明後日、二人を迎えて、いっそう旅も華やかになることを希望しようと思います。なお、連絡は続けてやっていっていただきたいと越川さん（添乗員）にもお願いしておきます。

　それから、昨日一泊しましたハーメルンと、これから行きますカッセル、それらについて今日はちょっと長旅ですので、ちょっと時間をかりて、朝のまだ眠くならないうちに（笑）お話ししておきます。

「昨日、ハノーバーに着きまして、ハノーバーはかなり大きな街でした。そこを通り抜けてこちら（ハーメルン）に来ますまでに、ほぼ五〇キロです。有名なドイツのアウトバーンという路線をとらないで、地方の路線を通ったんですが、地方の路線にしたって〝坦《たん》として砥《と》のごとし〟という大きな道で、見渡すかぎり滑らかな道なんでびっくりするくらいなんですが、そのアウトバーンはやがて明日、明後日、フランクフルトに出る道すがらにわれわれは経験するだろうと思うんです。で、ハノーバーからハーメルンまで五〇キロ、今日これから向かうカッセルまで一五〇キロ、これも地方の道で、途中地図を見ますと、森あり、川を横切ることあり、さまざまな変化を尽くすだろうと思います。

さてこのハーメルンですが、ごらんのように旧政府の面影の色濃く残っている街で、地図を見ましても、ここに中世の建物ありと、ぽつぽつが方々に記されていました。これは主に一六〇〇年代くらいの建物になりますけど、街そのものはたいへん古くて、歴史上の数字や何かに疎い私には、いつごろからかわかりませんが、この近くにあった大司教の都市の支配下に築かれたものらしくて、厚い城壁がまわされて、ヴェーゼル川を片方の堀にして、そして円形にずうっと古い市ができていた。その古い城壁っていうか市壁が今どうなっているのか、どうとも見ることができませんでしたが、街の区画を地図の上でたどってみれば、明らかに旧市と思われるその円形の壁の跡に街ができて成立していたことがよく見取られたと思います。

さてその中央にある、ホッホツァイツハウスという〈結婚式の家〉という、何だかよくわからない名前がついているんですけど、これはそういう重要な事柄をそこで挙げる、市の中心のような建物であったに違いない。そのそばに、セント・マルクト教会というのがそびえていました。で、こっちのほうは、壁の両端なんかは古いものを残して修理されていましたが、もと、このセント・マルクト教会にステンドグラスがはめてあって、それに〈ねずみ取り男〉の伝説の一部が残っていたそうです。で、そのステンドグラスたるや、はなはだ古いもんで、一三〇〇年ごろではなかろうかとかいう人があるそうですから、その残欠が今日残されているんですが、私たちはそれを容易に見ることができませんけど、どっかに保管されているに違いないです。そう、本には書いてありました。

「それでこのねずみ取りの男の伝説ですけれども、実は世界的に有名になりましたのは、例のイギリスの詩人のロバート・ブラウニング（一八一二―八九年）が〈パイド・パイパーのうた〉というのを書きまして、パイド・パイパーというのは笛吹き男のことですけれども、この笛吹き男の詩が世界的に有名になった、そのためにこのハーメルンの街もそれにつれてたいへん有名になったというわけなんです。しかしドイツでは、これからカッセルに行って、彼らの博物館を見ますグリム兄弟、このグリム兄弟が、有名な昔話集のほかに、つまりメルヒェン（Märchen）のほかに、『ドイチェ・ザーゲン』*Deutsche Sagen*（『ドイツ伝説集』）という、これもたいへん精力的ないい伝説の収集を残している。その中に〈ハーメルンの笛吹き男〉のことが詳細に記されていて、ドイツ人はむしろグリム版の〈ハーメルンの笛吹き男〉によってハーメルンを認識しているわけなんです。

それでハーメルンに関する、ブラウニングとグリムとのバージョンでは、それぞれ若干の違いがありますが、大体のところは似ています。でこの、伝説といいますのは、皆さんご存知のように、昔話とはちょっとわけが違いまして、昔話は〝むかしむかし、あるところに、おじいさんとおばあさんが〟というふうに始まりますけれども、伝説のほうは、〝千二百何年ごろ、ハーメルンという街に〟というふうに、時間も場所も人も、ほぼそれと信ぜられたことが想定されて話されているのが特徴でして、内容は荒唐無稽、ほとんど信ずるに足らないことでも、かつては、昔話とは違って、伝説は固く人々に信じられていたある事実を包蔵すると考えられる、そういうものがザーゲン、伝説のほうです。

それで、ドイツの伝説ってのは非常にたくさんあります。この〈笛吹き男〉だけが有名なんじゃなくって、ほかにはたとえばテューリンゲンか何かのほうに行けば、例の〈ティル・オイレンシュピーゲル〉という有名な道化師の話もあるし、それからラインのほうに行けば、ラインの乙女の、黄金の髪を梳《くしけず》る乙女の話もあるし、そういうふうに、所と物とに関係して語り伝えられている、そういうお話はたくさん聞きだすことができます。

でこの、ロバート・ブラウニングの詩は、一部分はお手元に差し上げてあった黄色い紙（「欧州児童文学の旅」パンフレット）の中に書いておきましたが、その詩の初めに、ブランズウィック（Brunswick）のハーメルンの街は、ハノーバーのそばにあって、ヴェーゼル川に囲まれる、deep and wide って書いてあります。深くて広いヴェーゼル川が市壁を洗う、南側で市壁を洗っている、というふうに書かれています。a pleasanter spot you never spied（あなたはこんな愉しい街を伺い見たこともなかろう）というふうに書いてある。ハーメルンの街の紹介のところが冒頭の一節なんです。そして最後のあたりのところがまたそれから引いてあります。〝ところが、見よ、彼らが山の山腹に来たときに、不思議に大きな穴があいた〟っていう詩句があってね、そしてあたかも洞穴が急に開けたって書いてありますが、そのパイド・パイパー（笛吹き男）がそこへ進み、子どもたちがあとに続いていった。そしてみんなが、その最後の者までそこに入ったときに、山の扉はぴたっと固く閉ざされてしまった。

ところが一人、足のわるい子があとで来て、〝やだよ、ひとりぼくを置いていってしまっては〟というようなことを最後につけているんですが、このグリムのほうでは、子守女が最後に一人、子どもを連れてやってきたために、足どりが遅くなって遅れたというふうになっています。ブラウニングのほうも、足のわるい男の子が、っていうんで、やっぱり一行からだいぶ遅れた人間の存在を想定しています。両方ともまあ、同工異曲みたいなもんですね。

それでこの話はどういう点に事実が介在するのかというのを、今日に至るまで、学者が一生懸命調べているんです。幾通りもの説があって、今のところもっとも有力なのは、とんでもない遠い地方、たとえばチェコスロヴァキアなんかのような、ああいう遠い地方から職人を勧誘しに来て、そして多くの若者を引き連れていったという事実が千二百何年ごろにあったと、そういうことを指すのではなかろうかというふうな説もあります。しかし、今日、これが事実だという、決定的な極めつけの証拠はぜんぜん残っていないのが伝説の特徴なんでして。われわれはそういう不思議な面白い珍しい話として、この、まだらの服を着て笛を吹いた旅芸人の一人が、ハーメルンの街がねずみに苦しめられているのを聞いて、〝わたしがねずみを全部引き連れて撲滅してあげよう〟といって、ある日笛を吹き鳴らしながら、メロディアスな笛を吹き鳴らしながら、ねずみの群れを家々からことごとく呼び出して川の中へおびき寄せて殺してしまった。ところが、市当局がそれに対して、不当にもぜんぜん支払わなかったために、その笛吹き男が怒って、次の日再び笛を吹きながら、ことごとくの子どもを連れて、街の、市壁の門を抜けて遠く山のほうにまでたどりついて、そこに大きな洞窟があって、その中に導き入れて、二度と再び彼らの姿が見えなくなったというその伝えを、その通りに聞いていたほうがわれわれにはお話として楽しめることです」

専用バスの中で、続き——「グリム兄弟」

「それで、グリムはこういうお話を書きまして、書きましてというよりもそういうお話を鋭意探して、

『ドイチェ・ザーゲン』*Deutsche Sagen*（『ドイツ伝説集』）という大きな本を残してくれましたけれども、それ以上に有名なのは、例の『キンダー・ウント・ハウスメルヒェン』*Kinder-und Hausmärchen*（『グリム童話集』）という、メルヒェンというのは、メルというその語根のところは、口伝えに人に言うというような言葉らしいです。で、ヒェンがついている。ヒェンというのは縮小辞で、可愛らしいとか、ちっちゃいとか、赤ずきんちゃんなんていう、〝ちゃん〟のときにヒェンがつきます。ロットヒェン（Lottchen）、ああいうヒェン、メルヒェンというのは、そういう小さな短い口伝えのお話みたいなことを大体は指したものらしいです。

そして、このメルヒェンにグリムが目を向けたそもそもの最初といいますか、その話をする前に、グリム兄弟の生い立ちから話したほうがよさそうなんですけれど、彼らがどこで生まれて、どう育ったか、何年何月にはどうしたかということはもう調べればわかることなんで（笑）、ぼくはいくど調べたって、なんど調べたかわかりませんが、そのたびに忘れちゃうんで、はっきりしたことは言えません。とにかく兄弟は、大変な数の子だくさんの中で生まれたんです。で、お父さんはたしか牧師さんだったと思うんですが、ドイツの小さな村里の牧師さんを務めていて、たくさんの兄弟の中で、ヤーコプ・ルートヴィヒ・カール・グリム（一七八五―一八六三年）という、この人が長男に生まれた。そののちに続々子どもができるんですが、ヤーコプが長男。そして明くる年にヴィルヘルム・カール・グリム（一七八六―一八五九年）が生まれます。そしてヤーコプとヴィルヘルムは、まったくこれは、世界的にも典型的な仲の良い兄弟愛で結ばれた、兄弟の典型みたいなね、こととしてよく言われますけれども、その通り、生涯その業績を等しくし、生活を等しくし、そして名誉を等しくして終えた珍しい兄弟。で、ヤーコプはたいへん出来る、意欲的な男だったものですから、やがて大学に進みまして、……ごめんなさい、グリムのお父さん、牧師じゃなくて弁護士だということです。弁護士といっても、法廷弁護士じゃなくて、何か事務処理をすることの弁護士だったんでしょう。

「そしてこのヤーコプがマールブルク大学に入りますと、翌年には弟のヴィルヘルムが入ってくるという、兄弟は相次いで法科へ入ってくるんですが、このマールブルク大学でこの二人がめぐりあって非常な刺激を受けたのは、終生の刻印のようなものを受けたのは、サヴィニー（一七七九―一八六一年）という教授でした。サヴィニー教授は法律のほうの専門家ですが、法制史というのですかね、そういうことをやっていたんでしょう、この、サヴィニー教授は。ゲルマンの昔はとにかく書かれた文字による掟というものはなかったに違いない、しかし彼らのしたことは全部が書かれないかたちのものので今日のわれわれの中で発見されるということが、いくつかの例をあげてサヴィニーから話されまして、われわれがゲルマンの昔のことを知るためには、どうしてもわれわれ今日の民衆の中に残った、さまざまなわけのわからないとされている生活習俗というふうなものに注意しなければいけないということを言ったんですね。そしてたとえば、不文律になっているさまざまなことが、今日おまじないのようなかたちになって残っているのが、実はゲルマンの森で、祖先たちがお互いの規制をし合っていた、その規制が残っていることに違いないんだという卓越した学説を聞かされましてね、二人は古代学を勉強するためには、現代の民衆の、古い残された習慣というものを研究する、そのことが大切なんだと、民俗学の基礎みたいな考えがそのときはっきり頭の中に育ったんです。

そしてたまたま、このヤーコプっていうのは大変な学者肌のまじめな生一本な人ですが、ヴィルヘルムのほうはどっちかというと体が弱くて、そしてセンシティブで、そしてまた文学者風の人だったんですね。そのために、その当時有名だった若い文学者たちとつきあうことになりまして、なかでもブレンターノ（一七七八―一八四二年）という人と、アヒム・フォン・アルニム（一七八一―一八三一年）という人と、この二人と仲良く一致したあげく、ブレンターノとアルニムから、〝きみはそういうことに興味をもっているなら、どうか民間に伝わっているお話を集めてくれないか。実は私もそういうことに興味をもっている。世にも不思議な話の種というのは、すべて民衆の中にあるというふうに近ごろ思っている。私はこういうものを集めたんだ〟と見せられたのが、数々のわらべうた、民謡、そういうものでした。

それで、ヤーコプもそれを見まして、二人はなるほどというふうに深く感ずるところがあったんでしょう。やがてブレンターノとアルニムとが共著で出したのは、『クナーベン・ヴンダーホルン』*Des Knaben Wunderhorn*（『子どもの魔法の角笛』）という童謡集だった。この、わらべうたが初めて集められ、わらべうたばっかりじゃないですが、多くの民謡とともに集められて、一冊の本にまとめられたのは世界でこれが初めてで、しかもブレンターノとアルニムの、『子どもの魔法の角笛』というこの本が、その後どれほどドイツの文学に影響したかわからないです。

それから、これは音楽にもずいぶん影響してまして、マーラー（一八六〇―一九一一年）などという作曲家は、繰り返し繰り返し『子どもの魔法の角笛』の幾節かを作曲しているくらいです。それで今日、とても優れた子どものわらべうたのドイツの収集では、エンツェンスベルガー（一九二九年―　）という、今名うての詩人がおります。この人が『百枚皮』という、『アラライラオ』*Allerleirauh*

という、面白い詩集を作ってるんですが、これはわれわれが行きますチューリヒのズールカンプという有名な本屋、そこから『アラライラオ』というわらべうた集は出ているはずです。ぼくも一冊ほしいなあと思っているんです。

「さて、そのグリムの二人兄弟は、ブレンターノとアルニムの『魔法の角笛』を読みまして、これはゲーテ（一七四九―一八三二年）にも献上されたんですが、ゲーテは〝これはたいへんよい仕事です〟と言って、ブレンターノたちを励ましてくれたという話です。けれども、ゲーテは民謡調の歌曲を作ることもできましたけれども、本質的には、グリムほど強い刺激を受けたわけではなかったでしょう。で、グリムの時代は、大体ブレンターノとアルニムの時代ですから、ドイツの文学の歴史のうえからいえば、後期ローマン派といわれる時代です。それで、その前にゲーテとシラーと二人の天才が現れて、今までのしゃちほこばった文学の絆をいっぺんに断ち切って、『若きウェルテルの悩み』のような清新な、青春の息吹を伝える、それこそ今日読んでもまだ新しい、そういうものを書いた、シュトゥルム・ウント・ドランク（Sturm und Drang）という、疾風怒濤の時代という事件が巻き起こりまして、それによってドイツ文学は初めて目を覚ましました。

そして、ゲーテとシラーとがやがてそのうちに、次第にギリシャ古典、いろいろヴィンケルマン（一七一七―六八年。注、考古学者・美術史家）などに発現された、ギリシャ彫刻やなんかを見たりして感動したところもあって、形の整った、整正された美しい文学、ハーモニーというものを考えた古典文学に入っていくにしたがって、ゲーテたちに火をつけられた若者たちの胸には、もはや古典文学を理解するよりは、もっともっとロマンチックなことはないかという運動が興りまして、やがて前期ローマン派の時代が興るわけです。

この中では、ノヴァーリス（一七七二―一八〇一年）とか、少し遅れてティーク（一七七三―一八五三年）とかいう人たちが、本当に夢見るようなたくさんの作品を書いて、いずれも夢幻への憧れ、愛、散るべき人間の儚さというふうなものをうたったりしたんです。

やがてそれから、また一変しまして、うんとグロテスクなもの、世にも不思議なもの、何かわれわれの英知では解けないようなそういうものを物語にする方向に転じていった。その一番のまあ主唱というべきものは、E・T・A・ホフマン（一七七六―一八二二年）、音楽家のホフマンですね、『ホフマン物語』の。あのホフマンなんですが、この人はどっかの宮廷のマイスター、音楽の指揮者を務めている傍ら、書きにも書いて怪奇な物語を世に残している。

それでホフマンに続いて、ブレンターノやアルニムが出てくるわけです。ブレンターノは『ゴッケル・ヒンケル・ウント・ガッケライア』*Gockel, Hinkel und Gackeleia* というニワトリの妙なお話を書きましたし、たいへん童話めいた面白い作品も書いているんですが、アルニムに至っては、悪夢に似たような物語をたくさん書いている。この二人は、ですから、好きな人はみんな好きがるんですが、どうも健全な常識からいうとローマン派の病人、というふうに、ハインリッヒ・ハイネ（一七九七―一八五六年）などはこっぴどくこの二人を合わせてやっつけています。ハインリッヒ・ハイネは頭のいい、よくわかった人間ですから、ゲーテの偉大さもわかると同時に、ゲーテはいやだというふうに思いますし、ローマン派の病的な性格っていうのは、片っぽ、半面の良さを認めながら、同時に批判しているような人で、彼独自の道に入っていってやがてパリで飢え死にして死んでしまう、飢え死にだか何だか、病人になって死んでしまうことになるんですが、非常に面白い、複雑な性格だったんです。つまり頭は天の中にあって、足は泥んこの中にあるというふうな批評をされるような人でした、このハインリッヒ・ハイネは。ハインリッヒ・ハイネも非常に清純な童謡のようなものを書きまして、『歌の本』なんてのはやっぱり子どもたちにも読まれたものなんです。

「こういうふうに、グリムが出る前後には、そういう動きがあって、グリムは当然しかるべくして、サヴィニーの教えを受け、ローマン派の洗礼を受け、そして彼ら自身が民衆の生活の中にある、さまざまな習俗を探るという知的好奇心に恵まれて、そしてやがてこの二人が住んでいた地方を中心にして、自分の乳母、自分の親族というところからあまねく物語を聞きだして、昔話集、さっきの『キンダー・ウント・ハウスメルヒェン』*Kinder-und Hausmärchen* を作ったのは、一八一二年のことだった。一八一二年というのは、ぼくがようようわずかに記憶している数字のひとつでして、これは忘れちゃっちゃあ申し訳ない、ぼくはそう思っているんですが、はたして間違っていないかどうかわかりません。

そしてこの人たち（グリム兄弟）は、ブレンターノたちに勧められて、一八〇五年にまず兄が移り、〇六年に弟が移ってカッセルに住むことになりまして、このカッセルというところで、兄弟の主な仕事が始められるわけです。もちろん、このヘッセン州の昔話を集めたのは、カッセルに移って安定した生活を得てからのことでした。カッセルというのは、ヴェストファーレンというところの中心の街で、ここの宮廷の図書館の司書になったわけです、二人そろって。宮廷の司書ですから、金も恵まれてたくさんの本を買うことができる。それで兄弟は、埋もれたドイツ文学の発見ということに非常に力を尽くしました。まあ、日本文学になぞらえていえば、『宇津保物語』なんていう平安時代にできた物語が突如として出現した場合、発見した学者の名前なんてのは、たいへん輝かしい文字で書かれなければなりませんが、グリム兄弟もそういうふうな発見をたくさんしているんですね。そして同時に、精力的に民話やさまざまな伝説や民衆の生活の中から汲み出すものも汲み出している。この時期は二人のもっとも恵まれた時代だったんです。

そしてやがて、ここからゲッティンゲン大学に招かれるということになりまして、一八三〇年、名声はいよいよ高まって、二人はゲッティンゲン大学の教授になります。ところがこのゲッティンゲンというのは、ご存じのようにドイツは小さな州に分かれていまして、統一的な国家ではなくて、各諸侯がいろいろな政治をしていたものですから、ゲッティンゲンにはゲッティンゲンの親玉がいますね。このゲッティンゲン侯が、たいへん開明的なように見せて実は腹黒い男で、グリムを呼んどいて大学を盛んにすると同時に、州の憲法を自分に都合のいいように改悪しようとはかった。そのために、ゲッティンゲン大学の中でもっとも良心的な七人の教授が、〈ゲッティンゲンの七人〉とのちに言われてドイツ内外からも非常に尊敬されるんですが、激しく弾劾運動に立ちましてね、ゲッティンゲン侯をこてんぱんにやっつけた。それでゲッティンゲン侯としては、激怒して何とか七人をふりきらなければならないというんで、七人の有名な先生方を四分五裂していこうとするんです。そのときにグリム兄弟は、ベルリンのアカデミーから招き入れられまして、ベルリンに移って、終生ベルリンの学会に君臨して生を終えることになります。

なんですか、いろんな逸話めいた話で、グリムがベルリンにいるときにアンデルセン(一八〇五—

七五年）が会いに行ったという話があります。アンデルセンは尊敬するグリム、自分が非常に刺激を受けた〈グリムの昔話〉の人の前におずおずと出まして、〝私はデンマークのアンデルセンと申します〟と言ったら、〝あ、そうですか〟とそれひとことで、アンデルセンのことを何も知ってくれなかったと残念がっている。〝グリムは私のことを知らなかった〟と手紙に書いている。ところがあとになっていきましたら、グリムは、あれがアンデルセンかとさすがに気づいたようで、とてもていねいにしてくれたんで、アンデルセンがほっとしたということがあるそうです。日本人でも、グリム兄弟に会っている人がいるそうですね。歴史を調べてみると、そういう面白い逸話があるようです。

「さてこのグリム兄弟の非常に面白いことは、ヤーコプ・グリムは、精力的に、見るからにいかつい、威厳のある、野心的な、とにかく学者の中のリーダーというべき人でした。ところが弟のヴィルヘルムのほうは、先ほど言いましたように、少し体が弱くって、それこそ夢見るような瞳をした、やさしい顔立ちをした人でした。兄さんがある研究の糸口に手をつけると、弟がそれを完成するというふうに、どんどん開拓をする人、それからそれをゆっくりと仕上げる人というふうに、役割が決まっていた。それで、（以降約一分空白）

「……（グリム兄弟は）ドイツの古今を問わずあらゆる言葉、あらゆる民間の言葉も混ぜた膨大なドイツ語辞典というものを作ろうとした。それで、ヤーコプ・グリムがベルリン時代にその一巻を始めたかして、やがて何冊できたんですかね、そいつは手がつけられたままで、その意図は残されて、代々の学者に受け継がれていきまして、つい先だってですよ、戦後ドイツでグリムのドイツ語辞典、『ドイチェス・ヴェルターブーフ』*Deutsches Wörterbuch* というのが完成したそうです。何巻になったんですか、オソロシイ話ですね（注、一九六一年に全三十二巻で完結）。なんか、東西ドイツで分掌委譲みたいなものが出来上がったんだと思います。そこには一切のものが引かれてて、その原典が引用されていて、準拠すべき、依るべき正しい辞書として、尊重されてるそうですが、そういうことをグリム兄弟は残した人たちなんです。だから、グリムといって、あ、グリムの昔話といって、軽くどうかお思いにならないように。民俗学のほうの礎を築いた人でもあり、言語学のほうでも活躍し、埋もれたドイツ文学も発見し、そういうような大変な偉人であったわけですね。では」（いったん話を区切る）

「ヴェーゼル川と離れて、山道越えにこれからカッセルに向かうところです。カッセルまでは、もうそう長くはありません。カッセルの街をご案内しますと、ハノーバーの街より少し小さいくらいの、この辺、ヘッセン州全体の中の首都になっていますから、かなり大きな街です。この街には、われわれのお目当ての〝グリム兄弟博物館〟というのがあるはずでして、ほかには国立美術館のようなものもあります。で、レンブラント（の絵）が十七枚あるなんて、どっかに書いてありました。かなりいろんなもの、たとえばフランス・ハルス（一五八二頃—一六六六年。注、レンブラントと同時代のオランダの画家）なんかもあるようです。国立の美術館、市立の美術館、そのほかにちょっと特殊なもんで、ドイツ壁紙博物館ていうのがあるようです。壁紙の収集ですね。それから、この街のやや郊外に、よく人が見物に行きますおかしな公園がありまして、ヴィルヘルムスヘーエという、丘になっている人工的な公園があるんですね。どっか一部写真を見たことがあるんですが、何かちょっとあまりいただけないような、人工的ないろんな仕掛けがしてあるような感じがしているんですが、ちょっと離れているようです。ま、見所といってもそんなになくて、カッセルは目下、工業都市になっていまして、ヘンシェル（注、ドイツの機械・車両メーカー）の工場があるとか、大きな工場がだいぶあるようです。

ドイツの各地方には地方出版がありますから、ここにもベーレンライターという出版社があります。それから、ぼくのメモにはなんかちょっと、ブルーダージンガーという字が書いてあります。何のために書いたんだかよくわからない。ＢＳなんて書いてあって、ブルーダージンガーっていうんですが、これは何か酒場でありゃいいんですが（笑）。どうもそっちのほうは、ぼくはいっこう権威がなくて。カッセルはそんなに見所のある街ではないと思います。以上、私が知ってるかぎりではそんなです。あと一時間足らずで着くと思います」

先生のお話はここで終わっています。ハーメルンの「笛吹き男」やグリム兄弟についてこれだけまとまった話がバスの中でされていて、しかもそれが今、音声で残っているということ、これはもう奇跡に近いですね。お話そのものは、なにしろ四十年近くも前に話されたことですから、あるいは今では訂正が必要なこともあるのかもしれませんが、こうして聴いていますと、ヨーロッパの町から町へ移動するバスの中で、先生がどれほど楽しく弾んだ気持ちでいらしたかが私たちにも伝わってきて、こんな極上の語り手と二十日間もの旅ができた人たちがほんとに羨ましくなります。

そしてこのあと、「もっとも美しい〈教科書〉」に出会ったスイスの旅を経て、チューリヒでツアーの一行を見送ってから、先生と菅原さんはまたイギリスに戻ります。そして今度は、そのころパリに住んでいた堀内誠一さんも加わってコッツウォールズの村々をまわり、二年前の一九七三年九月になくなったトールキンの俤《おもかげ》をしのぶ旅を続けることになります。先生はすでにこの年の二月に「指輪物語」全六巻の翻訳を完成していらっしゃいますから、それから間もなくコッツウォールズへの旅が実現したというわけです。

この後半の旅についても、先生はエッセイを書いています。帰国後「指輪物語」は日本翻訳文化賞を受けることになって、それで毎日新聞にお書きになった文章なんですが、こちらのほうは『児童文学論』上巻の第二章、「ファンタジー」の章の最初に、「トールキン先生の俤《おもかげ》——バークシャー地方の小村にしのぶ——」というタイトルで収めてあります。

ということで、今日はまず、およそ四十年前の瀬田先生のヨーロッパの旅にちょっと同行させていただきました。

「竹馬ガタ助」——内藤直子さんの話

さて、バスの中での「グリム兄弟」の話を聞かせていただいたところで後半に入りまして、まず東京子ども図書館の内藤直子さんに、講座二回目にお約束した「竹馬ガタ助」をストーリーテリングしていただくことから始めたいと思います。すでに言いましたように、私は、この『児童百科事典』の第七巻〈グリム兄弟〉の項に入っている「竹馬ガタ助」（ルンペルシュティルツヘン）が、瀬田先生の手が入ったごく初期のお話だろうと考えています。で、講座二回目に「竹馬ガタ助」を朗読していただいたとき、内藤さんは「子どもたちの前でも、何度か語ってみました」とおっしゃっていたので、今日はこの瀬田版「ルンペルシュティルツヘン」を聴いて子どもたちがどう感じたか、それも合わせてお聞きしたいと思っています。内藤さん、よろしくお願いいたします。

（内藤直子さん、「竹馬ガタ助」をストーリーテリングしたあとの話）

この話を児童室と、かつら文庫で都合三回、二年生以上の子どもたちにいたしました。私は「ルンペルシュティルツヘン」の話が好きで、児童室の子どもは何度も私が語るのを聞かされているはずなんですね。子どもたちって、同じ話を微妙に違う言葉で話したりすると、ちょっと居心地わるい顔をすることがあるんです。それでどうかなと思ったんですけれども、これをやったら、初め、あ、知ってるはなし！　と思ったらしいんですけど、居心地わるい顔をする子はひとりもいなくって、「太郎かしら、次郎かしら、三郎かしら」のところで、たまたま太郎ちゃんという子がその中にいたもんですから（笑）、そこですごく喜ばれたというのはたまたまなんですけど、すっと入ってきたなというのが印象でした。

それと、これは語り手のほうにも関わるんですけれども、私はいったんある言葉で覚えてしまったおはなしを、まったく同じ展開のものを、微妙に違う言葉で覚え直さなければならないということがあったとき、それがなかなか大変だったんです。やっぱり初めに入った言葉でもう出来ちゃってるので、とてもやりにくい。ところが、この講座の二回目で「竹馬ガタ助」の朗読をしてくださいということになったものですから、何度か声に出して読んでみたんですね。そうしたら、瀬田先生の言葉のリズムというのか、文章の調子というのか、勢いにひょいっと乗ってしまった感じで、全部がすぽんと入れ替わってたんですね。それで、子どもたちに語ってみようと思ったんです。

瀬田先生も『幼い子の文学』の中で、「マジック・アンド・ミュージック」ということを何度も何度もおっしゃっていた。たぶんそれで、子どもたちも私も、そのリズムにぽんと乗っかって入れたんだなということを実感した、たいへん面白い体験をさせていただいたと思います。

それからもうひとつ、子どもってこわいおはなしが大好きなんですけれども、ずーっとこわい話が続くと堪えきれないんですよね。うちの図書館でも夏の夜にこわいおはなしをする「夜のおはなし会」なんかのとき、こわいおはなしの佳境に入ると、なぜかいっせいに靴のマジックテープをベリベリはがしてみたりしてね（笑）。それからぜんぜんおかしくないところなのに、必死にひきつったように笑ってみたり、あれはやっぱりどこかで自分をほっとさせたいというか、ちょっとこう、気を抜きたいところがあるんだなあと思っていたんです。ところが、たとえばドイツ語圏の子どもたちだったら、このおはなしを聴いたら、特にお妃の名当てのところなんかは、だれでも知っている有名な名前ばっかり並べたとかね、それからとんでもなく変な名前が出てきて並んでるなというのがわかれば、そこでクスッて笑うことができると思うんですけど、私がずっと日本で、もちろんあの、日本語で（笑）子どもたちに話していたときは、あそこで笑う子がいなかったんですよ。ところが、この「竹馬ガタ助」では日本の名前が出てきて、理屈っぽい大人だったら、ドイツのおはなしに日本の名前が出てきたらイメージがくるうんじゃないかとか怒られそうなんですけど、子どもにはぜんぜんそんなことないんだなということがすごくよくわかりました。よくある名前なんだなって、そう思ってやっぱり聴いてるし、「クジラのアバラ兵衛」なんてほんとに喜んで、それでふっと抜ける。だからこれで日本の子どもたちも、ドイツ語圏の子どもたちとおんなじように「ルンペルシュティルツヘン」を楽しめたのかなあと思ったりもして、なかなか面白い体験ができました。

内藤さん、なにもかにも入れてきっちり十五分で話してくださいましたね（笑）。ありがとうございます。この五回の講座は合計すると十二時間半もあるんですけれど、瀬田先生についてはとにかくお話しすることが多くて、いつもてんこ盛りの予定をせっせとこなす、そういう事態になっています。今日もこれからさらに三人の方にお話をしていただくつもりなんですが、それぞれの方に時間の割り振りを、私はしつこく（笑）お願いしてあります。

ところで前回、四回目がすんだ時点で、この講座を聞いてくださっている皆様に瀬田先生について少し長めのレポートを書いていただくと、そういうことをしたんですが、その中に「もしもタイムマシンというものがあって、歴史上好きな場面に飛んでいくことができたならば、オックスフォードのインクリングスの会合に顔を出すか、トキワ荘に参加するか、さもなくば日比谷図書館で『幼い子の文学』の講義に参加したい、というのが私の長らくの夢でした」と書いていらっしゃる方がいました。これは私もまったく同感なんですが、この講座には、長年瀬田文庫のお手伝いをしていて日比谷図書館の講義にも参加した秋葉恵子さんがいらしてますから、秋葉さんに日比谷図書館のことは話していただこうと思います。またレポートには、瀬田文庫のことをもっと詳しく聞きたいと書いている方が何人もいまして、これはもうおひとり、文庫のお手伝いをしていた茨木啓子さんにお話ししていただきます。

そしておしまいに、この五回の講座を企画してくださった東京子ども図書館から、松岡享子先生にちょっとお話をお願いしてあります。それでは秋葉さんから、よろしくお願いいたします。

「がんた馬に鈴かけて」——秋葉恵子さんの話

秋葉恵子と申します。

私は、先生の晩年、なくなるまでの八年余りのあいだ、毎週土曜日の午後にお会いしていました。それを聞くとたぶん皆さん、私がどんなに多くのことを学んだんだろう、羨ましいとお思いになると思うんですけれど、まあ、そのころの私は若かったということもあろうかと思いますけれども、ほんとに未熟でそして愚かで、今が自分の人生にとってどんなに大切なときなのかということをあまり認識しないで過ごしていたように思います。先日も荒木田さんから、『幼い子の文学』の生の講義に参加していたものとして、そのときの先生の話をしてくださいというお電話をいただきました。私の答えはたったひとこと、「まったく覚えておりません」（笑）。そしたら荒木田さん「そりゃまあ四十年近くも前のことですからね」。

でもそうではないんですね。参加したとはいえ、ただそこにぼうっと座っていただけだったからなんだと思います。この『幼い子の文学』が出たとき、これは先生がなくなった次の年だと思いますけれど、そのときにこれを読みまして、最初に思ったことは、「ああ、先生あのときこういうことを話してらしたんだ」ということだったんですから。

『幼い子の文学』、これを読むと、先生はすごく生き生きとしてらして、そして時には、というか割と多くですけれども、今の子どもたちの置かれている状況みたいなものを嘆いていたり、憮然としたりというようなことがあって、読んでるとおかしかったりするんですけれども、実際の講義そのものの調子は、淡々としたものだったように思います。聴いている私たちのほうも、和やかではあったんですけれども、やっぱり真面目に静かにメモをしているというふうで、そんなに怒ったり笑ったりいっしょにすごく楽しい時間を過ごしたという記憶があまりないんです。まあそれにしても、ここまで何にも覚えてないのはあんまりだと思って、本当に恥ずかしいです。それに悔しいですよね。たぶん、タイムマシンがあってまたもういちどあそこに行きたいといっても、私は連れていってもらえないだろうな（笑）と、今聞いていてそう思いました。

そんなわけで、この講義についての思い出というのはお話しすることがないので、ここで終わりますというと、あまりにも愛想がないかと思いますので、今日は文庫でお手伝いをしていたときの先生との思い出を少しお話しさせていただきます。

この『幼い子の文学』は、どの章を読んでもほんとに面白くって学ぶことが多いですよね。私はなかでも「なぞなぞの魅力」の章がすごく生き生きとしていて楽しいと思います。皆さんの中でもそう思われる方があるんじゃないでしょうか。先生は本当になぞなぞがお好きでした。困ったのは、何かの拍子に、たとえば文庫でお昼ご飯を食べてるときとかに、突然「恵子さん、なぞなぞしましょうか」と言いだされる（笑）んですね。そしてそのなぞなぞは、決まってこの本の中にあるひとつ、「がんた馬に鈴かけて、おきへざんざと乗り出すものナーニ」というなぞなぞなんですね。で、当然私は答えを知っているわけです。かといって、「えーっ、また？」とか「知ってます」とかそういうふうに言うほど近しくはなかった（笑）。それでどうしたものかと思ってなんとなくもじもじとしてると、先生は「がんた馬っていうのはね、痩せたがた馬のことで、それが沖へざんざと乗り出していくんだな。だけど答えはなんと火箸なんだ。囲炉裏で大人が火の世話などしながら子どもたちに出したんでしょうね。どうです、見事でしょ。すてきじゃないですか」というふうにおっしゃるんですね。いつも同じに続いていくんです。先日荒木田さんは「先生のお話は何度聞いてもそのたびに面白くって楽しくって、初めて聞くように聞いた」とおっしゃってましたけれど、私はそんなふうにその場を楽しむことはできなかった。たぶん先生はそのたびに、私が思うような反応をしないので、困ったもんだ（笑）、仕方ないなあとがっかりしてたんじゃないかなと思います。

なぞなぞの魅力はこの本の中にていねいに書いてありますけれど、リズムがあって、口に乗りがよく、耳に心地よく響いてくる、先生は「韻律のある練り上げられた言葉」とおっしゃってますよね。それと、イメージの重複性みたいなものにあるんじゃないかなと思います。なぞからイメージが呼び起こされる、そしてそこにまったく別のびっくりするようなイメージが引き出され、意外な答えに行きつく。だけども聞いたものは、ああなるほどとみんな共感できる。そういう知的あそびだと思うんですけれども、そのように『幼い子の文学』の中にも書かれているんですけれど、先生があんなになぞなぞがお好きだったということの裏っていうんでしょうか、底には、さらに先生の中でもうひとつ情景が重なっていたんじゃないかなと思います。それはたとえば、最初の「がんた馬に鈴かけて……」というなぞなぞの場合だったら、外は吹雪で茅葺屋根の煙出しから雪風が吹きこんでくる、そういうような中で、子どもたちは囲炉裏を囲んで海を思い浮かべ、馬が進んでいく情景を思い浮かべ、あれこれ考えて、そしてなんだ答えはここにあったのかと気づいて笑う、それを大人たちがにこにこして見ている、見守っている。そういう情景が先生の中で、いつもこのなぞなぞに重なってたんじゃないだろうかなと思います。

というのも、もうひとつ、忘れられない先生の言葉というのがあるんですね。それは嫌な言葉でいえば〝耳にタコができる〟くらい聞いた言葉です。それは何か。「恵子さん、子どもはね、泣かせて育てちゃいけないんだ。泣かせて育てちゃいけないんだよ。子どもはね、ひなたの温もりをたっぷり浴びて育つ権利があるんだ」、そういう言葉でした。私はこの場合もそのたびに「はい」とこたえてたんですけれども、先生のおっしゃる本当に重い意味というものがわかって深く共感できるようになったのは、たぶん先生がなくなってずっと経ってからだなという気がしています。先生はなぞなぞあそびというのは、子どもを泣かせて育てるということの真逆にある世界というんですか、ほんとに極にある、そういうものだといつもいつも感じてらしたんじゃないだろうかという気がいたします。

ここからは私事なんですけれども、『幼い子の文学』でなぞなぞの章を読むと、いつもそのたびに今お話ししたようなことに重ねて、さらに先生の「どうです、すてきじゃないですか」という、ちょっと得意そうな顔が重なります。そしてそこに私自身の若かりしころ、どうしていいかわからずもじもじとしてたその様子みたいなものまで重なって、なんとなく胸の奥がきゅんとして、ここを読むたびになんだかどこかで泣きたいような懐かしい気持ちになります。今だったら、たぶん、先生が喜んで「ははは、これは参った！」と額を打たれ（この動作は先生が機嫌が良いときになさったのですが）、「恵子さん、お手柄ですよ」っておっしゃるようなすてきななぞなぞを探し出しておいて（笑）、先生が「恵子さん、なぞなぞしましょうか」とおっしゃったとき、「では今日は私が出しましょう」というふうにきっと楽しめただろうと思います。でもそのころはそんなこと思いつきもしませんでしたね。

さて、今回皆さんになぞなぞの思い出を聞いていただこうと思ったとき、これまでまったく考えなかったこと、浮かばなかったことがふっと浮かびました。それは『幼い子の文学』の中にあるようなすてきななぞなぞ、可愛いなぞなぞ、そういうものに先生が初めて出会ったときどんなだったろうということなんですね。本当に驚いてそしてうれしかったんだろう。そしてその〝驚きと喜び〟というのは、ことによったらなんですけれども、戦後先生が日本にはなかった欧米のすてきな絵本や童話に出会ってむさぼるように読んだ、そういうときの驚きと喜び。あるいは、結婚前だったのか新婚当初だったのかそのへんは忘れましたが、先生の奥様は信州のほんとに雪深い奥で育ってらっしゃるんですけど、昔話をすごくたくさん聴いて育ってらっしゃるんですね。その昔話を、自分の妻が生き生きと語ることができる、そのことを知ったときの大きな驚きと喜び。先生は東京の下町育ちで、たぶんそういう子ども時代はあまりお過ごしではなかったんじゃないかなと思いますし、先生は奥様には

「あなたの大切な宝ですよ。忘れないようにきちんと記録しておきなさい」とおっしゃっていたそうですけれども。あるいは、あまり評価されてこなかった、だけど江戸時代の児童文化に多大な貢献をしてくれた人々を、私たちに紹介したいと願って研究を重ねられていたときの喜び。先生にとって、小さななぞなぞに出会ったときの喜びは、そういう大きな驚きや喜びと変わらなかったんじゃないだろうかという気がします。

先生が残された本当にたくさんのお仕事の数々には、先生ご自身のそのような喜びと、これからは持てる力を子どものために使うと熱く決意なさったときから晩年までずっと言いつづけられていた「子どもを泣かせて育てちゃいけないんだよ」という強い信念が一直線に貫かれているんじゃないだろうかということを、今回改めて思い至りました。

私は先生がなくなられた歳と同じ歳になって、またここで先生に出会えたという気がしています。それは八ヵ月のあいだ、荒木田さんの、本当に心のこもった熱い講座に参加することができたからだと感謝しております。

「トム・ティルドラムにいってくれ」——茨木啓子さんの話

茨木啓子です。

瀬田先生の文庫に秋葉さんといっしょに伺っておりましたが、私が先生にお会いできたのは、先生がなくなられる前の数年という本当に短い時間でした。それは、東京子ども図書館のおはなしの講座が終わったころで、松岡先生からお電話をいただいて、「瀬田先生がもうだいぶお体がきつくなられて、文庫を閉めようかとおっしゃっているけれど、そんなことなさらずにだれかもうひとり手伝いを入れて続けてくださいって申し上げているんだけど、あなた、同じ浦和に住んでいるんだから手伝わない？」というお電話でした。私は即座に「はい、伺います！」と、いろんな家庭の事情など何も考えずに返事をしました。その前にも何度か子どもを連れて、瀬田文庫に本を借りに行ったことはありましたが、まさか私自身が瀬田文庫に毎週伺うことになろうとは、本当に、ただただ驚きでした。

そして毎週土曜日にお手伝いに伺うようになったんですが、荒木田さんから、ここで瀬田先生と文庫の思い出を話すように言われたとき、何を話したらいいのかまったくわからず、あの二年間のことを思っても、瀬田先生という方のほんとに大きな温かな包容力のある、そして深い優しさ、そういうものが大きな塊として思い浮かんではくるんですけれども、それはどういうことだったんだろうと思うと、何も言葉にならなくて、ずっとそのことを考えておりました。

文庫というのは、先生が選んだ本があります。そして、先生がいつもソファに座っていらして、にこにこしながら子どもたちを見ていらっしゃる。子どもたちは多いときは、八畳間くらいの文庫に、一日七十人くらい来ました。その子どもたちが出たり入ったりしているのを、「あ、それを借りてくの」と言ったり、「へえ、面白かった？」というような、そういう声かけをたまになさるぐらいで、楽しそうに見ていらっしゃる。よい本があって、本を借りるのが好きな子どもたちが押しかけてきて、そこに先生がいらっしゃる、それですべて充ちたりているという感じで、私にはそれ以上何も申し上げることはないと思いました。

この文庫の隣に和室があって、そこでいつもおはなし会をしていました。人数が多いので、大きい子の時間と小さい子の時間とに分けて、秋葉さんと代わる代わるどちらかの回を受け持っていました。おはなしを聴いたあと、子どもたちがわぁーっと走って文庫の部屋に戻ってきて、ノートにおはなしの題と自分の名前を書く「おはなしのノート」がありました。走って帰ってきた子どもたちは、我先に自分の名前とおはなしの題を書きたいんです。先生がにこにこしながら、「今日はなんの話だった？」って聞かれると、子どもが「○○の話だった」と一生懸命書きながら答えるということがいつもありました。

このことを考えているとき、ああこういうことがあったと思い出したのは、先生の『世界のむかし話』（学習研究社／一九七一年。現在はのら書店から出版）の中に、「ねこの大王」というイギリスのおはなしがあります。それを語ったときでした。教会の墓掘りの男の家で、おかみさんが黒猫のトムといっしょに墓掘りの帰りを待ってるんだけど、それがなかなか帰ってこない。やっと帰ってきたと思ったら、家にとびこむなり「おい、トム・ティルドラムってだれのことだね」って言うもんだから、おかみさんがびっくりすると、「さっき墓でへんなことがあったんだ。猫の葬式があったんだ」って言うんですね。九匹の猫たちが棺桶をかついでしずしずと歩いてきて、三歩歩いちゃニャーオ、三歩歩いちゃニャーオ……。そういう話をしてましたら、聴いている子どもたちがだんだんこわくなってきて、だんだん、だんだん目が大きくなってくる。トム・ティルドラムというのは暖炉のそばにいた墓掘りのうちの猫のことだったんですね。墓掘りは「〝トム・ティルドラムに言ってくれ。チム・トルドラムが死んだとな〟と猫たちがそう言ったんだ。トムってだれのことだか知ってるか」。すると黒猫のトムがむくむくと大きくなって、「なに、チムが死んだと？　それじゃおれが猫の大王だ」とさけんで、暖炉の煙穴に躍り上がってそれっきりいなくなってしまいました、という話だったんですけど、もう子どもの目が大きくなったまま、おはなしが終わってももとに戻らないんです（笑）。それで、なんか私困ってしまって、おはなしというのは〝めでたしめでたし〟とか〝これでおしまい〟とかで終わりになるんですけれども、終わりにならない。それでもういちど「これでおしまいね」と言ったら「うん」と言って、静かにぞろぞろと出ていって、文庫の部屋の先生のところに戻っていったんです。だけど子どもたちはまじめな顔をしたまんま。先生がけげんな顔をして子どもたちを見るんですね。「今日はなんの話だったの」って。子どもたちはひとこと「ねこのはなし」って（笑）。それで私は「『ねこの大王』よね」って言ってノートに書いたりしたんですけれど。

　私は、おかしくておかしくてそのことを先生に申し上げたいんですけど、子どもたちがまだそばにいるもんですから、そのときは言えません。「あとでお話しします」と小さい声で言って、子どもたちが帰ったあとに「実は今日、『ねこの大王』の話をしてたら、猫が三歩歩いてはそろってニャーオ、と言うたびに子どもたちの目が大きくなっていって、最後の暖炉の煙穴に躍り上がってそのままいなくなったというところまでいったのですけど、子どもにとってはおはなしは終わらなくて、目も小さくならないんです」と言いましたら、先生がご自分の膝をたたいて、もう大笑いに笑われて、笑って笑って本当にしばらく笑いが止まらないように笑われました。私も子どもの様子をおかしいとは思ったんですが、先生が、子どもがそういうふうにおはなしを聴くということをこんなに楽しまれるのか、こんなに子どもたちの心の動きを楽しまれるのかと思って、私はまた改めて先生にお会いしたような驚きを感じました。

荒木田さんの講座の四回目で、長谷川摂子さんによる『児童文学論』の書評（「子どもへの憧れ」）が取りあげられました。その中で瀬田先生が、ポール・アザールの言葉を引きながら、本当に生き生きと生きていかずにはいられない子どもの魂への憧れというようなことを書いていらっしゃることにふれているところがありましたけれど、あの言葉といっしょにこのことを思い出しました。そういう子どもたちの心というのを先生は本当に大切にされて、楽しまれて、そのためにお仕事なさってたんだなあということを同時に思い出しました。

おはなしをする和室は六畳くらいなんですが、お茶室にあるような奥行も浅い小さな床の間があって、そこにいつも奥様が掛け軸を掛けておいてくださいます。それは季節ごとのものであったり、昔話の絵を描いたものだったりしました。この、昔話の絵が掛けてある、当時の床の間の写真を今日は一枚持ってきました。掛け軸にしてはちょっと短いなと思って、先ほど写真を荒木田さんにお見せしましたら、これは掛け軸ではなくて掛け図というそうで、学校の教室に掛けて、一枚ずつめくりながら子どもたちが字を学ぶものだったんじゃないかということでした。そして、「絵は明治三十年代の、富岡永洗という人が描いたものではないかと『落穂ひろい』には出ています」と言ってました。文庫に来る子どもたちはこういう絵を見るのが本当に好きで、おはなしが終わって、「あ、かちかちやま」

明治時代の子どもたちが文字を学んだ教育掛け図。縦630㎜×横470㎜

と言ったり、「舌切り雀」もあったような気がします。そしてこの掛け図の下に、こけしがいくつか置いてあります。先生はこけしがお好きで、たくさん集めていらっしゃるんですね。奥の居間のお部屋の壁ぎわに作り付けのこけし用の棚があって、そこに百とか、もっとたくさんあります。そういう掛け軸やこけしをときどき取り替えて飾ってくださる、これは奥様がなさってたのだと思います。

先生のことを思い出すと、必ずその後ろに奥様がいらっしゃるんですね。本当に奥様も先生の子どもへの思いを全部あらわそうとしてらっしゃる。たとえば文庫に行くたびに、あぁっと思うんですが、ドアを開けると玄関に子どもたちが脱いだ靴があります。それがもうあっち飛びこっち飛びになってるんですが、それを奥様は必ず二つずつそろえて玄関がきれいになってるんですね。しばらくするとまた子どもたちが出たり入ったりしてまたばらばらになっているんですけど、いつのまにかまたきちっとそろっているんです。先生がお元気なときに文庫に伺っていたのは二年ほどですけど、その後続けて通った二十数年もずうっとそうでした。奥様はいつもいつも子どもたちが来たとき、「よく来たね。いい子だね。元気だった？　風邪ひかなかった？」と声をかけながら靴を直す。子どもが帰るとまた来た子どもの靴を直す、ということをなさってました。そして私たちが一日の文庫が終わって帰るとき、お二人で門の外まで見送ってくださるんです。それはどなたがいらしてもそうだったんではないかなと思うんですけれども、見送ってくださるんです。秋葉さんといっしょに帰るとき、しばらく歩いて、途中でもういちど振り返らずにいられないんですね。先生と奥様がまだ立って見送ってくださっている。そこでもういちどさようならって会釈しますとおうちに入ってくださるので、必ず別れぎわと道の途中でもう一回振り返って挨拶をするということがずっとありました。

もうひとつこんなこともありました。あるとき先生が、絵を描いていた男の子に「きみのうち、どこなの」と聞いたんですね。そしたら「ぼくのうちね」と言ってそこにあった紙に鉛筆で線を引き、「ここ道があるでしょ。こういうふうに行くとここ道があるでしょ。それ、こっち曲がるとこういう道があって……」、そこで紙が足りなくなる。そうすると机のすぐ横に紙袋があって、そこにいつもカレンダーのもう終わった月の紙が入っていて、裏は真っ白ですし、それから文庫の中には、日めくりカレンダーがあるので、土曜日に行くと前の六日分をバリッと破りますからそれも入ってるんですね。それは子どもたちがいくらでも使っていい紙になっていて、しょっちゅうそこから紙を出して絵を描くんですけど、それを「ほれほれ」と先生が出すと、「そうすっと、ここを曲がるとこっちに道があるでしょ。とこう行くと道があってこういうふうに行って、ここんとこの道曲がったここがぼくのうち」と三枚か四枚、紙が重なったんですね。そうしましたら、次の日の日曜日、先生がその紙をたたんで懐に入れて奥様に、「この地図を歩いてみよう」(笑)と言って、その地図を見て、ここにあ、道があるから……、ああこの道もある、と歩いていたらその男の子が「ここがぼくのうち」と○をつけた家に、男の子の名字の表札が掛かっていた。それをとっても喜ばれて、「子どもはたいしたもんだなあ。子どもはたいしたもんだ」と何度もおっしゃってました。

この講座の三回目の『落穂ひろい』のときでしたか、組み立てるとお雛様になる絵(おもちゃ絵)の話がありましたね。あの組み立てのお雛様も、炬燵で先生と奥様がいっしょに作られたということで、三月になると必ずそのお雛様も文庫に出して飾ってくださっていました。

そして、これもあとから奥様からうかがったことなのですが、先生はいつも「子どものそばにはいちばんいいものを置かなくてはいけないんだ。子どもにはいちばんいいものを渡さなくてはいけないんだよ」と言ってらしたそうです。そんなふうにして、先生からうかがったのではなくて、奥様からあとでうかがったことも多いのですが、先生がなくなられたあとも、奥様は文庫はそのまま続けたいとおっしゃって、私たちはそれからずっと瀬田文庫に通いました。その後、先生のお嬢様の充子さんが、それまではずっと大学の先生をしていらして土曜日の授業があったのですが、もう土曜日の授業がなくなって子どもたちの数も少なくなったから、これからは私がしますとおっしゃって、私たちのお手伝いは終わることになりました。先生がいらした時間は私にとっては短い時だったなあと思うのですが、あのとき受けたあまりにも大きな歓びというか幸せ感というか、そういったものがずーっと残っていて、それが今もつながっているということをつくづくと思います。

先生が本の整理をすることがときどきあって、それも驚きでした。「今日はちょっと本を整理しましょう」とおっしゃって、ほんとに勢いよく「あ、これはもういいですね。これはやめましょう」とぱっぱっ、ぱっぱっとこんなに積み上げていくんですね。それを隅に置いとくと奥様が括って物置に入れられるんですけれども、ひと目見て「これはいいでしょう。これはやめましょう」、そしてまた新しい本が来たときも先生が見て文庫に入れてくださるので、私たちが本を選ぶということはありませんでした。それをしなくても、いつもいい本がそこにありました。その本に囲まれていたという思いがしております。

文庫は今も続いています。二階の日当たりのいい小さいお部屋に移って、少ない子どもたちが来て、絵を描いたり本を読んだりして今も続いています。

「できのいい徳利《とっくり》のような人」――松岡享子さんの話

皆さんは、これまで連続講座をお聴きになっていらしたので、もうお馴染みになっていらっしゃるでしょうけれど、荒木田さんは何もかもきちっと用意なさる方です。今日私がいただいたメモにも、四時三十分から三十五分まで（笑）と書いてありました。それでもうすでに三十五分を過ぎていますので、予定を短くしてお話しします。といっても、私は本当にあんまり申し上げることはないのです。これまでのお話で、もう皆さん一杯になっていらっしゃるでしょうし。ただ、ひとつ申し上げたいのは、私は今回この講座の企画とか準備とか、お知らせとか、これを計画して実施するまでの作業に一切タッチしていないんです。ただただお客様としてここへ来られたので、もう、ものすごい幸せなんですね（笑）。今までうちの図書館で何か催しをすると、どんな催しでも責任がありますから、それこそ椅子の並べ方ひとつから、お客様の入り方から、時間の進行から、いつもなんか気にしていて、おちおち席にすわっていることができませんでした。そんなことを何年もやってきましたので、今回は若いスタッフが企画から荒木田さんへのご連絡から、何から何まで全部やってくれて、私はただ受講生の一人として、しかも予約席で（笑）、いつもは一番後ろに座るところを、一番前のかぶりつきの特等席をいただいて、とても残念なことに一回目は他の用と重なって出席できなかったのですけれど、残りの回を本当に楽しく伺いました。皆さんの生活の中でも、こんなに濃密な時間をお過ごしになることは多分そんなにはないのではないかと思いますが、とっても幸せなことだったと思います。私も幸せでした。

瀬田先生のことを何かほんのちょっと申し上げなくちゃいけないかなと思うのですけれども、ひとつはね、さっき茨木さんが奥様のことをおっしゃったけれど、奥様は本当にいい奥様で、あんなにいい方を奥さんにできる資格のあるのは瀬田先生ぐらいだろうから（笑）、その点ではまことに不足はないのですけれども、奥様がいい方だったということは瀬田先生にとっては本当にお幸せだったと思います。

そのことがひとつと、それからもうひとつ、荒木田さんのような方が編集者になってくださったということですね。それも、先生のお幸せだったと思います。私はこの連続講座はなんとかして本の形にしたいと思っていて、それを私の責任として見届けたいという気持ちを今とても強くしているんですけれど、ご家庭にあってはあたたかいお人柄の奥様、お仕事の上では誠実で綿密なお仕事をなさる編集者の荒木田さん、このお二人を両手にしていらしたのは、先生のご人徳というかご幸運だと思います。

私はちょっと遠くから先生を見ていて、そんなにお親しくさせていただいたことはないんですが、先生は時々忘れられないような言葉を口になさるんですね。以前東京子ども図書館で中野重治さんをお呼びして子どもの本のお話を聴いたことがあって、あとでその話をしているとき、瀬田先生が中野重治さんのことを「あの人はできのいい徳利のような人ですね」とおっしゃったのを憶えています。「できのいい徳利」という言葉ね。九谷とか、伊万里とかでなくてね、備前とか萩とか、ちょっと厚手の、しかも使っているうちに艶《つや》光りがしてくるようなそういう焼物ね。私はそのときの瀬田先生の言葉をそっくりそのまま先生にお返ししたいなと思っています。

　それからちょっと耳よりのお話をするとすれば、私は瀬田先生のストーリーテリングを聴いたことがあるんです。聴いたことないでしょ。いつだったか忘れたけれども、石井先生のお宅でお話会をしたことがあったんですね。国立《くにたち》お話の会の方がお二人ほど来てくださったかと思うんですけれど、そしてそれがとても楽しかったんですけれど、先生が「じゃ、ぼくも」っておっしゃって。なんのお話をなさったかっていうと、「川上のこっちから靴が流れてきて、あっちからキュウリが流れてきて、キュウリが靴にはいってキュウクツキュウクツ（窮屈窮屈）って」（笑）。私が子どものころ、よくこんな話をしたものでしたけれど、先生がそんなお話をしてくださったことを、今ふっと思い出しました。

　私は毎年、日本図書館協会の児童図書館員養成講座というので、講師をしているんですけれど、そのとき、毎年ではないのですが、瀬田先生の『幼い子の文学』をテキストにしています。そうすると、とてもショックなことに、二十名ほどの受講生の中に『三びきのやぎのがらがらどん』は読んだことがあるけれど、瀬田貞二という人の名前を知らなかったという人が半分ぐらいいることがあります。本当にショックなのですけれど。それで『幼い子の文学』について感想を書いてもらうと、「今読んでも古くない」みたいなことを書いてくる人がいて、私はまた、それにもショックを受けるんですね。図書館で児童奉仕を担当している図書館員なのに、先生のことを、もう昔の人で、読むべき本だとも思っていなかったと思っているふしがあって。こういうことはあってはならないと思うんです。少なくとも子どもの本の仕事をする人は、これから十年たっても、二十年たっても、瀬田先生のお仕事を知らないではすまされない。先生のお名前を知らない人は、子どもの本の世界の人じゃないと言われるようにしたい、と私は思っているのです。その意味で、荒木田さんのお仕事がどんなに大事かということを思いますので、ここにいらして、これだけ濃密な、幸せな時間を過ごされた皆さん方には、どうぞ、瀬田先生のお名前を広めていただきたい。それぞれの場所で、周りに子どもの本のことにちょっとでも関心をもっている人がいたら、瀬田先生という方がいてね、こういうお仕事をしてくださったんですよって、話してあげてほしい。たとえばお一人につき五人くらい説伏《せっぷく》してくださったら(笑)、そして、その人がまた次の人につなげてくださったらとてもうれしいです。

先生は、『落穂ひろい』をお書きになったことでもわかるように、いろいろと歴史上子どものために仕事をした人のことを調べていらっしゃって、いい仕事をした人がいるのにあとがつづかない、そういう仕事をした人のことを、後の世の人が「弊履《へいり》の如く」、まるで古い履物を脱ぎ棄てるように忘れてしまう、と常々腹を立てておられました。瀬田先生のお名前やお仕事が忘れられるようなことがあれば、私たちは先生以上にかんかんに怒りたいと思っております。皆さんにもそうしていただけると本当に有り難いと思います。

考えてみれば、この講座は、はじめ東京子ども図書館で行う予定でした。お申込みが定員の倍以上あって、本来ならここにいらっしゃる皆さんの半数近くをお断りしなければならないところだったのです。そうしましたら、うちの理事の社浦迪夫さんが、「断らないで、どこか大きな部屋を借りてそこですればいいいじゃない」って言ってくださったので、こうして全部の方をお招きすることができるようになりました。そうできて本当によかったと、感謝でいっぱいです。

この講座が本の形になることを願っていると申しましたが、それも含めて、私たちはこれからも、瀬田先生のご本を繰り返し読むことになるでしょう。そのたびにきっと新しく教えられること、気がつくことがあると思います。それらの発見をつとめて次の世代の人に伝えていくようにしていきたいと思います。

付け足し、講座を終えて

秋葉さん、茨木さん、松岡先生、お話をありがとうございました。

さて、去年（二〇一三年）の五月からスタートしましたこの講座の最初に、私は、これからいつも先生の年譜を傍らに置いて話をしたいというようなことを申しました。それはつまり、瀬田貞二という人の生涯にわたっての子どもの本の仕事を、いわばひとつの「物語」として語ろうと思ったからなのです。そして、それを推し進めていく方法として、私は、先生と関わったたくさんの人たちがそれぞれ持っている瀬田先生についての物語を、それこそあっちからもこっちからも引いてきて、そのたくさんの物語を瀬田先生の「物語」に重ねて先生のたどった道を明らかにしていこうと、そういうやり方を考えてみたんですね。幸いなことに、先生と親しい九十人ほどの人が書いた追悼文集の『旅の仲間』という第一級の資料がありましたから、取りあげる物語には事欠きませんでした。

たとえば石井桃子先生。この、生涯にわたっての盟友といっていい石井先生は、瀬田先生の「物語」のいろいろなところに登場されるんですが、なかでも一九五〇年の秋に、「岩波少年文庫」と『児童百科事典』の創刊をお互いに間近にひかえたお二人が初めて出会って、岩波書店の廊下に並んだ来客用のテーブルをはさんで話をしたときのことは心に残ります。このとき石井先生は、「私たちは仕事の話をしたのでなく、子どもの本の話をした」と、非常に印象深い言葉でこの初対面を語っていらっしゃるんですけど、ここには、戦争で子どもの本の仕事を中断して、宮城県鶯沢村で開拓農業をやってきた石井先生ご自身の思いが、物語が、たっぷり込められていると思います。

また、丸谷才一氏の『おだんごぱん』について書かれたあの文章も忘れ難いですね。『おだんごぱん』は丸谷さんが息子さんの幼いときに、それこそ韋編三絶というくらい何度も読まされた絵本だったということで、ここにも背後に丸谷さんご自身の物語がありそうです。

それから四回目にご紹介した、「子供にとって必要なのは、瀬田さんのおじさんのような人だと私は思う」と結んでいる瀬田文庫常連の小学生だった小川映子さんの文章にも、また彼女の物語がありますね。さらに、「ここに私の師がいる」と書いた長谷川摂子さんの「子どもへの憧れ」というあの書評にも、長谷川さん自身の物語が語られていると思います。

こういう具合に、この講座で私は、いってみれば物語に物語を重ねていくというやり方で話を進めてきたんですが、四回目がすんだところで書いていただいた皆様のレポートには、今度はそこから受け取った皆様ご自身の物語が、また様々な角度から様々な文体で、熱く語られてありました。いちいちを具体的にここでご紹介することはできませんが、物語を語るのに、物語をもって応える。つまり、聴き手の皆様もそれぞれご自身の物語を持ってこの瀬田先生を語る講座に参加してくださっていたのだということがわかって、それが私には非常に面白かった、というよりもとっても有り難かったです。

編集者が著者について語ることの是非を言うならば、だいたい編集者というのは、出した本がすべてですから、あとは黙して語らずという、そういう職業だと私は思っています。というよりも、そもそも語る機会なんて普通はないものなんですね。にもかかわらず私が瀬田先生について話しておきたいという気持ちになったのは、先生がなくなられたあとの三十年があったからだと思います。三十年という歳月が、私の心の底に「話したいこと」を積もらせてくれたのでしょう。

それにしても、瀬田先生のことをこれだけしゃべらせてくれて、耳を傾けてくれて、皆様がいい聴き手になってくださって、私は本当に感謝しています。思えば私の心の片隅には、こんなに細かいことをしつっこく話していていいんだろうかという心配がずっとありました。もしも聴いている方たちとのあいだにちょっとでも隙間風が吹いたりするようなことがあれば、なんかもう意気地がない私は、たちまち引いてしまうんですけれども、この講座では「ちゃんと聴いているから、いくらでも話していいですよ」と皆様が暗黙のうちに言ってくださっている、そういう気合いがたしかに伝わってくるんですね。私にはそれがこの講座を続けていくうえで大きな励ましになってきました。ここでは私はとってもいい聴き手に恵まれていたのだと思います。

講座を始めて八ヵ月、これまでお話ししてきて気がついたこともいくつかありました。たとえば、先生の子どもの本のお仕事をずっと追っていくうちに、私はここから三つの「よあけ」を見つけたんですね。一つ目の「よあけ」は、先生が晩年になって訳されたあのシュルヴィッツの絵本の『よあけ』ですが、あとの二つの「よあけ」は、私たちの国の子どもの本がこれまで経てきた歴史に関わる、そういう「よあけ」です。二つのうち最初の「よあけ」は、遠く江戸時代に始まる古層の絵本の「よあけ」、さらに次の「よあけ」は、これは現代の絵本にそのままつながっている「よあけ」です。欧米のすばらしい絵本の数々を取り入れることから始まったこの戦後の絵本の「よあけ」には、先生は翻訳や評論のかたちで実際に立ち会っていらっしゃるんですが、こうして「よあけ」ということを念頭において先生がなさってきたお仕事をたどっていくと、改めて日本の子どもの本の全体像がふーっと浮かびあがってくるんですね。そして、その比類のない、子どもの本に対する広くて深い先生の視座をいつも支えていたのが、「ほら、ここにこんないいものがあるじゃありませんか」という、発見の喜びに満ちた感性であることを思うと、「瀬田貞二」というひとが日本の子どもの本にとってどんなに大切な、大きな存在であったか、今それが身に沁みて私には感じられてきます。

「もう、そのへんでやめときなさいよ」とおっしゃっている先生の声が聞こえてきました。講座の初めに言いましたように、瀬田先生と知り合いになっていただく、親しくなっていただく、これがこの講座のいちばん大きな目的でした。今日は背負っていた荷物をおろしたようなほっとした気分になっています。

全五回にわたってこの長丁場をおつきあいくださって、本当にありがとうございました。これで終わります。

〈資料編〉

瀬田貞二著『絵本論』をすすめる――絵本の選択のために

松岡享子

手っ取り早い入門書？

ある夜、かなり遅くなってから、電話がかかってきました。面識のない若い女の人で、実はさし迫ったお願いがあるのだといいます。話を聞けば、その人は、私がかつて教えたことのある大学の保育科を卒業して、幼稚園の教師を数年勤め、この春から、ある短大の保育科で、保育の実際を教える立場になったとのこと。ところが、「わたし、在学中、先生の『絵本』の講義を聞かなかったものですから、実習に行く学生たちから、あれこれ質問されて、困ってしまって……、何か手っ取り早く絵本のことを勉強するのにいい本はないでしょうか……？」というのです。

付け焼き刃であれ何であれ、今すぐ勉強しなければ、明日からもう立往生するのが目に見えている……という、せっぱ詰まった訴えで、これには、私も頭を抱えてしまいました。絵本のことについて、まとまったことひとつ学ばずに、保育科を卒業することの不当、ましてや、それで学生を教えるというむちゃを、今ここで嘆いても始まりません。現に、学生たちは、来週はもうそれぞれの実習先に行き、子どもと絵本にじかに触れなければいけないのです。どんな絵本があるのか、そのうちのどれを選べばよいのか、どう読めばいいのか、といった、いわば目先の問題を、今回は何とかごまかして、学生たちを送り出したとしても、学生たちは、実習先での体験からさまざまの具体的な問題を抱えて戻ってくるでしょう。そういう問題を前にして、絵本とは何なのか、子どもは（そして、私たち大人は）絵本に何を求めているのか、絵本は子どものどんな要求を満たすのか、といった基本的な問題を考えること抜きに、どんな答が出せるでしょう。また、絵本の歴史、絵本の種類、絵と物語の関係といった具体的な問題を、実際の絵本に当たって、綿密に検討していく以外に、ここに述べた基本的な問題に、どんな取り組み方ができるでしょう……。

「瀬田貞二という方がお書きになった『絵本論』という本があるのだけれど……」と、いいかけて、私は口ごもりました。焦りに焦って、手っ取り早く……と願っている人に、厚さ四センチ、五百五十ページを超すこの本をすすめることが、ためらわれたのです。電話の声が、今の精神状態をそのまま反映しているとしたら、おそらくこの人の目は、この本のページの上を、飛びはねるだけで、読み取ることはしないのではないか、そんな心配もありました。この本はそんな読まれ方をしてほしくない、という気持もありました。

結局私は、この期に及んで絵本についての本をあわてて読むことはおやめなさい。とにかく数年の自分の保育経験の中で、自分が実際子どもと一緒に読んだ絵本、中でも子どもが喜んだ本を、二冊でも三冊でも学生に紹介しなさい。学生の質問のうち、わからないものはわからないとこたえなさい。先生という肩書がついたからといって、それで今ある自分が自分以上のものになるわけではないのだから、足りないところは正直に認めて、これから少し落ち着いて、時間をかけて絵本を読んでいったらどうですか、できるだけ古いものから始めて……というようなことを話しました。

それにしても……と私は思います。同じようなことは図書館員についてもいえるのではないでしょうか。絵本について、何の知識もなく、児童室に配属されるということが。そして、保育の場では、遊びや、生活指導や、音楽、絵画、工作といった芸術活動など、さまざまな保育活動のひとつとして絵本を読むということがあるのに対し、図書館が幼い子どもにさし出すことのできるのは、絵本だけなのです。しかも、その絵本は、瀬田先生が『絵本論』の中で、一再ならず引用しているドロシー・ホワイトのことばによれば、「子どもが最初に出あう本」であり、「長い読書生活を通じてひとの読む本のうちで、いちばん大切な本」なのです。そして、「その子が絵本のなかで見つけだす楽しみの量によって、生涯本好きになるかどうかが決まる」というほど、子どもにとって決定的な影響力をもつものなのです。

私たちの周りには、すでに何百冊、いや何千冊も絵本が並んでいる児童室のまん中に立って、あるいは、月五十冊平均も出版社から送り出されてくる絵本を前にして、どれを選び、どれを子どもにすすめるべきか、途方にくれている新任図書館員が少なくないのではないでしょうか。そしてまた、すでに何年かの経験を積み、古典的といわれる絵本の何冊かに十分親しんできているベテランの児童図書館員でも、昨今の、内容にも表現方法にも従来の枠を大きくはみ出す絵本の数々、ますます刺激的に、なおかつますます没個性的になってくる大量の絵本を見ては、迷いと恐れを感じずにはいられないのではないでしょうか。自分が育ててきた絵本評価の基準は、あるいは時代おくれになりつつあるのではないだろうか、と。

まず絵本に出あうことから

この『絵本論―瀬田貞二 子どもの本評論集』は、そのどちらにも、ほんとうに力になり、励ましになる、滋養満点の食べもののような本です。五百ページ以上あることに恐れをなす必要はありません。一から絵本のことを勉強してみたいと思う人は、この本の一――一、つまり第一部の冒頭の章、「絵本に出あう」（約六十ページ）だけを読めばよいのです。そして、どれでもいい、自分の印象に残ることばを記憶にとどめ、それをお題目のようにとなえながら、絵本を見るくせをつければよいのです。お題目はお題目ですから、意味はわからなくてもかまいません。絵本を手に取るたびに、頭のすみで、それらのことばをくりかえしひびかせてみましょう。

――幼い子たちが絵本のなかに求めているものは、自分を成長させるものを、楽しみのうちにあくなく摂取していくことです。

――子どもたちを静かなところにさそいこんで、ゆっくりと深々と、楽しくおもしろく美しく、いくどでも聞きたくなるようなすばらしい語り手を、私たちは絵本とよびましょう。

――お話をしてくれる絵、それが絵本のよしあしをきめ、絵本の標準をたてることになります。

――よい絵は、まず物語の雰囲気と一致していること、人物や事件を生かすこと、正確であること、細部まで気をくばること、清朗で霧がかからないこと、繁雑でなく力強いこと、にせ子ども的でないこと、場面に流動感があること、そして、一冊に構成があるものです。

――（よい絵本を見わける目を養うには、子どもが）なんどもなんどもくり返して立ち戻っていく絵本に親しむことです。（子どもが）体験するところを追体験していけば、絵本のよしあしはすぐわかります。

この本は、二部に分かれ、全体の半分強を占める第一部は、一、二の例外を除き、福音館書店発行の月刊絵本「こどものとも」の折り込みに書かれた文章を同書店編集部が編集したものです。初出の時期は、一九五六年から一九七三年にわたっていますが、年代順によらず、主題と内容によって、三章に分けています。

第一章は、さきに紹介したように、絵本入門といってよいでしょう。ここでは、幼い子にとっての絵本の意味、絵本、あるいは絵のよしあしを決める規準、年齢別や主題別（乗物絵本、動物絵本等）による絵本の種類と、それぞれが備えていなければならない条件等が説かれます。（折り込みは、主として母親に向けて書かれているので、語り口は平明です。）ところどころに、先生ご自身の幼い日からの絵本とのかかわりの思い出が語られ、しめくくりに、要領よくまとめられたヨーロッパの絵本の歴史が紹介されています。これらの文章を貫いている絵本に対する先生の姿勢は、絵本は子どもにとって大きなたのしみであるべきこと、質のよい絵本が追求されるべきであること、あくまで子どもの立場から見ていくべきこと、などです。これは、時代が変わっても、出版傾向が変わっても、子ど
も、の本としての絵本を見ていく態度としては、基本とすべきものでしょう。

印象でなく技術論を

第二章は「絵と物語」と題され、一章を入門篇とするなら、これは中級篇というべきでしょうか。ここでは、絵本の絵と物語の両方について、具体的な作品に即して技術論を展開しています。一篇一篇は短いものですし、書き下しではありませんから、系統立てて論じてあるわけではありません。その点、このままもっと縦横に論じてくださっていたら……と叶わぬ望みを抱かないではありません。しかし、ここに収められた文章を読むと、一枚の絵を、あるいは一篇の物語を、技術面から分析的に見ていく見方を教えられます。構図はどうか、線は、色は、どこに表現の独自性があるか、構成は、文章は、内的なリズムは、クライマックスへのもっていき方は……？

児童図書館員は、仕事として本を選ばなければなりませんし、また、書評、紹介、解題といった形で、本について書くことも要求されます。そういう作業の現場に立たされたとき、私たちが往々にして感じるのは、私たちの〝批評〟が、単なる自分の〝好み〟の域を出ないということではないでしょうか。いいと思う、あまり感心しない、ということまではいえても、それが何に基づいてのことかを他人に説明することができない、もとよりそれは容易なことではありません。それでも、職業人として本を評価するときには、その容易でないことをしなければいけません。それをすることで、自分たちの仕事をより明確なものにすることができるのです。この第二章は、私たちに絵本の絵やストーリーを、分析的に見る目を養う上で、よい導き手となってくれるでしょう。ことに、ホフマンの『ねむりひめ』の構成を事細かに分析した章末の二篇は、先生の行き届いた講義を聞くようです。ご自分では、「いささか語りすぎました」と、恥じていらっしゃいますが……。

第二章で、私たちにとっての〝儲けもの〟は、この中に、「物語る絵」と題した、三篇連続の文章があり、第一章の終りでヨーロッパの絵本の歴史を短くまとめたように、ここで日本の絵本の歴史を絵巻物から赤本、黄表紙を経て、明治大正の絵本に至るまで、簡潔に説いてくださっていることです。これは、博識な瀬田先生でなくてはできないこと。おかげで私たちも、日本の絵本（この場合、必ずしも子どものものとは限りませんが）の大きな流れを知ることができます。もちろん、先生には『落穂ひろい』という大部な著作があり、そこには、この方面に関するご研究の成果がくわしく披露されているわけですが、この本に取組むアウトラインとしても、ここに短いまとめをしてくださったことをありがたく思います。

一―三、第一部第三章は、「絵本作家の世界」と題されています。ここでは、一章で披瀝されたと同じ主張、二章で論じられたと同じ問題が、角度を変えて扱われています。全部で十五の文章が集められていますが、そのうちの八篇は、外国（主としてアメリカ）の絵本作家について論じ、残りの七篇は明治以降の日本の絵本作家を取り上げていて、この後半部分は、いわば二章の日本絵本小史の明治大正昭和篇をなしているといってもいいでしょう。

取り上げられている作家は、ヘレン・バンナーマン（ちびくろさんぼ）、ビアトリクス・ポター（ピーターラビット）、ロイス・レンスキー（スモールさん）、フェドール・ロジャンコフスキー（ダニエル・ブーン）、マーシャ・ブラウン（三びきのやぎのがらがらどん他）、バージニア・リー・バートン（せいめいのれきし）、ルドウィッヒ・ベーメルマンス（マドレーヌ）、モーリス・センダック

（かいじゅうたちのいるところ）の外国勢に対して、日本は、夏川八朗、岡本帰一、清水良雄、八島太郎、茂田井武です。この顔ぶれに、瀬田先生の求めておられた絵本の質と、その水準を見ることができます。第一部の初めのところで、先生は、「文章のすばらしさが、じゅうぶんすきのない可視的な一つの世界を表現し、絵のすばらしさがその世界を百倍も千倍も生き生きとくみあげ」たものこそが、完璧な魅力ある絵本なのだといい、そんな「すばらしい本」があるか、と問われれば、ここ百年の間に築かれた世界の児童文学の歴史の中に、いくつも例をあげることができる、と述べておられます。第三章でとりあげられた作家の作品は、先生の頭の中にあった、その魅力あふれる絵本の例なのです。

奥深いたのしみ

さて、この本は、ここから第二部にはいります。「十二人の絵本作家たち」と題されたこの部分は、最初、雑誌「月刊絵本」に連載され（一九七三年五月から一九七四年六月まで）、のちに、すばる書房から単行本として発行された（一九七六年）ものに、追考二篇を加えたものです。取り上げられた作家は、ウィリアム・ニコルソン、エズラ・ジャック・キーツ、初山滋、マーガレット・ワイズ・ブラウン、ブーテ・ド・モンベル、マージョリー・フラック、ブルーノ・ムナリ、小山内龍、村山知義、ペール・カストール、エドワード・アーディゾーニ、椛島勝一、横井弘三、茂田井武です。この人選は、先生のことばによれば、「絵本作家の代表格ではないが、それぞれに絵本の本質的な問題をになっている個性」であり、書き終った段階で見ると、みな「表現すべきものを持った人々」であったと総括しています。

第一部の文章が、「こどものとも」の折り込みという、いわば一般向きの啓蒙的パンフレットに書かれたのに対し、第二部のそれは、最初から絵本の専門誌に書かれました。このことは、内容はもちろんですが、表現の上でも、先生に思うままを制限なく書くことをゆるしたと思います。一部では、「状況の設定」ということばに対してさえも「だれがどこで何をしている、というようなことです」といった説明を加えている先生が、二部では、そのような心配りぬきに私たちがひそかに瀬田節《せたぶし》と呼んだ先生独特の言いまわしを自由に使って論じています。たとえば、自己の才を顕示することに急なデザイナーの絵本は、「密室のアクロバットで、日光と子どもをみちびきいれないから、偏奇な試みとして瞬時にしぼむ」とか、「視覚の現実界への解放というような、現実感覚にストーリーの水路をみちびきいれる方法」だとか、「宝石屑の輝きとレモン汁の香りを惜しみなくふりまいた」絵といった表現です。この種の表現には、時にうならされ、時にうなずかされ、そして多くを教えられます。絵をことばで表現することはむずかしい。絵本の絵を説明し、描写する先生のことばそのものから、先生の絵のつかみ方や、評価が学べるからです。

読者への遠慮のなさといえば、たとえば、ブラウンと組んで仕事をした画家ワイスガードのことを、「どういうものか私はあまり好かないので、このへんは失礼させてもらう」といって、あっさり切り捨てることなどにも表われていますが、もっと大事な面では、ご自分の立場や主張を述べる語気の強さにそれが見られます。絵本を論ずるのに、読者である子どもの立場に立つこと、印象批評でなく技術論で行きたいことを表明したあとで、これには別の立場もあろうが、「私はむなしいことがきらいです」と言い切っているところ。また日本では子どものためによい仕事をした画家がまたたくまに忘れ去られることに対して、「過去の（しかも今日にも通用しうる）遺産を、弊履のようにないがしろにする忘恩的進歩というものは、いったいいなんであろうか」と憤るところなど。

わが国の子どものための仕事が積み重ねと伝統を重んじないことに対する先生の嘆きと、抗議の気持は深いものがありました。この本の中で歴史的な問題へ私たちの目を向けようと向けようとしていらっしゃるのも、そのためです。私たち自身「かつて楽しんだ美しい仲間たちを、一顧もすることのない成り上がり者」にならないために、また「成り上がり者の成り上がりぶり」を許さないためにも、折にふれ、くり返し、『絵本論』の上級篇ともいうべき第二部を熟読したいものです。そのためには、『落穂ひろい』もそうですが、先生のお仕事のひとつである「複刻 絵本絵ばなし集」（ほるぷ出版、一九七八年刊）もよい助けになってくれるでしょう。

『絵本論』をすすめる

手っ取り早い入門書……といわれて、厚さ故にこの本をすすめるのをためらってしまった私ですが、ほんとうに絵本について勉強するつもりがあるのなら、あれこれ迷わずに（現在は題に「絵本」とつく研究書やエッセイが数多く出ていますから）、まずこれをと、あの若い、電話の声の主に、改めてすすめようと思います。

大部ながら、心配りの行き届いた編集のおかげで、入口から奥まで、無理なく進んでいける道がつけられていること、「子どものための絵本は、大人の趣味とは別な、子どもの好みに密着したところで成り立つ」という見方を終始貫いていること、ひとりよがりな、あるいはペダンチックな言辞を弄することなく、具体的に、絵や物語に即して論じていること、書き下しではないが、絵本の基本的な問題――子どもと一緒にどうたのしむかまでを含めて――がカバーされていること、これを読めば目ぼしい絵本におのずと親しむことができること、技術的なこと（絵の技法や、印刷術について）にも目を開かれること、歴史的なことにも興味がそそられること、等等、類書の中で本書をすすめたい理由は数々あります。

さらにいえば――そして、これが、保母さんや先生方にでなく、とくに仲間の図書館員にこの本をすすめたい私の理由なのですが――これを読むと本好きの気持がかきたてられることと、この本自体が美しいことです。

小学校入学前、お義兄さんからもらった中西屋の「日本一ノ画噺《えばなし》」が、絵本との幸せな最初の出あいだったというところから始まって、見知らぬ大学生から初めてエドマンド・デュラックの手になる『アラビアン・ナイト』の挿絵を見せてもらったときの感激や、大人になってからのそれらの本との再会の様子など、この本には、瀬田先生がどんなに深く、隅の隅までなめるように味わって本をたのしんでいらっしゃるかがわかるエピソードがふんだんに出てきます。神田の古書展で、ブーテ・ド・モンベルの『ジャンヌ・ダルク』を見つけたときの様子など、こちらまで興奮させられます。本に対するこの純正な愛着心と、本をたのしむ能力。これは、かなりの伝染力をもっています。図書館員としては、すすんでこれにあてられるべきでしょう！　それに、この本自体が、最初に出あう本――絵本――が、その人が生涯本好きになるかどうかを決めるというホワイトのことばの見事な証しではありませんか。

そして、この本の美しさと読みやすさ（装幀は堀内誠一氏）。落着いた青のクロス装のまん中に、「日本一ノ画噺」から、口中に一寸法師の見える鬼の顔を配したデザインは、先生のよくお使いになることばを借りれば、間然するところがない気持よさです。扉や中扉のデザインも清潔で斬新、図版は小さいのが残念ですが、色は非常に美しく仕上っています。開いたときにページがきれいに割れて落着く製本のよさもうれしく、ついでにいえば、注、索引もていねいですし、掲出図書一覧も、翻訳の出ていないものには、原題、原出版社等記してあって親切です。

この八月で、瀬田先生がお亡くなりになられてから、丸七年になります。ご逝去を悔む気持は弱まりはしませんが、このようなご本が、私たちの手に残されたことの幸せは大きい。本稿を書くために、集中してこの本と共に時をすごせたことを感謝しています。

（「図書館雑誌」一九八六年八月号より）

郵《ゆう》便《びん》机《づくえ》

余寧《よね》金之《きんの》助《すけ》

一つの建物《たてもの》のなかに二つの学校がある。表玄関《おもてげんかん》には二つの看板《かんばん》がかかっている。一つは江東《こうとう》高等学校、一つは夜間江東高等学校。九時から四時までが昼の高等学校で、五時から九時までが夜の高等学校だ。やけたビルディング三階建の南がわばかり修繕《しゅうぜん》がすんで、二階の二年乙組の教室は夜も夜間の二年乙組でつかっている。この室の五十の椅子《いす》は昼と夜でそれぞれちがう生徒をむかえる。だから五十の机にも、それぞれ二人ずつ持主がある。窓際の、まえから四番目の机が、やっぱりほかのすべての机とおなじに、インクの奇妙なしみや、こまごました彫刻《ちょうこく》でかざられていた。その机がある日、昼の持主から夜の持主へ、やぶいたノートブックの紙きれにかかれた手紙を一通おさめていた。その翌日は、反対に夜の持主から昼の持主へ数枚のかきそんじた電報頼信紙《でんぽうらいしんし》の裏がわにかかれた手紙がなげこまれていた。こうしてやがて、昼から夜へ、夜から昼へ、その机は郵便箱の役目をつとめることがおおくなった。電灯があかあかとともるころ、机の箱からはスベスベしたノート紙の手紙があらわれ、まぶしい朝日の光で、幾枚かの頼信紙の手紙がよまれることがあった。これは、そのふたりのほかには郵便机しかしらない手紙の話だ。

第一の手紙

僕の机を夜つかっている君がどういう人かしりませんけれども、この手紙の返事をください。

きのう、僕のわすれた筆箱をしりませんか。ヨットじるし鉛筆三本（4Bが一本はいっています）、ラッパじるしけしゴム一つ（あたらしいのです）、よくきれるナイフ一丁《ちょう》、はいっています。このナイフはおとうさんから外国のおみやげにもらったもので、はしのバネをおとすと、ピンと刃《は》がとびだしてくるやつです。それから4Bも僕のだいじな絵の鉛筆です。筆箱のうえにR・Mとかいてあります。君がどんな人かしりませんが、かえすのをわすれているのでしたら、この机のなかにいれておいてくれませんか。僕の組のほかの友だちも、わすれたものがたびたびなくなったといっています。おなじ机をつかっているのですから、なかよく話がつけばいいと思います。先生にはとどけません。当番《とうばん》もしらないといいますから、直接《ちょくせつ》おねがいしました。

二年乙組　水野良平《みずのりょうへい》

夜の僕の机の人へ

第二の手紙

君の手紙、今晩よみました。すこし腹がたつので、らんぼうなことをかくかもしれません。君のわすれたものは、先生のほうへあの晩すぐとどけておきました。夜の先生から昼の先生へわたすのがおくれているのだと思います。君の筆箱はあめ色のセルロイドで、そのうえにみどり色の字がかいてあるでしょう？　じつは、あのナイフは気にいりました。ナイフの腹にゴンドラの浮彫《うきぼり》のついている大型のみごとなやつでした。どうしてあけるのかわからなくて、となりの飯田《いいだ》君にきいてバネをおしてみました。パチンと刃《は》がでた。四、五回くりかえしました。こんなふうのを僕はまだ見たことがありません。弟にもみせてやりたいな、と思ったが、筆箱へいれて先生にわたしました。ですからなに一つなくなっていないと思います。どうかよくしらべてみてください。君のほうの人たちは、よくなくなったというそうですが、僕の組にだれもとる人はありません。それははっきりいいましょう。おそらくわすれた人は、わすれた場所だってわすれることがおおいのではないでしょうか。それにわすれた品物が、あくる日ちゃんと机のなかからでてきたほうが、ずっとおおいのに、ちっとも気がつかないことが、おおいのではないでしょうか。こんどはあんなナイフがはいっていたので、念《ねん》のため先生にとどけましたが、あまりめんどうなので、いつもは僕だって、とどけずにそのまま机にいれておくことがおおいんです。先学期の試験中、君はコンサイス英和《えいわ》をわすれたでしょう？　おぼえていますか？　僕は英語の字引《じびき》をもってないので、ほしいなと思ってましたが、あのコンサイスですこし単語《たんご》をひいてみただけで、そのままいれておいたことを僕のほうではっきりおぼえています。君のものをだまって使ったのはわるいけれど、いったいわすれるほうがもっとわるいのではないだろうか。僕はペラペラめくりながらほしいなという気になった。字引が買えない者に、あの革表紙《かわびょうし》はなんてすべすべした手ざわりだったろう。裏がわにそのときもやっぱりR・Mとかいてあるのをみて、つくづく僕のじゃないと思いしりました。そして君の頭文字もおぼえたんです。僕らにも欲《よく》がありますから、わるい心のおこるようなものをのこさないでください。そして悪口などいわないでください。どうかわすれないでください。それは君のほかの人にもぜひそうしてもらいたいのです。

僕が癪《しゃく》にさわったのは、君が、夜の生徒は、物をもってゆくとはじめからきめているような手紙のかきぶりです。夜の生徒は、みんな昼間どこかにつとめて、給仕《きゅうじ》をしたり事務《じむ》をとったり、つかれてから学校へきます。のびのびして勉強できる君たちのほうで、まずしい生活をしている僕たちが、心までひくいと、きめてかかるのは、どうしてなのか。すくなくとも僕ら学校へくるときは、おくれまいとかけ足で、たのしみながらあつまるのです。学校は僕らには、昼間の君たちより幾倍もいいところです。かんがえてみてください。おおぜいのおとなのあいだにもまれて、馬車馬みたいにうごきまわる時間がおわって、ほっとして、みんなと勉強したりあそんだりしようと、大いそぎでくる僕らを。ここでこそ、いろんな知識をぐんぐん知って、じぶんで自由にかんがえたり、いろんな運動をして心からわらったりできるんです。みんなが対等《たいとう》です。みんなが自由です。みんながほんとうのじぶんにもどるんです。学校こそ背のびのできるところ、息《いき》のつける場所です。

君の手紙は、のびのびしてたのしく勉強している僕に、つめたい泥《どろ》をはねかけたような気がしました。ボーイや給仕を、世間《せけん》の人がかるくみてるように、君も僕をそんなふうに思っているんじゃないか――それが、僕の腹のたったことの原因《げんいん》です。ごたごたらんぼうになりましたが、君がおなじ机にすわる友だちとして相談しようとかいてくれたので、あまえたのかしれません。もし筆箱がまだもどらなかったら、僕の方からも先生にきいてあげましょう。

いま、掃除《そうじ》当番《とうばん》のあとでひとりのこって、ここまでかきましたら小使さんがまわってきました。ガランとして井戸《いど》の底のようにしずかです。廊下《ろうか》のあかりが二つだけ残っています。僕は電車で、それからバスにのってかえるのです。おそくなると、そのバスがなくなって、四十分あるかなければなりません。今日は大いそぎで失敬《しっけい》します。らんぼうな手紙になりましたが、おこらないでください。

夜間の　篠崎鮮太《しのざきせんた》

水野良平君

第三の手紙

篠崎君、筆箱、先生からいただきました。全部そっくりいただきました。先生からわすれないように注意されました。君にたいへん迷惑《めいわく》をかけて、すまないと思っています。すみませんでした。

僕はあたまがわるいのです。よくわすれものをしますが、こんどから気をつけます。僕はほんとうにあたまがわるくて、数学ができないので、よわります。それに作文もとてもへたです。君の手紙、よくかけているので感心しました。けっしておこってなんかいません。僕のほうがずっとわるかったのですから、うたぐって、ほんとうにすみませんでした。おとうさんが――僕のおとうさんは、大学で数学をおしえていますが、僕は数学ができないんで、悲観《ひかん》しちゃいます――君の手紙をみて、僕にいい友だちができたな、っていいました。僕はいろいろ君のことを空想しています。この机に、夜になってからすわる君は、どんな人だろう。君はどこかへつとめているのかしら。僕は君の手紙が頼信紙《らいしんし》の裏にかいてあったのをみて、君はきっと郵便局《ゆうびんきょく》につとめているんだ、と思います。ちがいますか？

このあいだの街頭募金《がいとうぼきん》には、君はでましたか。僕は三時から五時まで駅前で二日やりました。声がでないでよわりましたが、それでもかなりたくさんお金があつまりました。夜間の人が五人いれてくれました。そのなかのひとりは、もう赤い羽根を帽子《ぼうし》につけていました。僕はようやくありがとうっていいました。僕は臆病《おくびょう》でこまるのです。君たちは、あのあとでやったでしょう？　やはり駅前で五人ほど大声で「おねがいします」っていっているうちに、君はいませんでしたか？　僕はうらやましく思いました。あれだけはっきりものがいえたら、どんなにいいだろうな。はずかしかったので、友だちからすこしおくれていって、お金をいれましたら、みんな一どに大声で「ありがとう」ってあたまをさげるんです。すっかり顔があかくなりました。プラットホームで友だちが――あくまでほんとうのことをかきましょう――「あいつら、喧嘩《けんか》つよいんだぜ」っていったが、僕は、そうかもしれない、けれどもそんなことというなんてあるもんか。とひとりで思った。たしかに昼の生徒は君たちをかるくかんがえていました。僕もまえはなんとなくそうかんがえていました、だれひとり知らないくせに。だが、いまはもう、そういうふうにかんがえてはいません。おとうさんはいつも「なんとなくそうおもいこむ」っていうのはいつもまちがいだっていいましたが、僕は君をはっきりと知っている以上、いまは友だちより僕のほうがただしいんだと、断然《だんぜん》、自信をもっています。

昼やすみは、教室は案外しずかです。僕は教室をひとりじめにして、これをかいています。チョークの粉のようなたくさんのほこりが、しずかに羽虫のように、窓の日のなかで舞っています。君はいま、どこで昼やすみをしているだろう。それから、おとうさんからリンゴをあげてくれって。弟さんとたべてください。手紙といっしょに机のなかへいれておきます。このあいだは君のかえり、おそくなったんじゃないかと、しんぱいしました。

水野良平

篠崎鮮太君

第四の手紙

水野君、手紙ありがとう。それからリンゴありがとう。ノートをいれようとして机のふたをあけたら、まっかなリンゴがきちんとならんで、にわかにぱっと、それこそおどり出してきたんです。はじめ水野君がまた、僕をからかうつもりで、わざとおいてったのかと思いました。僕はどうもおこりっぽいんです。このまえもずいぶんへんな手紙をかいちゃって、あとでこまりました。君がとてもすなおな気持のいい手紙をくれたので、僕はすっかりうれしかった。僕はどうもうれしがりやなんです。リンゴはかえって母と弟と僕でわけてたべました。おしりのとんがったやつはあまいんですね。芯《しん》のところが蜜《みつ》みたいで、僕、はじめてでした。弟は芯までたべちゃうんです。おとうさんによろしく。

君ののびのびした手紙をみて、僕も僕ら夜の生徒のいけないところがわかったような気がします。たとえば、僕だって、はじめリンゴをみてすぐ君がからかってるんじゃないかと思ったでしょう？　夜間の僕らは、いつも人からばかにされてやしないかと、きょときょとしてる心のせまさがあります。警戒《けいかい》ばかりしている意固地《いこじ》なところがあります。ひとりぽっちで世のなかへでてゆくと、風あたりがひどいんです。それで僕たちはいじけるのかもしれません。じぶんのほうで勝手《かって》に夜の生徒とか昼の生徒とかあたまのなかに区別をしておいて、ほかから区別してかかられるとおこるのかもしれません。君のようにすくすくあかるくかんがえる人が友だちになってくれたのは、僕にとってはしあわせです。僕がひがんだらわらってください。気持がふさいだら、ふきとばしてくださいね。

僕の仕事は、君の想像《そうぞう》どおりです。虎《とら》の門《もん》のほうの小さな郵便局の切手《きって》売りです。小さいけれども、となり近所の官庁《かんちょう》からうんともってくる郵便物で、しじゅう目をまわしています。ですから募金には出ませんでした。ですが、募金には応じました。ひょっとしたら君の箱へいれたのかもしれませんよ。

僕のところはとてもいそがしくて、昼やすみのあいだでも、こまごました整理におわれることがおおいんです。ほんとは、僕はひとりでいろんな空想をするのがすきなのですが、このあいだはそれでひどい目にあいました。かわいい女の子をおぶった女の人が、シベリヤへ手紙をだしたい、と相談にきたのです。僕はといあわせのことをおしえて、その人がかえってから、ついその空想にふけってしまいました。あの人の夫がまだかえってこないんだろう。あのひっつめ髪からみると、くらしがたいへんだろうなあ。このさきの生活相談部へ相談にきたのかしら、なんて空想していたとき、どこかヤミ屋ふうの紳士《しんし》が、オイ証紙《しょうし》をくれたまえってきたので、うっかりしてお金より千円よけいにわたしてしまったんです。その人はとうとうかえしにきませんでした。千円の損《そん》は僕の月給《げっきゅう》から毎月百円ずつかえすことになりました。あまりおおくもない月給からひかれるんで、おかあさんにも気のどくでなりません。そんな目にあうと「ひどいなあ」と、人をわるくいいたくなっちゃうんですが、僕はやっぱりじぶんがいけないんだと思うんです。君にわすれちゃいけないなんていってってね。失敗《しっぱい》は、風にむかって唾《つば》をしたみたいに、すぐじぶんにかえってくるんですものね。よくよくおっちょこちょいなんです、僕は。毎日おなじ仕事ですから、こっちではわかりきってることをお客さんがしつこくきくと、いきおいつっけんどんになることもあります。でも僕はなるたけ親切にやろうと思って、つとめてゆっくり説明《せつめい》するようにしていましたが、このあいだ先生が、親切にしようというのも大切だが、しぜんに親切になったら、人はその親切を感じないかわり、しぜんにむこうも親切になってゆくっていわれました。僕のは親切の一年生、君のリンゴが親切の上級生かな。

　僕の家ではお礼ができません。もし君かおとうさんかが、切手をあつめる趣味《しゅみ》があったら、僕も役に立ってうれしいけれど、——きょうは、二枚、めずらしいのをいれておきます。一枚はアルコール記念切手で、おとうさんに、一枚は体育大会記念切手で、君に。窓口から密輸入じゃありません。安心してつかってください。

鮮太

水野君

第五の手紙

切手、どうもありがとう。おとうさんはお酒がすきだから、あのアルコール切手をみたとき、とてもわらってた。ありがとうって、つたえてくれって。でも、のむほうじゃない、この装置図《そうちず》は実験用《じっけんよう》だねって。僕のぶんは君の見当ちがいです。僕はグズで、スポーツがすきになれないから。でも、ダイビングしている姿勢《しせい》は気にいりました。僕は絵はとてもすきなんです。ですから、もも色の大空へ身をなめにしているからだの線がすっとはっているところは、うまいなあと思いました。僕はもう八さつもスケッチブックをかきためています。おとうさんにつれられて旅行するたびにかいてきたんです。もし君が絵がすきなら、一ぺん見にきてくれませんか。

それから僕は文章《ぶんしょう》がへたくそなくせして、お話がすき、本がすきです。これはおとうさんのせいでしょう。僕はおかあさんはよくおぼえていません。小さいときになくなったんです。ぜいたくですけれど君におかあさんがあって、うらやましいなと思ってます。ですが、僕のおとうさんはほんとうにいいおとうさんです。おかあさんがなくなってからは、よく小さい僕と一しょに寝て、寝ながら、とてもおもしろい話をしてくださったものです。いまもよく思い出します。電気スタンドの灯《ひ》をけすと、まっくらななかで、「良坊《りょうぼう》、おめめをつぶって……おとうさんにつかまってごらん、ほら、ツルだよ。ツルにのんのしたよ。いいかい、そら、とびあがるよ、や、フワッとあがったぞ、森があんなに小さくなったぞ、神社《じんじゃ》も火の見やぐらもみえなくなったぞ。川が糸のようにくねくねひかってるよ。やあ、はやくとぶぞ。たかくなったぞ。風が耳のそばでなってるぞ。それそれ、海がずっと下であれてるぞ……」僕はいつもそんな空想《くうそう》にはこばれながらねむってしまいました。僕のお話ずきは、たしかにおとうさんのせいです。おとうさんはよく僕に本を買ってきてくれます。僕の部屋には本がたくさんありますよ。もし君がのぞみなら、僕はいつでもなんでもかしてあげられるけど、君はいそがしいのでしょう?

良平

鮮　太君

P.S.（これは英語でおそわった、英語の略字《りゃくじ》です。追書のときのPostscriptっていうのを略したのだそうです。君につかってみようと思って一つ単語をおぼえました）

君は学科はなにがすきですか。僕は地理《ちり》です。いま、どこまですすんでますか。僕の方は欧州大陸《おうしゅうたいりく》です。おとうさんからいろんな国のお話をきいています。ナイフはベニスで買ったのだそうです。

第六の手紙

僕も本がすきです。あまったおこづかいは全部本にばけてしまいます。お話はするほうもつくるほうもすきで、よく弟にきかせてやります。やっぱり夜ねるときに、ふとんをかぶせてやると、きまって弟はジリリリリンと、ベルのまねをする、それはこれから映画《えいが》がはじまる合図《あいず》なんです。そこで僕が学校できいてきたことにいろいろ空想をつけくわえて話してやると、話の途中《とちゅう》でいつも寝息《ねいき》をたててしまいます。僕の家では僕がおとうさん。おかあさんは、いまいるところがある会社の寮《りょう》なんですが、そこの炊事《すいじ》をしています。そして夜はよくつぎ物をしておそくまでおきています。僕は寝坊《ねぼう》ですから、きまって六時半にはきちんとお膳《ぜん》のしたくのできたおかあさんにおこされてしまいます。僕はですから、弟にはおとうさんでも、おかあさんにはいつまでもあまえっ子なんです。

この寮にはたくさん小さい子どもがいます。日曜など、この辺は五、六回も紙芝居《かみしばい》がまわってきます。その拍子木《ひょうしぎ》の音をきくと、子どもたちはあらそって一円ずつせびってかけていきます。あんなひどい冒険《ぼうけん》や探偵《たんてい》のお話に、そんなに夢中になるほど子どもたちのあそびがすくないんでしょう。はれた日は、家のせまい道路で石けりかメンコ、ふっている日は、家のなかで廊下《ろうか》をかけまわっている。僕は二日まえ、以前からかんがえてためてきた五百円で幻灯器《げんとうき》を一台買いました。そして十組ついているフィルムを、きのうの日曜に、寮の子どもたち全部あつめて（二十三人もいます）試写会《ししゃかい》をしました。大成功でした。食堂の窓は、すっかり毛布《もうふ》ではってくらくして、正面に白い敷布《しきふ》のスクリーンをたらしました。二十三人のはなし声とさけび声。すごいもんです。それが、電気がはいって、サッと一すじ白い光がながれでたら、どうです、ピタッとしずかになって、ジージーという幻灯器の音だけ。「西遊記《さいゆうき》」はじゅうぶん声色《こわいろ》をつかって孫悟空《そんごくう》をふとい声で、猪八戒《ちょはっかい》をかるい鼻声で、沙悟浄《さごじょう》をひくい声で、そして三蔵《さんぞう》法師《ほうし》をやさしい声で演《えん》じわけました。それからタコおどりのときは、歌をうたうところがあって、すっかり汗をかきました。(僕は音痴《おんち》なんですよ)。全編二時間半、おしまいにはのどがつぶれて、どうしてもしゃべれなくなってしまいました。僕はもちろん、みんなびっしょりの汗でした。毛布がとれたら、目がくらむほどあかるかった。小さな子どもたちは、僕の汗ばんだからだにとりついて、「こんどはいつ?」「こんどはなにやんの?」って、それこそ八方攻撃《こうげき》です。とにかく、も一どいいますが、大成功《せいこう》なんです。拍手《はくしゅ》を一つ、君からもこの机に投函《とうかん》してくれませんか。きのうのことを思い出しながらのぼせつつ――

S・S生

R・M君

P.S.

1 僕は歴史が一ばんすきです。地理もきらいではありません。いま、僕のほうでは、地理は「化《か》石《せき》」です。君のほうとくらべてずいぶんおくれているのが気になります。いったい夜学のほうは、とかく学力がおとるのは、一つは予習復習《よしゅうふくしゅう》の時間がたっぷりないせいもありましょうけど、一つにはたしかに授業時間がじゅうぶんないためだと思います。九時から三時まで五時間の昼間と四時間たらずの夜間とでは、なんといっても一週間、一学期、一年間となっては、ちがいますから。夜学にもいい先生はいます。けれどほんとうに夜学のことをかんがえて、その時間のなかでうまくゆくようにおしえてくれる先生は、わりあいすくないんです。僕らは、そんなことにとても敏感《びんかん》なんです。かなしいと思いますが……。

2 休みになったらつづきものの絵物語《えものがたり》をかいてくれませんか。僕はそれを種《たね》に、子どもたちに紙芝《かみしば》居《い》をみせてやりたい。はじめから注文《ちゅうもん》をどっさりつけますよ。なるべく正確《せいかく》にこまかくかいてください。それから空想ゆたかにうつくしくね。子どもたちへのビタミン注射《ちゅうしゃ》ですもの。君にはできるって、僕感じているんです。

第七の手紙

僕はきょうたしかに君にあったと思います。君だろうと僕は思うんです。だって、僕のかんがえていた君にあんまりよくにているんだもの。じつは、おとうさんのご用で、僕は文部省《もんぶしょう》の人に手紙をわたしてご返事をいただくメッセンジャーボーイ（おつかい）をつとめたかえり、しとしとふるつめたい雨のなかを、ぶらぶら新橋《しんばし》のほうへあるいてくると、小さな郵便局があった。小さな――そうです、みかけがいかにもふるくて、平家《ひらや》の建物《たてもの》が、大きなビルディングのあいだにはさまっているんで、ことさらにそう思われたのかもしれませんね。そこで、すぐ君の手紙の文句《もんく》を思いうかべました。ここかな、鮮《せん》太《た》君のつとめさきは。僕はへんに胸がどきどきして、二、三どまえをゆききしました。右が大きなくだもの屋。左は大きな銀行《ぎんこう》。人がでたりはいったりしているそのひらき戸を、僕はあけた。そして柵《さく》の内がわに、一ぺんに君を見た！　君らしい人といったほうがいいのかもしれません。だけど僕には君なんだ。その人はまんなかの窓口にすわって、おちついてはたらいていた。君は、髪《かみ》の毛をのばしていて、鼻のあたまに汗の玉を点々《てんてん》とうかべていた。そしてカーキーいろの開襟《かいきん》シャツの両手がたえずうごいていた。上着なしで、汗をかいている――僕はレーンコートを着てもさむいというのに。ならんだ列が僕のところにきた。僕は五円切手を一枚、「ハイ」っていう、てきぱきした声をききながら、君から買いましたよ。そしてそのとき僕は君を見、君の襟《えり》に、僕らの学校の小さいきしょうをみとめた。だが、君は僕をちらともみなかった。君のものなれた手は、もう、うしろの人の声につれてうごいていた。「このハガキでしたら、一円、五十銭、三十五銭の切手をはっていただきます。一円八十五銭です。」そういいながら、やっぱり君はその人をみないで、てきぱき三色の切手をさしだされたハガキのうえにならべていた。

ありがとう、鮮太君、僕はそう思っただけで、そとへでました。いれちがいに、大きな発送《はっそう》のたばをもった女の子がふたりかけこんでゆきました。あれをみんな君は手ばやくスタンプをおして手ぎわよく発送するだろう。心配《しんぱい》することなんかないんだ。君はほんとうに親切に、しかも正確《せいかく》に（僕は一銭だってよけいにもらわなかった）みえないハンドルをうごかしていますね。僕はじぶんが正直いうと情なくなるくらい、君がしっかりした人にみえた。僕はグズで、あたまもわるくて、おとうさんにばっかりたよって、なにもできないわがまま坊主《ぼうず》だ。君はちゃんとハンドルをにぎっているのに。

とうとう君だときめてしまったけれど、ひょっとして、夜学にはあの近所で、おなじ仕事をやっている人がいるかもしれませんね。その人と君をまちがってみてるのかもしれませんね。だが僕は、君の郵便局の場所もしらず、ここかな、と思ってとびこんだあの小さな郵便局の少年局員こそ君だと、どうしても直感《ちょっかん》しちゃったんです。どうもそれはたしかなようです。僕はとても気持がいいんだ。そしておまけにもう一つ気持がいいことがあったんです。

かえりは新橋から省線《しょうせん》にのりました。ラッシュアワーになりかけるところで、ぎっしりの人でした。人いきれがつめたい窓をけむらせ、ぬれたものから雨のにおいがたちこめていました。ひとしきり乗り降りがすんで走りだしたとき、僕のそばの人をへだてて、シクシクなき声がするんです。そばの人がなにか身をかがめてきいていたが、ふと、おしあっている入口のほうをむいて、いうんです。「みなさん、ここにいるおじょうさんが、おかあさんにあんでいただいた糸かがりのきれいなマリを、おされてなくしたそうです。ひとつ足もとをさがしてあげてくれませんか。」すぐに人々はおしあいをやめ、熱心に足もとをさがすようすが、噴火口《ふんかこう》のようになった。「あった！」とんでもないすみのほうでひとりがさけびますと、みんなそのほうへじぶんのことのように、「あった？」「こっちへ手でわたせ！」などと声がとぶんです。「ほいしょ！　ほいしょ！」、すみの人から順々《じゅんじゅん》にマリは手わたしされてきました。「ほいしょ！　ほいしょ！」おみこしのように、手の波の上をつぎつぎにリレーされたマリが、それはすてきな綾糸《あやいと》の縞《しま》を電灯《でんとう》にまぢかくてらされてちかづきました。ああ、僕の番だ。「ほいしょ！」僕もできるだけ手をのばして、まえの人からわたってきたマリをうけ、つづいてつぎの人にわたしました。君、僕はそのマリをこの手でリレーしたんです！　最後《さいご》の人から、たしかにそれは、おじょうさんの両手《りょうて》におさまりました。さっきの人がまたむきなおってさけびました。「みなさん、ありがとう！」ほうぼうでわらい声がおこりました。「どういたしまして。」一ばんすみのほうからいいかえしました。またわらい声がおこりました。そして電車はつぎの駅へつきました。

なんてしらない同士《どうし》のたくさんの手が熱心にあのマリをわたしたことだろう。そしてそれがはればれとみんなの気にいったことだろう。僕はのりかえてからもかんがえていました。僕はあのマリにふれたとき、僕は君の気持がわかった気がしました。君は職場《しょくば》でも寮《りょう》でも学校でも、いつもそうなんだ。それはいつも汗《あせ》のでる一生けんめいな、ひとのための仕事ですね。神聖《しんせい》なマリをわたす、ひとしれぬ手をうごかしてるつとめですね。君の絵をうんとかきたいと思っています。汗をかいてシャツ一枚でかいた絵だったら、きっと君のむずかしい注文《ちゅうもん》にもあうでしょう。さようなら。

R・Mより

S・S君

P.S.　ここにおいてある字引《じびき》は、ふたたびおとうさんからです。おとうさんのところにあまっていたポケット英和です。ふるびてよごれても、おとうさんがつかったものです。よかったらどうぞ。いろんな話で、うっかりわすれるところでした。

第八の手紙

良平君、君のながいながい手紙、いくどもいくどもくりかえしてよみました。君がかいてくれた話は、僕のかがんだ背中を、どん！　とたたいてくれました。おい、鮮太、おまえもマリをはこべ！　そのマリをからだをのばし、ゆびをのばしてはこべ！　って。

君がたちよってくれた小さな郵便局は、あれは僕の郵便局、かもしれないんですが――しかし僕はそんなけなげなはたらきやでしょうか？　いや、いや、僕じゃない。だれかほかの人のような気がします。まちがえたり、つっけんどんになったりする僕であるはずがありません。場所は、僕のところもだいたいそんなあたりです。そして僕はまんなかの窓口にいます。それから僕も仕事の最中、人の顔をあまり見ません。見るひまがないんです。いつだったか、おかあさんがきても、とうとうしりませんでした。すべて僕そっくりですね。だけどあの郵便局員は僕だと、じぶんでいうのは、やっぱりやめましょう。世の中にはにたようなことがどんなにたくさんあることでしょうね。君がマリリレーの、無数のしられない手の一つだったように、君のみた人が、僕のしらぬ仲間だというだけでも、僕は満足しています。僕は心からそれを応援《おうえん》します。やがて僕の番《ばん》がきたら、僕だって背のびしてけんめいにリレーしましょう。それまでに僕の心がしなやかでのびのびと、まちがいもなく、おこりっぽくもなくなるように、なりましょう。そのときこそ、その少年局員は僕だ、っていえるように。

局から学校まで五十分。四時にひけるとつつみをかかえてとびだします。もう僕はひとりの生徒。はしれ、はしれ。学校へすべりこみます。五時の授業の鐘《かね》がなります。それからは、まだ君のしらない夜学のたのしい授業です。君たちは気がつかないでしょう。この部屋に八つの電灯がともることを。左がわの窓ガラスは、そとの闇《やみ》がふかまるにつれて、錫《すず》をはった鏡《かがみ》のように、僕の顔をあかるくうつすようになる。机は木ではなく赤銅《しゃくどう》の板のようにあかくひかってくる。先生の声が、深い洞穴《どうけつ》のなかから反《はん》響《きょう》するようにきこえてくる。そして僕らのだれかれは、勇敢《ゆうかん》につっぷして、つかれてねむってしまうこともあります。でもおおくの者はいよいよ目をはって、どんなことばもにがさないように、からだじゅうを耳にしています。

今週は試験《しけん》でした。それがきょうおわりました。

ちょうど運のわるいことに、一昨日、六時半ごろからポカッと停電《ていでん》です。僕ら、じっさいがっかりしました。その日は時間をのばしてつづけましたが、きのうもです。それで一ばん最後の日のきょうは、みんなローソクをもちよることにはなしをきめました。きょうは、はじめの二時間はぶじにいきました。このぶんでは、きょうはだいじょうぶかなと思っていると、三時間目がはじまるとすぐ、パッと停電です。まっくらななかで「チェッ」とか、「ひどいなあ」とか一時にがやがやしだしましたが、先生が「みんなローソクをもってきた？」というと、闇《やみ》のなかでみんな一どに「ハイッ」とこたえますと、「じゃ、めいめいだして、先生がまえの列だけ火をつけるからうしろにリレーしてください。」パチッとライターがなって、ポッと先生の顔だけうかびでました。その顔が順々にまえの列をともしてゆきます。あかるい顔がふえてゆきます。僕はまえから二ばん目だから、すぐまえのローソクをうけとって、じぶんのにつけてから、僕のうしろにまわしてやりました。だれやら「オリンピック聖火《せいか》！」なんてどなっていました。点々《てんてん》とついていくのを見ていると、大きいの小さいの、ふといのほそいの、白いの黒いの、お皿型のと、ローソクの種類は人の数ほどあるようでした。僕のは白いほそいので、鉛筆ほどのです。まっすぐ焔《ほのお》をたてて、しっかり机にたちました。まるで小さい灯台《とうだい》みたいです。じっと見まもると、もとが青く、芯《しん》のところがすきとおってながい舌《した》がだいだい色にもえています。試験《しけん》の紙がちらちら幻灯《げんとう》の幕《まく》のようです。みんなはとうにしんとして一心に問題にとっくんでいます。問題は「奈良時代《ならじだい》の芸術《げいじゅつ》の特徴《とくちょう》」というのでした。僕はいつものように空想《くうそう》にとりつかれてしまいました。

奈良時代にはローソクはあったんだろうか。それはあったということだ。いまのようなあかるいきれいなローソクでなくって、もっとボウボウ黒いけむりをたてる、なにか動物のあぶらからとったものかもしれない。でもそれがとてもとうといので、宮殿《きゅうでん》とかお寺の本堂《ほんどう》とかのような、公《おおやけ》の場所にしかつかわれなかったともきいた。じゃあ、法隆寺《ほうりゅうじ》のとうとい仏さまたちは、そんなローソクをともされて熱心な信仰《しんこう》をうけていたにちがいないのだ。ひろい本堂に一本のローソク。ふかい闇《やみ》のなかの一すじの光にてらされて、一ほり一ほりに三どずつ礼拝したというう、むかしの信心ぶかい仏師《ぶっし》たちは、その仏さまがローソクのかげぶかい照明をうけることをかんがえないではいなかったろうなあ。いつか先生にきいたロダンというすぐれた近代の彫刻家《ちょうこくか》も、彫刻はローソクの光でみるべきだといった、というんだ。かげと光とで彫刻がぐっと奥ふかくしみじみとうとくいろどられたのだ。……僕の空想は、なぜ試験中だというのに、おちついてこまかくなっていくのだろう。やっぱりローソクの光とかげのやわらかい、なごやかなようすのせいにきまっている。僕は奈良時代の芸術が、すなおな信仰から生まれているということをかきました。すらすら気持よくかけたんです。

僕はじぶんのローソクをフッとけして、はやく答案をだしました。そして教室をでるときふりかえってみました。みんな一本ずつローソクをたてて、一心にかいていました。ひとりひとり熱心に祈りを、ローソクにつないでいるようにみえました。祭壇《さいだん》にともされたように、ローソクはひとりひとりの心をもやしているようにみえました。僕は風がはいらぬように、そっと戸をあけてでてゆきました。

休みになってから、電気がきたので、四時間目はらくでした。いま僕はこうこうと電気のついた室のなかで、試験《しけん》がすんでみんな羽根をのばしてかえったあとを、いつものようにこの手紙をかいています。もう明日《あす》からは冬休みだから、二週間、この机ともおわかれです。きょうのローソクの試験で、夜の生徒たちのがんばっているすがたが、今夜全部の机のうえにのこされたはずです。ほら、この机のうえにも一たらしの蠟《ろう》のしずくが落ちているでしょう。この一滴《てき》が、今学期の最後の僕からのプレゼント。文字どおり貧者《ひんじゃ》の一灯《とう》です。夜間の僕らの授業を、どうか想像《そうぞう》してみてください。また来年まで。

鮮太

良平君

P.S. いつもお礼があとになりますが、おとうさんからのポケット英和、どんなにありがたくいただいたでしょう。おかげでこんどの英語の試験はいい成績だとみこみをつけています。あの字引のうらにかいてあるローマ字は、おとうさんの名前でしょう？　僕の名まえをならべてかいておきました。字引を引くっておもしろいものですね。

　ローソクをCandleでひいてみたら、smell of the Candle（ローソクをかぐ）で、夜ふけまで勉強する、という意味がでていました。明日の朝、机のうえのローソクの一滴《てき》のにおいをかぐ人がある。それが君です。そしてこの机には、じっさいローソクをかぎながら勉強したひとりの生徒の手紙がはいっていて、その人にあいさつをおくります。君のほうの試験もうまくゆきますように。さようなら。

（昭24・8）

（『新選日本児童文学3 現代編』〈小峰書店／一九五九年〉所収より転載。但し、一部分は「雨の日文庫＝4」〈麦書房／一九六七年〉に拠った）

解説

斎藤惇夫

本書は、瀬田貞二さんの『落穂ひろい』『絵本論』『児童文学論』を編集した荒木田隆子さんが、その三冊の編集経験をもとに、瀬田貞二さんについて語った幾度かの講演をまとめたものです。まずは、荒木田さんが、『落穂ひろい』を編集する直前に書いた、エッセーをご紹介しておきます。瀬田貞二さんが亡くなられた一年後、一九八〇年八月に刊行された、追悼文集『旅の仲間』に掲載されている文章です。

「落穂ひろい」の日々

荒木田隆子

「小さいひとたちのためになにかを残したおとなは、西洋にかぎらず、日本にもかくれたひとがたくさんいます。たとえば、明治の石井研堂のような」「それを書いてください」……こんなやりとりのすえ、〝日本の子どもの文化をめぐる人びと〟と副題のついた「落穂ひろい」の第一回目が雑誌「母の友」にいただけたのは、(昭和)四十六年四月号のことである。最初の二年は江戸以前、あとの二年で明治大正と筆をのばし、途中「聞き慣れぬ堅苦しい事ばかりでさぞご退屈さまでしたろう」と、おもちゃ絵の特集も息抜きに入れてくださった四年間の長期にわたる連載であった。

連載終了後、二、三年たって、あれはたしか五十三年のお正月ごろからか、「そろそろ本にされてはいかがでしょう」と、私は折にふれ先生に催促申し上げるようになっていた。単行本になるのはいつですかという方々からの問い合わせが編集部にたびかさなってきて私たちも少々あせりはじめていたのだ。そういう催促に先生は、あるときは冗談まじりで「いやいや、まだまだ」と軽くいなされ、またあるときはふっときびしい表情をみせて、「連載中は、宝の山に足をふみ入れたようなもので、手を入れれば摑み取りみたいなものでした。それがさて、本にまとめようとすると、とくに江戸時代のところで、なにか大きな水脈をはずしているような気がしてしかたがないんですよ。それでふんぎりがつかない」と、おっしゃったりした。

赤本やおもちゃ絵は、たしかに江戸の人々が幼い子のためにこしらえた心やさしい贈りものだった。だが一方、物語のほうはどうだろう。たとえば数多の黄表紙類や風俗書のなかに、今では忘れ去られた、子どものための大きな精華があったのではないだろうか。いや、あってほしいという強い願いが、「大きな水脈をはずしている」とおっしゃることのなかにこめられていた。

先生逝かれたあと、ダンボール箱いっぱいの「落穂ひろい」用の資料とメモが遺されてあった。このなかから、〝落穂ひろいの動機〟と題された次のような走り書きも出てきた。執筆されるについての先生のお考えがよくあらわれていると思うので、今ここに書きうつしてみる。

1　文学の研究なきこと。M24以前。いささか文学史に（式亭）三馬誌す。
2　絵本の研究なきこと。仲田（勝之助）氏の本から、その不満。
3　欧米に文学、絵本ともに民間の早いころのものの貴重な収蔵と研究のあること。

4　私たちが小さい時に見た絵本の記憶、ソレガナイ。
5　追及するにつれて抵抗ありしこと。
6　まず玩具絵を手にいれしこと、湯島で。
7　私自身に欠落部への大きな関心が本来。これは眼が筏（いかだ?か）上にある身の証明故。
8　ヨーロッパをまわって感じたことは、子どもの文化が、民衆の精華、および落穂である点。

これをしるされたのは、ヨーロッパ旅行から帰られてあとのことであるから、五十二年ごろにあたるのだろうか。だが今、「追及するにつれて抵抗ありしこと」という文字は、私の目を射る。こんな程度ではないはずだ、もっとなにかがある、こういう先生の思いが、さらに「落穂」を拾いつづけられることを深めはした。けれどもそれは同時に、単行本への結実に四年のときをおかせ、そして、あまりに早く先生は逝ってしまわれた。

水脈をもとめての文庫めぐりの旅は、五十三年三月の仙台、東北大学狩野文庫（青本黒本）からはじまった。以前から、気になる資料があるといっておられた文庫のいくつかを、この際できるだけたくさんまわっておきましょう、とおっしゃってのことだった。六月に愛知県西尾の岩瀬文庫（絵巻絵入り本）、七月には、家政学院大学の大江文庫（江戸時代の女子教育書）、日大の佐藤コレクション（おもちゃ絵）、柏崎の日本玩具館痴娯《ちご》の家《や》と良寛をたずね、九月、上田の花月文庫とつづく。

おからだのかげんのいいときをみはからって、それはつづけられた。しかし、このころから病状はすこしずつ悪化していたのであろうか。一年ののちに先生とお別れすることも知らずに、夏の日の夕方など、帰り道にコップ半分ずつのビールを飲んでは、その日の〝収穫〟をきかせていただいていたのである。〝収穫〟のなかには、岩瀬文庫の「めのとものがたり」（昔話十篇を集めた絵入りの筆写本。江戸後期）、『かみ代物語』（満珠干珠の話の絵巻。室町時代）などがあった。また、上田のさるお宅で拝見した小林清親描く一軸「お伽の夢」はことによろこばれた。

文庫めぐりの一方、未見の書物類もあれこれ手に入れられはじめていた。尽力してくださるかたがあって借用できた書物も数多くあり、それらは先生の御指示にしたがって、数冊ずつ拝借しては浦和へお運びした。井沢長秀『広益俗説弁』、黒川道祐『雍州府志』など江戸時代の風俗書や随筆のたぐい、雑誌『集古』のバックナンバー（なかでも「大供会《おおども》記事」は貴重なものとおっしゃっていた）、長谷川時雨の『旧聞日本橋』など明治の回想記のかずかず。

「あしたから原稿の書き直しにとりかかりますよ。書斎は『落穂ひろい』用にすっかり模様替えしましたから、いちどごらんにおいでなさい」

はれやかなお声が電話から聞こえてきたその翌朝、先生は吐血されたのであった。

「落穂ひろい」の完成は、そこまできていた。大きな水脈こそついにみつからなかったが、たくさんの大切なことが付け加えられるはずになっていた。――『二十四孝』と『聖賢図説』、『花伝書』と『庭訓往来』、公平《きんぴら》本の性格（頼光武勇伝説から）、江戸の平俗物語集（井沢長秀『広益俗説弁』ほか）、『桑柏日記』、良寛のこと。明治に入って、ちりめん本、福沢諭吉、飯島半十郎（虚心）、田中芳男、若松賤子、高木敏雄らについての補足。また、大供会とその記録、幸田成友の「凡人の半生」、中西屋の支配人、明治初年に外国三婦人の作った学校について、など新たにわかったさまざま。

これらのことを、どんな言葉でしるされるおつもりであったのか、遺されたメモはあまりに断片的で、今となってはただ想像するよりほかかない。たえがたいことだが、それらは先生のなかにしまわれたまま、永遠についえてしまった。

八月二十一日——ついに未完のままに先生のお命は尽きて、長い一日が終わった。

十年に近い歳月を「落穂ひろい」の担当者として過ごしながら、果たしえなかったことの重さにただぼうぜんとして、残暑の日々をうつうつと送っていた。

先生逝かれて二週間もたったころであろうか。長女の充子さんといっしょに、赤坂のサントリー美術館へ行った。サントリーでは「おとぎ草子、奈良絵本展」が開かれていた。絵巻、絵本の名品がきら星のごとくならび、先生も病床でたのしみにされていた展覧会だった。会場を入って、入口のすぐ脇のケースの前に立ったとたん、私たちは思わず息をのんだ。過ぎし日、先生が頬を赤くしてよろこばれたあの岩瀬文庫の『かみ代物語』があるではないか。西尾へは充子さんも同行し、昼ひなかにもかかわらず鶏がひっきりなしにときを告げる文庫の庭に、机とカメラを持ち出して、二人でこの『かみ代物語』の一こま一こまをカラー写真におさめたのである。ガラスケースの向こう側で、『かみ代物語』は、あのときと変わらず、輝くようにうらういしかった。

あれから半年たった今、四年間の連載と遺されたメモを前にして、私はようやく、「さてと……」と思いはじめている。

（『旅の仲間』p.238-243）

この、耐え難い悲しみと極度の緊張に裏打ちされた美しい文章が書かれて二年ののち、一九八二年に『落穂ひろい』が刊行されます。『落穂ひろい』刊行のいきさつと内容については、この文章と、本書第三章、そして無論『落穂ひろい』そのものを読んでいただくことにして、実は、この本が刊行されて間もなく、一般の読者はもとより、図書館員たちや子どもの本の研究家、作家や画家たちから、購入はしたけれども難しそうでなかなか読めない、それに、瀬田さんが使われた資料に直接触れることができないので、一度担当編集者に、内容説明をしていただけないか、という依頼が福音館書店に多く寄せられました。けれども、編集者の仕事はあくまで本を作ることで、それについて語ることではないと、荒木田さんは固辞しつづけました。ところが、親しい友人のいる図書館から熱い要請があり、荒木田さんも重い腰をあげ、二時間ほど図書館員たちに『落穂ひろい』について語りました。それが、瀬田さんについて、日本の子どもの本の「よあけ」について、荒木田さんが語りはじめるきっかけとなったようです。殊に、一九八五年に『絵本論』が刊行されると、今度は、瀬田さんの仕事や人柄について、あるいは交友関係や時代背景について、荒木田さんに語ってほしいという依頼が殺到しました。荒木田さんは躊躇した挙句、年に数回、休日の土日に限り、図書館員や、瀬田さんの著訳書を読みつづけてきた読書グループ、またそれらを子どもたちに伝えてきた方々からの強い要請があったときに絞り、少しずつ語りはじめました。

　その語り口は、丁寧で慎重、正確で潤いがあり、聞き手に語りかけるというよりは、むしろ自分に問いかける、といった性質のものでした。それは、荒木田さんの、編集の姿勢にとてもよく似ていました。亡くなられた瀬田さんの精神の深みを探り、近づき、なんとか正確に把握するために、残された原稿の向こうから聞こえてくる声に、ひたすら耳を澄ましつづけようとしていたのです。一冊の本を仕上げるまでの、また、一つの講演に懸ける準備の時間は尋常でなく、繰り返し残された原稿を読み直し、新たな資料を渉猟し、古い資料を点検し、なによりも、原稿や資料を読む自分の姿勢を糺《ただ》しつづけました。それは、幾度か荒木田さんの講演を聞いた方々でさえ、まるで、いつも新たな話を聞くような気がすると言っているほどでした。聞き手は荒木田さんとともに、瀬田さんに触れ、心打たれ、同時に、瀬田さんの仕事を通して、子どもの本の歴史を知り、日本の子どもと子どもの本がかかえている問題、出版界はもとより作家や画家、図書館員や教師や親が直面している様々な問題を目の当たりにし、そのことが口から口に伝わり、荒木田さんの、編集者は黙して語らずの思いにはかかわりなく、さらにあちこちから講演の要請の声が上がりはじめました。荒木田さんは、『児童文学論』（二〇〇九年刊行）を編集している最中に定年を迎え、アルバイトのかたちで、ようやく出版までこぎつけましたが、そののちに行われた川口での講演は、感動した会の人たちが、ほとんど手作りのようなかたちで、講演と講演で用いた資料まで再現しながら、小冊子を作りあげるまでになりました。八百五十部作られたその小冊子はたちまち売り切れましたが、小さなグループゆえに刷り増しはできず、多くの方々は、回し読みをしながら、瀬田貞二さんに近づこうとしました。瀬田さんが拓こうとした「子どもの本のよあけ」を感じ取ろうとしました。そして、読んだ多くの方々から、小冊子ではなく、単行本の出版を望む声が広がっていきました。そういう方々からの声が背後にあったのでしょうが、二〇一三年の五月から翌年にかけて、荒木田さんは、東京子ども図書館からの要請を受け、五回にわたる講演をしました。いつもの講演の時と同じように、時間をかけ今までの講演に手を入れ、新たな資料にあたりながら、さらに言えば、繰り返し襲ってくる喘息の発作とたたかいながら。この講演も、いつものように聞く者に深い感銘を与え、福音館書店から出版の依頼があり、本書は、その時の原稿をもとに、これまたいつものように夥《おびただ》しく加筆訂正され出版されたものです。

いったい編集者が、編集担当した本について語るのみならず、語ったものを出版までしていいのかどうか、荒木田さんは最後まで悩みぬいたようでしたが。

たしかに、瀬田貞二さんのお仕事や子どもの本に対する考えを知ろうと思ったら、荒木田さんの編集した『落穂ひろい』『絵本論』『児童文学論』を紐解いて読む以外にありません。次に、図書館に行って、『児童百科事典』をさがして読んでみること。付録の小冊子「ぺりかん」も併せ読んでください（図書館にないといわれても、あきらめずに、図書館員にどうしたら読むことができるのか聞いてください）。あとは、瀬田さんが日比谷図書館で東京都の図書館員たちに語った講演録の『幼い子の文学』、三つの著作集に含まれていない翻訳書につけられた解説やあとがき、できることならば「子どもの館」（七十九号）の追悼号、あたりをご覧になれば十分と思います。それだけで、瀬田さんが、どんなに大きな仕事をなさったのか、なさろうとしてこられたのか、は、明らかになります。一人の著述家を知るためには、そのひとの全作品に目を通すことです。大した量があるわけではありません。

瀬田さんは、『指輪物語』をお訳しになっていたころ、「我が国最後の天狗が、最後の魔法を使って戦いを挑む物語を書きたい」とおっしゃっていました。信州の仕事場の前を通る炭焼きの老人が、どうやら人間に身を窶《やつ》した天狗に見えてきたのだそうです。晩年には、「こどものとも」の月報に、「今まで書かなかった、私自身が好きでたまらない絵本や童話の絵について書きます」ともおっしゃっていました。この二つが完成していたら、私たちは、啓蒙家、真の教育者としての瀬田さんではない、別の側面、たとえば激しい作家の顔を、垣間見ることができたのかもしれません。子どもと政治、子どもと性、子どもとメディアの関係なども伺うことができたのかもしれません。けれども、瀬田さんが己を尊しとせずに、ひたすら子どもの本と子どもたちに向けて生涯をささげたその姿勢が、瀬田さんの戦争責任の取りようであったし、なによりも、どこかで己を生なかたちで現してしまう長編小説に挑むなどということは、文人にとっては耐え難いことであったかもしれないと、今にして思います。

瀬田さんが亡くなられてから、もう三十八年になろうとしている今、瀬田貞二さんを、絵本や童話の翻訳者としてしか知らない人たちが増えてきてしまいました。『落穂ひろい』も『絵本論』も『児童文学論』も、語られることも次第にまれになってきました。それと同時に、瀬田さんが向かい合っていた、戦後の、いや私たちの国の、未成熟どころか、相変わらず子どもをなおざりにして本が語られたり、作られたり、要するに子どもと子どもの未来を見据えることなく成立していた子どもの本の世界が、またまた大手を振って、今度は新たな衣装を着飾って現れ、堂々とまかり通るようになってしまいました。それればかりではありません。メディアは子どもたちを襲い、本への道を閉ざそうと猛威を振るい、親子関係すら崩壊させようとしています。子どもたちが人間として育っていく道が、閉ざされかかっているのです。荒木田さんが、どんなに悩もうと、この本は誕生が切望されていたのです。聖書の「詩編」ではありませんが、生まれるに時ありです。瀬田さんは、その生涯をかけて、子どもと、子どもの本に向かってきた方でした。子どもの存在を貶《おとし》めるもの、子どもの成長を阻もうとするものに対する激しい憤りと戦い、それが瀬田さんの生涯を貫くお仕事でした。そのお仕事を、荒木田さんは、三つの著作集を編集することで、それも、著者が亡くなった後に、というハンディキャップを背負いながらの悪戦苦闘の中での編集でしたが、見事に明らかにしました。そして、今度は、その自ら体験した瀬田さんを語ることで、瀬田さんの素顔を、生の言葉を、人となりを語りながら、丁寧に、著作集の案内役を買って出てくれました。瀬田さんと瀬田さんの仕事を丁寧に、正確に、しかも深い敬愛の心を込めて伝えようとする語り口の中に、類まれな本を刊行した、意志強固な職人としての編集者の姿が立ち上がってきます。そればかりか、瀬田さんを語りながら、荒木田さん自身の「私の戦後民主主義」をも語っています。「日本の昔話」全五巻小澤俊夫再話、「にほんのわらべうた」全四冊近藤信子著、『絵本はともだち』中村柾子著、『人形の旅立ち』長谷川摂子作、などそれぞれ同じ姿勢で編集されました。

瀬田貞二追悼文集の中で、大塚勇三さんは、「与えられた年月のうちに、（瀬田さんが）心をこめてしあげた仕事は、おそらく、今おもうより、ずっとずっと大きな意味をもってくるだろうと、私は思っています」と記しておられます。荒木田さんは、その瀬田さんの仕事を、見事に明らかにしてくれました。ここから、多くの方々が、瀬田さんに向かい、それぞれの立場で、臆することなく、子どもと子どもの未来に向かって語りはじめられますよう、祈ってやみません。

著者注

第一章『児童百科事典』の時代

三二　**余寧金之助**　俳名「余寧」の読みは、もとはヨネであったが、次第にヨネイと言うようになったと思われる。一九七〇年代に編集担当者であった私の記憶では、先生ご自身もヨネイキンノスケと言っていた。七九年十二月号の「子どもの館」瀬田貞二追悼号（六八ページ）でも、ヨネイとルビが振られている。なお、本書「資料編」に載せた創作「郵便机」（四四五―四六一ページ）は、五九年刊の『新選日本児童文学３　現代編』所収のものを再録したが、ここでは作者名はヨネとルビが振ってあったので、これはそのまま掲載した。

三三　**「御話句歌留多」**　かるたの全四十四句は、『児童文学論』下巻四五二―四五五ページに掲載した。

三六　**（大塚勇三氏とは）今度は平凡社の編集部の同僚として劇的な再会をするんですが、**　大塚勇三氏によれば、次のような次第である。「戦後もだいぶたってから、私は平凡社の児童関係の、とある編集部にはいりました。（中略）ふたりとも、いくらかはにかみやの面もあって、はじめすこしもごもごしていましたが、向きあっていると、どちらもなにか想いだすようであり、私は、うすく無精ひげのある顔に見憶えあるような気がしました。そして、どちらが言いだしたのか、病院の話が出て、たがいに、はたと、相手がだれかをさとりました。ぼんやりした数瞬があって、それから瀬田さんは、たしか「おやおや」というふうなことを言って、にこっと笑い、そのあとは、打合せはどこへやら、といって、想い出話をするでもなく、いつのまにか歴史だとか美術とか、めいめいすきな話を夢中でしていました」（『旅の仲間』「瀬田さんのこと」より）

四六　**「萬緑」は同じ四六年の十月に創刊されていますから**　二〇一六年九月号で八百号を超えた「萬緑」は、二〇一七年三月号で七十一年の歴史に幕を下ろすことになった。

五〇　**「子どものための七段の本棚づくり」*Seven Stories High***　『コンプトン』抜刷りのアン・キャロル・ムアの小冊子は、この東京子ども図書館の講座が終わったあと、二〇一四年九月に日本語版が「にいがたグリム」の会から刊行された（金山愛子訳）。今回、講座を単行本にするにあたって、ブックリストに入っている『アリス』の解説（本書五三ページ）は、この中の金山訳を使わせていただいた。

六八　**瀬田先生自身が筆を起こしたという「まえがき」**　当時、平凡社編集局長で『児童百科事典』の責任者だった下中邦彦氏の「『平凡社版児童百科』のこと」（「飛ぶ教室」三十九号、一九九一年八月）による。詳細は『児童文学論』下巻の注（四七八ページ）を参照。

七三　**「ここをよんでみよう」**　本書に載せた『児童百科事典』第一巻の図版（七三ページ）には、「ここを読んで見よう」と表記されているが、この漢字表記は第一巻のみで、以後は全て「ここをよんでみよう」になっている。これは第一巻を出したあとで平仮名表記に改めたようで、ここでは平仮名に統一した。

一〇七　**イエラ・レップマン**　「ぺりかん」十二号の特集〈自画像の世界〉（一九五三年六月）から六年たって、瀬田先生は「母の友」一九五九年二月号掲載の「二月の本棚・子どもの社会は寛容である」で、レップマンのミュンヘン国際児童図書館設立のことを紹介している。「石井さんの受けうり」ですがと付け加えながら。なお、レップマンの著書は『子どもの本は世界の架け橋』（森本真実訳／こぐま社／二〇〇二年）が出版されている。また最近では、日本国際児童図書評議会40周年記念出版委員会編による『子どもの本がつなぐ希望の世界―イェラ・レップマンの平和への願い』（彩流社／二〇一六年）も刊行された。

一一五　**『改訂新版　私たちの選んだ子どもの本』**　東京子ども図書館作製のこのブックリストは、その後さらに改訂されて、二〇一六年現在では『今、この本を子どもの手に』に引き継がれている。

一一七　**少年少女向けの冒険小説シリーズ「北極星文庫」**　一九五六年十一月から五七年九月にかけて刊行された全二十二冊は次の通りである。①『狼犬』カーウッド（清水暉吉訳）②『南極へいったねこ』カロル（小出正吾訳）③〜④『船長のゆくえ』上下、ヴェルヌ（宮原晃一郎訳）⑤『馬上の少年時代』ステファンズ（塩谷太郎訳）⑥『エヴェレストの歴史』ウィバリー（河田棹訳）⑦『のがれる道なし』セレリヤー（坂井晴彦訳）⑧『この湖にボート禁止』トリーズ（河野明子訳）⑨〜⑩『大海の反乱者』上下、ホウズ（久保田亮治訳）⑪『ほえるジャングル』ウィリアムスン（清水暉吉訳）⑫〜⑬『兄弟の船』上下、バウマン（尾崎賢治訳）⑭『人くいヒョウの国』コーベット（渡辺妙子訳）⑮『白い世界の魔術』スコット（神宮輝夫訳）⑯『モンテズマの王女』ハッガード（塩谷太郎訳）⑰『マッターホルンの戦い』ヘンゼル（尾崎賢治訳）⑱『コロンブス海をゆく』ホッジス（坂井晴彦訳）⑲『蛇の黄金』ホワイト（増田義郎訳）⑳『山の娘モモの冒険』ランキン（中村妙子訳）㉑『なぞの三十九段』バッカン（宮西豊逸訳）㉒『黒人王の首かざり』バッカン（塩谷太郎訳）。このあと「北極星文庫」で〈つづいて刊行するもの〉に、『海をおそれた少年』（スペリー作）の予定があったが、これは未刊である。

第二章『絵本論』――「がらがらどん」と「おだんごぱん」と

一二三　**（家内の）詩のほうの才能を伸ばしてやることができなかったんですよ」**　きくよさん二十代の詩は、中村草田男氏の勧めで「萬緑」一九四八年八月号に掲載された。「水かげろう」と題して十一編の短い詩が見開きページで載っているが、そのうちの三編をここに引かせていただく。「へいの中の／たつた一つの地蟲のねぐらは／冷々した／宵の井戸邊です」「夜明けはすぐです――／めんどりの／胸のふくらみをごらん」「充子はシグナルのように／片手を高くさし上げてねむる／赤い廂の葉の着物は一番好きらしい／白い小さい手でしつかりにぎつているもの」

一四六　**いすみ会**　一九五五年に始められた「子どもの本研究会」のこの通称は、石井桃子関係の著作など多くのところで「ＩＳＵＭＩ会」と表記されている。メンバー五人の頭文字をとって出来たという由来からいえば、これはアルファベットで表記するのが本来であろうと思われる。現に一九五八年「母の友」で一年間連載された母親のための読書案内欄には、「ＩＳＵＭＩグループ」という表示が入れてある。本書で「いすみ会」と表記にしたのは、一四九ページに引用している「瀬田さん」（石井桃子文）の文中で「いすみ会」と表記されているのに合わせたためである。結論をいえば、「ＩＳＵＭＩ会」と表記することの読みにくさを考慮して、「いすみ会」あるいは「イスミ会」もありうると考えた。

一五三　**『児童文学論』**　このリリアン・Ｈ・スミス著の邦訳（一九六四年刊）は、長く岩波書店から単行本として出されてきたが、二〇一六年十月に「岩波現代文庫」の一冊として、斎藤惇夫氏の解説を加え再刊された。

二〇三　**瀬田先生も山田（三郎）さんの絵はお好きでしたから、**　一九五九年七月号「こどものとも」で『きつねとねずみ』（ビアンキ作／内田莉莎子訳）が出たとき、「山田三郎さんの絵について」という、次のような文章を月報に寄せている。

「私はこう思うのです。挿絵がいわゆるタブローの絵とちがう独特の意義と性質をそなえるためには――意味のある絵、グラフィクな（印刷美術の）言葉だ、と。山田さんは今度、創造的に挿絵の領域をここに樹立しました。みなさんとご一緒にそれを祝いましょう。／この本のどの一面をとってみても、狐と鼠が――生きています。彼らはたがいにすきをうかがって、斗いあっています。画面の人物（性格）が、エレキのような牽引と反撥を通じあっています。構図のなかで演技しています。空白の言葉を投げあっています。画はつまり、喋り動いているのです。そういうことは絵本の世界に今迄、どれほどあったでしょうか。統轄された意味のエネルギーがひとりでに紙面に充電されてくることが、展覧会の絵とは別個の、独立した絵本芸術の価値であることを、この本はくっきりと示してくれました。この一事件をご一緒に祝いましょう」

いささか興奮気味に書かれているこの文章には、「独立した絵本芸術の価値」を見事に示した絵本が日本でもようやく誕生したことへの喜びにあふれている。なお『きつねとねずみ』は、その後「こどものとも年中向き」で何度か再刊されており、現在は「こどものとも絵本」で見ることができる。

二五〇　**盛光社から「月刊絵本」……が創刊されます。**　盛光社は一九七四年すばる書房と合併。このため「月刊絵本」は同年六月号よりすばる書房盛光社の発行となり、さらに七六年一月号からはすばる書房発行となっている。

二六三　**『きょうはなんのひ?』**　七〇年代になって新しく登場した若い絵本画家の一人として、瀬田先生は林明子さんに大きな期待を寄せていた。林さん画の物語絵本第一作目『はじめてのおつかい』（筒井頼子文）は、匿名ではあるが「子どもの館」書評欄で高く評価している（『児童文学論』上巻、三三〇―三三一ページ）。『きょうはなんのひ?』の所々に出てくる犬のジュヌビエーブ（瀬田訳『マドレーヌといぬ』の犬）のぬいぐるみは、林さんが自分で作ったものだが、私は林さんに頼まれてこのジュヌビエーブを入院中の先生のもとに届けたことがある。先生はたいそう喜ばれて、「ほら、この片足をあげているところなんか、今にもこっちに蚤がとんできそうじゃありませんか」と言った。「梅雨空へ鼻伸べ見舞いの布の犬」という句を詠まれたことを知ったのは、なくなられてからであった。容態が急変される直前の七月末に、やっと出来上がった『きょうはなんのひ?』（八月十日奥付）の見本刷りを持っていく林さんに私は同行したが、先生は実に楽しそうに絵本に見入っていた。

二七六　**歌川重宣（二代広重）**　『落穂ひろい』付録の「友雀道草双六」の画家（一八二六―六九年）。以下『落穂ひろい』には、重宣について次のように語られている。「よくこの二代広重を、（初代）広重のまねだけで個性がないという人があり、なかには、いじけていると酷評する人もありますが、重宣をよく知っていた落合芳幾《よしいく》のように、〝実に好人物で正直だった。謹直な方で、世事にうとかったかもしれないが、画業はすこぶるつとめて、うまかった。どうしたのか、家を出て、ひかえめに暮らした〟という方が正しいでしょう。おとなしくて誠実な人だったと思われます。／私は、初代の弟子であった重宣のころのおもちゃ絵を十点ほど持っていますが、どれもみな柄がよく、きちんと謹直に描かれながら、ふところの広い迫らないユーモアがあって、無邪気なところが目につきます。（中略）……「道草双六」がことさらに冴えているのは、二代広重＝重宣の「子どもと一所にあそびた」くなる持ちまえが画格と合致して、まれにみる作品となったのではありますまいか。／彼は初代の粋《いき》で洒落な要素がなかったかわりに、すこしとろくて重い、そのかわりに美しい品格があって、おっとりした子どもの光を私に感じさせます」（『落穂ひろい』上巻、二三五―二三七ページ）

二七六　**歌川芳藤**　付録「風流小金雛・雛段組立ノ図」の画家（一八二八―八七年）。同じく『落穂ひろい』より。「この画家は、実に一生おもちゃ絵を描きつづけ、「おもちゃ芳藤」と異名をとった、忘れがたいひとなのです。芳藤の描いた手遊び絵は、その量においてばかりでなく質においてもすぐれていました。明治二十年六十歳でなくなってのちに、芳藤を愛する人々の手で「芳藤手遊《てあそび》絵づくし」という、もとの大きさを四分の一にちぢめたミニ画集が、六集ほど刊行されたことがあります。はげしい消耗品である散りやすい花を、小さな花束とした、これは手向《たむ》けであったでしょう。／芳藤が得意としたのは、子どもがその図柄を切りぬいて細工する細工物であったようです。おもちゃ絵の本来が、静的な鑑賞にたえるよりも、あれこれと直接に細工する性質におかれていたので、ここには画家がもてなしの限りをつくし、そのために子どもたちが時をかけて楽しんで組みたてたものですが、なかにはあまりの美しさに切り刻むのを惜しんで、長持なり箪笥なりのなかにしまいこんだために、今日こうして私たちの手許に届いた事情もあったでしょう」（『落穂ひろい』下巻、三四—三六ページ）

二七六　**（『落穂ひろい』上巻には）一冊丸ごと全ページを掲載した江戸時代の古い絵本もいくつかありますから、**『落穂ひろい』の図版に全ページを載せた赤本は以下の通りである。『おにの四季あそび』『むぢなの敵討』『ぶんぶく茶釜』『さるかに合戦』『桃太郎昔語』『舌きれ雀』『花さきぢぢ老楽の栄華』（以上、上巻九五—一三四ページ）、『ねずみのゑんぐみ』（同じく三一一—三一五ページ）。

二七九　**『むぢなの敵討』はそのごく初期の赤本で、今からおよそ三百五十年ほど前に出されたものです。**『むぢなの敵討』については、先生没後出版された『近世子どもの絵本集　江戸篇』（鈴木重三、木村八重子編／岩波書店／一九八五年）の解説に、「古格な好編であるが、版面に彫の粗さが見られ、もう一つ前の版の存在を感じさせる」とある。

二八四　**「瀬田メモから」と書いてある図**　和田維四郎著『江戸物語』に一部模刻のある『兎の手柄』（二八四ページの上図）を写した下図は、瀬田先生が記したメモにあったもの。これは今回、本書のカバー表に使わせていただいた。また『江戸物語』にはもうひとつ『たからねずみ』という赤本の模刻もあるが、これを写した瀬田メモの絵は、カバー裏に入れた。

三一三　**江戸初期の子どもの本の歴史を書き換えるほどのことがありました。**　先生がなくなられた翌年、一九八〇年六月四日の朝日新聞に「子ども向け絵本の元祖？　三重・松阪市で見つかる」という見出しの記事が載った。発見された絵本とは以下のようなものである。「お地蔵さまの中から、十冊の初期上方子ども絵本が出てきた。すべて寛文・延宝期（一六六一—八一年）に、上方の本屋で出版されたものである。持ち主は、小間物問屋帯屋《おびや》次郎吉の息子、長九郎。延宝六（一六七八）年に十代で没している。その追善供養のために親が地蔵胎内に収めた絵本が、そのまま残っていたのである。わが国の子ども絵本は延宝の赤小本（『むぢなの敵討』など）にはじまり、それは江戸でだけ出版されたものであったというのが、長い間の定説だった。この長九郎少年愛読の絵本の出現によって、同じころ江戸ばかりでなく、上方でも子ども絵本が出版されていたことが確認されたのである」（『日本の子どもの本歴史展　図録』に書いた拙文を一部改変）

地蔵菩薩坐像の胎内に何か入っていることは、すでに大正時代からわかっていたそうであるが、一九七八年に愛知教育大学の岡本勝氏が市史編纂の際にこれを〝発見〟、八十年の朝日新聞の記事になった。なお八六年に、国際児童図書評議会（ＩＢＢＹ）の世界大会が東京で開催されたとき、関連の催しとして庭園美術館で「日本の子どもの本歴史展―17世紀から19世紀の絵入り本を中心に―」が開かれたが、この歴史展で長九郎少年の絵本と、お地蔵さま（重要文化財）が展示されたので、ごらんになった方も多いかと思う。十冊の絵本全ページは、『近世子どもの絵本集　上方篇』（中野三敏、肥田晧三編）で見ることができる。なお、同書所収の編者中野三敏氏による「子ども絵本の概観」には、次のような箇所がある。「子ども絵本の史的研究において、唯一の纏った成果を示したと評しても良い故瀬田貞二氏の大著『落穂ひろい』（福音館書店、昭和五十七年刊）においても、上方子どもの本のために一章をさいてはいない。しかし、明らかに上方子ども絵本の存在に気づかれていた形跡が見え、瀬田氏の御蔵書の中には、この上方子ども絵本の類も、すでに一山を築くほどであった」

三一四　**『落穂ひろい』についての思いは、私には尽きません。**　単行本にするにあたって加筆が予定されていたたくさんの事柄については、『落穂ひろい』上下巻の巻末に入れた「付記」を参照していただきたい。また本書の斎藤惇夫氏「解説」中に、追悼文集『旅の仲間』に掲載された拙文「『落穂ひろい』の日々」の引用があり、ここでも瀬田先生がどういうことを加えようとしていたのか見ていただくことができる（四六二―四六六ページ）。

第四章　『児童文学論』――子どもへの憧れ

三三七　**山小屋（ホビット荘）**　瀬田家では、信州戸狩のきくよさんの実家敷地内にあった古い茅葺きの小さな家を別荘にしていた。空き家だったときには鶏小屋であったのを改装したというはなしで、この小さな家は「ホビット荘」と呼ばれていた。

三五四　**（フィッシャー挿絵の）美しい教科書を、冒頭の目立つところに入れたい。**　『児童文学論』の装丁は辻村益朗氏にお願いしたが、その後本作りが具体化してから相談して、このフィッシャーの教科書の挿絵は、上下巻の見返しにカラーで入れることになった。

三七一　**その憧れを瀬田さんはポール・アザールの文章に心を重ねて引用している。**　ここで長谷川摂子さんが『児童文学論』上巻の「ゆたかな子どもたち」から引いているポール・アザールのもとの文章は、『本・子ども・大人』（矢崎源九郎、横山正矢共訳／紀伊國屋書店／一九五七年）の二―三ページにある。

瀬田貞二著述リスト

〈凡例〉

・この著述リストは、「子どもの館」1979年12月号（瀬田貞二追悼号）に掲載されたものをベースにして、さらに杉山きく子さん、奥山博子さん、新潟子どもの本を読む会の方々の協力で新たに判明した発表原稿を加えたものである。

・発表原稿は、単行本、雑誌、新聞、その他（月報、あとがき、パンフレット、カタログ、講演録等）の四項目に分け、それぞれ発表順に配列した。

・末尾の数字は、発表された年と月である。

・冒頭の★印は、月刊絵本「こどものとも」で、のちに〈こどものとも傑作集〉〈こどものとも絵本〉として単行本化された絵本を示す。

・またその他の書籍で、のちに文庫本になるなど形態をかえて出版されたものについては、初出のところに＊印を付けてまとめて記載した。

・没後刊行した三つの著作集に所収の発表原稿は、初出のタイトルに従って掲載し、所収先は◇印（『落穂ひろい』）、◎印（『絵本論』）、●印（『児童文学論』）で示した。

・なお、俳句雑誌「萬緑」には、俳名“余寧金之助”で発表されているものがほとんどである。それ以外で“余寧金之助”名のものは付記をした。

【単行本】 以下、No.、書名、原著者・共著者・画家等、シリーズ名、発行所、刊行年月の順。

1　**『地球の案内者たち』**（著）　寺島龍一画／お話博物館（小学六年生）／実業之日本社　1953.11

2　**『世界の船物語』**（著）　星野芳郎共著／寺島龍一画／お話博物館（小学六年生）／実業之日本社　1955.7

3　**『なんきょくへいったしろ』**（作）　寺島龍一画／こどものとも〈5〉／福音館書店　1956.8

4　**『オタバリの少年探偵たち』**（訳）　C. D. ルイス著／E. アーディゾーニ画／岩波少年文庫／岩波書店　1957.1

5　**『きしゃはずんずんやってくる』**（作）　寺島龍一画／こどものとも〈19〉／福音館書店　1957.10

6　**『夜来たる者』**（訳）　E. アンブラー著／ハヤカワ・ミステリ／早川書房　1958.5

7　**『白いタカ』**（訳）　E. アーノルド著／フレデリック.F. チャプマン画／岩波少年文庫／岩波書店　1958.7

8　★**『ピー、うみへいく』**（作）　山本忠敬画／こどものとも〈30〉／福音館書店　1958.9

9　★**『おなかのかわ』**（再話）　村山知義画／こどものとも〈32〉／福音館書店　1958.11

10　**『ウル』**（訳）　L. ウーリー著／大塚勇三共訳／人間と文明の発見シリーズ／みすず書房　1958.11

11　**『三びきのやぎのがらがらどん』**（訳）　池田龍雄画／こどものとも〈38〉／福音館書店　1959.5

12　『アラビアンナイト童話集』（再話）　池田一雄画／世界児童文学全集／あかね書房　1959.6

＊『アラビアンナイト童話集』（再話）　池田一雄画／世界児童文学全集／あかね書房　1968　※同内容だが、昔話と古典のみで再編成した全15巻の1冊。

13　『七わのからす』（訳）　グリム童話／堀内誠一画／こどものとも〈41〉／福音館書店　1959.8

14　『おだんごぱん』（訳）　ロシア民話／井上洋介画／こどものとも〈47〉／福音館書店　1960.2

15　●『子どもと文学』（著）　石井桃子、いぬいとみこ、鈴木晋一、松居直、渡辺茂男共著／中央公論社　1960.4　※「坪田譲治」「宮沢賢治」執筆。「宮沢賢治」は『宮沢賢治研究資料集成第15巻』（日本図書センター　1992.2）に再録。

＊『子どもと文学』（著）　石井桃子、いぬいとみこ、鈴木晋一、松居直、渡辺茂男共著／福音館書店　1967.5

16　★『三びきのこぶた』（訳）　イギリス昔話／山田三郎画／こどものとも〈50〉／福音館書店　1960.5

＊『三びきのこぶた』（訳）　イギリス昔話／山田三郎画／大型絵本／福音館書店　1998.3

17　『オタバリの少年探偵たち』（訳）　C. D. ルイス著／E. アーディゾーニ画／岩波少年少女文学全集／岩波書店　1960.11

18　★『かさじぞう』（再話）赤羽末吉画／こどものとも〈58〉／福音館書店　1961.1

19　『七ひきのこやぎ』（訳）　グリム童話／山田三郎画／こどものとも〈62〉／福音館書店　1961.5

20　『3びきのくま』（訳）　トルストイ文／山田三郎画／こどものとも〈66〉／福音館書店　1961.9

21　★『あふりかのたいこ』（作）　寺島龍一画／こどものとも〈77〉／福音館書店　1962.8

22　『チムとゆうかんなせんちょうさん』（訳）　E. アーディゾーニ作画／世界傑作絵本シリーズ／福音館書店　1963.6

23　『かぎのない箱 フィンランドのたのしいお話』（訳）　J. C. ボウマン・M. ビアンコ共著／寺島龍一画／岩波おはなしの本／岩波書店　1963.7

24　『ねむりひめ』（訳）　グリム童話／ホフマン画／世界傑作絵本シリーズ／福音館書店　1963.10

25　『児童文学論』（訳）　L.H. スミス著／石井桃子、渡辺茂男共訳／岩波書店　1964.4

＊『児童文学論』（訳）　L.H. スミス著／石井桃子、渡辺茂男共訳／岩波現代文庫／岩波書店　2016.10

26　『ブレーメンのおんがくたい』（訳）　グリム童話／H. フィッシャー画／世界傑作絵本シリーズ／福音館書店　1964.5

27　『ポルコさまちえばなし　スペインのたのしいお話』（訳）　R. デイヴィス著／F. アイヘンバーグ画／岩波おはなしの本／岩波書店　1964.7

28　『うみからきたちいさなひと』（作）　寺島龍一画／こどものとも〈103〉／福音館書店　1964.10

29　★『ふるやのもり』（再話）　田島征三画／こどものとも〈106〉／福音館書店　1965.1

30　『あおい目のこねこ』(訳)　E.マチーセン作画／世界傑作童話シリーズ／福音館書店　1965.4

31　『三びきのやぎのがらがらどん』(訳)　北欧民話／M.ブラウン画／世界傑作絵本シリーズ／福音館書店　1965.7

＊『三びきのやぎのがらがらどん』(訳)　ノルウェーの昔話／M.ブラウン画／傑作絵本劇場／福音館書店　2016.1

32　『ホビットの冒険』(訳)　J.R.R.トールキン著／寺島龍一画／岩波の愛蔵版／岩波書店　1965.11

＊『ホビットの冒険』〈上〉(訳)　J.R.R.トールキン著／寺島龍一画／岩波少年文庫／岩波書店　1979.10

＊『ホビットの冒険』〈下〉(訳)　J.R.R.トールキン著／寺島龍一画／岩波少年文庫／岩波書店　1979.10

＊『ホビットの冒険』(訳)　J.R.R.トールキン著／寺島龍一画／岩波書店　1983　※1979年刊の少年文庫版の改版。但し本書は単行本。

＊『ホビットの冒険』(訳)　J.R.R.トールキン著／寺島龍一画／岩波書店　1990.9　※特装版。岩波少年文庫創刊40年記念。

＊『ホビットの冒険』(訳)　J.R.R.トールキン著／寺島龍一画／岩波世界児童文学集6／岩波書店　1993.4

＊『ホビットの冒険』〈上〉(訳)　J.R.R.トールキン著／寺島龍一画／物語コレクション／岩波書店　1999.11

＊『ホビットの冒険』〈下〉(訳)　J.R.R.トールキン著／寺島龍一画／物語コレクション／岩波書店　1999.11

＊『ホビットの冒険』〈上〉(訳)　J.R.R.トールキン著／寺島龍一画／岩波少年文庫／岩波書店　2000.8　※79年刊の新版。

＊『ホビットの冒険』〈下〉(訳)　J.R.R.トールキン著／寺島龍一画／岩波少年文庫／岩波書店　2000.8　※79年刊の新版。

＊『ホビットの冒険』(訳)　J.R.R.トールキン作画／岩波書店　2002.12　※オリジナル版

＊『ホビットの冒険』(訳)　J.R.R.トールキン著／寺島龍一画／P.ベインズロ絵／岩波世界児童文学集／岩波書店　2003.5　※新装版

＊『ホビットの冒険』(訳)　J.R.R.トールキン著／寺島龍一画／岩波書店　2007.12　※改版

33　『絵本と子ども』(著)　中川正文、松居直、渡辺茂男共著／福音館書店　1966.1　※「絵本のすがた」「絵本のみわけかた」執筆。

＊『絵本と読書』(著)　渡辺茂男共著／福音館書店　1976.4　※非売品。「絵本のすがた」「絵本のみわけかた」執筆。

34　『おだんごぱん』(訳)　ロシア民話／脇田和画／日本傑作絵本シリーズ／福音館書店　1966.5

35　『ライオンと魔女』(訳)　C.S.ルイス著／P.ベインズ画／ナルニア国ものがたり①／岩波書店　1966.5

＊『ライオンと魔女』(訳)　C.S.ルイス著／P.ベインズ画／ナルニア国ものがたり①／岩波少年文庫　岩波書店　1985.10

＊『ライオンと魔女』(訳)　C.S. ルイス著／P. ベインズ画／ナルニア国ものがたり①／岩波書店　1986.6　※改版
＊『ライオンと魔女』(訳)　C.S. ルイス著／P. ベインズ画／岩波書店／1990.9　※特装版。岩波少年文庫創刊 40 年記念。
＊『ライオンと魔女　スペシャル・エディション』(訳)　C.S. ルイス著／P. ベインズ画／岩波書店　1992.10
＊『ライオンと魔女』(訳)　C.S. ルイス著／P. ベインズ画／ナルニア国ものがたり①／岩波少年文庫／岩波書店　2000.6　※新版
＊『ライオンと魔女』(訳)　C.S. ルイス著／P. ベインズ画／ナルニア国ものがたり①／岩波書店　2005.4　※改版
＊『ライオンと魔女』(訳)　C.S. ルイス著／P. ベインズ画／ナルニア国物語／岩波書店　2005.5　※カラー版

36　『カスピアン王子のつのぶえ』(訳)　C.S. ルイス著／P. ベインズ画／ナルニア国ものがたり②／岩波書店　1966.7
＊『カスピアン王子のつのぶえ』(訳)　C.S. ルイス著／P. ベインズ画／ナルニア国ものがたり②／岩波少年文庫／岩波書店　1985.10
＊『カスピアン王子のつのぶえ』(訳)　C.S. ルイス著／P. ベインズ画／ナルニア国ものがたり②／岩波書店　1987.5　※改版
＊『カスピアン王子のつのぶえ』(訳)　C.S. ルイス著／P. ベインズ画／ナルニア国ものがたり②／岩波少年文庫／岩波書店　2000.6　※新版
＊『カスピアン王子のつのぶえ』(訳)　C.S. ルイス著／P. ベインズ画／ナルニア国物語／岩波書店　2005.7　※カラー版

37　『朝びらき丸東の海へ』(訳)　C.S. ルイス著／P. ベインズ画／ナルニア国ものがたり③／岩波書店　1966.8
＊『朝びらき丸東の海へ』(訳)　C.S. ルイス著／P. ベインズ画／ナルニア国ものがたり③／岩波少年文庫／岩波書店　1985.10
＊『朝びらき丸東の海へ』(訳)　C.S. ルイス著／P. ベインズ画／ナルニア国ものがたり③／岩波書店　1986.6　※改版
＊『朝びらき丸東の海へ』(訳)　C.S. ルイス著／P. ベインズ画／ナルニア国ものがたり③／岩波少年文庫／岩波書店　2000.6　※新版
＊『朝びらき丸東の海へ』(訳)　C.S. ルイス著／P. ベインズ画／ナルニア国物語／岩波書店　2005.7　※カラー版

38　『魔術師のおい』(訳)　C.S. ルイス著／P. ベインズ画／ナルニア国ものがたり⑥／岩波書店　1966.9
＊『魔術師のおい』(訳)　C.S. ルイス著／P. ベインズ画／ナルニア国ものがたり⑥／岩波少年文庫／岩波書店　1986.3
＊『魔術師のおい』(訳)　C.S. ルイス著／P. ベインズ画／ナルニア国ものがたり⑥／岩波書店　1986.6　※改版
＊『魔術師のおい』(訳)　C.S. ルイス著／P. ベインズ画／岩波世界児童文学集 5／岩波書店　1993.6

＊『魔術師のおい』(訳)　C.S.ルイス著／P.ベインズ画／ナルニア国ものがたり⑥／岩波少年文庫／岩波書店　2000.11　※新版

＊『魔術師のおい』(訳)　C.S.ルイス著／P.ベインズ画／ナルニア国物語／岩波書店　2005.11　※カラー版

39　『銀のいす』(訳)　C.S.ルイス著／P.ベインズ画／ナルニア国ものがたり④／岩波書店　1966.10

＊『銀のいす』(訳)　C.S.ルイス著／P.ベインズ画／ナルニア国ものがたり④／岩波少年文庫／岩波書店　1986.3

＊『銀のいす』(訳)　C.S.ルイス著／P.ベインズ画／ナルニア国ものがたり④／岩波書店　1986.6　※改版

＊『銀のいす』(訳)　C.S.ルイス著／P.ベインズ画／ナルニア国ものがたり④／岩波少年文庫／岩波書店　2000.6　※新版

＊『銀のいす』(訳)　C.S.ルイス著／P.ベインズ画／ナルニア国物語／岩波書店　2005.9　※カラー版

40　『馬と少年』(訳)　C.S.ルイス著／P.ベインズ画／ナルニア国ものがたり⑤／岩波書店　1966.11

＊『馬と少年』(訳)　C.S.ルイス著／P.ベインズ画／ナルニア国ものがたり⑤／岩波少年文庫／岩波書店　1986.3

＊『馬と少年』(訳)　C.S.ルイス著／P.ベインズ画／ナルニア国ものがたり⑤／岩波書店　1986.6　※改版

＊『馬と少年』(訳)　C.S.ルイス著／P.ベインズ画／ナルニア国ものがたり⑤／岩波少年文庫／岩波書店　2000.11　※新版

＊『馬と少年』(訳)　C.S.ルイス著／P.ベインズ画／ナルニア国物語／岩波書店　2005.9　※カラー版

41　『さいごの戦い』(訳)　C.S.ルイス著／P.ベインズ画／ナルニア国ものがたり⑦／岩波書店　1966.12

＊『さいごの戦い』(訳)　C.S.ルイス著／P.ベインズ画／ナルニア国ものがたり⑦／岩波少年文庫／岩波書店　1986.3

＊『さいごの戦い』(訳)　C.S.ルイス著／P.ベインズ画／ナルニア国ものがたり⑦／岩波書店　1986.11　※改版

＊『さいごの戦い』(訳)　C.S.ルイス著／P.ベインズ画／ナルニア国ものがたり⑦／岩波少年文庫／岩波書店　2000.11　※新版

＊『さいごの戦い』(訳)　C.S.ルイス著／P.ベインズ画／ナルニア国物語／岩波書店　2005.11　※カラー版

42　『ナルニア国物語　スペシャル・エディション』(訳)　C.S.ルイス作／P.ベインズ画／岩波書店　2005.11　※全7巻を1冊に収めた大型愛蔵版。ナルニアの歴史に沿った順序で物語が編まれている。

43　★『ねずみじょうど』(再話)　丸木位里画／こどものとも〈132〉／福音館書店　1967.3

44　『おおかみと七ひきのこやぎ』(訳)　グリム童話／F.ホフマン画／世界傑作絵本シリーズ／福音館書店　1967.4

45　『航路をひらいた人々』（著）　余寧金之助画／さ・え・ら伝記ライブラリー／さ・え・ら書房　1967.6

46　『人形の家』（訳）　R. ゴッデン著／堀内誠一画／岩波おはなしの本／岩波書店　1967.7

＊『人形の家』（訳）　R. ゴッデン著／堀内誠一画／岩波少年文庫／岩波書店　1978.7

＊『人形の家』（訳）　R. ゴッデン著／堀内誠一画／岩波書店　1990.9　※特装版。岩波少年文庫創刊 40 年記念。

＊『人形の家』（訳）　R. ゴッデン著／堀内誠一画／岩波少年文庫／岩波書店　2000.10　※新版

47　『うみをわたったしろうさぎ』（再話）　瀬川康男画／こどものとも〈142〉／福音館書店　1968.1

48　『まぼろしの子どもたち』（訳）　L.M. ボストン著／堀内誠一画／少年少女・新しい世界の文学／学習研究社　1968.6

＊『まぼろしの子どもたち』（訳）　L.M. ボストン著／偕成社文庫／偕成社　1983.10

49　『ダーウィンの世界一周』（訳）　M.E. セルサム著／A. ラビエリ画／福音館の科学シリーズ／福音館書店　1968.7

50　『白いシカ』（訳）　K. セレディ作画／岩波おはなしの本／岩波書店　1968.7

51　『町にきたヘラジカ』（訳）　P. ストング著／K. ヴィーゼ画／新しい世界の幼年童話／学習研究社　1969.9

52　『名馬キャリコ』（訳）　V.L. バートン作画／岩波の子どもの本／岩波書店　1969.11

53　★『おんちょろちょろ』（再話）　梶山俊夫画／こどものとも〈167〉／福音館書店　1970.2

54　『ながいかみのラプンツェル』（訳）　グリム童話／F. ホフマン画／世界傑作絵本シリーズ／福音館書店　1970.4

55　『かみなりこぞうがおっこちた』（作）　杉本健吉画／こどものとも〈179〉／福音館書店　1971.2

56　『七わのからす』（訳）　グリム童話／F. ホフマン画／世界傑作絵本シリーズ／福音館書店　1971.4

57　『三びきのくま』（訳）　イギリス昔話／丸木俊画／ペーパーバック絵本／福音館書店　1971.4

58　『日本のむかし話』（再話）　瀬川康男、梶山俊夫画／愛蔵版世界の童話／学習研究社　1971.4

＊『日本のむかしばなし』（再話）　瀬川康男、梶山俊夫画／のら書店　1998.10　※改題

59　『神々のたそがれ』（訳）　ロジャ＝L. グリーン著／B. ワイルドスミス画／少年少女・新しい世界の文学／学習研究社　1971.4

60　●『英米児童文学史』（著）　猪熊葉子、神宮輝夫共著／研究社　1971.8　※「英米児童文学を日本はどうとりいれたか」執筆。

61　『世界のむかし話』（訳）　太田大八画／愛蔵版世界の童話／学習研究社　1971.9

＊『世界のむかし話』（訳）　太田大八画／てのり文庫／学習研究社　1992.4

＊『世界のむかしばなし』（訳）　太田大八絵／のら書店　2000.10　※改題

62　『となりのうまとおとこのこ』（訳）　C. キーピング作画／オックスフォード絵本シリーズ／らくだ出版　1971.11

63　★『うしかたとやまうば』（再話）　関野準一郎画／こどものとも〈191〉／福音館書店　1972.2

64　『旅の仲間』〈上〉(訳)　J.R.R. トールキン著／寺島龍一画／指輪物語①／評論社　1972.2
65　『絵本わらしべ長者』(再話)　瀬川康男画／大型絵本／岩波書店　1972.4
66　『げんきなマドレーヌ』(訳)　R. ベーメルマンス作画／世界傑作絵本シリーズ／福音館書店　1972.11
67　『旅の仲間』〈下〉(訳)　J.R.R. トールキン著／寺島龍一画／指輪物語②／評論社　1972.11
＊『旅の仲間』(訳)　J.R.R. トールキン著／アラン・リー画／田中明子共訳／指輪物語第1部／評論社　1992.3　※新版
＊『新版 指輪物語 1　旅の仲間』〈上〉(訳)　J.R.R. トールキン著／アラン・リー画／田中明子共訳／評論社　1992.5
＊『新版 指輪物語 2　旅の仲間』〈下〉(訳)　J.R.R. トールキン著／アラン・リー画／田中明子共訳／評論社　1992.5
68　『マドレーヌといぬ』(訳)　R. ベーメルマンス作画／世界傑作絵本シリーズ／福音館書店　1973.5
69　『マドレーヌとジプシー』(訳)　R. ベーメルマンス作画／世界傑作絵本シリーズ／福音館書店　1973.5
70　『マドレーヌといたずらっこ』(訳)　R. ベーメルマンス作画／世界傑作絵本シリーズ／福音館書店　1973.5
71　『二つの塔』〈上〉(訳)　J.R.R. トールキン著／寺島龍一画／指輪物語③／評論社　1973.6
72　★『まのいいりょうし』(再話)　赤羽末吉画／こどものとも〈増刊号〉／福音館書店　1973.11
73　『二つの塔』〈下〉(訳)　J.R.R. トールキン著／寺島龍一画／指輪物語④／評論社　1973.12
＊『二つの塔』(訳)　J.R.R. トールキン著／アラン・リー画／田中明子共訳／指輪物語第2部／評論社　1992.3　※新版
＊『新版 指輪物語 3　二つの塔』〈上〉(訳)　J.R.R. トールキン著／アラン・リー画／田中明子共訳／評論社　1992.5
＊『新版 指輪物語 4　二つの塔』〈下〉(訳)　J.R.R. トールキン著／アラン・リー画／田中明子共訳／評論社　1992.5
74　『アンガスとあひる』(訳)　M. フラック作画／世界傑作絵本シリーズ／福音館書店　1974.7
75　『アンガスとねこ』(訳)　M. フラック作画／世界傑作絵本シリーズ／福音館書店　1974.10
76　『まいごのアンガス』(訳)　M. フラック作画／世界傑作絵本シリーズ／福音館書店　1974.10
77　『王の帰還』〈上〉(訳)　J.R.R. トールキン著／寺島龍一画／指輪物語⑤／評論社　1974.12
78　『王の帰還』〈下〉(訳)　J.R.R. トールキン著／寺島龍一画／指輪物語⑥／評論社　1975.3
＊『王の帰還』(訳)　J.R.R. トールキン著／アラン・リー画／田中明子共訳／指輪物語第3部／評論社　1992.3　※新版
＊『新版 指輪物語 5　王の帰還』〈上〉(訳)　J.R.R. トールキン著／アラン・リー画／田中明子共訳／評論社　1992.5
＊『新版 指輪物語 6　王の帰還』〈下〉(訳)　J.R.R. トールキン著／アラン・リー画／田中明子共訳／評論社　1992.5
79　『ぶたのめいかしゅローランド』(訳)　W. スタイグ作画／評論社の児童図書館・絵本の部屋

／評論社　1975.10

80　『ロバのシルベスターとまほうのこいし』(訳)　W. スタイグ作画／評論社の児童図書館・絵本の部屋／評論社　1975.10

＊『ロバのシルベスターとまほうの小石』(訳)　W. スタイグ作画／評論社の児童図書館・絵本の部屋／評論社　2006.2　※新版

81　◎『十二人の絵本作家たち』(著)　すばる書房　1976.2

82　『バラライカねずみのトラブロフ』(訳)　J. バーニンガム作画／ほるぷ出版　1976.9

＊『バラライカねずみのトラブロフ』(訳)　J. バーニンガム作画／童話館出版　1998.3

83　『しあわせハンス』(訳)　グリム童話／F. ホフマン画／世界傑作絵本シリーズ／福音館書店　1976.10

84　『ねずみとくじら』(訳)　W. スタイグ作画／評論社の児童図書館・絵本の部屋／評論社　1976.12

85　『ばしゃでおつかいに』(訳)　W. スタイグ作画／評論社の児童図書館・絵本の部屋／評論社　1976.12

＊『馬車でおつかいに』(訳)　W. スタイグ作画／評論社の児童図書館・絵本の部屋／評論社　2006.3　※改訂版

86　『サンタ・クロースからの手紙』(訳)　J.R.R. トールキン作画／ベイリー・トールキン編／評論社の児童図書館・絵本の部屋／評論社　1976.12

＊『サンタ・クロースからの手紙』(訳)　J.R.R. トールキン作画／ベイリー・トールキン編／田中明子共訳／評論社の児童図書館・絵本の部屋（しかけ絵本の本棚）／評論社　1995.9

＊『ファザー・クリスマス　サンタ・クロースからの手紙』(訳)　J.R.R. トールキン作画／ベイリー・トールキン編／田中明子共訳／評論社　2006.10

87　★『こしおれすずめ』(再話)　瀬川康男画／こどものとも〈250〉／福音館書店　1977.1

88　『絵本のたのしみ』(著)　石井桃子，松岡享子他共著／福音館書店　1977.2　※非売品。「物語入門―マージョリー・フラックの絵本」執筆。

89　『お父さんのラッパばなし』(作)　堀内誠一画／創作童話シリーズ／福音館書店　1977.6

＊『お父さんのラッパばなし』(作)　堀内誠一画／福音館文庫／福音館書店　2009.6

90　『よあけ』(訳)　シュルヴィッツ作画／世界傑作絵本シリーズ／福音館書店　1977.6

91　『ちびのこひつじ』(再話)　佐々木マキ画／キンダーおはなしえほん／フレーベル館　1977.7

92　★『ゆきおこし―ふゆをしらせるくも』(作)　津田櫓冬画／かがくのとも〈105〉／福音館書店　1977.12

93　『そりぬすみ大さくせん』(訳)　M. フォアマン作画／評論社の児童図書館・絵本の部屋／評論社　1977.12

＊『そりぬすみ大さくせん』(訳)　M. フォアマン作画／評論社の児童図書館・絵本の部屋／評論社　1999.11　※新装版

94　『へいわなへらじか』(訳)　M. フォアマン作画／評論社の児童図書館・絵本の部屋／評論社　1977.12

95　『ひよこのかずはかぞえるな』(訳)　イングリ＆エドガー・ドーレア作画／世界傑作絵本シリーズ／福音館書店　1978.2

96　『いたずらおばけ』(訳)　イギリス昔話 / 和田義三画／こどものとも〈263〉／福音館書店

1978.2

97 ●『複刻 絵本絵ばなし集 解説』（著） 鳥越信、滑川道夫、南部亘国共著／ほるぷ出版 1978.3 ※「近代日本の絵本」執筆。

98 『ごみかすせかいのきょうりゅうたち』（訳） M.フォアマン作画／評論社の児童図書館・絵本の部屋／評論社 1978.4

99 『せんそうとへいわ』（訳） M.フォアマン作画／評論社の児童図書館・絵本の部屋／評論社 1978.4

100 『ものいうほね』（訳） W.スタイグ作画／評論社の児童図書館・絵本の部屋／評論社 1978.6

101 『さてさて、きょうのおはなしは…日本のむかしばなし』（再話） 福音館書店 1979 ※非売品

102 『チムともだちをたすける』（訳） E.アーディゾーニ作画／世界傑作絵本シリーズ／福音館書店 1979.6

103 『きょうはなんのひ？』（作） 林明子画／日本傑作絵本シリーズ／福音館書店 1979.8

104 『おやすみなさい おつきさま』（訳） M.W.ブラウン作／C.ハード画／評論社の児童図書館・絵本の部屋／評論社 1979.9

105 『あおいやまいぬ』（訳） M.ブラウン作画／アメリカ創作絵本シリーズ／佑学社 1979.9

＊『あおいやまいぬ』（訳） M.ブラウン作画／瑞雲舎 1995.9

106 『ソリア・モリア城』（訳） カイ・ニールセン他画／世界むかし話／北欧／ほるぷ出版 1979.10

＊『世界むかし話 北欧』（訳） カイ・ニールセン他画／ほるぷ出版 1989.2

107 『ちび三郎と魔女』（訳） B.ウォーカー文／M.フォアマン画／評論社の児童図書館・絵本の部屋／評論社 1979.10

108 『幼い子の文学』（著） 中公新書／中央公論社 1980.1

109 『どうぶつえんをぬけだしたラクダ』（訳） パスカル・アラモン作／評論社の児童図書館・絵本の部屋／評論社 1980.3

110 『金のがちょうのほん―四つのむかしばなし』（訳） レズリー・ブルック文画／松瀬七織共訳／福音館書店 1980.11

111 『あした、がっこうへいくんだよ』（訳） M.カントロウィッツ文／N.W.パーカー画／評論社の児童図書館・絵本の部屋／評論社 1981.9

112 『落穂ひろい―日本の子どもの文化をめぐる人びと』〈上・下〉（著） 福音館書店編集部編／福音館書店 1982.4

113 『絵本論―瀬田貞二子どもの本評論集』（著） 福音館書店編集部編／福音館書店 1985.11

114 『新版 指輪物語 7 追補編』（訳） J.R.R.トールキン著／田中明子共訳／評論社 1992.5

＊『新版 指輪物語 追補編』（訳） J.R.R.トールキン著／田中明子共訳／評論社 1992.5

＊『指輪物語 10 追補編』（訳） J.R.R.トールキン著／田中明子共訳／評論社文庫／評論社 2003.12 ※新版

115 『ちっちゃな ちっちゃな ものがたり』（訳） ジェイコブズ再話／瀬川康男画／日本傑作絵本シリーズ／福音館書店 1995.11

116　『指輪物語「中つ国」のうた』(訳)　J.R.R.トールキン著／田中明子共訳／評論社　2004.2
117　『児童文学論―瀬田貞二 子どもの本評論集』〈上・下〉(著)　福音館書店編集部編／福音館書店　2009.5
118　『ちっちゃなえほん　ちっちゃな ちっちゃな ものがたり』(訳)　ジェイコブズ再話 / 瀬川康男画／福音館書店　2017.1　※「母の友」(1972.4) 掲載の豆本をもとにした。
119　『さてさて、きょうのおはなしは……日本と世界のむかしばなし』(再話と訳)　野見山響子画／福音館書店　2017.1

(以下は単行本の一部に所収のもの)
120　ジドーブンガク　児童文學　『社会科事典』第4巻所収／平凡社　1949.2
121　タンカ　短歌　『社会科事典』第6巻所収／平凡社　1949.5
122　ハイク　俳句　『社会科事典』第7巻所収／平凡社　1949.7
123 ●イギリス・アメリカその他の国の文学教育　『新しい文学教室』所収／新評論社　1953.10
124　えほん　絵本　『世界大百科事典』第3巻所収／平凡社　1955.8
125　竜の骨のなぞ―殷墟発掘の話　『逸話でよむおはなし 世界歴史』(小学五年生・上)／実業之日本社　1956.9
126　すばらしい文化の都―アレクサンドリアの栄え　『逸話でよむおはなし 世界歴史』(小学六年生・上)／実業之日本社　1956.9
127　コミックス　Comics　『世界大百科事典』第11巻所収／平凡社　1956.11
128　じどうぶんがく　児童文学　『世界大百科事典』第13巻所収／平凡社　1957.2　※「総論」と「西洋」の部分を執筆。瀬田名はなし。
129　世界の児童文学　『児童文学入門』所収／牧書店　1957.9
130　世界近代小説の流れ　『文学教育基礎講座　第一巻』所収／明治図書　1957.10
131　こおりの うみの たんけんか―バフィンの はなし　『世界探検ものがたり』(小学二年生)所収／実業之日本社　1957.10
132　南の うみに きえた ふね―ラ・ペルーズの はなし　『世界探検ものがたり』(小学二年生)所収／実業之日本社　1957.10
133　氷のしまで ふゆごもり―バレンツのはなし　『世界探検ものがたり』(小学三年生) 所収／実業之日本社　1957.10
134　波まにきえるすがた―ギルバートの話　『世界探検ものがたり』(小学四年生) 所収／実業之日本社　1957.10
135 ●ゆたかな子どもたち　『新しい児童像と教育』所収／誠信書房　1958.9
136 ●戦後の児童文学／解説　『新選日本児童文学3現代篇』所収／小峰書店　1959.4
137　質問47　真理を愛する心をそだてる本は?(回答)　『児童読物に関する100の質問』所収／中央公論社　1959.8
138　イギリスの児童文学／アメリカの児童文学　『名作の研究事典』所収／小峰書店　1960.6
139 ●文学教育の考え方　『岩波講座　現代教育学8　芸術と教育』所収／岩波書店　1960.12
140　公園のメアリー・ポピンズ(紹介と訳)　『少年少女世界文学全集 イギリス編7』所収／講談社　1961.1　※トラバース『公園のメアリー・ポピンズ』から2話、「きってもきれないなかよしどうし」「お話の中の子どもたち」の訳。

141　**北欧における児童図書の歴史と現状**　『読書指導事典　作品篇』所収／平凡社　1962.8

142　**児童文学**　『日本の英学100年　大正篇』所収／日本の英学100年編集部編／研究社　1968.11　※のちに『英米児童文学史』（1971.8 研究社）に所収。

143　**豪勇グレティル**（訳）　A. フレンチ再話／『子どもの文学　昔々の物語』（西欧文学への招待9）所収／石井桃子責任編集／グロリアインターナショナルINC　1971.1

144　**この世のはじまり**（訳）　D. ハスフォード再話／『子どもの文学　昔々の物語』（西欧文学への招待9）所収／石井桃子責任編集／グロリアインターナショナルINC　1971.1

145　●**絵本論―明治の絵本**　『児童文学の世界』所収／ほるぷ出版　1974.4

146　**日本のひな祭りとたんごの節句**　『アジアのお祭り1』所収／アジア地域協同出版計画会議企画　ユネスコ・アジア文化センター編／南本史訳／講談社　1976.4

147　**まほうの馬**（訳）　ラング作／『ものぐさ太郎』（信濃文庫第27集）所収／信濃教育会出版部　1976.9

148　**WHERE THE OLD MEETS THE NEW - The Japanese Picture Book**　by Teiji Seta and Momoko Ishii／Illustrators of Children's Books,1967-1976 所収／The Horn Book　1978

149　**世界の絵本**　『世界名著大事典　オリジナル新版　補遺版』所収／平凡社　1989.10

150　**日本の絵本**　『世界名著大事典　オリジナル新版　補遺版』所収／平凡社　1989.10

151　**赤毛のアン**　『世界名著大事典　オリジナル新版　補遺版』所収／平凡社　1989.10

【雑　誌】 以下、No.、題、誌名、発行所、発表年月の順。

152　**一つのものへ**（随筆）「文藝部雑誌」／東京高等学校校友会文芸部　1937.12

153　**『火の島』（一）ところどころ**　「成層圏」／学生俳句連盟　1940.4

154　**詩と散文について（一）**　「萬緑」／萬緑発行所　1946.10

155　**志向一端**（座談会）　草田男他／「萬緑」／萬緑発行所　1946.11

156　**村上鬼城論講（一）**（座談会）「萬緑」／萬緑発行所　1946.12　※1949年夏季号まで17回にわたって不定期に掲載。

157　**時評―内側の問題二三**　「萬緑」／萬緑発行所　1947.7

158　**二人の作家**　「萬緑」／萬緑発行所　1948.1

159　**「来し方行方」合評**　「萬緑」／萬緑発行所　1948.3

160　**現代人の一面―オルダス・ハックスレイの卑俗論**　「赤門文学」／近代文庫社　1948.6

161　**河東碧梧桐メモ**　「萬緑」／萬緑発行所　1948.7

162　**露伴記念講演会**　「萬緑」／萬緑発行所　1948.12

163　**郵便机**（創作）「少年少女」／中央公論社　1949.8　※のちに『子どもの本のよあけ―瀬田貞二伝』（福音館書店　2017.1）に再録。

164　**文化の日 エジソンの少年時代**　「小学四年」／二葉書店　1949.11

165　**ゲーテ誕生日にしるす私信**　「萬緑」／萬緑発行所　1949.12

166　**俳句の歴史**　「萬緑」／萬緑発行所　1950.1　※平凡社『社会科事典』第7巻より転載。

167　**「ファクト・ランド」への旅―イリンの読みものに寄せて**（書評）「図書」／岩波書店

1950.8
168 探検家物語　スベン・ヘディン　「小学六年生」／小学館　1950.8　※（168）から（172）までは余寧金之助名で執筆。
169 探検家物語　アメリカの横断①　「小学六年生」／小学館　1950.9
170 探検家物語　アメリカの横断②　「小学六年生」／小学館　1950.10
171 探検家物語　北極をめざす人びと　「小学六年生」／小学館　1950.11
172 探検家物語　南極をめざす人びと　「小学六年生」／小学館　1950.12
173 メリー・ゴー・ラウンド　「萬緑」／萬緑発行所　1951.10
174 風邪の機関銃（創作）「萬緑」／萬緑発行所　1952.1　※「子どもの館」1972.12に再録。
175 「銀河依然」鑑賞―詩・詩語・詩人についての断想―幻魚他　「萬緑」／萬緑発行所　1953.6
176 現代俳句の課題―「第三存在」に就いて―公平他　「萬緑」／萬緑発行所　1953.10
177 ●ザボンの座　「文学」／岩波書店　1954.12
178 すれちがいざまに―社会性論議に思う13　「萬緑」／萬緑発行所　1955.10
179 擬声語（オノマトペ）の話　「今週の東京」〈54〉／東京スケジュール社　1955.9.26
180 ここはどこの細道じゃ…　「今週の東京」〈55〉／東京スケジュール社　1955.10.5
181 辞典と事典　「今週の東京」〈56〉／東京スケジュール社　1955.10.20
182 エヴェレストの高さ　「今週の東京」〈57〉／東京スケジュール社　1955.11.7
183 絵本と漫画―コミック・ストリップ禍　「今週の東京」〈58〉／東京スケジュール社　1955.11.21
184 サンタクロウスの履歴　「今週の東京」〈59〉／東京スケジュール社　1955.12.7
185 児童雑誌は誰のものか（座談会）「出版の研究」（2号）　1955
186 トロイとピラミッド　「今週の東京」〈61〉／東京スケジュール社　1956.1.12
187 雪の説伝　「今週の東京」〈63〉／東京スケジュール社　1956.2.11　※「雪の説伝」は「雪の伝説」の誤植と思われる。
188 昌幸さんへささげる三段論法　「萬緑」／萬緑発行所　1956.3
189 外国児童文学ニュース　「日本児童文学」／日本児童文学者協会　1956.5
190 外国児童文学ニュース　「日本児童文学」／日本児童文学者協会　1956.6
191 中島健蔵他編『人間の心の歴史』全3巻（書評）「教育」／教育科学研究会編／国土社　1956.6
192 絵本映画化　「日本児童文学」／日本児童文学者協会　1956.6
193 なんきょくへいったシロ（創作）「母の友」／福音館書店　1956.8
194 描写か、表現か―往復書簡　「萬緑」／萬緑発行所　1956.9
195 ●「わんわん物語」評　「映画芸術」／共立通信社　1956.9
196 ●翻訳児童文学について　「日本児童文学」／日本児童文学者協会　1956.9
197 コミック小史　「こどもの本棚」／こどもの本棚編集部　1956.10
198 ウォルタ・デ・ラ・メアをいたむ　「日本児童文学」／日本児童文学者協会　1956.10
199 ●「森は生きている」評　「映画芸術」／共立通信社　1956.11
200 外国児童文学ニュース　「日本児童文学」／日本児童文学者協会　1956.11
201 ●三つの短篇映画　「映画芸術」／共立通信社　1957.4

202 ●明治・大正・昭和の児童像―児童文学における 「日本児童文学」／日本児童文学者協会 1957.5
203 おとなのアラジン、こどものアラジン 「文庫」／岩波文庫の会 1957.5
204 萬緑発刊まで 「萬緑」／萬緑発行所 1957.6
205 ●「くもの糸は名作か」再論 「日本児童文学」／日本児童文学者協会 1957.10
206 座談会 俳句の音量感について 「萬緑」／萬緑発行所 1957.10
207 ちいさいしんごうしゅ（創作） 「母の友」／福音館書店 1957.10
208 抽象俳句についての疑いと肯ない 「萬緑」／萬緑発行所 1958.3
209 この世のおわり（訳） フィンランド昔話／「母の友」／福音館書店 1958.5
210 おばあさんとぶた（訳） イギリス昔話／「母の友」／福音館書店 1958.6
211 星の王子さま（紹介） 「母の友」／福音館書店 1958.6
212 三びきのヤギのガラガラどん（訳） 北欧昔話／池田龍雄挿絵／「母の友」／福音館書店 1958.7
213 ●空想物語が必要なこと 「日本児童文学」／日本児童文学者協会 1958.7-8
214 きつねのたび（訳） ハンガリー昔話／「母の友」／福音館書店 1958.8
215 だんなさまがた いちばんの大だんなさま（訳） イギリス昔話／「母の友」／福音館書店 1958.9
216 ●プーさん頌 「図書」／岩波書店 1958.10
217 ねこの大王（訳） イギリス昔話／「母の友」／福音館書店 1958.10
218 ちっちゃなちっちゃなものがたり（訳） イギリス昔話／「母の友」／福音館書店 1958.11
219 ●おもちゃ―みどりいろのランプ 「母の友」／福音館書店 1958.11
220 幻想遊園地 「母の友」／福音館書店 1958.12
221 絵本はこうあってほしい 「学校図書館」／全国学校図書館協議会 1958.12
222 きをつけハンス（訳） ドイツ昔話／「母の友」／福音館書店 1958.12
223 ●子どもとウソ 「母の友」／福音館書店 1959.1
224 ふしぎなおきゃく（訳） イギリス昔話／「母の友」／福音館書店 1959.1
225 子どもの社会は寛容である 「母の友」／福音館書店 1959.2
226 ●キャパシティの発見―「たゆまぬ年々」にふれて 「文学」／岩波書店 1959.3
227 ●家庭文庫 「母の友」／福音館書店 1959.3
228 いたずらおばけ（訳） イギリス昔話／「母の友」／福音館書店 1959.4
229 ねずみのじょうど（再話） 「母の友」／福音館書店 1959.6
230 草田男と童話と俳句 「萬緑」／萬緑発行所 1959.6
231 さるとひきがえるのもちとり（再話） 「母の友」／福音館書店 1959.7
232 アラビアンナイトの挿画本 「図書」／岩波書店 1959.7
233 ジャックがしあわせみつけにいった（訳） イギリス昔話／「母の友」／福音館書店 1959.8
234 もくばのドン（訳） アリス・ダーグリシュ作／「母の友」／福音館書店 1959.9
235 まつぼっくりふたつ（訳） フィンランド昔話／「母の友」／福音館書店 1959.11
236 よい絵本とは何か（外国の絵本を例として） 「子どものしあわせ」／日本子どもを守る会編／福音館書店 1959.12
237 クナウとひばり（再話） 「母の友」／福音館書店 1959.12

238　かさじぞう（再話）「母の友」／福音館書店　1960.1
239　色（その二）「萬緑」／萬緑発行所　1960.1
240　●アメリカの児童図書館運動の原動力　「図書館雑誌」／日本図書館協会　1960.2
241　カウフマン『赤い月と暑い時』（書評）「みすず」／みすず書房　1960.3
242　俳句発想上の公と私　「萬緑」／萬緑発行所　1960.4
243　三びきのやぎのガラガラどん（訳）　北欧昔話／山中春雄挿絵／「母の友」／福音館書店　1960.4
244　とりのみじいさん（再話）「母の友」／福音館書店　1960.6
245　ほんとのこいぬ（創作）「母の友」／福音館書店　1960.7
246　きつねのさかなつり（再話）「母の友」／福音館書店　1960.9
247　●ケストナーの前と後と　「世界児童文学」／世界児童文学研究会編／教育画劇　1960.9
248　●民話の文学性　「学校図書館」／全国学校図書館協議会　1960.10　※「岩波少年少女文学全集」第1巻月報（岩波書店　1961.2）に再録。
249　まのいいりょうし（再話）「母の友」／福音館書店　1960.10
250　ちいさなおうち（訳）　ロシア民話／「母の友」／福音館書店　1960.12
251　ぶんぶくちゃがま（再話）「母の友」／福音館書店　1961.2
252　ドイツ童謡の花束（万足卓『月と日と星　提灯ともし』書評）「母の友」／福音館書店　1961.2
253　●知識の絵本について　「学校図書館」／全国学校図書館協議会　1961.3
254　ふじさんのとりよせ（おとうさんのらっぱばなし1）「母の友」／福音館書店　1961.4
255　ミスタ・レッドクロス（おとうさんのらっぱばなし2）「母の友」／福音館書店　1961.5
256　さいごのいっぱつ（おとうさんのらっぱばなし3）「母の友」／福音館書店　1961.6
257　びーばーの　たに（おとうさんのらっぱばなし4）「母の友」／福音館書店　1961.7
258　ソ連の児童図書─児童文学とさしえの現状（座談会）「日本児童文学」／日本児童文学者協会　1961.7
259　児童文学研究─マスコミ下のこどもによい文学を（編）「図書」／岩波書店　1961.7
260　第八回萬緑賞受賞者（合評）正雄他　「萬緑」／萬緑発行所　1961.8
261　ぱんぱのらっぱ（おとうさんのらっぱばなし5）「母の友」／福音館書店　1961.8
262　きじのてづかみ（おとうさんのらっぱばなし6）「母の友」／福音館書店　1961.9
263　なまえをかえたやま（おとうさんのらっぱばなし7）「母の友」／福音館書店　1961.10
264　あふりかのたいこ（おとうさんのらっぱばなし8）「母の友」／福音館書店　1961.11
265　絵本のえらびかた（インタビュー）「母の友」／福音館書店　1961.12
266　ばぐだっどのおおどろぼう（おとうさんのらっぱばなし9）「母の友」／福音館書店　1961.12
267　イギリスの児童文学　「学校図書館」／全国学校図書館協議会　1961.12
268　いんどのゆめうらない（おとうさんのらっぱばなし10）「母の友」／福音館書店　1962.1
269　プアプアのくじらぶね（おとうさんのらっぱばなし11）「母の友」／福音館書店　1962.2
270　いかだぶねのかいぞくたいじ（おとうさんのらっぱばなし12）「母の友」／福音館書店　1962.3

271　さるむこいり（再話）「母の友」／福音館書店　1962.4
272　いぬとおんどり（訳）　ロシア昔話／「母の友」／福音館書店　1962.6
273　俳句の肉体をめぐる随想　「萬緑」／萬緑発行所　1962.6
274　はなききまごべ（再話）「母の友」／福音館書店　1962.7
275　セッポ・イルマリネン（訳）　フィンランド昔話／「母の友」／福音館書店　1962.8
276　ねずみのおきょう（再話）「母の友」／福音館書店　1962.9
277　彦一ばなし（再話）「母の友」／福音館書店　1962.11
278　子どもと俳句─萬緑百五十号記念講演１　「萬緑」／萬緑発行所　1962.11
279　宮沢賢治─世界児童文学の作家について６　「学校図書館」／全国学校図書館協議会　1962.12
280　おおみそかのきゃく（再話）「母の友」／福音館書店　1963.1
281　年頭にあたりて（座談会）「萬緑」／萬緑発行所　1963.1
282　おだんごぱん（訳）　ロシア昔話／「母の友」／福音館書店　1963.4
283　はなさかじい（再話）「母の友」／福音館書店　1963.5
284　ねずみのじょうど（再話）「母の友」／福音館書店　1963.11
285　ブレーメンのおんがくたい（訳）「母の友」／福音館書店　1963.11
286　だめといわれてひっこむな（訳）　プロイセン作／「母の友」／福音館書店　1964.3
287　三びきのやぎのガラガラどん（訳）　北欧昔話／寺島龍一挿絵／「母の友」／福音館書店　1964.4
288 ●民間の智恵を集めて─《児童百科事典》の時代　「月刊国民百科」／平凡社　1964.4
289　ねことおうむ（訳）　サラ・コーン・ブライアント作／「母の友」／福音館書店　1964.5
290　三びきのこぶた（訳）　イギリス昔話／「母の友」／福音館書店　1964.6
291　ふるやのもり（再話）「母の友」／福音館書店　1964.10
292 ●キリスト教児童文学のありかた　「基督教保育」／基督教保育連盟　1965.3
293 ●知識の本の価値　「学校図書館」／全国学校図書館協議会　1965.4
294　てのなるほうへ（創作）「母の友」／福音館書店　1965.4
295 ●昔話の再話について　「文学」／岩波書店　1965.5
296 ●子どもと文学─ファンタジーの特質（講演録）「図書」／岩波書店　1965.8
297　ヨーロッパの絵本とアメリカの絵本　「學燈」／丸善　1965.10
298　すずめとたか（創作）「母の友」／福音館書店　1965.12
299　日本のデザイナーの絵本（座談会）「グラフィック デザイン」／ダイヤモンド社　1966.4
300　ナルニアからの便り（訳）　L.H.スミス文／「図書」／岩波書店　1966.5
301　こうとみればそうとみえるめがね（創作）「母の友」／福音館書店　1966.7
302　子どもの本の書きかた、三つ（解説）　C.S.ルイス文／松永ふみ子訳／「文学」／岩波書店　1966.8
303　草田男の童話　「萬緑」／萬緑発行所　1966.9
304　パフィン双書の二十五年をかえりみる（抄訳）　E.グレアム文／「図書」／岩波書店　1966.12
305　でんわりょこう（訳）　R.ヒューズ作／「母の友」／福音館書店　1967.5
306 ●アーサー・ランサムの物語の特質　「図書」／岩波書店　1967.7

307 ●こけしの故里をたずねて 「太陽」／平凡社 1967.11
308 はんぺらひよこ（訳） スペイン民話／「母の友」／福音館書店 1968.4
309 絵本とは何か 「日本児童文学」／日本児童文学者協会 1968.6
310 翁の句作由来 「萬緑」／萬緑発行所 1968.9
311 瀬田貞二氏の絵本講座（講演録） 「こどもの図書館」／児童図書館研究会 1968.10
312 ●ちんわん節―《日本児童遊戯集》によせて 「月刊百科」／平凡社 1968.11
313 もじゃもじゃペーターのこと―童話における残酷さについて 「母の友」／福音館書店 1968.11
314 織田一磨『喰べる雑草』（自然の本棚） 「アルプ」／創文社 1969.4
315 ●なぞなぞ遊びの諸性格 「言語生活」／筑摩書房 1969.5
316 ◇おもちゃ絵のことども―子どもの暮しの中に生きていた一枚絵 「母の友」／福音館書店 1969.7
317 手づくりの絵本１（対談 川上より氏と） 「母の友」／福音館書店 1969.10
318 ◎幼稚園以前の学校 「こどもの図書館」／児童図書館研究会 1970.6
319 「梅雨晴れの像」と「磁石」（解説） 「萬緑」／萬緑発行所 1970.11
320 ●昔話と児童文学―イギリスの場合 「英語研究」／研究社 1971.3
321 ◇落穂ひろい―日本の子どもの文化をめぐる人びと１～48 「母の友」／福音館書店 1971.4～1975.3
322 ナチュラリストの天職 「月刊百科」／平凡社 1971.10
323 ちっちゃなちっちゃなものがたり（訳） 瀬川康男画／「母の友」／福音館書店 1972.4 ※豆本（巻末付録）
324 ◎画人横井弘三さん 「イラストレイション」／日本イラストレイター会議編／講談社 1972.7
325 ●知恵の板 「英語研究」／研究社 1973.2-3
326 ウィリアム・ニコルソン―内外絵本作家評伝１ 「月刊絵本」／盛光社 1973.5 ※「内外絵本作家評伝」は、1976.2に『十二人の絵本作家たち』としてすばる書房より刊行。
327 エズラ・ジャック・キーツ―内外絵本作家評伝２ 「月刊絵本」／盛光社 1973.6
328 ●夢みるひとびと１―『夢を追う子』ノート 「子どもの館」／福音館書店 1973.6
329 幼年文学の表現についての覚書 「児童文学一九七三」／聖母女学院短大児童教育科 1973.6
330 初山滋―内外絵本作家評伝３ 「月刊絵本」／盛光社 1973.7
331 三びきのやぎのがらがらどん 「絵本の世界」／らくだ出版 1973.7
332 マーガレット・ワイズ・ブラウン―内外絵本作家評伝４ 「月刊絵本」／盛光社 1973.8
333 ●夢みるひとびと２―『砂の妖精』ノート 「子どもの館」／福音館書店 1973.8
334 ブーテ・ド・モンベル―絵本作家評伝５ 「月刊絵本」／盛光社 1973.9
335 マージョリー・フラック―絵本作家評伝６ 「月刊絵本」／盛光社 1973.10
336 ブルーノ・ムナリ―絵本作家評伝７ 「月刊絵本」／盛光社 1973.11
337 ●夢みるひとびと３―『ジャングル・ブック』ノート 「子どもの館」／福音館書店 1973.11
338 小山内龍―絵本作家評伝８ 「月刊絵本」／盛光社 1973.12
339 ●コメニウス以後―大衆啓蒙と印刷 「Energy」／エッソ・スタンダード石油広報部 1973.12

340 ●ふしぎということ—児童演劇をめぐって　「子どもの館」／福音館書店　1973.12
341　村山知義—絵本作家評伝 9　「月刊絵本」／盛光社　1974.1
342　ペール・カストール—絵本作家評伝 10　「月刊絵本」／盛光社　1974.2
343 ●夢みるひとびと 4 —『たのしい川べ』ノート　「子どもの館」／福音館書店　1974.2
344　エドワード・アーディゾーニ—絵本作家評伝 11　「月刊絵本」／盛光社　1974.4
345 ●夢みるひとびと 5 —『三びきのサル王子』「子どもの館」／福音館書店　1974.5
346　椛島勝一—絵本作家評伝 12　「月刊絵本」／すばる書房盛光社　1974.6
347 ●夢みるひとびと 6 —『リンゴ畑のマーティン・ピピン』「子どもの館」／福音館書店　1974.8
348 ●旅のお仲間　「月刊絵本」／すばる書房盛光社　1974.9
349　本の大きさ　「エディター」／日本エディタースクール出版　1974.9
350 ●夢みるひとびと 7 —『ホビットの冒険』「子どもの館」／福音館書店　1975.1
351 ●夢みるひとびと 8 —『床下の小人たち』「子どもの館」／福音館書店　1975.2
352　律儀な口上—私の訳した絵本　「月刊絵本」／すばる書房盛光社　1975.2
353　マザーグース絵本そのほか　「月刊絵本」／すばる書房盛光社　1975.7
354　赤本傑作選　「江戸っ子」／江戸っ子編集室　1975.11
355　指輪をあげてちょうだい（おとうさんのらっぱ話）「子どもの館」／福音館書店　1975.12
356　パニョル「少年時代」三部作（匿名書評）「子どもの館」／福音館書店　1976.1
357　茂田井武さんのこと—巻末付録「アサノドウブツエン」によせて　「母の友」／福音館書店　1976.3
358　大きい石と大きいとかげ（おとうさんのらっぱ話）「子どもの館」／福音館書店　1976.3
359　カニング「スマイラー少年の旅」三部作（匿名書評）「子どもの館」／福音館書店　1976.3
360 ●もっとも美しい「教科書」「月刊百科」／平凡社　1976.5
361　ゴッデン『ディダコイ』（匿名書評）「子どもの館」／福音館書店　1976.5
362　『はじめてのおつかい』『こすずめのぼうけん』（匿名書評）「子どもの館」／福音館書店　1976.7
363 ●明治御伽名義考　「文学」／岩波書店　1976.9
364　フリーマン『ターちゃんとペリカン』（匿名書評）「子どもの館」／福音館書店　1976.9
365 ◎茂田井武の世界　「月刊絵本」／すばる書房　1976.10
366　フォックス『バビロンまではなんマイル』（匿名書評）「子どもの館」／福音館書店　1976.11
367　絵本とはなにか　「絵本の本棚」／すばる書房　1976.12
368　草田男と絵画　「萬緑」／萬緑発行所　1977.1
369　沼田曜一『あずきまんまの歌』（匿名書評）「子どもの館」／福音館書店　1977.1
370　レヒアイス『ちいさなビーバーと友だち』（匿名書評）「子どもの館」／福音館書店　1977.3
371　ターナー『シー・ペリル号の冒険』（匿名書評）「子どもの館」／福音館書店　1977.5
372　太田愛人『辺境の食卓』（書評）「母の友」／福音館書店　1977.5
373　『よあけ』の訳　「月刊絵本」／すばる書房　1978.5
374　きょうはなんのひ？（創作）「母の友」／福音館書店　1978.5
375 ◇清水良雄画伯への構図　「母の友」／福音館書店　1978.5
376 ●私と英米児童文学—瀬田貞二氏に聞く（インタビュー）「児童文学世界」／中教出版

1978.6
377 ◇小林清親の「夢」一軸 ―巻末付録によせて 「母の友」／福音館書店 1979.3

【新 聞】以下、No.、題、紙名、掲載年月日の順。

378 ゴーリキー『児童文学と教育』（書評） 日本読書新聞 1954.3.29
379 児童文学同人雑誌をみて 日本読書新聞 1955.2.21
380 児童文学同人誌の動き 日本読書新聞 1956.7.2
381 『次郎物語』の次郎（小説の中の子ども 4） 日本読書新聞 1956.10.1
382 『母のない子と子のない母と』（小説の中の子ども 9） 日本読書新聞 1956.12.3
383 吉田甲子太郎『空に浮かぶ騎士』（書評） 図書新聞 1957.1.19
384 『ジャングル・ブック』（名作の子どもたち 2） 日本読書新聞 1957.1.28
385 『小公子』（名作の子どもたち 9） 日本読書新聞 1957.4.1
386 スヴェンソン『ノンニ少年の大航海』、リンドグレーン『名探偵カッレくん』（書評） 日本読書新聞 1957.7.15
387 ロンゲン『山にのまれたオーラ』、スティーヴンスン『さらわれたデーヴィド』（書評） 日本読書新聞 1957.8.26
388 ペール・カストール双書『山のパノラマ』（世界の絵本 1） 日本読書新聞 1957.9.16
389 中欧の民話『三匹の熊』（世界の絵本 2） 日本読書新聞 1957.9.30
390 ムナリ『トラックの運転手』（世界の絵本 3） 日本読書新聞 1957.10.7
391 フランソワ『小さいブラウン君』（世界の絵本 4） 日本読書新聞 1957.10.21
392 カリジェ『大吹雪』（世界の絵本 5） 日本読書新聞 1957.11.4
393 ポッター『蛙のジェレミーさんの話』、ギャグ『すんだことはすんだこと』（世界の絵本 6） 日本読書新聞 1957.11.8
394 絵本のえらび方（絵として独立できるものを） 日本読書新聞 1957.12.10
395 子どもたちに贈るXマスプレゼント（アンケート回答） 図書新聞 1957.12.14
396 新しい青春文学シリーズ 図書新聞 1958.2.8
397 ラスロ『広場の天使』 日本読書新聞 1958.3.3
398 バーネット『秘密の花園』〈上・下〉（書評） 日本読書新聞 1958.3.31
399 絵本はこれでよいのか 週刊読書人 1958.9.8
400 宮下正美『山をゆく歌』（書評） 図書新聞 1958.11.1
401 三つの『ピノッキオ』（原典訳）をみて 図書新聞 1958.11.29
402 絵本拝見 知識絵本は未開拓 日本読書新聞 1958.12.15
403 飯沢匡『プーポン博士の宇宙旅行』（書評） 日本読書新聞 1959.1.19
404 世界の児童文学動向と展望 力量のあるギヨー 週刊読書人 1959.5.18
405 子どもの本棚 絵本批評（新鮮なトッパン『こども百科』） 図書新聞 1959.5.23
406 マドレーヌ編『五月のある日』（書評） 日本読書新聞 1959.6.1
407 日本児童文学者協会編『日本児童文学代表作集 第六集』（書評） 週刊読書人 1959.6.8

408　児童文学選　こんな本をすすめたい（アンケート回答）　週刊読書人　1959.8.3
409　絵本批評 8月（これが新童画？）　図書新聞　1959.8.8
410　キャンベル『海の勇者』（書評）　週刊読書人　1959.8.31
411　絵本批評 9月（民話の絵本化）　図書新聞　1959.9.12
412　絵本批評 10月（乗り物絵本について）　図書新聞　1959.10.24
413　紹介と批評―リュートゲン『オオカミに冬なし』　図書新聞　1959.11.14
414　絵本 11月（先輩と後輩）　図書新聞　1959.11.28
415　今年の絵本を見る〈上〉（じぶんだけの本を与える工夫）　日本読書新聞　1959.12.7
416　今年の絵本を見る〈下〉（実験的な“こどものとも”シリーズ）　日本読書新聞　1959.12.14
417　海外児童文学の翻訳から（『すてきなおじさん』『運河トンネルの冒険』『草原のあらし』『赤い月と暑い時』）　週刊読書人　1960.1.11
418　絵本 1月批評欲満す（『かにむかし』『きかんしゃやえもん』『あなぐまのはな』他）　図書新聞　1960.1.23
419　絵本海をわたる（『イエス絵伝』他）　図書新聞　1960.2.13
420　絵本 4月 NHK の商魂（『NHK えほん　春の号』『ぴかくん　めをまわす』他）　図書新聞　1960.4.2
421　絵本 最終回　よどんだ現状　図書新聞　1960.5.21
422　絵本界にさわやかな新風（『たろうのばけつ』『ジオジオのかんむり』）　図書新聞　1960.7.16
423　ノートンさんが発見した小人たち（『床下の小人たち』『野に出た小人たち』）　週刊読書人　1961.3.27
424　M. ノートン『床下の小人たち』『野に出た小人たち』（書評）　日本読書新聞　1961.4.17
425　最近の絵本を見る　週刊読書人　1962.5.7
426　最近のさし絵について　週刊読書人　1962.5.14
427　さし絵をみて　秀れた大村百合子・和田誠　日本読書新聞　1964.12.7
428　グージ『まほうの白馬』（書評）　週刊読書人　1965.1.1
429　良い本を読ませよう　埼玉新聞　1968.9.27　※特集版「マンガブームを斬る」中の「意見」。
430　架空世界への誘い―トールキン作『指輪物語』について（インタビュー）　ほるぷ新聞　1972.4.5
431　●トールキン先生の俤―英国・バークシャー地方の小村にしのぶ　毎日新聞（夕刊）　1975.12.24
432　子供の夢を大切に―わたしの新刊『十二人の絵本作家たち』　毎日新聞（朝刊）　1976.3.8

【その他（月報、あとがき、パンフレット、カタログ、講演録等）**】**以下、No.、題、月報名等、発行所、発表年月の順。

433　ちえのピラミッド　『児童百科事典』月報「ぺりかん」／平凡社　1951.12　※月報「ぺりかん」には編集部による無記名記事が掲載されたが、以下（446）まで瀬田氏執筆と判明したものをここに掲げる。

434　失われた島　カナダの物語　『児童百科事典』月報「ぺりかん」／平凡社　1951.12
435　カナダの探検家マッケンジー　『児童百科事典』月報「ぺりかん」／平凡社　1951.12
436　黒い英雄・黒い騎士　『児童百科事典』月報「ぺりかん」／平凡社　1952.3
437　象のはなはなぜ長い（キップリングのお話から）『児童百科事典』月報「ぺりかん」／平凡社　1952.3
438　キャンプはどこでどのように　『児童百科事典』月報「ぺりかん」／平凡社　1952.3
439　図画工作に生きる学校　『児童百科事典』月報「ぺりかん」／平凡社　1952.7
440　羊小舎の結婚　ゴーリキィのお話より（訳）『児童百科事典』月報「ぺりかん」／平凡社　1952.7
441　わたしたちの詩の小さな読本　『児童百科事典』月報「ぺりかん」／平凡社　1952.9
442　児童文学へのみちしるべ　『児童百科事典』月報「ぺりかん」／平凡社　1952.12
443　東洋のお話めぐり（中国・朝鮮・フィリピン・マライ・タイ・インド）『児童百科事典』月報「ぺりかん」／平凡社　1953.12
444　魔の山ナンガ・パルバット　『児童百科事典』月報「ぺりかん」／平凡社　1954.7
445　アマゾンの探検　『児童百科事典』月報「ぺりかん」／平凡社　1955.4
446　北欧神話　神々と巨人　『児童百科事典』月報「ぺりかん」／平凡社　1955.6
447　北欧神話　神々のたそがれ　『児童百科事典』月報「ぺりかん」／平凡社　1955.6
448　この絵本の内容について　「こどものとも」月報／福音館書店　1956.8
449　絵本・両親の芸術（絵本のはなし1）「こどものとも」月報／福音館書店　1956.11
450 ◎これがほんとうの絵本です―絵本はおもちゃか（絵本のはなし2）「こどものとも」月報／福音館書店　1956.12
451　子どもに太陽と花をおくったふたりの画家のメダル（絵本のはなし3）「こどものとも」月報／福音館書店　1957.1
452 ◎二つのモチーフ（絵本のはなし4）「こどものとも」月報／福音館書店　1957.2
453 ◎様式的な絵のねらい（絵本のはなし5）「こどものとも」月報／福音館書店　1957.3
454　一年間に十二さつに（絵本のはなし6）「こどものとも」月報／福音館書店　1957.4
455　絵本の宝石―ポターさんの絵本（絵本のはなし7）「こどものとも」月報／福音館書店　1957.5
456　絵本賞あれこれ（絵本のはなし8）「こどものとも」月報／福音館書店　1957.6
457 ◎四つの質問に答える（絵本のはなし9）「こどものとも」月報／福音館書店　1957.7
458　絵本の効用（絵本のはなし10）「こどものとも」月報／福音館書店　1957.9
459 ◎乗り物絵本のありかた（絵本のはなし11）「こどものとも」月報／福音館書店　1957.10
460　『きしゃはずんずんやってくる』がどうしてできたか　「こどものとも」月報／福音館書店　1957.10
461　『セロ弾きのゴーシュ』（宮沢賢治著）あとがき　岩波少年文庫／岩波書店　1957.11
462　絵本は国際使節（絵本のはなし12）「こどものとも」月報／福音館書店　1957.11
463　クリスマスの絵本（絵本のはなし13）「こどものとも」月報／福音館書店　1957.12
464 ◎子どものまねをするな（絵本のはなし14）「こどものとも」月報／福音館書店　1958.1
465　幼児のための読書日記（絵本のはなし15）「こどものとも」月報／福音館書店　1958.2
466 ◎動物は、なかま（絵本のはなし16）「こどものとも」月報／福音館書店　1958.3

467　お母さん、読んでよぉ（絵本のはなし 17）「こどものとも」月報／福音館書店　1958.4
468 ◎幼児童話のコツ（絵本のはなし 18）「こどものとも」月報／福音館書店　1958.5
469　絵巻物―絵本の先祖（絵本のはなし 19）「こどものとも」月報／福音館書店　1958.6
470 ●絵本と映画（絵本のはなし 20）「こどものとも」月報／福音館書店　1958.7
471　天びんの一方へ（絵本のはなし 21）「こどものとも」月報／福音館書店　1958.8
472　古い本の新版と復刊（絵本のはなし 22）「こどものとも」月報／福音館書店　1958.9
473 ◎大人の見方、子どもの見方（絵本のはなし 23）「こどものとも」月報／福音館書店　1958.10
474 ◎たくさんの熊（絵本のはなし 24）「こどものとも」月報／福音館書店　1958.11
475　絵本の読みかた、話しかた（絵本のはなし 25）「こどものとも」月報／福音館書店　1958.12
476　みなさん、ありがとう！（絵本のはなし 26）「こどものとも」月報／福音館書店　1959.1
477 ◎魂のミクロの世界　「こどものとも」月報／福音館書店　1959.4
478 ◎「太陽の東　月の西」から来た物語　「こどものとも」月報／福音館書店　1959.5
479　山田三郎さんの絵について　「こどものとも」月報／福音館書店　1959.7
480　グリム兄弟の物語　「こどものとも」月報／福音館書店　1959.8
481 ◎明治大正の絵本　「こどものとも」月報／福音館書店　1959.9
482 ◎コドモノクニの道すじ　「こどものとも」月報／福音館書店　1959.10
483　児童文学の道しるべ　「少年少女のために」岩波児童図書目録　1959.10
484　編集者の立場から（座談会）　大熊隆文、松居直出席／日本童画会会報〈73〉　1959.10
485 ◎「子供之友」と一人の画家（夏川八朗）「こどものとも」月報／福音館書店　1959.12
486　スギさんの持ってきた相談　家庭文庫研究会會報〈12〉　1959.12
487　外国絵本の翻訳と紹介　「こどものとも」月報／福音館書店　1960.1
488 ◎アメリカの日本人画家ヤシマ　「こどものとも」月報／福音館書店　1960.2
489　『オオカミに冬なし』〈下〉（リュートゲン著）あとがき　岩波少年文／庫岩波書店　1960.3
490 ●世界の児童文学みちしるべ　「本をよむ子どもたち―少年少女のための読書案内」／岩波書店　1960.4
491 ◎茂田井武さんのこと　「こどものとも」月報／福音館書店　1960.5
492 ◎清水良雄さんのことども　「こどものとも」月報／福音館書店　1960.6
493 ●二十世紀の啓蒙家たち　「世界教養全集」月報／平凡社　1960.10
494　知られない名著の例―絵本　『世界名著大事典』第5巻月報／平凡社　1960.11
495 ◎子どものための最初の画家　岡本帰一　「こどものとも」月報／福音館書店　1960.11
496 ◎ひとの最初にであう本（おかあさんの絵本講座 1）「こどものとも」月報／福音館書店　1961.4
497 ◎どんな絵本があるでしょう（おかあさんの絵本講座 2）「こどものとも」月報／福音館書店　1961.5
498　ある母親の絵本読書日記（おかあさんの絵本講座 3）「こどものとも」月報／福音館書店　1961.6
499　文庫のその後（一）　一年半をふりかえる　家庭文庫研究会會報〈21〉　1961.6
500 ◎絵本の絵の性質（おかあさんの絵本講座 4）「こどものとも」月報／福音館書店　1961.7

501 ◎絵本の歴史から（おかあさんの絵本講座 5）「こどものとも」月報／福音館書店　1961.8
502 ◎物語の題材（おかあさんの絵本講座 6）「こどものとも」月報／福音館書店　1961.9
503 ◎子どもに書くこと（おかあさんの絵本講座 7）「こどものとも」月報／福音館書店　1961.10
504 ◎物語の構成（おかあさんの絵本講座 8）「こどものとも」月報／福音館書店　1961.11
505 ◎絵本作家の言葉から（おかあさんの絵本講座 9）「こどものとも」月報／福音館書店　1961.12
506 洞穴探検（ケイビング）へのおさそい「岩波少年少女文学全集」第 21 巻月報／岩波書店　1961.12
507 ◎あるエピソード（おかあさんの絵本講座 10）「こどものとも」月報／福音館書店　1962.1
508 ●知識の本（ノン・フィクション）について「岩波少年少女文学全集」第 6 巻月報／岩波書店　1962.1
509 ◎おとなと子どものあいだ（おかあさんの絵本講座 11）「こどものとも」月報／福音館書店　1962.2
510 イギリスの児童文学「岩波少年少女文学全集」第 14 巻月報／岩波書店　1962.4
511 宮沢賢治「岩波少年少女文学全集」第 15 巻月報／岩波書店　1962.5
512 よい絵本をもつ「こどものとも」月報／福音館書店　1962.5
513 ◎三つの昔話「こどものとも」月報／福音館書店　1962.6
514 グリム昔話の誕生「こどものとも」月報／福音館書店　1962.11
515 子どもと詩「こどものとも」月報／福音館書店　1963.3
516 絵本作家バートンさん「こどものとも」月報／福音館書店　1963.5
517 スイスの絵本「こどものとも」月報／福音館書店　1963.8
518 100 号にさいしての希望「こどものとも」月報／福音館書店　1964.7
519 出雲紀行―神々の国をたずねて「こどものとも」月報／福音館書店　1964.9
520 ペール・カストール絵本のこと「こどものとも」月報／福音館書店　1964.12
521 ちびくろサンボ（紹介）「チャイルド・ブック・ゴールド」付録／チャイルド社　1965.5
522 どうぶつのこどもたち（紹介）「チャイルド・ブック・ゴールド」付録／チャイルド社　1965.6
523 おやすみなさいのほん（紹介）「チャイルド・ブック・ゴールド」付録／チャイルド社　1965.7
524 ぞうさんババール（紹介）「チャイルド・ブック・ゴールド」付録／チャイルド社　1965.8
525 あおい目のこねこ（紹介）「チャイルド・ブック・ゴールド」付録／チャイルド社　1965.9
526 ぐりとぐら（紹介）「チャイルド・ブック・ゴールド」付録／チャイルド社　1965.10
527 ひとまねこざる（紹介）「チャイルド・ブック・ゴールド」付録／チャイルド社　1965.11
528 わらべうたおぼえ書き「こどものとも」月報／福音館書店　1965.11
529 いぬとにわとり（紹介）「チャイルド・ブック・ゴールド」付録／チャイルド社　1965.12
530 おかあさんだいすき（紹介）「チャイルド・ブック・ゴールド」付録／チャイルド社　1966.1
531 三びきのやぎのがらがらどん（紹介）「チャイルド・ブック・ゴールド」付録／チャイルド社　1966.2
532 『セロひきのゴーシュ』（宮沢賢治著・茂田井武画）あとがき　福音館創作童話シリーズ／福音館書店　1966.4
533 ◎よい絵本をあげましょう（絵本の世界 1）「こどものとも」月報／福音館書店　1966.4
534 ◎古典絵本の教えるもの（絵本の世界 2）「こどものとも」月報／福音館書店　1966.5

535 ◎小さな小さな宝石（絵本の世界 3）「こどものとも」月報／福音館書店　1966.6
536 ◎小さな本の大きな世界（絵本の世界 4）「こどものとも」月報／福音館書店　1966.7
537 ◎『ねむりひめ』の構成（1）（絵本の世界 5）「こどものとも」月報／福音館書店　1966.8
538 ◎『ねむりひめ』の構成（2）（絵本の世界 6）「こどものとも」月報／福音館書店　1966.9
539 ◎絵巻物から赤本まで（絵本の世界 7）「こどものとも」月報／福音館書店　1966.10
540 『鉄のハンス』グリム童話選Ⅱ（茂田井武画）あとがき　岩波の愛蔵版／岩波書店　1966.11
541 ◎江戸期の絵本より―明治・大正まで（絵本の世界 8）「こどものとも」月報／福音館書店　1966.11
542 ◎絵本作家の成長をたどる（絵本の世界 9）「こどものとも」月報／福音館書店　1966.12
543 ◎構図の手法（絵本の世界 10）「こどものとも」月報／福音館書店　1967.1
544 ◎物語入門（絵本の世界 11）「こどものとも」月報／福音館書店　1967.2
545 ●*ENGLISH FAIRY TALES*（J. ジェイコブズ再話）序文　ラボ教育センター制作／瀬田貞二監修／ラボ教育センター　1967.3
546 ◎いのちのうた（絵本の世界 12）「こどものとも」月報／福音館書店　1967.3
547 ◎わが思い出の絵本　「こどものとも」月報／福音館書店　1967.4
548 蔓物語と事実　「さ・え・ら」／さ・え・ら書房　1967.6
549 ●「うみをわたったしろうさぎ」余談　「こどものとも」月報／福音館書店　1968.1
550 ◎子どもに絵本を　「子ども・本」／青山ストーリーテリング研究会　1968.5
551 ●子どもの読書相談室（『おだんごぱん』のテキストについて）「こどものとも」月報／福音館書店　1968.8
552 ●『日本児童遊戯集』解説　東洋文庫／平凡社　1968.9
553 ●子どもの本について（講演録）国立国会図書館児童書の会　1968.9
554 ヤーノッシュ『おばけリンゴ』（折込み）世界傑作絵本シリーズ／福音館書店　1969.3
555 絵本の選び方（講演概要）昭和 43 年度全国公共図書館研究集会報告書／日本図書館協会公共図書館部会事務局　1969.5
556 ●『ビーバーの星』（中村草田男作・佐藤忠良画）あとがき　福音館創作童話シリーズ／福音館書店　1969.10
557 『雪わたり』（宮沢賢治作・堀内誠一画）あとがき　福音館創作童話シリーズ／福音館書店　1969.12
558 ●「おんちょろちょろ」ノート　「こどものとも」月報／福音館書店　1970.2
559 ◎七五調で物語を語ること　「こどものとも」月報／福音館書店　1971.2
560 よい絵本の選び方　「読書の道しるべ」／全国学校図書館協議会　1971.3
561 ミニチュア絵本の宝石　「ピーターラビットの絵本シリーズ」カバー袖／福音館書店　1971.11
562 『英米児童文学年表　翻訳年表』（清水真砂子・八木田宜子編）序文　研究社　1972.1
563 平塚さんの一面―「平塚武二童話全集」発刊によせて　「母のひろば」／童心社　1972.2
564 ●「うしかたとやまうば」私見　「こどものとも」月報／福音館書店　1972.2
565 ◎子どもの内がわと内がわの子どもと―モーリス・センダックの世界　「こどものとも」月報／福音館書店　1972.7
566 ●『日本お伽集 1・2』解説、あとがき　東洋文庫／平凡社　1972.11　1973.5

567 ◎マドレーヌ誕生　「こどものとも」月報／福音館書店　1973.1
568 「まのいいりょうし」つけたし　「こどものとも」増刊号〈2〉月報／福音館書店　1973.11
569 ●『日本漂流譚一』（石井民司［研堂］編著）解説　「名著複刻　日本児童文学館」第二集／ほるぷ出版　1974.10
570 ●父の子守唄　「おしらせ」3号／東京子ども図書館　1974.10
571 『おしいれのぼうけん』（古田足日文・田畑精一画）評　「母のひろば」／童心社　1974.11
572 ●母の遊ばせ唄　「おしらせ」4号／東京子ども図書館　1975.1
573 「おなかのかわ」のこと　「こどものとも」普及版月報／福音館書店　1975.2
574 ●腰折雀が飛んだ国　「こどものとも」月報／福音館書店　1977.1
575 絵本のことば、絵本の文（その1）―絵本をめぐって1　「こどものとも」月報／福音館書店　1977.4
576 絵本のことば、絵本の文（その2）―絵本をめぐって2　「こどものとも」月報／福音館書店　1977.5
577 絵本のことば、絵本の文（その3）―絵本をめぐって3　「こどものとも」月報／福音館書店　1977.6
578 ●『風船の使者』（中村草田男著）解説　みすず書房　1977.10
579 雲をつかむ！　「かがくのとも」月報／福音館書店　1977.12
580 ●『石井研堂』解説・年譜・文献　『日本児童文学大系』第3巻／ほるぷ出版　1978.11
581 ●『楠山正雄』解説・年譜・文献　『日本児童文学大系』第11巻／ほるぷ出版　1978.11
582 一生を貫いて―村山知義さんのこと　「こどものとも」普及版月報／福音館書店　1979.6

本書刊行にあたり、お力添えいただいた方々にお礼を申し上げます。（敬称略）
奥山博子　木村八重子　栗田恵津子　斎藤惇夫　杉山きく子　瀬田きくよ　瀬田充子
中村柾子　眞壁伍郎　松岡享子　森枝雄司　吉田新一　川口あそびと読書連絡協議会
東京子ども図書館　新潟子どもの本を読む会

荒木田 隆子

元児童書出版社の編集者。在職当時は、瀬田貞二氏の担当編集者として『落穂ひろい―日本の子どもの文化をめぐる人びと』『絵本論―瀬田貞二 子どもの本評論集』『児童文学論―瀬田貞二 子どもの本評論集』などを手掛けた。また、「日本の昔話」全5巻、「にほんのわらべうた」全4冊など、子どもの伝承文化にかかわる本編集の仕事もあり、著書に『鈴木サツ全昔話集』(共著/福音館書店刊)がある。東京都在住。

子どもの本のよあけ ――瀬田貞二伝
2017年1月15日　初版発行
2017年4月20日　第 2 刷

著　者　荒木田隆子
発　行　株式会社 福音館書店
〒113-8686 東京都文京区本駒込 6 − 6 − 3
電話(販売部) 03 − 3942 − 1226
(編集部) 03 − 3942 − 2780
http://www.fukuinkan.co.jp/

装　丁　森枝雄司
印　刷　精興社
製　本　島田製本

乱丁・落丁本は、小社出版部宛ご送付ください。
送料小社負担にてお取り替えいたします。
NDC909 ／ 504 ページ／ 21 × 16 センチ
ISBN978-4-8340-8315-6

The Dawn of Books for Children — The Works of Teiji Seta

Printed in Japan